THE THEORY AND PRACTICE OF
COMMUNITY SOCIAL WORK

コミュニティソーシャルワークの理論と実践

日本地域福祉研究所 監修／中島 修・菱沼 幹男 共編

中央法規

まえがき

　日本の社会福祉は、1990年の社会福祉関係八法改正および2000年の社会福祉法への改正・改称により文字どおり「コペルニクス的転回」が行われ、いまや高齢者はもとより、障害を有する人も子どもも住み慣れた地域で暮らし続けられるように、地域での自立生活を支援する、新しい社会福祉の考え方である「地域福祉」がメインストリーム（主流）になっている。

　「地域福祉」とは、戦後の社会福祉行政の基本構造を形作っていた「社会福祉六法体制」である児童福祉、障害者福祉、老人福祉等の属性分野ごとに縦割り的に対応してきた従来の社会福祉の考え方を改める新しい社会福祉の考え方であり、地域での自立生活を可能ならしめるサービス提供のあり方、支援の考え方を求めるものであり、それは必然的に市町村社会福祉行政を再編し、新たなシステムを求めるものである。団塊の世代が後期高齢者になる「2025年」問題が叫ばれ、「地域包括ケアシステム」が求められているのはその象徴でもある。

　また、地域での自立生活支援とは、サービス利用者単身の ADL を基にした入所型施設でのケアおよび生活支援とは異なり、家族との関係、近隣住民との関係も含めた自立生活支援のための多様なアセスメントと援助方針立案が求められることになり、従来のケア観、援助観が根本的に問い直されることにもなる。

　しかも、地方行政における「地方分権化・地域主権化」の流れは1980年代以降急速に強まっており、市町村社会福祉行政でも1990年以降「地方分権化・地域主権化」が進み、そのための多様な計画化が求められている。そこでは、市町村行政の力量が問われていると同時に住民自身の計画づくりへの参加の力量が問われている。

　このような、社会福祉行政の動向のなかで、求められている方法、機能、技術はコミュニティソーシャルワークである。それは、従来のようなカウンセリング的ケースワークではなく、行政がサービス利用の可否を判定した人に対応し、サービスを提供するような"指示待ち的、受け身的"な対人援助でなく、ソーシャルワーカーが積極的に地域に出向き、福祉サービスを必要としている人を発見し、その人との信頼関係を築くことであり、制度化されたサービス利用に該当するかを判断し、その枠内でのサービスを提供するのではなく、より能動的に問題解決を図るソーシャルワーク実践である。

　そのソーシャルワーク実践は直接的対人援助としてのソーシャルワーク機能だけではなく、福祉サービスを必要としている人の問題解決に必要な社会資源を開発したり、近隣住民の支援を引き出し、組織化する機能も地域自立生活支援には求められる。

コミュニティソーシャルワークとは、福祉サービスを必要としている人を発見し、その人の自立に向けた個別支援とそのための支援ネットワークの組織化を図り、それら福祉サービスを必要としている人を排除しない、地域に住む人の関係性を豊かに再構築するケアリングコミュニティづくりとを連続的に一貫させる機能であり、営みである。

　ところで、本書は日本地域福祉研究所の創立20周年記念企画として編集され、刊行された。日本地域福祉研究所は1994年12月23日に、日本社会事業大学の大学院で地域福祉を専攻し学び、修了した者が研究者・実践者の社会的責務、社会福祉貢献活動として、全国の「草の根の地域福祉実践を励まし、それを理論化、体系化することを目的」に設立された。当時、「社会福祉六法」体制の枠外にあった「地域福祉」こそがこれからの日本の社会福祉を切り拓く、と志を高く掲げて発足させた。それは、本書のなかでも触れられた1990年の「生活支援地域福祉事業研究会」の考え方の具現化を考えたものであったが、時期尚早の観があったのか実践的評価の裏付けをもてず、コミュニティソーシャルワークという用語を日本地域福祉研究所の設立趣意書に書き込めず、設立当時はコミュニティワークの推進ということを設立趣意書に書かざるを得ず、コミュニティソーシャルワークという用語は使っていない。まさにコミュニティソーシャルワークとしては雌伏の時代の研究所の創立であった。

　その後、1995年から日本地域福祉研究所が始めた全国地域福祉実践研究セミナーの開催に伴い、改めてコミュニティソーシャルワークの重要性に気づき、それを標榜することの重要性を認識させられる。厚生省（当時）から「老人保健健康増進等事業の助成事業」を日本社会事業大学で受託することができ、全国の実践者や研究者を組織し、研究するなかで、従来のような「社会福祉六法」体制外の「地域福祉」に関わるコミュニティワークではなく、地域で福祉サービスを必要としている人を発見し、その人ならびにその家族の自己実現を図るアプローチを考え、支援するためには医療・保健・社会教育との連携を考えた個別支援におけるトータルケアやインフォーマルケアをも活用しての支援の必要性を実感する。そのなかで改めてコミュニティソーシャルワークを大胆に標榜しようと日本地域福祉研究所の方針を転換した。

　本書は、このような新たな流れのなかで、コミュニティソーシャルワークに関する養成講座（今や日本地域福祉研究所が全国の都道府県レベルの社会福祉協議会から委託を受けるコミュニティソーシャルワークの研修講座は11県を超えている。かつ、日本地域福祉研究所主催の研修講座も第10期で340名を超している）において活用しているテキストや2008年に刊行した雑誌『コミュニティソーシャルワーク』において紹介された素晴らしい実践を基に編集された。

　日本地域福祉研究所において編集の任に当たったのは、中堅研究員・理事である菱沼

幹男と中島修である。菱沼幹男は日本地域福祉研究所のコミュニティソーシャルワーク研修講座の主任として、プログラム開発からテキストづくり、講座の講師として担当してきている。他方、中島修は、厚生労働省の地域福祉専門官としてコミュニティソーシャルワーク実践展開の大きな機会となった「安心生活創造事業のモデル事業」の推進を担い、新たなソーシャルワークの可能性を全国的に展開すると同時に生活困窮者の自立相談支援の事業化という政策推進の一翼を担った人物である。中島修は、厚生労働省の地域福祉専門官時代を除けば、日本地域福祉研究所の創立から関わってきた人物である。

　本書はこの２人により編集され、日本地域福祉研究所の20周年記念行事に間に合わせて上梓することができた。ここに記して感謝したい。

　また、本書の刊行にあたっては、中央法規出版第１編集部の野池隆幸氏に大変世話になった。同氏の尽力がなければ本書を刊行することはできなかった。ここに記して心より御礼申し上げる次第である。

　本書が日本におけるコミュニティソーシャルワーク実践のテキストとして活用され、国民が求める草の根の地域福祉実践が全国各地で展開される教材になれば幸甚である。

　2014年11月３日　文化の日に

日本地域福祉研究所を代表して

理事長　大橋　謙策

目　次

まえがき

序　章　新しい社会福祉としての地域福祉とコミュニティソーシャルワーク ───── 1

 1　地域福祉と福祉コミュニティ──ケアリングコミュニティの創生　2

 2　地域包括ケア時代におけるコミュニティソーシャルワーク　5

 3　新しい地域福祉の地平を拓くコミュニティソーシャルワーク　8

第1章　コミュニティソーシャルワークの概念 ───────────── 11

 第1節　概念と特徴 ･････････････････････････････････････ 12

  1　歴史的背景　12

  2　代表的な概念とその背景　15

  3　考え方の本質的特徴　20

  4　適用に際しての若干の留意点　24

 第2節　機能 ･･ 27

  1　コミュニティソーシャルワークの機能　27

  2　コミュニティソーシャルワーク展開における若干の留意点　28

  3　コミュニティソーシャルワーク機能とコミュニティソーシャル
   ワーカーの区別　36

 第3節　展開のプロセス ･･････････････････････････････････ 38

  1　コミュニティソーシャルワークを展開する上での前提　38

  2　コミュニティソーシャルワークの展開プロセス　40

第2章　コミュニティソーシャルワークの展開方法 ─────────── 49

 第1節　個別アセスメント ････････････････････････････････ 50

  1　コミュニティソーシャルワークの視点による個別アセスメント　50

  2　個別アセスメントにおける視点の拡大　51

  3　個別アセスメントにおけるソーシャルサポートの視点　52

  4　個別ニーズを把握するための視点　52

5　表出されないニーズをどうキャッチするか　54

6　サービスとニーズアセスメントの関係性　55

7　個別課題を地域課題へ転換する視点と方法　56

第2節　地域アセスメント　………………………………………………　59

1　「地域診断」と地域アセスメント　59

2　地域アセスメントの必要性とその意義・アセスメント内容　60

3　地域アセスメントの具体的活用と課題の普遍化等の技術
　　　　──コミュニティソーシャルワークの実践展開に即して　63

第3節　プランニング　……………………………………………………　67

1　コミュニティソーシャルワークにおけるプランニングとは　67

2　コミュニティソーシャルワークにおけるプランニングの主体　69

3　コミュニティソーシャルワークを展開するシステム　70

4　バークレイ報告におけるコミュニティソーシャルワークの
　　プランニング　72

5　サービス開発スキルの実態と課題　74

6　サービス開発のシステム化　76

第4節　地域福祉計画　……………………………………………………　78

1　超高齢社会の到来と地域福祉計画　78

2　地域福祉計画の策定とコミュニティソーシャルワーク　78

3　コミュニティソーシャルワークを展開可能とするシステムの
　　機能　79

第5節　進行管理と評価　…………………………………………………　87

1　評価はなぜ重視されるか　87

2　評価の要素と視点およびポイント　88

3　評価項目（内的・外的妥当性のモニタリング）の設定　91

4　新しい評価の手法　93

5　ＢＳＣの特徴と活用の意義　94

6　ＢＳＣのプロセス　96

7　コミュニティソーシャルワーク実践における評価　104

8　評価指標と計画の見直し　104

第3章　コミュニティソーシャルワークを活かす視点と方法 ── 107

第1節　福祉ニーズ ································· 108

1　地域福祉における福祉ニーズの四相　108

2　福祉ニーズをめぐる主な論点　109

3　福祉ニーズは「求め」か「必要」か
　　──ブラッドショウと大橋謙策の議論から　112

4　地域における福祉ニーズの顕在化に関する視点と方法　114

第2節　アウトリーチ ································· 119

1　ニード発見段階のアウトリーチ　119

2　支援段階でのアウトリーチ　121

3　モニタリング段階でのアウトリーチ　125

第3節　ストレングスアプローチ ················· 127

1　ストレングス視点の系譜　127

2　ストレングス視点による支援　128

3　ストレングスを引き出す支援方法　130

4　コミュニティソーシャルワークにおけるストレングス視点の
　　活用　133

5　地域生活を支える視点　135

第4節　自己実現アプローチ ····················· 138

1　コミュニティソーシャルワークが今強く求められる背景　138

2　自己実現とは　139

3　コミュニティソーシャルワークにおける自己実現　146

第5節　チームアプローチ ······················· 149

1　問題の背景としてのイギリスにおけるチームアプローチの
　　前史　149

2　チームアプローチの意義と効果　150

3　チームの形態と構成　151

4　チームアプローチの原則と留意点　152

5　エリアとチームアプローチ　153

第6節　ネットワーク ····························· 155

1　ネットワークの定義　155

2　ネットワークの特性　156

3　ネットワークのタイプ　157

4　ネットワークのつくり方と育て方　158

第7節　社会資源の活用と開発 ……………………………………… 161

　　1　社会資源の定義と分類　161

　　2　地域社会資源への着目とアセスメントの視点　162

　　3　地域社会資源に着目するコミュニティソーシャルワークの
　　　　視点　164

　　4　地域社会資源の活用と開発の方法　164

　　5　社会資源開発の原則と展開　166

第8節　スーパービジョン ……………………………………………… 172

　　1　コミュニティソーシャルワークスーパービジョンの必要性　172

　　2　スーパービジョンの機能　173

　　3　コミュニティソーシャルワークスーパービジョンの視点　174

　　4　コミュニティソーシャルワーク機能と組織・地域・保健福祉システ
　　　　ムとの関係性　175

　　5　コミュニティソーシャルワークスーパービジョンの目的と
　　　　留意点　176

　　6　コミュニティソーシャルワーク実践展開によるスーパービジョンの
　　　　ポイント　177

　　7　コミュニティソーシャルワークスーパービジョンの課題　179

第9節　コンサルテーション ………………………………………… 182

　　1　コンサルテーションとは何か　182

　　2　コンサルテーションの方法　186

　　3　コミュニティソーシャルワークにおけるコンサルテーションの
　　　　ポイント——個別事例に対するグループコンサルテーションから　188

　　4　これからのコンサルテーションのあり方　191

第10節　福祉教育 ……………………………………………………… 193

　　1　「在宅福祉サービスの構造」の意味するところ　193

　　2　コミュニティソーシャルワークと福祉教育実践　195

　　3　当事者性を育むこと　197

　　4　福祉教育実践の形骸化——貧困的な福祉観の再生産　198

　　5　コミュニティソーシャルワークと福祉教育実践の地域化　200

　　6　福祉教育実践におけるコミュニティソーシャルワーカーの介入の
　　　　留意点　201

第4章 コミュニティソーシャルワークの実践事例 ──────── 205

第1節 富山県氷見市社会福祉協議会──地域アセスメント ………… 207

1 地域アセスメントを意識する以前の実践 207

2 地域アセスメントの必要性の認識 208

3 地域アセスメントを実践するための体制整備 209

4 地域アセスメントシートの導入 210

5 地域アセスメントから地域支援、個別支援へのつながり 211

6 地域アセスメントを軸にした事業展開 213

第2節 秋田県藤里町社会福祉協議会──個別アセスメント・ニーズ把握
………………………………………………………………… 215

1 組織として取り組んだ藤里町地域福祉トータルケア推進事業
──ネットワーク活動事業からトータルケア推進事業への移行 216

2 総合相談・生活支援システムの構築 218

3 福祉を支える人づくり 219

4 介護予防のための健康づくり・生きがいづくり 220

5 福祉による地域活性化（⇒福祉でまちづくり） 220

6 次世代の担い手づくり 221

第3節 千葉県鴨川市──プランニング ……………………………… 223

1 本事業の企画 223

2 本事業の主な取り組み 226

3 本事業での地域内変容 227

4 コミュニティソーシャルワーク実践における重要ポイント 231

5 考察 233

第4節 香川県琴平町社会福祉協議会──サービス開発 …………… 235

1 琴平町社会福祉協議会は 235

2 在宅福祉サービス 236

3 住民主体 238

4 新しいネットワーク 240

第5節 三重県伊賀市社会福祉協議会──サービス開発 …………… 242

1 地域の福祉課題解決の歴史 242

2 働く場と理解や共感の場としての障がい者作業所づくり 243

3 必要なところに出かける外出援助 245

目　次

4 外国籍住民の突然の保育需要　247

5 大きな課題は専門家も交えて検討　248

6 地域福祉計画への反映　249

7 地域住民が地域の課題解決に主体的に参加するために　250

第6節 大阪府豊中市社会福祉協議会──システムづくり ……………… 254

1 豊中市社会福祉協議会の活動　254

2 公民協働で支えるセーフティネットの構築とコミュニティソーシャルワーカーの役割　256

3 制度の狭間の課題から仕組みづくりへ　258

第7節 長野県茅野市──地域福祉計画 ……………………………… 262

1 「福祉21ビーナスプラン（茅野市地域福祉計画）」の概要　263

2 プラン策定から提言・実践までを住民参加で　264

3 公民協働で進める保健福祉サービスセンター　265

4 「生活課題の早期発見と解決につなげる仕組み」の確立に向けて
　　　──茅野市社会福祉協議会地域生活支援係の実践から　266

5 地域包括ケアシステムの推進に向けて　267

第8節 豊島区民社会福祉協議会
　　　──コミュニティソーシャルワーカーの配置 ……………… 269

1 制度の狭間、社会的孤立、福祉お断りのシール　269

2 ＣＳＷ事業を6圏域で展開　269

3 ＣＳＷ活動のなかから子どもたちの学習支援活動が始まった　272

4 住民とはフラットな関係のなかで学びあい、支えあいの視点からまちづくり　273

5 地域福祉サポーターでおたがいさまのまちづくり　274

6 スーパーバイズ機能、担当スタッフへの研修の充実を図る　275

7 今後のＣＳＷ事業展開に向けて　276

第9節 社会福祉法人同愛会
　　　──施設におけるコミュニティソーシャルワーク ………… 277

1 地域公益活動への取り組み　278

2 障害者福祉制度とコミュニティソーシャルワーク　278

3 知的障害者の地域生活について　279

4 知的障害者の障害　281

5 知的障害者におけるケアマネジメントについて　282

目　次

6 就労について　283

7 支援について　284

第5章　コミュニティソーシャルワークの拡充に向けて ──── 287

第1節　コミュニティソーシャルワークの新たな展開 ……………… 288

1 本節の目的　288

2 これからの地域福祉のあり方に関する研究会報告　289

3 安心生活創造事業の目的と3原則　291

4 安心生活創造事業の具体的な取り組み　296

5 安心生活創造事業でのモデル提示と成果　300

6 安心生活創造事業の成果を踏まえた今後のコミュニティソーシャル
ワークの方向性　301

7 生活困窮者自立支援とコミュニティソーシャルワーク
──地域福祉の制度化とCSW　305

第2節　災害時支援とコミュニティソーシャルワーク
──東日本大震災に学ぶ ……………………………………… 309

1 東日本大震災の特色と課題　309

2 社会生活モデルを基にした被災後のステージごとのアセスメント
要件　311

3 ＩＣＦの視点に基づく被災者支援のアセスメント要件　313

4 生活再建、復興支援における課題とコミュニティソーシャルワーク
アプローチ──新しいサービス開発、システム開発の重要性　314

あとがき

監修・編者・執筆者一覧

序章

新しい社会福祉としての
地域福祉と
コミュニティソーシャルワーク

1 ▶ 地域福祉と福祉コミュニティ
──ケアリングコミュニティの創生

　社会福祉において地域住民あるいは地域福祉という用語が法律上登場してくるのは古いことではない。1990年の「社会福祉関係八法改正」の一環で、社会福祉事業法が改正され、その社会福祉事業法第3条の2として"地域等への配慮"が規定され、"社会福祉事業その他の社会福祉を目的とする事業を実施するに当たっては、医療、保健その他関連施策との有機的な連携を図り、地域に即した創意と工夫を行い、及び地域住民等の理解と協力を得るように努めなければならない"という法律上の規定が最初である。この考え方は、2000年の社会福祉事業法の社会福祉法への改称・改正でよりその趣旨が明確化され、その第4条で"福祉サービスを必要とする地域住民が地域社会を構成する一員として日常生活を営み、社会、経済、文化その他あらゆる分野の活動に参加する機会が与えられるように、地域福祉の推進に努めなければならない"と規定された。

　このような新しい社会福祉の考え方である地域福祉について、それを社会福祉学の分野で明確に整理し、打ち出したのが岡村重夫である。岡村重夫は『地域福祉研究』において「地域福祉の概念成立の第1の条件は、地域福祉の主体としての地域共同社会の成立であり、それは生活者としての住民の立場を貫徹し得る地域社会構造の再編成を援助する社会福祉の組織化活動を不可避とするものである[1]」と指摘し、奥田道大のコミュニティ論を援用して一般コミュニティと福祉コミュニティとの2元論を提起した。つまり、コミュニティは"市民社会型地域社会であり、生活者としての住民の主体的参加、近隣社会の一員として個人が負担すべき地域的連帯責任を自覚できるような活動への主体的参加を前提としたもの"であるが、そのような一般的コミュニティでは"社会的不利条件をもつ特定少数の人々を隣人として、また対等の仲間として受容し、支持することが望まれるとしても、社会福祉的援助まで期待できないので、社会的不利条件をもつ少数者の特殊条件に関心をもつ「福祉コミュニティ」が下位集団として必要である"と考えた。したがって、「福祉コミュニティ」は「社会福祉サービスの利用者ないし対象者の真実の生活欲求を充足させるための組織である」と整理した[2]。

　岡村重夫のこの整理は一見して正しいように思えるが、今日の段階では福祉サービスを必要とする人々を"社会的不利条件をもつ特定少数の人々"と考えるのには抵抗がある。また、一般コミュニティでは受容・支持・援助が難しいから一般コミュニティとは別に福祉コミュニティをつくると言ったのでは、"地域における新たな「支え合い」"を

1　岡村重夫『地域福祉研究』柴田書店, p.12, 1970.
2　岡村重夫『地域福祉論』光生館, p.87等, 1974.

構築する必要があるという政策と矛盾するし、社会福祉法第4条の理念も具現化できない。

　岡村重夫が指摘した1970年頃ならいざしらず、今日では認知症高齢者の介護・支援、一人暮らし高齢者の孤立、日常生活支援をみても、知的障害者や精神障害者の地域自立生活支援を考えても、さらには核家族の、共働き世帯の子育てを考えても社会福祉サービスを必要としている人は特定の、少数者が抱える生活問題ではない。農業中心の時代に作られてきた昔ながらの血縁的・地縁的地域を前提とした支え合いではなく、市民型地域社会としてのコミュニティに再編成されていかなければ住民の安全と安心の生活は保証されないところにきている。その意味では、一般コミュニティと福祉コミュニティとの2元論ではなく、一般コミュニティを福祉コミュニティにつくり変えていき、地域に住んでいる社会的不利条件をもつ少数者の特殊条件に関心をもち、それらの人々を受容し、支持しつつ、援助できる新しい地域社会（包摂型地域社会、ケアリングコミュニティ）を創造することが求められている。

　ところで、農業社会でつくられた昔ながらの血縁的・地縁的地域がもつ機能は、急激な都市化、工業化、核家族化のなかで失われてきたが、多くの国民はその意味を十分理解しないで今日まで暮らしてきた。

　しかしながら、ここ数年孤独死・孤立死の問題や先進諸国のなかでも高く、かつ減少しない自殺者の問題等がクローズアップされ、社会的にも"無縁社会"、"孤族"という用語が使われるようになってきた。

　東京都目黒区では、65歳以上の高齢者約5万人の内、1週間に他人と話す機会の回数が0～1回の高齢者が全体の2％（約1100人）いるという調査結果が出た（2011年）[3]。1週間も他人と話をする機会をもてずにいる人の生活が想像できるだろうか。いかに孤立しているかを物語る数字である。他方、一定の地域における65歳以上の高齢者の比率が50％を超えた限界集落というものが、総務省の調査で2010年現在全国で1万か所以上存在する。ここでは、地域社会が自然発生的につくり、有している冠婚葬祭や地域生活維持のための活動がままならなくなり、かつ"買い物難民"になり、日常生活を維持していく上での理美容の問題、金銭の出し降ろしの問題、病院への通院の際等への公共輸送手段の問題が深刻になってきている。この限界集落の問題は、1970年代に建設された大都市部の集合住宅団地や東京近郊の千葉県、埼玉県等の戸建て住宅団地においても深刻になってきている課題でもある。

　人間は一人では生きていくことができない。社会学者のハウス（House, J. S.）は人間

3　目黒区介護保険事業計画策定の一環として行われた住民のニーズ調査。

が人間として生きていくのには四つのソーシャルサポートネットワークの機能が必要だと指摘している。

第1には、喜びや悲しみを共に共有する人が側にいるかということ。電話という手段も含めて自分の喜びや悲しみを伝え、傾聴してくれ、共感してくれる機能をもっているか、声をかけてくれる人がいるかという情緒的サポート（支援）の有無の問題である。

第2には日常生活上のちょっとしたお手伝いをしてくれる手段的サポートのこと。限界集落である徳島県美馬市木屋平地区では、"ベッドサイドから診察室まで、スーパーから冷蔵庫まで"といった趣旨を大切にした輸送サービスを軸にした生活支援の活動を住民自身がNPO法人を設立し、サービスを提供し、活動している。

第3には、一人の人間としての尊厳を護り、社会的な役割を担ってもらい、人としての評価をしてくれる評価的サポートである。ややもすると自尊感情がもてない、自己肯定感が脆弱な知的障害者、精神障害者、認知症高齢者の尊厳を護り、社会的役割を担えるように支援することである。

第4は、日常生活に必要な情報を教えてくれる情報的サポートである。一人暮らし高齢者になり新聞を取っていなかったり、字が小さくて読むのがおっくうになっていたり、意外と福祉サービスを必要としている人がそれらのサービスが必要であるにもかかわらず"情報過疎"の状況におかれている。その支援が求められている。

このようなソーシャルサポートネットワークが個々の人にどれだけあるかがこれからは大きな課題になる。従来、その機能は同居の家族や血縁的・地縁的地域の人々が担っていたが、都市化、工業化、核家族化のなかでそれが壊れ、改めて日常生活圏域ごとに再構築することが求められているし、限界集落でもこれらの機能が脆弱化している。

このような無縁社会、限界集落の問題や先に述べたように"社会的不利条件をもつ特定少数の人々"を住民が日常生活している圏域である地域社会から疎外し、地域から排除するのではなく、それらの人々を受け入れ、包含し、共に生きていくコミュニティに生活圏域を変えていくためには改めて市民活動とは何か、ボランティア活動とは何かを考える必要がある。ややもすると、ボランティア活動と市民活動とを分けて考えがちであるが、一人ひとりの人間が地域づくりに参加し、かつ地域づくりの際に"社会的不利に陥っている人々"に関心を寄せ、地域に包含できるように働きかけていく活動を行うならば、取り立ててボランティア活動と声高に叫ぶこともない。市民活動が活発でなく、住民がエゴイスティックな活動に陥りがちな際は、住民のなかでそのことに気がついた人の活動としてボランティア活動が求められる。改めて、市民活動とボランティア活動との関係を考えてみる必要がある。言葉を換えて言えば、"特定の人が行うボランティア活動をなくして、全ての人がボランティア精神を豊かにもち、当たり前の市民活

動を活発にするために、我々は今ボランティア活動をしている”といった意識的なケアリングコミュニティが必要となっている。

　まさに、特別な「福祉コミュニティ」をつくらなくてもいいように、我々は「一般コミュニティ」を「福祉コミュニティ」につくり替えていくことが、誰もが望む安全と安心の地域をつくることになる。その“仕掛け”をどうつくるかが問われている。

2 ▶ 地域包括ケア時代における　コミュニティソーシャルワーク

　日本の社会福祉行政・政策は1990年に「コペルニクス的転回」を行った。すでに述べたように1990年の社会福祉関係八法改正により、かつての中央集権的機関委任事務から基本的に市町村の団体委任事務へ社会福祉行政は大きな転換が図られた。そこでは、社会福祉行政は市町村が責任をもって行うこととなり、そのための一環として在宅福祉サービスの整備を計画的に推進することが求められた。このような考え方は、戦後社会福祉行政の骨格・基本的考え方を示していた1951年に制定された社会福祉事業法が2000年に社会福祉法へと改称・改正されることにより、より明確になってくる。2000年の社会福祉法は個人の尊厳を旨として、地域での自立生活を支援することを目的に、保健・医療・福祉の連携を求めた。

　今や社会福祉行政は地域に焦点化されている。団塊の世代が後期高齢者になる2025年を待たず、保健・医療・福祉・住宅・インフォーマルケアを有機的、一体的に提供できる地域包括ケアシステムの構築が喫緊の課題である。同時に、閉じこもりや生活のしづらさを抱えている人等を地域から排除するのではなく、発見し、包摂していくことを目的とした生活困窮者自立支援法の理念、あるいは社会福祉法人の地域貢献、あるいは数次にわたる「地域一括法」による社会福祉行政のより一層の市町村主権化等地域福祉が社会福祉行政のメインストリームになっている。このような時代状況のなかで求められているのはコミュニティソーシャルワーク機能である。

　コミュニティソーシャルワーク機能が意識化されたのは、イギリスの1982年のバークレイ報告（「ソーシャルワーカーの役割と任務」）で、地域自立生活支援には制度的サービスを活用した専門的個別支援と近隣住民によるインフォーマルケアとを統合的に提供しようとする新たなソーシャルワークアプローチの提言であった。

　1930年代にアメリカで発展・整理された社会福祉援助方法であるケースワーク、グループワーク、コミュニティオーガニゼーションという3分類を統合化させる必要性の論議が1970年代にアメリカやイギリスで展開される（『Integration of Social Work

Methods』1977年、日本語訳『社会福祉実践方法の統合化』ミネルヴァ書房、1980年参照）が、それに大きな影響を与えたのが1968年のイギリスのシーボーム報告であり、その報告を受けて1970年に成立したイギリスの「地方自治体社会サービス法」による実践であった。しかしながら、ソーシャルワークに関する方法論を一元化させ、地方自治体に社会サービス部を設置してソーシャルワークを展開しても問題解決につながらないことから、改めてバークレイ委員会でソーシャルワーカーの役割と課題が論議され、地域での自立生活支援には強弱の違いがあるものの、近隣住民によるインフォーマルケアの重要性を指摘した報告書の内容であった。

　日本では、バークレイ報告書の内容が大いに論議されたが、必ずしもその理念の具現化やシステム化には結び付かなかった。そのような状況下にあって、その内容を活かそうと考えた唯一といっていいものが、1990年に出された厚生省の「生活支援事業研究会」（座長大橋謙策）の報告書である。「生活支援地域福祉事業（仮称）の基本的考え方について」と題する報告書では、相談機関や社会福祉行政の窓口にきて相談している顕在化したニーズだけでなく、福祉サービスを必要としていながら相談に来ていない、来られない人の潜在的ニーズをどう発見し、どうサービス利用に繋げ、問題解決を図れるかが大きな課題であると指摘した。同時に、それら福祉サービスを必要としている人の問題は、従来の社会福祉が問題としてきた経済的貧困とは異なり、新たな対応が必要であることを指摘している。社会的孤立、単身者の入院時・退院時の支援、家庭内暴力、学校不登校（学校拒否児・当時）、生活管理・家政管理能力の脆弱な人、複合的な問題を抱えた家族、在住外国人で生活問題を抱えている人等を例示列挙して、その対応には既存の制度的サービスだけでは十分でないので、専門多職種がチームを組んで、援助方針を立案して対応していく必要性を述べている。それらの一連の業務の中核的役割を担うものとして地域福祉コーディネーター（コミュニティソーシャルワーカー）が位置づけられた。この報告書でコミュニティソーシャルワーク機能の重要性が意識され、1991年からそれを具現化すべく「ふれあいのまちづくり事業」という１か所５年間継続の大型補助事業が始められた。

　この研究会での論議や「ふれあいのまちづくり事業」の評価を通して、イギリスのバークレイ報告の直輸入でなく、日本的状況を踏まえたコミュニティソーシャルワークの機能の整理が必要だと考え、筆者なりに整理したコミュニティソーシャルワークの定義は以下のとおりである。

　「コミュニティソーシャルワークとは、地域に顕在的、潜在的に存在する生活上のニーズ（生活のしづらさ、困難）を把握（キャッチ）し、それら生活上の課題を抱えている人や家族との間にラポール（信頼関係）を築き、契約に基づき対面式（フェイス・ツー・

フェイス）によるカウンセリング的対応も行いつつ、その人や家族の悩み、苦しみ、人生の見通し、希望等の個人因子とそれらの人々が抱えている生活環境、社会環境のどこに問題があるのかという地域自立生活上必要な環境因子に関して分析、評価（アセスメント）する。その上で、それらの問題解決に関する方針と解決に必要な方策（ケアプラン）を本人の求め、希望と専門職が支援上必要と考える判断とを踏まえ、両者の合意で策定する。その際には、制度化されたフォーマルケアを有効に活用しつつ、足りないサービスについてはインフォーマルケアを活用したり、新しくサービスを開発するなど創意工夫して、必要なサービスを統合的に提供するケアマネジメントの方法を手段とする個別援助過程が基本として重視されなければならない。と同時に、その個別援助過程において必要なインフォーマルケア、ソーシャルサポートネットワークの開発とコーディネート、並びに〝ともに生きる〟精神的環境醸成、ケアリングコミュニティづくり、生活環境・住宅環境の整備等を同時並行的に、総合的に展開、推進していく活動、機能である」

　日本では、2000年以降社会福祉士養成教育課程が改訂され、従来のケースワーク、グループワーク、コミュニティオーガニゼーションという社会福祉援助技術が一元化されソーシャルワークとなったが、実践的には相変わらず、相談の来談者へのカウンセリング的ケースワークの考え方や治療的に支援を考える考え方が十分払拭されているとは言い難い。それは、長らく機関委任事務体制のなかで、サービス利用申請者を相手に考えてきたという文化でもあった。

　しかしながら、ソーシャルワークは全米ソーシャルワーカー協会の考え方ではないが、ソーシャルワーカーは地域に存在する福祉サービスを必要とする人を発見し、信頼関係を築き、その人の意思を尊重し、その人の了解の下に必要な制度的サービスを利用することに関わり、もし制度的サービスが十分でなければ、制度的サービスを増やすことや、新しいサービスを開発することに関わることが業務である。したがって、制度的サービスを適用できるかどうかといったサービス利用の可否の判断だけをしている人や制度内サービスのみを提供することを考えている人は基本的にはソーシャルワーカーとは呼べない。まして、地域自立生活支援の視点から考えると、近隣住民のインフォーマルケアを育成し、組織化し、制度的サービスと有機化して、統合的にサービスを提供して自立生活を支援するというコミュニティソーシャルワーク機能からはほど遠いと言わざるを得ない。地域包括ケアが求められているこの時代には、コミュニティソーシャルワーク機能こそが重要であり、問題の鍵を握っているといっても過言ではない。

　2008年３月に出された『これからの地域福祉のあり方に関する研究会』の報告書「地域における「新たな支え合い」を求めて——住民と行政の協働による新しい福祉」は、この間の地域における生活のしづらさを抱えている人々の問題を全面的に取り上げ、その解決には、行政と住民の協働が必要であり、その機能はコミュニティソーシャルワー

クであることを明確に打ち出した。この報告書の考え方に基づき、2010年から「安心生活創造事業（モデル事業）」が始まった。その考え方は、2015年から全国の市町村で展開される「生活困窮者自立支援法」の制度へと発展している。

3 ▶ 新しい地域福祉の地平を拓くコミュニティソーシャルワーク

　コミュニティソーシャルワークは新しい社会福祉を切り拓く実践思想であり、新しい社会福祉システムを創造する哲学である。

　社会福祉の歴史は、長らく自らの労働力を社会的に行使・活用して経済的に自立生活を送ることができない労働不能者および「鰥寡孤独」の人々を救済する制度を中心に、経済秩序を維持する施策の補充・代替機能を受け持つ経済外秩序システム・救貧システムとして展開してきた。しかしながら、地域福祉は、社会福祉六法体制の枠外の、"その他の福祉"としての位置づけではなく、縦割り社会福祉行政を横断的に再編成する、ソーシャルワーク機能を軸にした新たな社会福祉のあり方を示すものである。それは、生活機能上に障害のある人も社会の一員として共に生きる社会の創造を目指したソーシャルインクルージョン、ノーマライゼーションの思想を基底に、福祉サービスを必要としている人々が社会、経済、文化その他あらゆる分野の活動に参加できるように地域での自立生活を支援することを目的にしている。その思想は、少なくとも、救貧システムの延長に位置づけられるものではなく、新たな社会システム、新たな社会哲学に基づくものである。それは、行政が住民を管理・統制する政治・統治システムではなく、「第3の道」、ソーシャルガバナンスといわれる、行政と住民とのパートナーシップによる政治・統治システムを考え、住民相互の信頼、互酬、協働をアイデンティティとする新しい福祉コミュニティづくりを目指すものである。コミュニティソーシャルワークはその地域福祉の理念、哲学を切り拓く実践思想である。

　ところで、イギリスのバークレイ報告に基づきコミュニティソーシャルワークという考え方が紹介され、先に述べたように「生活支援事業研究会」の報告書でコミュニティソーシャルワークを軸にした新しい生活支援の在り方が提起され、かつそれを具現化させる「ふれあいのまちづくり事業」という大型モデル事業の補助金が支出されたにもかかわらず、その考え方は必ずしも十分理解され、実践されてこなかった。

　それは、コミュニティワークとコミュニティソーシャルワークとの違いが十分意識されなかったからでもある。コミュニティワークは、地域にある多様な生活問題のなかでも、地域住民の共通理解になりやすい問題にやや焦点を当てて、その解決・改善を図る

地域開発モデルであり、そのための関係組織の連絡調整が活動の中心になりがちである。そこでは、地域のごく少数の問題を取り上げ、その問題の普遍性を明らかにし、多くの住民が関心をもつよう働きかけ、問題を抱えている人を地域から疎外することなく、その人に必要なソーシャルサポートネットワークをつくり、活用できる制度的サービスと有機的につなげて、創意工夫してソーシャルワークを展開するという面では弱かったと言わざるを得ない。だからこそ、一般コミュニティでは解決できないので、福祉コミュニティをつくるという発想が出てくる。コミュニティソーシャルワークはそのコミュニティワークの弱点を補い、地域において個別課題を抱えている人の自立生活支援をコミュニティのもつエネルギーも活用して解決しようとするものである。それは、一般コミュニティと福祉コミュニティとを分けるのではなく、新しい社会福祉の哲学、新しい社会システムとしてのケアリングコミュニティである福祉コミュニティを構築しようとするものである。

　コミュニティソーシャルワークを軸に展開される地域福祉は、地域コミュニティ再生の救世主であり、新しい地域社会創造の造物主であるといったら過言であろうか。

【参考文献】
・大橋謙策「わが国におけるソーシャルワークの理論化を求めて」ソーシャルケアサービス従事者研究協議会編『日本のソーシャルワーク研究・教育・実践の60年』相川書房，2007.
・大橋謙策『地域福祉の新たな展開とコミュニティソーシャルワーク』社会保険研究所，2010.
・大橋謙策編著『講座ケア2 ケアとコミュニティ』ミネルヴァ書房，2014.

第1章

コミュニティ
ソーシャルワークの
概念

第 1 節

概念と特徴

はじめに

　コミュニティソーシャルワーカーは、最近活躍が注目されてきた地域福祉の専門職である。コミュニティソーシャルワーカーは、市民個々の生活ニーズに積極的に応え、その充足や解決にあたるとともに、地域のネットワークを広げ、福祉の地域づくりを推進するコーディネーターである。沿革であるコミュニティソーシャルワークの概念は、イギリスで1982年に公刊された通称「バークレイ報告」[1]で公式に示された。しかし同報告に対し少数派のハドレイ（Hadley, R.；1987）が「しかしながらその意味するところは、かなり古くからのものである。[2]」と述べたように、その歴史的源流は古い。加えて、ソーシャルワーク理論の形成において構築されてきた伝統的なコミュニティ・オーガニゼーションやコミュニティワークという概念とも異なる。日本では大橋謙策が1990年代後半以降にコミュニティソーシャルワークの考え方、援助方法とそれを展開できるシステムの必要性を再三強調してきたが、当然、イギリスで始められたバークレイ報告時代の用法とも異なる。また、バークレイ報告以降のコミュニティソーシャルワークもいくつかのジレンマを抱え、評価に幅ができていることも事実である。こうしたなかで海外でも、また日本でも、総じて研究者によってコミュニティソーシャルワークの概念や用法はさまざまである。当然、コミュニティソーシャルワークとは何か、その理解に幅が生じやすい。

　そこで本節では、今一度コミュニティソーシャルワークの歴史的背景を考察した上で、その本質的な特徴と基本的な構成要素などの把握を主眼において、その概念をある程度整理しておきたい。

1 ▶ 歴史的背景

　コミュニティソーシャルワークの実践と理論化はイギリスから始まっている。特に実践、つまり理論のルーツは19世紀末からのセツルメント活動から由来したソーシャル

1　*Barclay Report, Social Warkers; Their Role and Tasks*, London: Bedford Square Press, NCVO, 1982.（小田兼三訳『ソーシャル・ワーカー＝役割と任務』全国社会福祉協議会，1984.）

2　ハドレイ，R., クーパー，M., デール，P., ステイシー，G. 共著，小田兼三・清水隆則監訳『コミュニティ・ソーシャルワーク』川島書店，p.2，1993.

ワーク実践にあるといわれている。[3]

① ルーツとしてのセツルメント活動

　セツルメント活動とは、当時の知識人層（セツラーと呼ばれる）がスラムと呼ばれる大都市の貧困地域に住み込み（セツルメント）、人格的接触を通じて福祉の向上を図るために行ったさまざまな活動をいう。セツルメント活動は、スラムという地理的要因や共通の生活障害による少数者集団の地域における生活者としての主体形成とその条件づくりを目標とした。この活動は、プロテスタント型ヒューマニズムに支えられた社会改良的活動であり、学生や牧師、有産市民によるボランタリー・アクションを特徴としていたが、社会教育を重視した地域住民の組織化や、住民間の相互作用を促進し社会連帯を広げる活動、生活を共にするなかで住民と経験を分かち合い、さまざまな機関や団体との接触を広げる活動、自治体に働きかけ公共サービスを改善する運動など、かなり幅の広い実践を行っていたことが知られている。

　こうしてセツルメント活動は、近代的社会福祉実践の基盤を形成し、今日の住民参加と自治の発展の思想的基盤も形成した源流である。セツルメント活動は慈善組織協会（COS）と並んで、ソーシャルワークの理論化にも貢献した。セツラーたちは、貧困にあえぐ住民たちの良き相談相手となり、子どもたちの教育や青少年のクラブ活動、レクリエーション、市民相談所の運営など日々の実践を担うだけではなく、住宅改善や教育要求、法的整備などを自治体に求める活動など多様な実践へ広がりを見せていくようになったが、これら社会資源の改善と開発は、住民との対面的な日々の実践を積み上げる過程で認識していったものであった。

　これらの展開はコミュニティケア、なかでも地域ネットワークの緊密な発展がその原動力となったものであり、1968年のシーボーム委員会報告（報告16章、19章）がサービスの分権化と地域ネットワークを重視した背景でもある。こうしてこの時代における人と環境との直線的地理的結び付きが、コミュニティソーシャルワーク実践の原型を形作っていった。その後、「バークレイ報告」（1982年）がソーシャルワーカーをして「自分自身をネットワークの支柱と見なさなければならない」（報告13-43）とした根拠は、こうした歴史の経験的事実に裏書きされている。

　3　Stepney, P. and Ford, D., *Social Work Models, Methods and Theories: A Framework for practice, Community Social Work :Towards an Integrative Model of Pratice*, Russell House Publishing, p.108, 2000.

2 コミュニティワークとの概念整理

　しかし、イギリスでは、ソーシャルワークの方法論としてコミュニティソーシャルワークという概念の誕生前に、1960年代後半以降の方法論の専門分化という理論形成の流れを受けてコミュニティワークの概念が確立してくる。その契機となったのは、「シーボーム委員会報告」（1968年）、「スコットランド・ソーシャルワーク法」（1968年）、「ガルベンキアン報告」（1969年）、「地方自治体社会サービス法」（1970年）など一連の「シーボーム改革」と呼ばれるコミュニティケア政策の拡充・強化が進められたことによる。特に1969年からインナー・シティ問題に取り組んだコミュニティ・ディベロップメント・プロジェクト（CDPs）では、「困難や不利益な状況にある人たちの力を強めて、彼らが共通して置かれた境遇について、もっとコントロールできるようにする」[4]ためにコミュニティワークと呼ばれる方法が地域を基盤に展開されてくる。

　ジョーンズ（Jones, D.：1977）[5]によれば、コミュニティワークは、アメリカで理論化が進行したコミュニティ・オーガニゼーションだけではなく、土地の改良や住宅の開発、地域教育の振興、社会計画、ボランタリー・アクションまでを含む幅の広い地域環境改善の技術としてとらえられていた。その上で、コミュニティワークを「サービスの開発」「社会計画」「地域集団の育成」の三つのモデルに類型化した。つまりコミュニティワークは、社会福祉実践に固有な援助方法・技術という枠組みを越えたコミュニティケアの社会サービス全般に応用されていったこともあり、改めてソーシャルワーク固有の理論化が必要になってきたというイギリスなりの事情が生じたため、コミュニティソーシャルワークの理論化が課題となってきたという背景がある。

　この事情はアメリカでも同様である。コミュニティ・オーガニゼーションは他の用語である、コミュニティ・ディベロップメント、ソーシャル・ディベロップメント、成人教育（アダルト・エディケーション）など社会福祉領域を超えて用いられるようになった。このように、コミュニティワークとコミュニティソーシャルワークの両者は、理論と中核となる技法は共有する部分が多い。しかしながら、ジョーンズ（Jones, D.：1974）[6]やスメール（Smale, G.：1988）[7]らは、基本的な違いを理解する必要があるとし

4　三輪治「コミュニティ・オーガニゼーションの発達過程」若林龍夫編『社会福祉方法論』新日本出版社，pp.159 ～ 169，1965.

5　Jones, D., *Community Work in the United Kingdom*, Harry, H. and Vickery, A. eds., *Integrating Social Work Methods*, National Institute Social Services Library No.31, George Allen & Unwin, 1977.（岡村重夫・小松源助監修訳「イギリスにおけるコミュニティワーク」『社会福祉実践の統合化』ミネルヴァ書房，1980.）

6　Jones, D. and Mayo, M., *Community Work One.* London; Routledge, 1974.

7　Smale, G. et al., *Community Social Work : A Paradigm for Change.* London; NISW, 1988.

て、「コミュニティワークは、社会的正義や社会的不平等にかかわる問題をローカルレベルにおける政策変化を促しながら、地域住民を組織化し、集合的なアクションによりその解決を図っていくのに対し、コミュニティソーシャルワークは、ローカルサービスへのアクセスの利便性と効率性をより高めるシステムに焦点を置きながら、個々のサービス利用者のニーズを丁寧に満たす方法を模索するアプローチである」と述べている。

2 ▶ 代表的な概念とその背景

1 ソーシャルワークとコミュニティソーシャルワーク

　さて、ソーシャルワークと呼ばれる社会福祉援助活動では、援助利用者である個を大切にしながら、個を支える社会システムをどう形成するかが、合わせて追求される古くて新しい命題である。"ケースワークの母"と呼称されるリッチモンド（Richmond, M.）は、最初から「小売り的方法から卸売り的方法への上昇」「卸売り的方法から小売り的方法への下降」というソーシャルワークが本質とする全体像とその循環のプロセスを描いていた。しかし彼女は、専門職の確立を目標に、先ずは個を大切にする「小売り的方法」であるケースワーク理論を先に体系化することに心血を注いだ。その理由は医者であれ、弁護士であれ、当時の対人援助の専門職が総じて個人に対応する職業人としてその位置を確立しライセンスを得ることが近代社会の要請であったことによる。しかしその後アメリカのケースワークは「医学モデル」に準拠して理論化していったこともあり、個人の内面への関心という精神分析への傾斜や心理主義的偏向に陥り、「卸売り的方法」との機械的分離が進行していった。両者はその後、ケースワーク、グループワーク、コミュニティ・オーガニゼーションというソーシャルワークの3分法で発展していくことになった。

　一方、イギリスでは先に述べたようにコミュニティケアの長い伝統からソーシャルワークの理論化においても、「小売り的方法」と「卸売り的方法」は分けがたいものとして理論化が意識されてくる。こうして、『ソーシャルワーカーの役割と任務』と題したバークレイ報告において、コミュニティソーシャルワークという新しい考え方が表明された。コミュニティソーシャルワークとは、バークレイ（Barclay, P.）ら多数派委員の見解では、「地域を基盤としたカウンセリングと社会的ケア計画の統合したソーシャルワーク実践」ということができる。

　ここでカウンセリングとは、「クライエントとソーシャルワーカーの間の直接的コミュニケーションおよび相互作用の過程（「ソーシャル・ケースワーク」として知られ

ている）」と説明されている。また、社会的ケア計画は、「現在の問題を解決したり、または軽減するためにつくられる計画、および将来の社会問題の深刻化を防いだり、発生すると予測される社会問題に対応する資源を開発、強化することを目的とする計画」として広範囲な活動が例示されて説明されている。このように、コミュニティソーシャルワーカーには、個別ケアを担いながらも、ソーシャルケアプランナーとしての働きを合わせて求めた。具体的にはバークレイらは、一定の人口を有する地理的エリアでのインフォーマルケアや地域ネットワークを重視し、ソーシャルワーカーがチームで実践する援助システムを提案した。この点は、「ニーズをもつ家族や個人は、できるかぎり1人のソーシャルワーカーによってサービスを提供されるべき」としたシーボーム委員会報告（1968年）の結論に同意（報告10-34）しながらも、その限界を解決するためにソーシャルワーカーが活動する多職種のチームアプローチの重要性も強調した（報告9-23）。なお、イギリスのソーシャルワーク辞典では、コミュニティソーシャルワークを「地域を基盤とした支援を促進または維持しようとするソーシャルワーカーのアプローチ」と定義している。その具体的内容では、インフォーマルな支援を含むソーシャルネットワークの構築を重視している。

② 大橋理論にみるコミュニティソーシャルワークの概念

さて日本では、大橋謙策がコミュニティソーシャルワークの重要性を1990年代後半からしばしば強調し、次のように仮の定義をした。

「コミュニティソーシャルワークには、フェイス・ツゥー・フェイスに基づき、個々人の悩みや苦しみに関しての相談（カウンセリング）や個々人が自立生活上必要なサービスは何かを評価（アセスメント）し、必要なサービスを提供する個別援助の部分とそれらの個別援助をならしめる環境醸成やソーシャルサポートネットワークづくりとの部分があり、コミュニティソーシャルワークはそれらを総合的に展開する活動である[9]」

この定義は、バークレイら多数派意見の定義を下敷きにしている。やや違うのは、カウンセリングや、バークレイ報告では提起されなかったケアマネジメントのプロセスであるアセスメントなどが個別援助の手段に位置づけられており、社会的ケア計画という概念を用いず、環境醸成とソーシャルサポートネットワークを示している。この背景には、「バークレイ報告」以降に発展したソーシャルワーク理論、つまり利用者の直接的相談援助からケアマネジメント、チームアプローチ、セルフヘルプグループの支援、

8 　Thomas, M. and Pierson, J. ed., *Dictionary of Social Work*, Collins Educational, 1995.

9 　大橋謙策『社会福祉構造改革と地域福祉の実践』万葉舎，pp.46〜47，1998.

ソーシャルサポートネットワークづくり、コミュニティケア計画の作成を含むソーシャルワーカーの幅広い役割と任務を日本なりに整理し直し、コミュニティソーシャルワークの概念をより豊かに深化させたいねらいがあったと思われる。実際、大橋は2003年、2005年、2006年とコミュニティソーシャルワークを発展的に定義し直している（序章参照）。

　2006年の定義は、かなり具体的構造的で、ケアマネジメントやICF（国際生活機能分類）、ストレングス視点などを大幅に組み込んでいる。「ニーズキャッチ」の方法は、援助技術の課題であり、同時に援助システムの確立が欠かせない。ニーズキャッチ機能ではアウトリーチ手法を重視している。「カウンセリング的対応」とは、ラポールと契約に基づく利用者と援助者との直接的コミュニケーションと相互作用に限定して用いており、バークレイらがケースワークという用語を意識的に避け、カウンセリングをその代わりに用いたのとはニュアンスが異なる。ケアマネジメントのプロセスでは、「アセスメント」で人生の見通し、希望等の個人因子を新たに明示し、環境因子を含めて ICF の視点や枠組を盛り込んだ。また、「ケアプラン」や「サービスを総合的に提供」する個別援助過程の重要性を強調している。こうして個別援助活動の全体は、ケアマネジメントを手段とするソーシャルワークが担い、個を支えるソーシャルワークには例示的に、インフォーマルケア、ソーシャルサポートネットワークの開発とコーディネート、ならびに"ともに生きる"精神的環境醸成、福祉コミュニティづくり、生活環境の改善等生活環境の整備が含まれているとした。

　まとめると、コミュニティソーシャルワークは、人々の生活・人生の再建とともに地域の再建・成長を目指す実践である。換言すれば、コミュニティソーシャルワークは、ケアマネジメントを軸とする個別援助を担いながら、援助を個別化するだけでなく、将来の同様なニーズの発生を予防または減少させるためにむしろ社会化する志向に力点が置かれた実践である。大橋理論では、コミュニティソーシャルワークは個々の地域自立生活支援を丁寧に担いながらもそれに留まらず、生活基盤の整備に向けた地域資源の活用や開発、社会関係の調整と改善に向けた啓発・教育活動、福祉計画づくり、福祉利用者や広範な市民の組織化、地域における総合的なサポートシステムの構築などを主な柱としたソーシャルワーク実践の統合的な方法としてとらえられている。

③ さまざまなコミュニティソーシャルワーク概念とそのジレンマ

　しかし大橋のコミュニティソーシャルワークの枠組みは、ペイン（Payne, M.）が『ソーシャルワークとコミュニティケア』（1995年[10]）で示したコミュニティケアにおけ

るコミュニティソーシャルワークの位置づけとは多少異なる。ペインは、カウンセリングと呼称したクリニカルソーシャルワーク、ケアマネジメント、コミュニティソーシャルワークは重なる部分もあるが、相対的に独立したソーシャルワークの三つの役割としている。この背景には、バークレイ報告以降のコミュニティソーシャルワークに対する評価が関係していよう。

　ハドレイや、スメール（Smale）、ホールマン（Holman）らによると、イギリスにおける1980年代のコミュニティソーシャルワークは、共通点が多い[11]。例えば、インフォーマルネットワークの開発や初期介入の強調、予防的活動の重視、地域社会資源の開発と活用への期待、地域住民の相互援助に対するエンパワメントなどである。そのため、自治体専門職のチームによる小地域担当制であるパッチシステム（patch system）の開発が行われ、住民参加や地域の関与を促し、より統合的なサービスの開発に向かった。いわばコミュニティソーシャルワークの黄金期であったと思われる。

　しかし、1990年代におけるコミュニティソーシャルワークは、それほど注目を浴びなかったばかりか、むしろ失速気味に推移した。その理由は、それぞれの地域実践を理論化するのに難しさを感じたからにほかならない。ハドレイによると、この背景には地方自治体の自治権、とくにキャップ（裁量的支出を制限するルールの一つで上限設定したもの）支出を減らし、必須サービスを子どもと特定の利用者に限定し、他の福祉利用者に対応するサービスは市場メカニズムによる供給システムを導入した政府施策の結果であったという。ホールマンは、コミュニティソーシャルワークの著しい弱体化の原因を三つあげている。第1は、クリーブランドにおける子ども虐待事件に対するコミュニティソーシャルワーカーたちの拙劣な対応がメディアからの批判を浴び、それ以降、地方自治体の社会サービス部は、主な福祉資源を行政的な介入に集中させたことで地域のもつ問題解決基盤やパートナーシップを弱めたことである。第2に、コミュニティソーシャルワーカーたち自身が、職業的信用を高める努力を徐々に曖昧にしたことによる。第3に、より集権的な市場主義的アプローチに傾き、マネジメント的な傾向を増やしたことでコミュニティソーシャルワークの働きを失速させたことによるという。コミュニティソーシャルワークを弱化させたその他の要因では、1990年代の二つの主な動向をあげることができる。一つは、コンシューマーイズムに代表されるように利用者の市民的権利を強化し、エンパワメントを促進するための動きがあったことである。二つ目は、

10　Malcom Payne, *Social Work and Community Care*, London, Macmillan 1995.（邦訳版は，杉本敏夫，清水隆則監訳『地域福祉とケアマネジメント―ソーシャルワーカーの新しい役割』筒井書房，1998.）

11　Paul Stepney and David Evans, *Community Social Work: Towards an Integrative Model of Practice*, Paul Stepney and Deirdre Ford eds. *Social Work Models, Methods and Theories*, Russell House Publishing, p.110, 2000.

コミュニティケア改革のなかで、ケアマネジメントの制度的進展に伴いコミュニティソーシャルワーカーがケアマネジャーとして再配置されたことによる。

　しかしながら、イギリスにおいてもコミュニティソーシャルワークはその生命力を枯渇させてはいない。それは、コミュニティソーシャルワークの技術をより効果的に発展させる機会として、地域ネットワークの重要性が再び着目されてきたことをあげることができる。この背景には、政府（ブレア政権）が効果的で効率的な財政運営を福祉サービスにも求めてきたという政策転換の結果、市民とのパートナーシップの促進、予防活動の重視、ローカルサービスの開発、地域の再建などを再びソーシャルワーカーの働きとして期待してきたことがある。このように事情は複雑であるが、イギリスにおける今後のコミュニティソーシャルワークでは、マイノリティグループの社会的排除を予防し、コミュニティの多様性を認めていくソーシャルインクルージョンを強めていく変革者としての役割が求められつつある。前述した大橋のコミュニティソーシャルワーク概念の修正と深化には、こうした事情が反映していると思われる。

　日本でもイギリスの文脈とは違った視点から、加納恵子はコミュニティソーシャルワークをケースワーク（個別援助）モデルの発展型としてとらえ、むしろコミュニティワークのもつ協働アプローチの重要性を述べ、コミュニティソーシャルワークへの疑問を表明している[12]。また、平野隆之は従来のコミュニティワークには含まれない直接援助技術を含んだ用法として「地域福祉援助技術[13]」を新たに提唱している。G. ブルーグマンら[14]は、コミュニティソーシャルワークを直接的と間接的に分け、ソーシャル・ケアマネジメント、地域福祉計画、地域プログラム開発、地域組織化、地域社会開発を説明しているが、総じてコミュニティ基盤のソーシャルワーク実践を網羅している。

　このように、コミュニティソーシャルワークの概念は未だ統一されたものではないが、筆者の理解は『精神保健福祉法時代のコミュニティワーク』（1996年）[15]のなかで、図1－1のような構造を示した。

　コミュニティソーシャルワークを強調する利点は、ソーシャルワーカーの働きを臨床家というシステムの一要素に固定し、実践全体を狭い臨床技術に限定することを避けた点にある。ソーシャルワークは、クライエントの個別課題状況に応じてその解決を援助

12　加納恵子「コミュニティワークの主体のとらえ方」高森・高田・加納・平野著『地域福祉援助技術論』相川書房，p.81，2003.

13　平野隆之「コミュニティワークから『地域福祉援助技術』へ」高森・高田・加納・平野著『地域福祉援助技術論』相川書房，pp.32 ～ 40，2003.

14　ウィリアム. G. ブルーグマン，スン・レイ・ブー，前田美也子『コミュニティソーシャルワークの基礎』トムソンラーニング，2002.

15　田中英樹『精神保健福祉法時代のコミュニティワーク』相川書房，p.88，1996.

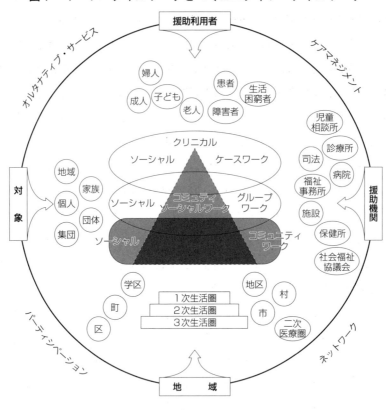

図1-1 ソーシャルワークとコミュニティソーシャルワーク

する「小売り的方法」に収斂するばかりがその働きではない。アメリカにおける個別援助技術は、さまざまな対象属性に応じて何らかの専門臨床技術として発展し、クリニカルソーシャルワークを形成してきたが、日本ではむしろシステムそのものに働きかける役割を強調することがソーシャルワーカーの固有性を明確にするためにも今日最も求められている視座と思われる。ソーシャルワーカーには、個別の援助実践と切り結ぶ形で地域社会全体をも対象とし、個別事例への援助と地域社会への働きかけを統合的に扱うことが求められる。

3 ▶ 考え方の本質的特徴

　考え方の本質的特徴を考察する前に、イギリスにおけるコミュニティソーシャルワークの考え方で、次の比較がわかりやすいので紹介しておく。
　表1-1はカナダ・ケベック州ラーベル大学のガイ教授（Guay, J.）が伝統的なクライエント中心のアプローチとコミュニティ志向のアプローチを対比していてわかりやすい。また、コミュニティ・アプローチに移行させるための変革点も述べられている。

表1-1　ソーシャルワークにおける伝統的アプローチとコミュニティ志向のアプローチとの比較

伝統的アプローチの特徴	コミュニティ・アプローチの特徴	コミュニティ・アプローチに移行させるための変革点
【事後反応的】 利用者のネットワークではもはや対処することができない、または状況が悪化したときに、サービスの要請に対してワーカーは介入する。	【予防的／率先的】 利用者のネットワークではもはや対処することができない、または状況が悪化する前に、サービスが要請される前にワーカーは介入する。	1. 率先的な介入で、事後反応的な対応を減少させる。 2. 個々の専門家の仕事に基づいたケース・バイ・ケースの対応を減少させる。 3. コミュニティとの相互作用を強める。
【一定の距離をおいたサービス】 専門家の実践は官僚的かつ制度的規範によって影響される。特定の定められたプログラムによって決められていることが多い。 個々の利用者の緊急で多数の要求が優先的に対処される。	【コミュニティに密着したサービス】 専門家の実践は、利用者がおかれている社会的環境や生活状態によって決められる。	1. 地域に求められるプログラムを企画・実施・評価する方法の多様性と柔軟性。 2. 個々人を事業によって縦割りで分類することなく、全体としてみる。 3. インフォーマルネットワークの重要性を認識する。 4. 専門家の権限を分け合う。
【専門家の権限に基づく】 ワーカーは、利用者の問題解決に対して全権を握っている。	【権限の共有に基づく】 ワーカーは市民や自発的な援助者と権限を分かち合う。	ワーカーは直接的な権限の一部を、市民や自発的な援助者に移行する。
【個別的な利用者中心主義】 介入は個別的な利用者にのみ焦点を当てる。 評価は、主に利用者の内面的な問題や病理に注目する。	【ソーシャルネットワーク中心主義】 介入は、利用者を取り巻くソーシャルネットワークに焦点を当てる。 評価は、自律や適応能力、権限を分かち合うことに中心がおかれている。	ワーカーは潜在的利用者やまだ利用者になっていない人に対して主たる支援者になる人を発見し、支援し、主たる介護者に期待される権限の度合いを評価する技術を高める必要がある。

（カナダ・ケベック州ラーベル大学ジェローム・ガイ教授による研修資料から翻訳修正）
出典：Hadley, R., et al., *A Community Social Workers Handbook*. London : Tavistock, pp.8～9, 1987.

次に、ここではコミュニティソーシャルワークの特徴を7点で示しておきたい。

(1)　地域基盤のソーシャルワーク実践

　コミュニティソーシャルワークがソーシャルワークであることの基本的性格には変わりがない。違いは施設や病院など機関内の属性別・分野別のソーシャルワークとは性格が異なり、ジェネラルソーシャルワークとしての性格から、その展開はあらかじめ限定された一定の地域エリアで、地域と結び付いて活動するところに特徴がある（地区担当制）。この場合、利用者に即応した関連制度やサービス資源だけではなく、地域社会に

潜在する人材、情報、組織、団体、資金などを発掘し、社会資源として改善・活用・開発していくことも含まれる。

(2) 個別化と脱個別化の統合

　援助の個別化はケースワーク、グループワーク、コミュニティワークのいずれをとってもソーシャルワークの原則である。個別化では利用者個々の直接援助活動を丁寧に行い、利用者の権利擁護、自己実現、願いや希望に添って、利用者の主体的参加を引き出し、問題対応能力を高めるエンパワメント視点の援助が重視される。しかし、個別化のままでは問題を特殊化するだけでコミュニティソーシャルワークにつながらない。個別化とは全く別のベクトルである脱個別化を統合するのがコミュニティソーシャルワークである。脱個別化とは、個別化した援助に留まらず、幅広い社会文脈の中でニーズや事例の普遍性を見ようとする視点である。脱施設化では、同様にニーズの将来発生を予防または対処できるように事前反応的な介入による地域の解決基盤の強化につなげることが求められる。

(3) 個別アセスメントと地域アセスメントの連結

　ニーズ把握では、潜在的なニーズを掘り起こし早期にキャッチすること、アウトリーチ展開やサービスへのアクセス障壁をなくすことが重視される。個別アセスメントは、ケアマネジメントの手法を基本に行われる。しかし、個別アセスメント自体は援助プロセスにおいてケースワークでも伝統的に行われてきた。同様に地域アセスメントはコミュニティワークにおける援助プロセスとして用いられてきた。違うのは、アセスメントの視点である。従来の病理モデルである問題発見型ではなく、強さや可能性を発見する力点が強調されるようにストレングス視点が基本となる。もう一つ違うのはアセスメントが木と森を一体的に理解することである。コミュニティソーシャルワークはこの個別アセスメントと地域アセスメントを連結して理解するところに特徴がある。地域アセスメントでは、コミュニティ・プロフィールを特定化し、支援のターゲットを定めるためにも、地域の社会資源状況、地域に潜在的な解決能力、地域住民の社会的受容力、人的な組織的力量の動員可能性などを把握することが重要になる。

(4) 専門職と非専門職の結合によるチームアプローチ

　チームアプローチとは、共通する目標の下に複数の人の知恵と力を結集する総合的な援助の布陣であり、問題解決の手法である。しかし、コミュニティソーシャルワークが強調するチームアプローチとは、施設や病院内など患者、利用者に対する専ら専門職の

みで構成されるチームアプローチとは異なる。コミュニティソーシャルワークでは、利用者のために専門職が中心になるのではなく、利用者の自己決定の行使を支え、地域を問題発生の場ではなく問題解決の場に変えていくために、利用者や地域住民と一緒に問題解決に取り組む対等なパートナーシップやコラボレーションを基盤とした援助を特徴とする。

⑸　公民協働による支援のコーディネート

　地域では、すべての利用者や日々発生する生活ニーズにあらかじめ制度やサービスが準備されているわけではない。我が国における今日の地域福祉課題は、生活困窮、虐待、自殺、孤立死、不登校、ひきこもり、依存症、認知症、震災被災者等、どの世代においても増大し、生活困難は複合化し、急激発生や深刻化している。法律も条例もいつも後追いでしかない。だからといって、制度の狭間にあるニーズを放置したり、我慢したりしてよいというものでもない。行政の下支えを求めながらも住民とともに解決していく公民協働のコーディネーターとしての働きが重要になる。

⑹　予防的なアプローチの重視

　コミュニティソーシャルワークでは、同様にニーズの将来発生を予防または対処できるように、事前反応的な支援による地域の解決基盤の強化につながることが求められる。そのためには、ニーズの発生を地域や環境の変化とともに分析し、かつ将来の変化を予測した対応を心がけることが基本となる。

⑺　地域ネットワークの形成と地域における総合的なケアシステムの構築

　地域ネットワークとは、地域を基盤に資源・技能・接触・知識を有している人々ないし組織相互のインフォーマル、またはフォーマルな結び付きとその働きであり、さまざまなサービス間の連携の網の目のようなきめ細かい活動を指す。人々の紡ぎ合いを形成していくことを基本とし、セルフヘルプグループやボランティア活動の支援と協働、社会機関相互のネットワーク形成、福祉教育の推進、総合的なケアシステムの構築までの幅の広い取り組みを行う。地域トータルケアシステムでは、エリア設定、ニーズの早期発見やサービスへのアクセス、情報提供、ケアの流れと保健・医療・福祉を含む有機的な連携と分担、計画策定、アドミニストレーションのプログラム作成、住民参加、説明責任、権利擁護、モニターや評価を含むケア管理などを構築することになる。

4 ▶ 適用に際しての若干の留意点

(1) 複数のニーズ存在とその普遍性

　コミュニティソーシャルワークは、利用者や問題状況のすべての解決を担うものではない。その適用には前提条件がある。それは第1に複数のニーズが存在することである。単数のニーズであれば、一つの相談機関や一人の専門職でも対応は可能である。それでは複数のニーズがあればよいのであろうか。複数のニーズが存在することはケアマネジメントの前提条件であるが、コミュニティソーシャルワークではそれでも不十分である。第2の前提条件は、複数のニーズのなかにニーズの普遍性が認められることが必要ということである。どの地域においても問題の発生つまり事例性が表面化してくる背景は複雑であり、むしろ特殊であるほうがまれである。問題は、個々に現れたニーズの特殊性を個別の地域状況と結び付けて理解することがコミュニティソーシャルワークの着眼点となる。

(2) 地域での自立生活支援

　地域福祉の時代といわれるようになってきた昨今、日本でも施設や病院での長期に及ぶケアのあり方が見直されようとしている。しかし脱施設化は、施設や病院内の改革では自己完結しない。地域でのケアやサービス基盤の整備がその鍵を握っている。コミュニティソーシャルワークはコミュニティケアの長い伝統を継承したソーシャルワークである性格から、利用者の地域での自立生活支援に適用される援助技術である。施設内で完結的に適用される技術でないことも留意したい。

(3) インフォーマルネットワークへの着目と評価

　バークレイ報告が示した一つの弱点は、インフォーマルネットワークへの過度の信頼と依存である。見方によっては、公的なサービスの充実や予算措置を免罪化する根拠に利用されやすい。しかし、日本でコミュニティソーシャルワークを強調する際のインフォーマルネットワークの位置づけは明確に異なる。今日では、ソーシャルサポートネットワークと統合されて理解されているように、フォーマル、インフォーマルの双方が必要であり、切り離されたものではない。たとえ制度や公的サービスが充実したとしても、常にそれらはニーズとは時間がずれた後追い的なものであり、制度の谷間を埋めるものではない。インフォーマルネットワークへの着目は、フォーマルとの循環的関係からコミュニティソーシャルワーカーに求められているものである。

(4) コミュニティソーシャルワークの機能による役割分担への疑問

　最近、コミュニティソーシャルワークの機能を大きく、個別支援と地域支援に大別して、前者はソーシャルサポートネットワークを含有し、後者は施策化・事業化と福祉組織化・ネットワーク化を含有して理解し、前者を地域にある個々の相談機関が担い、後者を包括的に社会福祉協議会が受け持つといった役割分担（コミュニティソーシャルワークの機能分化仮説：松端克文[16]）が実践されている地域もある。たしかに、高齢者であれ、子ども・家庭であれ、障害者であれ、地域の相談機関は専門職を配置した個別相談機能が中心であり、地域組織化や施策化は慣れていない。同様に、社会福祉協議会は従来からコミュニティワーク分野を得意とし、個別の支援対応は業務機会としても少なかった。そのため、コミュニティソーシャルワーク機能を分化し役割分担するのは受け入れやすい。実際この仮説は、社会福祉協議会のコミュニティワーク機能を強めたい想いを出発としているが、しかしこれでは、日常生活自立支援事業や生活困窮者自立支援事業、生活福祉資金の貸付業務など個別支援の側面が強い業務に対応する社会福祉協議会の専門性を担保できないばかりか、コミュニティソーシャルワークが地域担当制で配置される根拠も失うことにはならないだろうか懸念される。

(5) コミュニティスーパービジョン

　従来のスーパービジョンは、個人やグループに対応した直接援助技術に不可欠な援助者に対する同一職種によって行われる管理的、教育的、支持的機能として開発されてきた。しかしスーパービジョンは、伝統的なソーシャルワークの専売特許ではない。コミュニティスーパービジョンでは、ソンプソン（Thompson, N.）が述べるように[17]、地域で仕事をするスタッフの開発とケア、そして調停や仲裁の機能が求められる。日本では、この機能はコンサルテーションと理解されているが、地域基盤の多職種チームアプローチにおいても責任を共有するコミュニティスーパービジョンは成立するのではないかと考える。

む　す　び

　コミュニティソーシャルワークは、その人の生活再建を出発に、チームアプローチを基本とし、地域ネットワークを形成し、誰もが住みやすい地域づくりを指向した実践で

16　上野谷加代子・松端克文・山縣文治編『よくわかる地域福祉（第5版）』ミネルヴァ書房，p.6, 2012.

17　ニール・ソンプソン著，杉本敏夫訳『ソーシャルワークとは何か―基礎と展望』晃洋書房，pp.179 ～ 181, 2004.

ある。しかし、「はじめに」で述べたように、コミュニティソーシャルワークの本質的特徴や基本的要素を包括的に示そうとする概念形成は簡単ではない。コミュニティソーシャルワークの概念はこれだ、という絶対的で固定したものはない。概念は絶えず歴史的に形成され、変化し発展している。そもそもコミュニティソーシャルワークを理解する上で、コミュニティとは何か、ソーシャルワークとは何かを解明しなければ、その合成され、それ自体が固有に独立した概念であるコミュニティソーシャルワークが何であるかに迫ることはできない。コミュニティやソーシャルワーク概念自体、多義的で一つであると言い切れない。しかし、概念が固まったものではないとしても明らかに成立しており、その実践が不在かつ必要ないと言い切ることはできない。むしろ逆である。日本では、コミュニティソーシャルワークという考え方は、概念的理解以前にすでに一部の地域では実践されてきた。実践の輪郭は明らかにコミュニティソーシャルワークを必要としている。必要なのは欧米のコミュニティソーシャルワーク理論から実践を理解するのではなく、実践を理論化する立場である。本節で示した理論化への模索は、こうした日本の実情に即し今後も続けられる作業である。

第 **2** 節

機能

1 ▶ コミュニティソーシャルワークの機能

　市町村を基盤とした住民と行政の協働による地域福祉という新しい考え方や新しいサービスシステムを展開するにあたって、コミュニティソーシャルワーク機能を展開できるシステムがあるかないかは大きな課題である。それは、ソーシャルワーク実践として、制度と制度の狭間にある問題にどう対応するか、公的な福祉サービスだけでは対応できない生活課題や社会的排除の対象となりやすい人々の課題にどう対応するか、あるいは既存の社会福祉制度では対応できない問題を解決するための新しい福祉サービス開発機能をどう発揮するか、等が問われているからにほかならない。

　そこでここでは改めて、あるべきコミュニティソーシャルワーク実践者の養成という立場を意識して、コミュニティソーシャルワークとして求められる機能について論述する。

　コミュニティソーシャルワークの機能を列挙すれば以下のとおりである。

① 　住民座談会の開催などによるアウトリーチ型のニーズキャッチ機能

② 　個別援助を大切にしつつも、エコロジカルな視点を踏まえた地域生活をしている家族全体を支援する相談支援機能

③ 　ICF（国際生活機能分類）の視点と枠組みを踏まえ、福祉サービスを必要とする人およびその家族の参加、活動を促進する自己実現型ケア方針の立案機能

④ 　個人情報保護を前提としてのフォーマルケアとインフォーマルケアとを統合的に提供できるようにするための個別支援ネットワーク会議を開催し、専門多職種等がチームアプローチできるよう、かつサービスを総合的に提供できるようにするコーディネート機能

⑤ 　福祉サービスを必要とする人およびその家族のエンパワーメントを促し、継続的に対人援助する機能

⑥ 　自己実現型ケア方針の立案に基づき支援する際、利用したくとも利用できるフォーマルケアがない場合のインフォーマルケアの開発機能（ボランティア活動の開発・組織化も含めて）や新しい福祉サービス開発機能

⑦ 　福祉サービスを必要とする人および家族のソーシャルサポートネットワークづくり機能

⑧ 　サービスを利用している人の生活機能障害の本人受容と自己覚知を促し、サービ

ス利用当事者同士が助け合うピアカウンセリング活動の組織化を図る機能

⑨　個別問題の普遍性を明らかにし、同じような問題の再発防止および社会的に必要と認証され、制度化されるべき生活課題に対応するフォーマルケア確立機能

⑩　福祉サービス利用者にとっても、社会資源の効率的運用面から考えても必要な地域トータルケアを推進するためのソーシャルアドミニストレーション（市町村社会福祉行政の運営管理）機能

⑪　コミュニティソーシャルワーク実践で明らかになったニーズ解決のための、ハード面、ソフト面、アドミニストレーション面等を意識した政策形成に貢献する市町村地域福祉計画策定機能

2 ▶ コミュニティソーシャルワーク展開における若干の留意点

　上記したコミュニティソーシャルワーク機能について、詳しい論述は後述されるので、ここでは紙幅の関係もあり、項目ごとに簡単な説明をすることに留めたい。

1 ニーズキャッチ（問題発見）機能

　我が国のソーシャルワークを考える場合、伝統的な申請主義の影響から、ややもすると福祉サービスを必要としている人が相談に来談し、そこから面接が始まり、契約が行われ、ソーシャルワークの機能が展開されると考えがちである。しかしながら、それはカウンセリング的ケースワークであって、ソーシャルワークはニーズ発見をし、その人・家族との信頼関係構築から始まる。ソーシャルワーカーに求められる社会正義と公平という価値に基づき、地域の潜在的ニーズを発見し、あるいは制度の狭間にあるニーズなどの解決を社会的に問題提起する機能が重要である。したがって、ソーシャルワーカーにとってアウトリーチ型のニーズ発見が重要な機能である。アウトリーチ型のニーズキャッチの方法は福祉サービスを必要としている人や家族が相談に行ったり、資源活用しやすくなるような福祉アクセシビリティを豊かにすることで、多様なチャンネルを通してキャッチできる場合もあるであろうし、アンケート調査等を行うことでキャッチできる場合もある。しかしながら、集落ごとに住民座談会を開催するなどして、直に住民と地域の生活課題に即して会合をもち、その発見と解決方策を探ることは最も重要な方法である。コミュニティ・オーガニゼーションと呼ばれるかつての社会福祉方法論は、そのようにしてニーズ発見された課題について、エゴ的に対立しがちな住民の意見

を調整し、優先順位をつけて、計画的な解決の活動を展開することを提示しているが、まさにその過程で住民の社会福祉意識の変容、問題解決意欲の変容が起きてくる。地域福祉の推進にあたっては、地域住民の社会福祉問題への関心と理解を深め、問題解決活動への参加を高めることが肝要であるだけに、コミュニティソーシャルワークの展開におけるニーズキャッチ機能とそのシステムは重要である。

　また、これらのニーズキャッチにあたっては、1970年代にイギリスのブラッドショウ（Bradshaw. J）が「ソーシャルニードの概念」という論文の中で指摘した四つの分類が大いに参考になる。アセスメントでは、本人の希望や意思を尊重し、本人が表明したエクスプレスト・ニーズを中心に行うことは基本であってもすべてではない。声にならない住民の不安や不満といったフェルト・ニード（felt need；隠れた（感得された）ニーズ）や、ノーマティブ・ニード（normative need；専門家が必要と判断するニーズ）のとらえ方、考え方が重要である。日本国民が概して有している文化に、自分の意見を表明することをはばかり、世間体を気にする文化がある。中根千枝の「タテ社会」の研究に代表されるように、「場」や「枠組み」のなかで生きる術を身につけてきた者にとって、地域において自分のニーズを明確に表明できる環境と能力が十分存在しているとは言いがたい。したがって、ソーシャルワーカーは住民の抱えている生活上の不安や不満を単なる個人のものとしてだけ受け止めるのではなく、そのもつ意味を深め、それを明確化し、一般化する機能が重要になる。

　筆者はそれを個人が有している個別問題とみられる問題が、実はその問題に多くの地域住民が未だ気がついていないか、あるいは未だ直面していないが、今後その問題に直面する可能性が大きいことを明らかにし、地域住民全体に共通する生活問題であるという認識をもってもらえるように働きかける営みを「橋渡し機能・理論」と言っているが、この機能が重要である。

　さらには、本人が自覚していなくても、専門職から見れば問題になる生活課題が多々ある。その専門職の判断に基づく必要なニーズを、住民に、あるいは本人に提起することにより、問題を自覚させる機能も重要になる。

　これらの機能は、住民の社会福祉への関心と理解を深める上で重要な機能であり、まさに福祉教育そのものに関わる活動、機能でもある。

② 個別支援・家族全体への支援機能

　特にいわゆる多問題家族に対するチームアプローチやケアマネジメントが重要である。例えば、"親が要介護状態で子どもが精神障害"、"知的障害の子どもを抱えた親が

要介護状態になってきてしまっている"、"父親はアルコール依存症で、息子は不登校"などの問題事例はかなり存在する。また、DVや虐待も従来の社会福祉行政に見られがちな属性分野ごとの対応では見えない課題であり、家族全体を見るという視点が必要になっている。しかも、家族は置かれた社会状況のなかで絶えず変化する存在であり、社会環境を含めたシステムとしての家族を視野に入れて支援するには、支援者にも相当な力量が要求される。家族全体のファミリー・ソーシャルワークと言葉は簡単であるが、これを誰がどのようにやるのかが問われてきている。ジェノグラム、制度化された社会資源とつながり、活用しているかどうかのエコマップ、ソーシャルサポートネットワークのエコマップなどのツールを活用し、福祉サービスを必要としている人、福祉サービスを利用している人のアセメントを常に明確にしておくことが大事である。

　社会福祉関係者はややもすると情感的に問題をとらえがちで、福祉サービスを必要とする人たちの生きる上で重要な情緒的サポートが十分にアセスメントできなかったり、具体的なサポート内容が見えにくかったりもする。上記したようなツールを活用し、社会生活モデルの視点から見たエビデンス（事実・EBSW（evidence based social work））が何かを明確にすることが基本となる。

③ ICFの視点を踏まえたケアマネジメントを手段とした自己実現型ケア方針の立案機能

　1990年、厚生省（当時）に設置された「生活支援事業研究会」で示された報告書（「生活支援地域福祉事業（仮称）の基本的考え方」）を踏まえて、日本でもコミュニティソーシャルワークの視点に基づく実践が志向された。その一つが1991年から始まった「ふれあいのまちづくり事業」であり、基幹型在宅介護支援センターの実践であったといえる。しかしながら、これらの実践が必ずしも十分検証され、発展する余裕もないままに、2000年以降新たな制度の時代に入ってしまった。かつて、高齢者サービス調整チームを運営するに際し、関係機関の責任者レベルのネットワーク会議と個別事例に基づく援助実務者レベルのネットワーク会議がもたれ、後者の機能こそが今後の日本のソーシャルワーク実践の発展に期待できると考えたが、これらの実践が必ずしも十分システムとして定着できなかった。その理由の一つは、個別事例ごとに、医療や看護の領域と同じようにケアカンファレンスを行い、そこでソーシャルワークが他の専門職分野と異なるアセスメントの視点や方法、そのツールの開発をしきれなかったからではないかと考えている。

　ソーシャルワーカーと呼ばれる人々の力量を高めるためには、ソーシャルワークの実

践仮説に基づくプログラムの展開とその評価を事例に即して行うことが重要である。

　ソーシャルワークに関する事例研究のあり方には、a）サービス利用者の抱えるニーズの分析とケアプランの立て方に関するケアマネジメントに関わる研究、b）あるサービス利用者に対するソーシャルワーカーの関与の過程を明らかにし、その妥当性を検証したり、関与の際に活用したソーシャルワークの理論モデルの妥当性を検証すること、c）時には同じような地域自立生活上の課題を抱えている人をグループに組織化し、グループワークの手法を活用して相互のエンパワーメントを高める事例を取り上げ、集団化の方法、グループダイナミックスの方法、ピアカウンセリングの機能等についてソーシャルワーカーがどのように展開したのかを明らかにすること、d）地域において自立生活支援が必要な人に対し、ソーシャルサポートネットワークをつくり、制度的サービスとインフォーマルケアとを有機的に統合して提供する事例に関わって、ソーシャルワーカーがどのようにソーシャルサポートネットワークをつくり、それを個別的な自立生活支援の事例に結び付けたのか、その際の実践仮説やソーシャルワーカーの関与の過程の妥当性を検証すること等が必要になる。

　従来は、このような事例に即してソーシャルワークの展開過程を明らかにする研究と教育が十分開発されていなかった。事実・根拠を明確化させて展開するソーシャルワーク（EBSW；evidence based social work）という視点を大切にしながら、これらの事例研究を深めていかないとソーシャルワークの社会的評価と専門性の確立はない。その意味で、ICFの視点でのアセスメントとインフォーマル・ケアやエコロジカル・アプローチ、エンパワーメント・アプローチまで含めたケアマネジメントのあり方、そして地域の生活環境の整備や地域住民の精神保健的環境醸成の問題までを視野に入れたコミュニティソーシャルワークこそが他の専門職のアプローチとは異なる機能として区別化できるのであり、その点を意識した実践と事例研究が求められる。

　ICFの視点、あるいは日本地域福祉研究所がつくった自己実現アセスメント・シートや健康生活支援ノート式アセスメントに基づくケアマネジメントを行い、さらには"求めと必要と合意に基づく支援計画の立案"の必要性を強調してきた。"求めと必要と合意"とあえて言っているのは、専門家が非常にパターナリスティックになり、またサービス事業者はサービス利用の範囲の中でしかケアプランを作成できていないという状況認識からである。ソーシャルワークはその制度を越えていかなくてはいけない部分がある。制度の枠のなかのサービス・アセスメントではないことを強調したい。

　社会福祉行政によって措置決定されて福祉サービスを利用する人へのサービス提供はややもすると"上から目線"になりがちであり、かつ福祉サービスを提供する側の論理、考え方でサービスが提供されがちであった。しかも、その多くが限られた生活空間

である入所型社会福祉施設でのサービス提供となると、職員の“悪気”がなくても上記のようなスタンスでサービスが提供されがちになるし、サービス自体が画一的で、集団的に提供されがちとなる。一方でサービス利用者や家族も自らの思いを披瀝して、職員に要求したりすることを諦め、自らの思いを閉じこめがちであった。

しかしながら、在宅福祉サービスを法定化させ、計画によりその整備を図り、地域の自立生活支援を展開するということになると、福祉サービス提供の考え方、方法は180度変わるといってもよい。それは、2000年の介護保険制度の導入により、サービスを必要とする者がサービスを必要に応じて選択、契約して利用するようなシステムに変わり、より一層明確になる。

そこでは、入所型社会福祉施設で画一的にサービスを提供していたことと異なり、その人や家族の置かれている状況を十分踏まえ、サービスを必要としている本人・家族の求め、願いを大切にしたアセスメント（診断）が必要である。しかしながら、本人や家族はどのような福祉サービスがあるのかも知らない人や、どのような福祉サービスを利用したら自分の生活、自分の自立がどうなるのかをイメージできない人もいる。いわば“食わず嫌い”の人や家族に対し、福祉サービスを利用することのメリット、デメリットを明確にし、その人や家族の自立心を高め、支援する専門家としての判断、援助方針の立案が重要になる。言葉を換えて言えば、社会福祉行政の措置の感覚ではなく、“求めと必要と合意”に基づく支援、福祉サービスの提供が求められてくる。したがって、福祉サービスの提供にあたっては2001年に提起されたWHO（世界保健機関）のICF（国際生活機能分類）に基づいたアセスメントと本人や家族の意向、意欲、希望を十分踏まえた援助方針の立案とケアプランの作成が重要になる。

4 個別ごとのケアマネジメントにおける専門多職種連携、インフォーマルケアを有機化する個別支援ネットワーク会議の開催機能

他方、地域での自立生活支援を考えた場合、入院患者や入所施設サービス利用者への支援とは異なるサービス提供者の組織化が意図的に行われる必要がある。入院患者や入所型施設利用者は、各種サービスがセット化、パック化されており、そのパック化されたサービスはそれぞれの専門職の関与、相互理解があることを前提に多くの場合提供されている。入院患者のサービスでは医師、看護師、管理栄養士などが個別に、あるいは大綱的に協議してサービスをパック化して提供しているし、入所施設では介護福祉士、看護師、管理栄養士などが同じような取り組みをしてくれている。しかしながら、在宅での地域自立生活支援という場合、入所型施設や入院患者へのサービス提供と異なり、

セット化、パック化されているものはない。したがって、病院や入所施設では当たり前のようにパック化されて提供されているサービスの内容を分節化し、サービスを必要としている人の状況に照らして考え、提供せざるを得ない。地域での自立生活支援では、慢性疾患を抱える住民、あるいは生活習慣病を抱える住民も多いことを考えれば、1990年の社会福祉事業法の改正で示された保健・医療・福祉の連携という規定が盛り込まれたことはそのことを端的に示した改正であった。だからこそ、必要なサービスを総合的に提供するためにもケアマネジメントという手法が重要になる。

さらには、地域自立生活支援には近隣住民のインフォーマルな支援活動が欠かせない。入所型施設や病院では、十分ではないとしても昼夜間、看護師や介護福祉士等の職員が見守り、何かの折には駆けつけるシステムが確立している。そこでは、病気治療のためのさまざまなプログラムやあるいは自立支援のためのプログラムも提供されている。しかしながら、在宅での自立生活支援の場合、家族機能や地縁機能が脆弱化し、孤独、孤立した住民、生活のしづらさを抱えながら支援を得られない人が多く存在している。この傾向は、少子高齢社会の急速な進展で、都市部でも農村部でも深刻となっている。これらの問題は、行政が制度化するサービスの提供だけでは問題解決につながらず、J. S. ハウスが指摘するような近隣住民の四つのソーシャルサポートネットワーク（情緒的支援、評価的支援、手段的支援、情報的支援）の構築が必要となる。

今求められている地域包括ケアシステムとは、このような地域での自立生活を支援する専門多職連携のシステムと近隣住民のインフォーマル・ケアとを有機的に結びつけたもので、そのためには ICF の視点でのケアマネジメントとそのコーディネート機能が重要になる。

5 ストレングス・アプローチ、エンパワーメント・アプローチによる継続的なソーシャルワーク実践の機能

地域福祉の代表的機関といわれていた従来の社会福祉協議会で、最も弱かった点が継続的な対人援助活動である。生活福祉資金の貸し付けなど金銭的支援や一時的なサービス提供だけでは対応できない人々が地域で暮らす時代になっている。自らニーズを表明できない人々や、社会的排除のなかで権利侵害にあっている人々、認知症の高齢者を抱えた介護者への支援、疾患と障害が併存する精神障害者への支援、重度の障害者も施設ではなく地域で暮らす時代に、そうした個別支援を丁寧に継続的に行うソーシャルワーク実践は、従来のサービス仲介型ケアマネジメントでは不十分である。また従来はややもすると本人や家族の問題点探し、ひどい場合は生活問題を起こした犯人探しのような

援助展開もあった。

コミュニティソーシャルワークでは、人生に疲れ、打ちひしがれ、希望を失っている本人や家族を励ますことが重要である。一方、従来の自然発生的に作られた地縁関係での助け合いではややもするとプライバシー保護や人権擁護の感覚が脆弱で、福祉サービスを必要とする人を社会的に排除しがちであった。そのような状況を十分踏まえ、地域が潜在的に有する強さや長所に目を向け、それを助長していくような援助を基本とする。この継続的な対人援助と地域支援は、専門家と利用者との信頼関係を基盤としたチームアプローチが基本となり、そのコーディネートもコミュニティソーシャルワークの重要な機能である。

⑥ インフォーマルケアの開発とその組織化機能

ソーシャルワーク実践の特質は社会資源の活用を意識して行われることにある。しかし、フォーマルな社会資源は重要ではあっても常に後追いで整備され、その量も限られているし、個別ニーズのすべてを充足するものではない。すぐに新しい制度の開発ができないとすれば、個別ニーズに即したボランティア活動の開発や組織化が実践の着眼点となる。社会福祉協議会が中心となってボランティアとしての個別支援もこれまで行ってきたが、個別ニーズの解決とそれを必要とするサービス開発とを統合的にとらえていく視点は弱かった。

また、どちらかというと個別支援に関わるボランティア活動を社会福祉協議会に"取り込み"、"傘下"に入れて手段的に活用する傾向があった。むしろこれからは、そのような個別支援のボランティア活動を発展させ、新しいサービスとして開発し、社会起業化、NPO法人化など今日的な新たな運営・経営形態での独立を促していくような支援が重要になる。

⑦ 個別支援に必要なソーシャルサポートネットワークの組織化と
支援ネットワークのコーディネート機能

個別支援で最も重要になるのが、さまざまな支援者をつなぎ、人々の知恵と力を動員する総合的な展開であろう。ソーシャルサポートネットワークとは、公的機関だけではなく、家族、親族、友人、同僚、隣人、ボランティア、民間サービスなどインフォーマルな人々も支援者として繋いでいく働きである。誰にとっても本当に困ったことや悩みが生じれば、親密な人間関係の特質ともいえる愛情や情緒的支援、共感や生きる意欲へ

の鼓吹にこうしたインフォーマルの人々が大きな役割をもっていることは明らかであろう。ソーシャルワーク実践では、こうした人々を繋ぐネットワーキングの機能が重要になる。従来のコミュニティワークでは、個別具体的な問題から出発せずに機関レベルでの委員会を設置して、数量的なニーズを根拠に個別事例の議論がないままサービスのあり方やプログラム開発に目が行きがちであった。地域自立生活支援のソーシャルサポートネットワークを考えた場合、これでは機能しない。個別具体的な事例に則したフォーマルサービスとインフォーマルサービスとをつなげるネットワーキングを積み重ねる働きが必要である。

8 サービスを利用している人々の組織化とピアサポート活動の促進機能

　福祉サービス利用者への支援で注目すべき動向に、セルフヘルプグループとか、ピアサポートやピアカウンセリングの働きがある。ピア（仲間）はそれが失敗であろうと成功であろうと、生活の知恵ともいうべき教訓やモデルを提供している。利用者が同じ病気や障害、あるいは同じ体験や境遇を基に、情緒的にも分かち合える相互関係がどれだけ利用者自身を勇気づけていることか。専門職にはないこうしたセルフヘルプ資源の機能を尊重し、その活動を促進する働きが大切であろう。専門職は積極的に福祉サービス利用者を地域でのセルフヘルプグループやセルフヘルプの資源に結び付け、あるいはそれら福祉サービスを必要としている人々の組織化を支援する機能が求められる。その上で、専門職と福祉サービス利用者との水平のパートナーシップが形成されることが重要である。

9 個別問題に代表される地域問題の再発予防および解決策のシステムづくり機能

　地域に存在する個別問題ととらえられがちな問題も実は他の生活問題との共通性を有していることがあるので、問題の普遍化、一般化を地域住民に提起する機能の重要性に留意する必要がある。これを筆者は上述したように「橋渡し機能・理論」といっているが、個別問題のなかに普遍性があることを踏まえ、それらの問題解決に必要なシステムづくりも展望しつつ、個別解決に終わらせないようにすることが大切である。一般化できることで地域問題の再発予防に繋がるだけに、この機能はとても重要と考える。また、この過程で、以前は無関心であったり、気がつかなかった住民がそれらの問題につ

いて学習し、意識を変容させることにつながっている。このような福祉教育機能の重要性にも留意してほしい。

10 市町村の地域福祉実践に関するアドミニストレーション機能

　従来の社会福祉行政は機関委任事務であったこと、措置行政であったことから、行政から委託を受けるか、補助金が支出されれば事業を実施するという受け身的な、指示待ち的な社会福祉関係者の意識がなかなか払拭できていない。しかし、ソーシャルワークは、先に問題やニーズを発見し、それを解決するために必要な事業やプログラムを考え、どのような地域エリアを設定して、どのような組織や制度をつくって行うか、という視点が必要である。特にその際、地域での新しい実践に必要な財源も創意工夫することが求められ、助成団体への申請の機能も重要になってくる。また、市町村における分権化が推進される状況のなかでは、市町村の保健、医療、福祉に関する財源が有効、かつ合理的に活用され、なおかつ住民にとってそれがトータルケアになっているかという視点も重要となり、そうした制度や仕組みの設計や管理運営には相当な力量が必要になる。今後、市町村の地域福祉行政に関するアドミニストレーション機能がますます重要になる。

11 市町村における地域福祉計画づくり機能

　市町村の地域福祉計画はコミュニティソーシャルワーク機能を展開する上で明らかになったこと、解決すべきことを政策形成していくことが基本になる。在宅福祉サービスのサービス整備量にしてもサービスメニューにしても、コミュニティソーシャルワークとしてのアセスメントのなかで明らかになってくる。しかも、地域自立生活支援に必要な支援システムもコミュニティソーシャルワークという視点から考えられなければならない。かつ、地域福祉推進には住民の参加と協力が必要である。そういう意味では、地域福祉計画づくりはコミュニティソーシャルワーク機能とその理念そのものの具現化であるという意味がある。

3 ▶ コミュニティソーシャルワーク機能とコミュニティソーシャルワーカーの区別

　以上、羅列的であるが、ごく簡単にソーシャルワーク機能に焦点を絞って論及してき

た。コミュニティソーシャルワークはこのほかにも、福祉教育機能など幅の広い機能を有しており、決して上記の機能に限定されるものではない。繰り返しになるが、コミュニティソーシャルワークは地域状況に応じて変化や増幅のある多機能を特徴としている。

　当面はニーズキャッチやサービス開発の機能が重点になるが、将来的にはソーシャルワークが展開できるシステムと行政組織の再編成、サービス評価の方法などソーシャルアドミニストレーションの機能が重要視されてくる。

　ところで、これらコミュニティソーシャルワーク機能は、一人のソーシャルワーカーが担えるかという懸念がある。コミュニティソーシャルワークの機能とコミュニティソーシャルワークを実践するソーシャルワーカーなどの力量、専門性とを単純に同一化させることは危険である。

　今求められているのは、市町村において福祉サービスを必要とする人の地域自立生活支援を目標にソーシャルワークを展開せざるを得ず、それにはコミュニティソーシャルワークの機能が必要であり、それを展開できるシステムをつくることが求められていることを理解すべきである。地域の福祉サービスを必要とする人の地域自立生活支援にあたって、コミュニティソーシャルワークの機能すべてが一つの事例に必要な場合もあれば、必ずしも必要でない場合もある。また、その機能のすべてを一人のソーシャルワーカーが担う場合もあれば、チームとして、組織としてその機能全体を展開する場合もある。要は、市町村においてコミュニティソーシャルワーク機能を展開できるシステムが構築されているかが重要なのである。

第 **3** 節

展開のプロセス

はじめに

ここでは、コミュニティソーシャルワークを、ソーシャルワーカーが対象とする個人とその家族、地域に対して行う支援の方法ととらえ、その展開過程の概略を述べたい。特に、実践家が実際にコミュニティソーシャルワークを展開する上での一連の流れと基本的な視点を、なるべく実践に即して理解が図れるようにすることを意図したい。

本節の内容は、筆者がコミュニティソーシャルワーク実践者の養成研修で講師として関わった際に受講生に伝えた内容、また受講生による事例レポートに対するコンサルテーションの内容、また、筆者が近年関与したフィールドでの経験などをなるべく反映させようと意図している。

1 ▶ コミュニティソーシャルワークを展開する上での前提

コミュニティソーシャルワークの展開プロセスについて概説する前に、コミュニティソーシャルワークを地域社会において展開する際にその前提となる基本的なアプローチの内容について、二つの視点から述べておくこととする。

コミュニティソーシャルワークを地域社会において統合的に展開する支援活動ととらえた場合、先ずそれらを展開するためのシステムの整備と組織化をアプローチ方法として選択するか、または、個別的なケースに対応していくプロセスを経て、その実践を地域社会に波及させ、一定のシステムの整備を図るというアプローチを選択するかということが課題となる。

前者は、演繹的な視点によるアプローチであり、従来の地域福祉計画の策定・進行管理やソーシャルアドミニストレーションにおいて用いられており、社会福祉協議会における地区（校区）社会福祉協議会や当事者団体の組織化などは、コミュニティワーク（オーガニゼーション）として用いられてきた内容である。

地域福祉計画の策定に伴って、コミュニティソーシャルワークの展開を可能とするシステムの整備を図り、その後の運営管理によって促進させた典型例としては、長野県茅野市における保健福祉サービスセンターによる実践があげられよう。[18]

38

一方後者は、帰納的な視点によるアプローチであり、実践現場でこれまで十分に対応されなかった対応困難事例やニーズについて、アウトリーチなどの手法により顕在化させ、問題解決を図り、チームアプローチを促進させるとともに、新たな社会資源の開発などを図っていくものである。

富山県氷見市社会福祉協議会においては、「ふれあいのまちづくり事業」の先駆けとなる「生活支援地域福祉活動事業」の指定をうけたことによって、それまでの地区社会福祉協議会の組織化などコミュニティワークを重視したアプローチから、社会福祉協議会におけるケアマネジメント機能の強化を図り、他機関との協働によるケア会議によるネットワーク機能の強化、フォーマルケアとインフォーマルケアの有機的連携、さらに、個別のニーズに対応するための新たな社会資源の開発を相継いで行っており、その実践の蓄積は、後者の典型例といえよう[19]。

実践現場においてこれらのどちらを選択すべきかというのは、単純なものではなく、実践現場のさまざまな状況や条件、取り上げる地域の福祉ニーズなどによるといえる。

前者のシステムの開発・整備や地域組織化を図ることは、その地域社会全体において、コミュニティソーシャルワーク実践の展開を促進することにつながり、当然望まれるべきことである。しかし、単にシステム整備や組織化を図れば、実践が想定されたように機能するとは限らない。システムの整備や組織化の意図が実践現場に浸透し、その実践が有効に機能するためには、さまざまな要件が必要となる。

例えば、共通のアセスメント・シートなどのツールを含む実践方法の共有化や、サービス提供の権限の実践現場への分権化や情報管理の内容と方法、他機関とのネットワーキングや地域へのアプローチの方法の開発と標準化などがあげられる。

後者においても、実践現場において特定のソーシャルワーカー個人が、ある特定のニーズや困難事例について、コミュニティソーシャルワークによる取り組みを展開しようと意図した場合、その組織の上司や同僚などに十分に理解が及んでいない場合には、相互に齟齬が生じることがある。また、他機関とのネットワーキングを形成する上でも、共通理解を図るまでに相当の紆余曲折があることが予想される。その点では、どちらが先かとは、現場の状況により単純にいえることではないが、システムとしてある程度整備してあることが、現場のソーシャルワーカーが実践の展開をしていく上での大き

18　長野県茅野市におけるコミュニティソーシャルワーク実践の基盤整備とその後の展開の内容は，土橋善蔵・鎌田實・大橋謙策他編『福祉21ビーナスプランの挑戦―パートナーシップのまちづくりと茅野市地域福祉計画』中央法規出版，2003．長野県茅野市「市民・社協・行政がともに進める地域福祉システムの形成―福祉21ビーナスプランの挑戦」日本地域福祉学会『日本の地域福祉』第20巻，2006．を参照。

19　富山県氷見市社会福祉協議会におけるコミュニティソーシャルワーク実践の変遷については，中尾晶美「住民一人一人の福祉ニーズに応えるコミュニティソーシャルワーク実践」日本地域福祉学会『日本の地域福祉』第18巻，2004．を参照。

な促進要因になるといえよう。この場合、最初からシステムの整備を図るのではなく、モデル的なプロジェクトとして展開していくことが、チームや地域住民の共通理解、実践方法の検証やその後の波及性、システムの開発・整備につながるといえよう。[20]

2 ▶ コミュニティソーシャルワークの展開プロセス

続いて、コミュニティソーシャルワークの実践のプロセスについて概観してみることとする。

図1－2は、日本地域福祉研究所がコミュニティソーシャルワークの基本的な展開プロセスとして、これまで検討してきた内容を整理したものである。これによると、コミュニティソーシャルワークの実践のプロセスを、従来のケアマネジメントの展開プロセスを参考にして整理し、1．アセスメント、2．プランニング、3．実施、4．モニタリング、5．評価に分けている。

以下、展開プロセスの順に、コミュニティソーシャルワーク実践としての特徴的な視点と内容について概説することとする。

1 アセスメント

第1段階のアセスメントは、地域における自立生活を実現するために利用者とその家族などの個別のニーズを含め、さらに、それらに類する地域の福祉ニーズや課題を明らかにし、解決すべき対象を明確化する段階である。そして把握されたニーズを充足、または課題を解決するための実践をプランニングするために、地域の社会資源、地域社会の特性などの課題を明らかにする段階といえる。

コミュニティソーシャルワーク実践のアセスメントは、大きくは個別アセスメントと地域アセスメントに分けられる。

個別アセスメントとは、支援の対象となる利用者とその家族等についてのアセスメントである。また、地域アセスメントとは、一般的な地域についてのアセスメントではなく、支援の対象となる利用者とその家族の生活上の課題やニーズに対して、地域社会が行う支援の可能性の視点から行うことが特徴的といえよう。

---

20 この点は、さらに検証が必要であるが、筆者のここ数年の数か所のフィールドへのアクションリサーチの経過分析から考察すると、各地域の特性や実践を行う組織基盤、専門職のチームアプローチの形成過程などの要因が大きいと考えられる。宮城孝「福祉コミュニティ形成のためのNPO組織化の意義と可能性」宮城孝編著『地域福祉と民間非営利セクター』中央法規出版, pp.132 ～ 151, 2007. を参照。

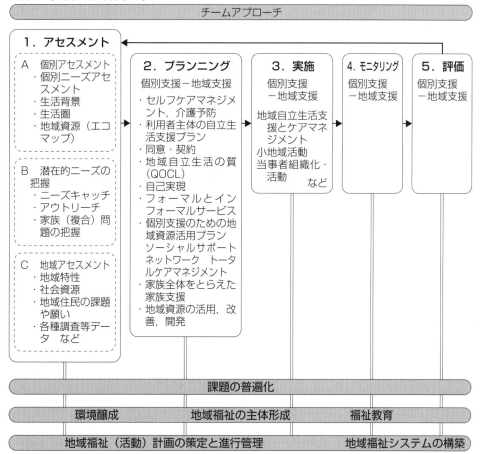

図1-2 コミュニティソーシャルワークの基本的な展開プロセス

- コミュニティソーシャルワークでは「地域自立生活支援」を目標とする。その質的な確保のためには、個別支援と地域支援の統合化が必要である。
- 基本的な展開過程は、個別支援から地域支援への広がりをもつ展開プロセスとする。(実践的には同時並行で行われている)
- アセスメントでは「個別アセスメント」「潜在的ニーズの把握」「地域アセスメント」の3つの視点から行う。
- この過程には、常に「個人」と「地域」との相互関連性があり、その関係を調整・改善・開発していくことが求められる。
- それぞれの過程では、常に個別の問題を地域の課題として「普遍化」しようとするアプローチが必要とされる。
- また支援の過程では、地域の福祉力を高めていく(環境醸成、地域福祉の主体形成、福祉教育など)アプローチを同時に展開していく。
- このような支援を通して、地域全体の地域福祉システム(具体的には地域福祉計画等)を構築していくことが重要である。
- こうしたコミュニティソーシャルワークを展開していくためには、チームアプローチが不可欠であり、それを展開できる基盤整備が必要である。

出典:日本地域福祉研究所『コミュニティソーシャルワークの理論』p.36, 2005.

⑴　コミュニティソーシャルワーク実践における個別アセスメントの特徴

①　生活機能の全体性に視点を当てたアセスメント

　コミュニティソーシャルワークにおけるアセスメントは、利用者の地域における自立生活を実現するためにも、利用者の生活機能とその背景因子を含めたホリスティック（全体的）な視点が求められる。従来の ADL、IADL 中心、また利用者が生活上なし得ないことに注目して行ってきた内容とは異なったものとなる。

　その点では2001年 5 月に、世界保健機関（WHO）総会において採択された ICF（International Classification of Functioning, Disability and Health 国際生活機能分類）の枠組みを活用することが有効であると考えられる[21]。

　図 1 － 3 は、ICF の構成要素間に相互作用が働くことを示したものであり、ある特定の領域における個人の生活機能は健康状態と背景因子（すなわち、環境因子と個人因子）との間の、相互作用あるいは複合的な関係とみなされる。これらの各要素の間にはダイナミックな相互関係が存在するため、一つの要素に介入するとその他の一つまたは複数の要素を変化させる可能性があるとされる[22]。

　例えば、下肢機能の障害により、自力歩行による移動機能の制限がある人が、福祉用具の給付や移送サービスの提供により、社会的な活動に参加するようになった場合、福祉用具や移送サービスという環境因子が、社会参加への意欲を高めたという個人因子に影響を与え、結果として社会参加を促したと考えられる。また、そのことが心身機能の維持につながるということも予測される。

　ICF は、このような各構成要素間の相互作用に着目したものであり、それは、従来の「医学モデル」対「社会モデル」という対立する二つのモデルの統合に基づいている。生活機能の統合を図る上で、「生物・心理・社会的」アプローチを用いており、ICF が意図しているのは、一つの統合を成し遂げ、それによって生物学的、個人的、社会的観点における、健康に関する異なる観点の首尾一貫した見方を提供することである[23]。

　我々、日本地域福祉研究所においては、このような視点に立って「コミュニティソーシャルワーク実践者養成研修」の研修教材として、コミュニティソーシャルワークのアセスメントのための教材用アセスメント・シートの開発を行っている。しかし、これは

21　ICF（International Classification of Functioning, Disability and Health）は，人間の生活機能と障害の分類法として，2001年 5 月，世界保健機関（WHO）総会において採択された。この特徴は，これまでの WHO 国際障害分類（ICIDH）がマイナス面を分類するという考え方が中心であったのに対し，ICF は，生活機能というプラス面から見るように視点を転換し，さらに環境因子等の観点を加え，例えば，バリアフリー等の環境を評価できるように構成されている。（厚生労働省ホームページから　2002年 8 月 5 日社会・援護局障害保健福祉部企画課）

22　21に同じ　5 生活機能と障害のモデル，5 － 1，生活機能と障害の過程の項参照。

23　21に同じ　5 生活機能と障害のモデル，5 － 2，医学モデルと社会モデルの項参照。

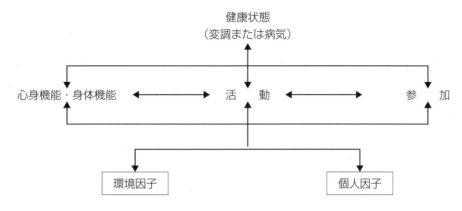

図1-3 ICFの構成要素間の相互作用

あくまでも研修用のものであり、今後、上記の視点に立った実践現場において用いられるツールとしてのアセスメント・シートの開発と、その有効性を検証する作業が必要とされている。[24]

② 利用者とその家族のストレングスに焦点を当てたアセスメント

個別アセスメントの第2の特徴は、利用者とその家族のストレングス（強み）に焦点を当てたアセスメントを行うことである。

従来の医学モデルにおける診断対象には、「利用者の努力の目的や各人の背景に隠された強みの顕在化」が欠如しており、その結果、住居環境、社会的交流、移動手段など人間が自立と尊厳を保つための広範囲にわたる社会的・心理的ニーズが見逃されがちであった。[25]

ストレングス・アプローチにおいては、疾病や身体的障害、行動障害などは、全体において最も重要な部分ではなく、その人の単なる一部にすぎないとし、専門職が利用者と信頼関係を構築し、利用者の「問題点」よりもむしろ「強み」に焦点を合わせるようにする。利用者を高齢者、障害者、慢性疾患患者などとしてよりも多様な経験、性格、役割により影響される個人としてとらえる。そして、利用者のもつ潜在的な可能性に着目し、その可能性を実現するためのさまざまな要因をアセスメントする作業を行う。アセスメントの段階で、障害や疾病、問題よりも利用者とその家族のもつ強み、興味、能

---

24 アセスメントの内容の例としては、利用者本人と介護者・家族の経済状況、健康状態、日常生活行動（ADL, IADL）、保健・医療・福祉サービスの利用状況、家族及び近隣等の支援状況、物理的な生活環境、家族関係・家庭での役割、職業歴・社会活動歴、現在の社会活動、友人・交友関係、好きなこと（趣味）などをあげている。

25 Becky Fast, Rosemary Chapin, *Strengths-BasedCare Management for Older Adults.*（青木信雄・浅野仁『高齢者・ストレングスモデルケアマネジメント―ケアマネジャーのための研修マニュアル』筒井書房, p.19, 2005.）

力に注目することで、一方的な依存関係から健全な相互関係へ移行する能力を高めることができる。

コミュニティソーシャルワークのアセスメントは、このように ICF が提示している生活機能分類を参考としながら、「個別アセスメント」「潜在的なニーズの把握」「地域アセスメント」の三つの視点から行うこととする。このアセスメントの過程では、常に「個人」と「地域社会」と相互関連性があると見なし、その関係を開発・調整・改善していくことが求められる。そのためにも、常に個別の問題を地域社会の課題として「普遍化」しようとするアプローチが必要とされる。

⑵　コミュニティソーシャルワーク実践における地域アセスメントの特徴

地域アセスメントは、従来のソーシャルワークにおけるコミュニティワーク（オーガニゼーション）でいえば、地域診断（community diagnosis）に相当するが、ここでは、ソーシャルワークを統合・選択的に活用するコミュニティソーシャルワーク実践の視点から、先行研究を参考としつつ、これまでの筆者の経験を整理し、その特徴と実践上の留意点を概括して述べることとする。

①　地域の福祉ニーズのリアル・ニーズ化

従来のコミュニティワークにおいても、地域の気候や地理などの自然環境や交通、人口動態、産業構造、関連する社会資源の状況、住民意識の特性、住民による福祉活動の状況などを把握・分析し、対象となる地域の福祉問題の背景や予測、住民の考え方、態度の特性を明らかにすることが基本的な内容となっている。そのために、既存関連資料・データの収集と分析、関連する事業・相談活動のデータ分析を行う。さらに、実際に地域踏査を行い、各種関係者へのヒアリングや住民座談会を開催したり、各種専門職へのヒアリングによる情報収集、テーマを設けてのアンケート調査などを実施したりして、ニーズ把握を行うのが一般的である。

コミュニティソーシャルワークにおいて留意すべき点として、一般的な地域特性やニーズを分析することに重点を置くのではなく、先に述べた個別アセスメントによる個々の利用者における具体的なニーズを、関係者によって共通認識化するプロセスが重要となってくる点である。個々のニーズのアセスメントから浮かび上がってくる、例えば、地域社会における社会資源の不足や機関間の連携不足の状況、地域住民からの理解不足や疎外状況などから、地域に各種の社会資源のあり様、地域住民の対応のあり方がリアル化されてくる。

その点からは、これまでの一般的なニーズ把握をさらに深め、アウトリーチによって

潜在的なニーズを顕在化させる作業が必要であるし、それらを適切な個人情報管理のもと、特定の関係者によって共通認識化し、地域の解決すべき課題として明確にしていくプロセスが重要であり、そのプロセスを踏むことが、関係者の地域に取り組むモチベーションを高めることにつながるのである。

② 住民のエンパワメントを促す参加型アクションリサーチの開発

コミュニティソーシャルワークにおいては、利用者に対するインフォーマル・サポートの開発やその機能の強化を重視するし、地域における社会資源の改善・開発を重要な目標の一つとする。その点から、ソーシャルワーカーなどの専門職集団と住民組織の関係性が成果を生み出す大きな要因となる。したがって、ソーシャルワーカーなど関連専門職が、地域住民へどのようにアプローチするかその内容とコミュニケーションのあり方がスキルとしても重要となってくる。これまでの筆者のフィールドへの関与の経験からも、住民のエンパワメントを促す参加型アクションリサーチの開発が求められる。今後、コミュニティソーシャルワークの事例記録法を開発し、その内容を検証し、さらに精緻化していくことが求められる。

ここでは、それらについて概括的に述べることに留めるが、第1には、専門職が、地域社会の固有性とストレングスに十分に着目することをあげる。概して、対象となる地域の関連するプロジェクトの代表者たちは、そこに関わる専門職の在職期間よりも長くその地域に居住している。地域への愛着心や歴史的変遷の知識は、専門職よりも強いものである。関わる専門職は、その点に学ぼうという態度が求められるし、実際にさまざまな情報を得て、外部の目から、その地域のもつ問題点ばかりでなく、ストレングス（強み）を発見し、関係者に伝えることが必要である。外部の専門家から再評価されることが、地域住民の今後の取り組みへの自信につながるのである。この点は、筆者のこれまでのフィールドへの関与から共通していえることである。

第2に、専門職側は、地域住民の歩調に合わせることが重要である。地域住民の課題の共通認識化や課題への取り組みは、ゆるやかなスピードで進むし、必ずしも体系的に進まないことも多い。しかし、専門職側が成果を焦り、コミュニティの合意が得られないままに活動を実行すると、それが争いのもとになり、果ては失敗につながる場合もある。ブレーンストーミングなどを行い、感情的な側面にも配慮しながら関係者の確実な合意と幅広い支持基盤を得ておくことが、その後の展開を順調に進めていくためにも留意する必要があろう。

② プランニングと実行

　第2段階の実践のプランニングでは、特定化されたニーズや問題に対して、充足または解決すべき目標を設定するとともに、どのような方法や社会資源を用いるかについて、具体的にその展開過程やスケジュールなどを明らかにする段階といえる。

　コミュニティソーシャルワークをプランニングする場合の留意すべき点として、取り組むべきニーズや課題がかなり広いために、実践にあたってどのようなニーズや課題に対して取り組むのかということと、またどのような目標を設定するのかということについて、実践を開始する前に明確化する作業（ターゲティング）が重要となる。また、コミュニティソーシャルワーク実践は、地域住民の意識や行動、各種のサービスや社会資源の改善や開発、具体的なサービスの提供方法、マンパワーの確保や養成など多面的な性格をもつだけに、長期的な展望に立った最終的な目標に近づくための、より現実的な短期・中期的な段階の目標を設定する必要がある。そして、取り組むべきニーズや課題、目標が設定されたら、その目標を達成するための実践方法を明確化し、一連のプログラムや事業として構築する作業が求められる。

　コミュニティソーシャルワークの方法を設定する場合、最も重要なことは、地域の状況に即した実践方法を設定することである。その場合、それまでの実践や地域の状況の分析（地域アセスメント）、課題をめぐる将来の変化の予測などを通して、先に述べた目標に対してどのような方法が最も有効か、そしてどのような成果が期待できるか事前に検討し、ある程度体系化された実践仮説を構築できるかどうかが重要となる。

　そして、達成すべき目標と地域の実状に即した実践のプランニングを行った上で、さらに具体的な実践のプログラムや事業の設計をすることが必要となる。それは、目標に即したプログラムや事業の内容を決定すること、予算や会場の確保、回数や頻度、必要とされる協力者、広報などの準備作業の内容やスケジュールなどを具体化していく作業である。

　このような作業と平行しながらまたはある段階で、所属する組織の上司や同僚の合意や支持を得るとともに、関係者への理解や合意、支持を得ることが必要となるのである。

　第3段階のプランの実行は、事前に作成した実践プランに基づき、実際にさまざまな手法によって実践を行う段階といえる。

　その場合には、いつ、どこで、誰が、何を、どのように、どの程度行うかを明確にしておくことが重要となる。また、実践現場ではあらかじめ想定していたプランが、実際にはその通りにいかないことも多くある。そのような場合のために、あらかじめ代替案

や対応策を検討しておくことも必要となる。特にはじめて行う場合などは、予測がつきにくいこともあり、参加者や利用者の意見を反映させ、ある程度柔軟に対応していくことも必要である。

また、後にモニタリングや評価で用いるために記録を残しておくことが重要である。記録の内容としては、日時、場所、対象者・参加者の数や主なプロフィール、プログラムや事業の概要、参加者の声などが基本的な内容となるが、実践に関わった当事者としての感想や反省点などを記録しておくことは、その後の活動の展開にフィードバックする上でも欠かせないことである。

③ モニタリングと評価

第4段階、第5段階のモニタリングと評価は、実践の展開過程において適切な方法がとられているかを分析したり、ある程度の段階で目標の達成度や方法の内容を評価する作業を行うことである。

このようなモニタリングや評価を行うことにとって第1に重要なことは、誰が行うかということである。実践の当事者が行うことは当然であるが、利用者や参加した関係者の声を反映させることが、評価を客観化する意味でも必要となってくる。専門職によるチームや委員会などが設置されている場合には、そのなかでそれぞれの立場から行うことは効果的である。また、どのような視点で行うかが重要となってくる。これまでコミュニティワークにおける評価の視点として、課題に取り組む地域住民や関係者の意識や態度の変化などに焦点を当てたプロセス・ゴールからの評価、またプロセス・ゴールの一部として、地域住民や関係団体、組織相互の関係性、行政と地域住民組織、関係機関・団体との関係性などに焦点を当てたリレーションシップ・ゴールからの評価、さらに、具体的にニーズをどの程度充足できたかに焦点を当てたタスク・ゴールからの評価がいわれているが、コミュニティソーシャルワークにおいても、ニーズを有する個人に焦点を当てつつも、このような評価の視点が援用できるであろう。さらに今後の実践の蓄積から、独自の評価の内容を開発する必要もあると考える。

むすび

以上、コミュニティソーシャルワークの我が国における今日的意義を踏まえつつ、その展開プロセスの概略について述べてきた。コミュニティソーシャルワークにおいては、地域における自立生活を支援していく上で、その個人が有する社会的な関係や資源

との関係性に着目して支援を行っていくソーシャル・サポート・ネットワークの構築という視点が重要となる。

　本文でも述べたが、今後さらにコミュニティソーシャルワーク実践を、記録法の開発とともに検証し、そのスキルをさらに精緻なものとし体系化していく必要がある。本節がその一助となれば幸いである。

第2章

コミュニティ
ソーシャルワークの
展開方法

第1節

個別アセスメント

　福祉サービス提供のあり方が契約を中心とするようになり、サービス利用者（以下「利用者」という）の生活支援実践の担い手となる、ソーシャルワーカーの専門性に対する人々の認知が高まってきている。ソーシャルワーカーが利用者の生活支援を考える際には、利用者個々人のニーズを充足することだけではなく、利用者が生活している地域の様相やそこにある社会資源、地域住民などさまざまな要素に目を向け、アセスメントをしていくことが求められる。本節では、従来主に対人援助活動においてとらえられていた個別アセスメントの考え方を、コミュニティソーシャルワークの視点からとらえなおしてみたい。

1 ▶ コミュニティソーシャルワークの視点による個別アセスメント

　対人援助活動における従来の個別アセスメントの視点は、利用者を理解するために発展してきたものである。措置時代、施設ケアが中心で福祉サービスが限定的であったときには、サービスの対象と判断されなかった場合の対応は難しく、利用者の気持ちを受け止め、理解する相談援助にとどまらざるを得なかった。しかし地域ケアが推進され、地域における自立生活支援の必要性が認識されるにつれて、アセスメントの視点は利用者の状況がサービスの対象範囲であるかどうかということではなく、利用者の生活のあり方や独自性、そしてそれを維持していくのに必要な支援は何かといった点に向けられている。

　そうなると個別アセスメントとは、利用者だけではなく、ともに生活をしているその家族を含めて、利用者や家族が置かれている状況に目を向ける必要がある。また、コミュニティソーシャルワークにおけるニーズキャッチの観点からすると、現在福祉サービスを利用している利用者やその家族だけではなく、支援を必要としている人々、今後支援が必要となる人々にも目を向ける必要がある。

　このような考え方に基づけば、コミュニティソーシャルワークの視点による個別アセスメントとは、対人援助のために個人が焦点化されるのとは異なり、個人や家族が置かれている状況を個別にアセスメントするという意味にとらえることができる。また、生活の全体性からとらえ、人の身体状況だけではなく精神的状況にも目を向ける、問題だけではなくそのなかにある強さをもとらえる、個人だけではなく周囲の人々も含めて見

ることになる。

2 ▶ 個別アセスメントにおける視点の拡大

　個別アセスメントの視点は、理論的にも拡大の方向にある。それは利用者が自宅で生活することを基本とする地域ケアでは、従来の施設ケアのように、サービスや支援者がそろっているような環境とは異なり、利用者を生活主体としてとらえ、利用者ごとに異なる生活環境について、支援者が理解することが必要になってきたからである。

　例えばエコロジカルソーシャルワークの考え方は、人は環境と相互作用しあっているととらえる。アセスメントとしては、個人そのものだけではなく、その人が存在している環境要因、人と環境要因との交互作用の様相をも把握しようとする。

　なかでも生活モデルの考え方は、ソーシャルワーカーにとって重要な視点を気づかせることになった。生活モデルによるアセスメントでは、さまざまな生活課題や障害を抱えながらも生活をしている人の力に焦点を当てる。社会や人の生活には、どのようにしても解決できない問題や取り除くことの困難な障害が多く存在する。それでも人々は生活することをやめるわけにはいかない。それらの問題や障害を抱えながらも生活をしているのである。

　また、ストレングスモデルによるアセスメントでは、人のもつ力や強みに焦点を当てる。人が抱えている問題ばかりに目を向けるのではなく、問題を抱えながら暮らしている、問題に取り組んでいるという強みに注目することによって、主体的存在としてその人を認識することができる。そして人々の自己実現に向けて、その人のもつ力を支えていく、強化していく支援につながる。

　従来から問題解決の支援や、生活上の不足を補うための福祉サービスの提供は、ソーシャルワークの重要な役割であった。しかし、問題解決支援や福祉サービス提供でも生活が改善されない場合、ソーシャルワーカーは手立てがないことを理由に支援を終了してしまうのか、という課題が残る。それに対して生活モデルやストレングスモデルの考え方は、課題・問題の側面に焦点を当てるばかりではなく、利用者のストレングスに焦点を当てることであり、どのような人も生活をしている以上、その人なりの暮らし方や生き方で取り組んでいるということ、その取り組みの力があることを認識する。そして、そのような人々の取り組みを支援することがソーシャルワークの重要な役割である。

　すなわち、抱えている生活課題や問題の影響の度合いは人によって異なっていても、どのような困難な状況にある人々をも排除することなく、支援の対象としていくことに

なる。また、利用者のストレングスに焦点を当てることは、利用者という存在を、単に社会的に弱い立場にある者としてではなく、生活をしていく上で直面するあらゆる課題に対して取り組む主体としてとらえることになる。

3 ▶ 個別アセスメントにおけるソーシャルサポートの視点

　ソーシャルサポートの視点も、人と環境との相互作用に注目する考え方である。ソーシャルサポートの考え方は、人は他者と相互に関わりサポートしあっているととらえる。アセスメントとしては個人の特性のみならず、サポートを通して関連する周囲の人々をも把握しようとする。そこには自立生活が困難になった利用者に対して、ソーシャルワーカーやヘルパーなどの専門家によるフォーマルサポートによって対応することと同時に、利用者自身がそれまでの生活のなかで培ってきた他者とのサポート関係などインフォーマルサポートを活用していこうという視点が含まれる。

　マッピング技法の一つとしてソーシャルサポートマップを作成することは、利用者や家族が置かれている状況を全体的にとらえ、周囲の人々への働きかけも視野に含めた支援を考えていく上で必要になってくる（図2-1）。

4 ▶ 個別ニーズを把握するための視点

　個別アセスメントがコミュニティソーシャルワークに位置づいたからといっても、従来の対人援助における個別アセスメントの視点が不要になったわけではない。コミュニティソーシャルワークの実践プロセスは、利用者や家族、支援を必要としている人々のニーズを把握することから始まることも多く、その点でいえば人を理解することに重点が置かれてきた、伝統的な個別援助技術（ソーシャルケースワーク）の視点を十分に理解し、実践に活用しなければならない。

　対人援助活動においては、まず人を理解することから、支援を進めていく上で必要な信頼関係を構築することができ、また表出することが困難なニーズをも把握することにつながる。ソーシャルワークが対象とする人々の多くは、自らでは対応困難な生活課題や障害を抱えていたり、そのような存在が社会のなかでは少数であるために理解が得られにくい状況にある。そのため対人援助では、そのような人々の意志や特性、置かれている状況を理解することが、アセスメントの重要な要素と考えられてきた。

　相談面接におけるインテークの段階を取り上げてみると、まずソーシャルワーカーは

図2−1 ソーシャルサポートマップ

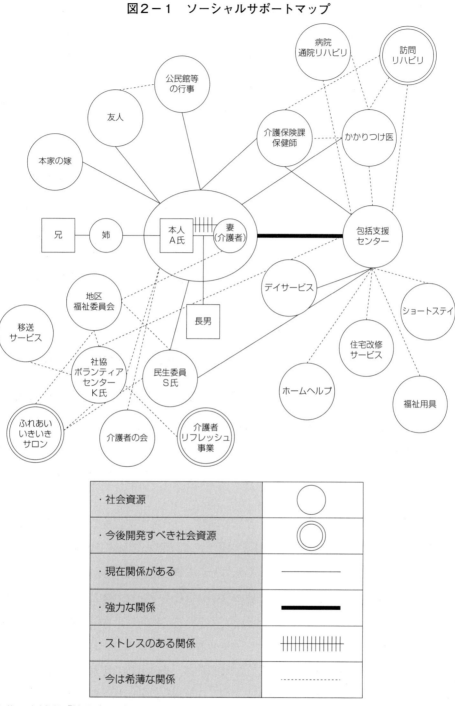

出典：宮城孝「第3章 コミュニティソーシャルワークの展開プロセス」『コミュニティソーシャルワークの理論』日本地域福祉研究所，p.37，2012.

相手の話を傾聴し、訴えを把握しようとする。また、相手の表情や態度、置かれている状況などから、訴えようとしていることをも理解しようとする。例えば初回相談の場面では、相談に来た人は福祉サービスや制度の仕組みに不慣れであることが多い。そのような場合には初めから「ヘルパーの派遣をお願いしたい」などとは言わないかもしれない。むしろ「台所に立つのがつらくなってきた」とか「外に出るのがおっくうになってきた」などという発言がなされ、そのなかからソーシャルワーカーは家事支援のニーズをとらえていくことになるだろう。

そして、その人自身が今までどういう取り組みをしてきたのかということを聞いていくなかで、支援が必要になってきた経緯やその人の特性を理解する。また、同居者や家族、家屋環境などについての話から、その人が置かれている状況を理解していくことになる。このような面接の過程を通して、相談に来ている人の主訴だけではなくニーズを理解しようとする。それによって人は自身の課題を整理し取り組む力を得ていくのである。

5 ▶ 表出されないニーズをどうキャッチするか

自らの意志や希望を会話によって伝えることが困難な利用者や、複雑な家族関係や状況のなかで、抱えている課題を明確に伝えることが困難な利用者もいる。また、利用者自身が自覚していないような問題がニーズの核心であるという場合もある。そこで対人援助技術としては、利用者を理解するためにさまざまなアプローチやモデルが発展してきた。

例えば自我心理学は、人を「個人」として理解しようとする理論である。個人にはそれぞれ自我があり、自我が自身の欲求と環境からの要請との間を調整していると考える。この理論でいえば、自分では○○したいという欲求があるにもかかわらず、状況がそれを容認しないため、その欲求を抑圧しなければならない場合などには、人がニーズを的確に表出できないような状況に陥ると考えられる。例えば、病院を退院する時期になった利用者が「自宅に帰りたい」という気持ちを抱えながらも、実際に自宅に帰るには家族に相当の介護の負担を強いることになるため、その気持ちを表出することをためらってしまうというような場合である。そのような状況に置かれた利用者は、自分はどうしたらいいのか、どうなるのだろうかと不安な気持ちを抱え、落ち着かない様子を見せたり、治療に専念できないような態度を示すこともある。そこでアセスメントとしては、抑圧されている欲求、個人の欲求を抑圧してしまうような環境状況などを把握し、表出することが困難となっているニーズを理解しようとする考え方である。

コミュニケーション理論は、人を「コミュニケーションをする存在」として理解しようとするものである。人は日々さまざまな形で他者とコミュニケーションをとっていると考える。この理論でいえば、利用者の言語的コミュニケーションと非言語的コミュニケーションに相違がある場合などには、支援者がニーズを的確に把握しにくいような状況になると考えられる。すなわち利用者が語っているニーズとその態度や行動がかみ合わないという場合である。例えば、自宅で老親を介護することになった相談者が、その方法を知りたいと言いながらも、家庭訪問の日や介護用具の搬入日を先送りにするといった行動をとることがある。このような相談者の言動は、老親を介護したいのか、それとも自宅で介護することを避けたいと考えているのか、支援者としてはどちらが本当の気持ち、ニーズなのかわかりにくい。言語的コミュニケーションとしては家庭介護の意欲を示しているものの、非言語的コミュニケーションとしては躊躇する態度を示しているからである。つまりアセスメントとしては、言語的コミュニケーション、非言語的コミュニケーションの両方に焦点を当てて、その人の気持ちを理解し、表出することが困難となっているニーズを理解しようとする考え方である。

役割理論は、人を「社会のなかの存在」として理解しようとするものである。人は社会的存在であり、そのなかでいくつもの役割を担っていると考える。この理論でいえば、個人が複数の役割を担っていて、それらを両立することが難しくなっているにもかかわらず、他者からの期待を考えるといずれの役割を離れることもできず、それを言い出すこともできない場合などには、人がニーズを的確に表出できないような状況に陥ると考えられる。例えば、家庭において子育てと老親の介護に当たっている人が、子どものことを考え、親のことを考えるといかに負担感があってもそれらを続けなければならないと考えているような場合である。そこでアセスメントとしては、個人が抱えている役割がいくつ重なっているのか、その役割を期待している周囲の人々の状況や関係性などについて把握し、表出することが困難となっているニーズを理解しようとする考え方である。

これらのようなアプローチの視点を個別アセスメントに適用しながら、表出されないニーズをもキャッチし、コミュニティソーシャルワークの実践展開に組み込んでいくことが求められる。

6 ▶ サービスとニーズアセスメントの関係性

一方で、介護保険サービスをはじめとして、契約関係のもとサービスが提供されるようになると、個別アセスメントの視点は福祉サービスとの関連でとらえられるように

なってきた。福祉サービス利用者にとって、福祉サービスや専門家などは重要な環境要因であり、それらの相互作用によって効果性にも相違が出てくる。

ケアマネジメント実践においては、利用者の身体状況、また把握した生活課題やニーズに対して、提供した支援やサービスが効果的であったかどうかということが課題となる。利用者のニーズを明確にするということは、それに基づく支援計画を立てることが可能になり、ニーズアセスメントの結果と照合してサービス対応の成果や効果を測るのに有用である。

ただし適合するサービスは何かということにばかり、支援者の焦点が向けられるようになると、提供可能なサービスという枠組みからアセスメントを行うことになり、利用者の抱えている生活上の課題、まだ表出されていないニーズを見落としてしまうことにもなるという弊害がある。また、利用者には限りのある福祉サービスの範囲内で我慢してもらうという、制約的なサービス提供にもなりかねない。

そのような場合には、個別アセスメントから地域アセスメントまでを視野に含めた、コミュニティソーシャルワークの観点からニーズ対応のあり方を総合的にとらえ直し、現行のサービスで対応できないものについては別の対応を考える必要がある。

7 ▶ 個別課題を地域課題へ転換する視点と方法

コミュニティソーシャルワークの視点に基づいて、個別アセスメントを地域アセスメントや地域支援に結び付けていくには、ソーシャルワーカーはどのような考えをもつ必要があるだろうか。

一つ目に、個別ニーズの集約を考える必要がある。地域に点在しているニーズを集約し、利用者群を顕在化させる取り組みが必要だろう。地域ケアにおいては利用者の生活場所が点在しているため、現行のサービスで対応できないような個別のニーズは、利用者個別の独自の事情として扱われることになりやすい。そのような場合、担当者が抱え込んでしまったり、対応困難とされてしまうことも少なくない。しかし地域全体への影響性や状況の重大性などを考えると、地域としてなんとかしなくてはならない優先的な課題ということもあるだろう。そのような場合にこそ、支援者がチームとなって利用者を中心としたサポート体制を構築し、地域ケア会議において対応方法を検討することが求められる。

また、このような個別のニーズとしてとらえられているものについて、今一度地域課題として取り上げるべきニーズではないかということを検討してみる必要がある。一人の利用者のニーズに対応するために、地域全体が協力体制を組むということは困難であ

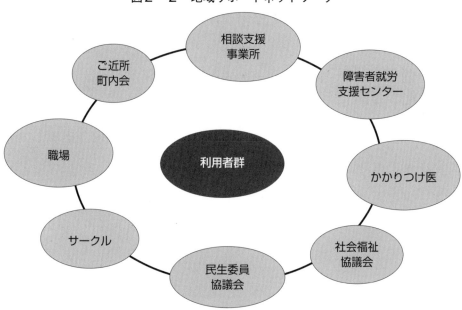

図2-2　地域サポートネットワーク

る場合も多い。しかしながらほかの多くの利用者のニーズとも共通性があるならば、それらを集約して利用者群の存在を明確にし、地域の課題としての認識を共有し、対応するためのサービス開発を考える必要がある。例えば、自宅にひきこもりがちな高齢者が地域には多く存在するだろう。一人ひとりの高齢者にはそれぞれの事情があるものの、仲間づくりの場、他者との交流の場の必要性は共通のニーズとして認識される。そうなればミニデイやサロンを開設するということも考えられる。

さらに支援者から見て、対応が困難という事態になる前に対応しておくべき、予防的なニーズもあるだろう。そのまま放置すれば状況が悪化してしまうかもしれない気がかりな人や世帯などに対して、継続的に見守りをしていく必要がある。見守り・予防体制として、地域サポートネットワークが構築されていれば、関係者による意識的な早期発見・早期対応につながり、問題の悪化を防止することができる（図2-2）。

むすび

本節では、個別アセスメントの視点をコミュニティソーシャルワークの観点からとらえ直し、地域アセスメント、地域としての取り組みに結び付けるための考え方をまとめた。主に対人援助活動のなかで培われてきた個別アセスメントの、表出されにくいニーズに向ける視点を、現在の地域ケアにおいて対応するサービスがないなどの理由により、潜在化しがちなニーズをいかにキャッチするかという視点に応用する必要性があ

る。そしてコミュニティソーシャルワークにおいて、実践者には利用者個別のニーズを集約し、地域の課題として認識し対応するプロセスを進行させていく力が求められている。

【参考文献】

・F. J. ターナー『ソーシャルワーク・トリートメント―相互連結理論アプローチ 上・下』中央法規出版, 1999.
・L. マグワァイア『対人援助のためのソーシャルサポートシステム』川島書店, 1997.
・C. ジャーメイン他『エコロジカルソーシャルワーク』学苑社, 1992.

第2節

地域アセスメント

1 ▶「地域診断」と地域アセスメント

　コミュニティオーガニゼーションやコミュニティワークでは、地域診断という用語を使用している。これは地域の問題を診断し、治療（問題の解決）する、また地域の住民による集団・組織を診断する等のことである。この用語は、社会福祉協議会職員や保健師などにおいて多用するが、実際のところ言葉の意味をよく理解して使っているかどうか疑問である。地域診断について詳述している文献は数少ないが、改めて地域診断について、文献に基づいて考えてみよう。

　高田真治によると、「コミュニティワーカーが地域社会の問題解決のために介入する場合、最初にしなければならない過程を一般に地域診断と呼んでいる。それは、介入しようとしている地域社会の問題状況と、解決すべき課題をかかえている当該住民（問題当事者）のニードを把握する過程である」としている。地域診断と地域アセスメントの違いをさらに明確にするために、高田の地域診断についての解説をもう少し引用してみる。高田は、「問題が個人や家族あるいは地域社会の一側面に顕在化されているように見えても、他の社会的要素と複雑に絡み合っており、決して一つの側面のみを捉えて、これを問題とし、診断や治療の対象として限定することはできない」として、地域診断＝地域問題の治療という医学的モデル準用は否定している。「問題状況の事前評価」という項では、「コミュニティ・ワーカーによる地域診断は住民の社会生活上の治療という視点からではなく、個と環境の相互作用の質的側面を重視した分析・評価、つまり問題状況のアセスメントが中心となる」。「地域診断のプロセス」のなかの「地域診断の内容」では、「個人（家族）のニードに合わせて社会環境の改善を図るという視点が重視されなければならない。すなわち、人間本位の社会関係と環境の調整を意図するものであって、地域診断の内容は、このことを妨げる問題状況を明らかにするものでなければならない。つまり、個人の成長と発達、そして能力開発、すなわち自己実現を妨げるような問題状況のアセスメントが地域診断の内容を決定するための基本的視点となる。診断の内容は、大きく二つのカテゴリーをもっている。一つは、介入すべき地域社会の社会関係の構造および問題状況を把握することである。他は地域社会の社会資源構造についてである」。

1　高田真治「第12講　地域診断」『コミュニティワーク』海声社，1989.

なぜ、地域診断に関して、文献を引用し長々と述べてきたのかというと、コミュニティソーシャルワークで用いている「地域アセスメント」とコミュニティワークにおける「地域診断」とは大きく違うからである。「地域診断」は前述の引用文献にあるように、個人や地域社会の問題状況に焦点を当てることが中心となっており、こうした地域診断という考え方や視点は、コミュニティワークを地域問題対処実践にとどめてしまい、幅の狭い・定型的な実践にしてきた嫌いがある。

　コミュニティソーシャルワークにおける地域アセスメントは、個人や地域社会の問題状況を把握する側面以上に、個人や地域社会が秘めるストレングスを発見することを焦点としており、もっと幅広く地域の状況を把握するし、その活用も幅が広い。地域アセスメントは、その実践展開の多様な場面で活用する。例えば、対個人への支援では、活用可能な社会資源をアセスメントしておいた情報のなかから社会資源を探したり、アセスメントの結果不足する社会資源を開発する等である。また地域支援においては、地域の状況を把握し、把握した状況をさまざまな角度から評価する、地域の特性や地域の強み・地域の良さの把握（ストレングス視点）、地域における活動を創設するときにも社会資源として活用可能なものを探す、地域にアプローチするときに参考にする、個人のニーズと地域社会の関係性を探るなど、実践活動のさまざまな場面で活用するものである。

2 ▶ 地域アセスメントの必要性とその意義・アセスメント内容

　地域アセスメントは、コミュニティソーシャルワーク展開における位置としては、コミュニティソーシャルワーク実践者が、常に地域の状況を把握しておくという点から考えると、基礎的なものと位置づけられ、また、実践活動の展開過程のさまざまな段階での確認や検証作業でも繰り返し活用される。

　地域アセスメントの必要性、ないしはその意義を述べると、次のようになる。

　① 　対個人の支援を行うときのケアマネジメントにおいて、活用可能な社会資源を探す

　② 　個人のニーズが地域のニーズであるかの検証（課題の普遍化）

　③ 　個人や地域の課題解決において、地域の問題解決能力を探る

　④ 　ニーズの傾向、動向の分析

　⑤ 　住民の理解と協力を求めるときに、地域の状況を伝える資料として活用（問題の共有・情報の共有）

⑥　住民活動を起こすときに、その実現の可能性と活動の他への波及の可能性を探る

⑦　新規事業の提案

⑧　理想的な「まち」に近づけるための必要条件を探る

などの場面で、地域アセスメントしたものを活用していくのである。

　また、地域アセスメントの内容として、どのようなものが必要であるかを記すと、次のようなものがあげられる。

　地域アセスメントは、市町村域全域・市町村域をいくつかに分割した中圏域・小地域の３つのレベルで行う必要性があるが、市町村の規模によっては、市町村域全域・小地域２つのレベルで行うこともある。市区町村域全域のアセスメント内容項目を例示すると表２－１のようになる。また、小地域（実践者の担当地区）レベルでのアセスメントシートを例示すると表２－２のようになる。[2] ただし、小地域レベルでのアセスメント表を作成するときに、例えば、ある町内会のある役員さんはこのような点で問題があるなどの個人を特定するマイナス（問題）情報を掲載しないなどの配慮が必要である。

表２－１　市町村域全域の地域アセスメント項目（例示項目）

１　統計資料等
　　人口動態に関する統計、産業別就業人口、国勢調査、昼間流出入人口、世論調査、外国人登録者数、福祉対象者数、行政の福祉・保健・教育関係相談統計、福祉・保健サービス利用者統計、保健業務年報、国民健康保険傷病別患者数、その他

２　地域特性（地域社会の個性）
　　行政区域、地域性格（商業区域・工業区域・等、娯楽施設集中区域、世帯用マンション地域・ワンルームマンション地域、アパート地域、公営住宅（分譲・賃貸・低家賃・高齢者住宅・障害者住宅）、戸建て住宅地域・新興住宅区域）、自然環境、産業と就業構造、文化・伝統・風習・習慣、政治的状況、その他

３　公共施設等
　　官公庁施設、行政出先機関（住民手続きの支所・出張所）、住民利用施設（公民館・文化施設・体育施設・レクリエーション施設）、小学校・中学校（学区）、高等学校、短期大学、４年制大学、専門学校、社会福祉施設、保健・医療施設、広域避難場所、銀行等金融機関、郵便局、交番、その他

４　保健福祉の公的サービス
　　高齢者関係・障害者関係・児童・子育て支援等の制度上のサービス、シルバー人材センター、医療・保健・福祉関係専門職、通所施設、入所施設、各種支援センター、苦情解決、第三者評価、権利擁護、成年後見（当該自治体首長申し立てシステム）、その他

５　住民組織、職種・職域組織
　　町内会・自治会、高齢者関係団体、障害者関係団体、ひとり親家庭関係団体、患者会、ボランティア活動団体、小地域福祉活動住民組織、NPO団体、子ども会（育成会）、PTA、社会教育系サークル、レクリエーション団体、生活協同組合、農業協同組合、商工関係団体（商工会・青年会議所・ロータリークラブ・ライオンズクラブ等）、労働組合、各種職種組合、その他

６　生活関連産業
　　福祉関連企業、食材・生活用品宅配会社、コンビニ、スーパー、給食・弁当会社、弁当販売店、タクシー会社（移送サービス）、便利屋、その他

２　横浜市職員の佐藤祐子氏（本研究所コミュニティソーシャルワーク実践者養成研修第１期生）が横浜市の地域ケアプラザのエリア（中学校区）で作成したものを素材に，田園調布学園大学の村井祐一氏が加工したもの。

表2-2　小地域（実践者の担当地区）レベルでのアセスメント表

地区名：

担当エリア（町・丁目）：○○町、○○1～6丁目
人口（高齢化率・障害児者数）：人口 32,180人　高齢化率 17.2%　面積 ○○○○㎡
出生数（または出生率）：1.10

①主な公共施設	公共施設	○○地区会館、○○スポーツセンター、○○公園
	学校	○○大学（地域に教室や体育館を開放中）、○○高校、○○中学（空き教室あり）、○○小学校（空き教室あり、地域に開放予定）
	未就学児施設	○○幼稚園、○○保育園（園庭開放：○曜日○時～○時）
②福祉・保健・医療関係機関等	福祉・保健施設	○○保健福祉センター、○○デイサービスセンター、○○養護老人ホーム、○○地域活動ホーム、○○グループホーム
	医療施設	エリア内：○○医院　　エリア外：○○医院、○○クリニック

③地域特性（ハード面・ソフト面の概況）

・地域の物理的な特性（山坂、住宅地、繁華街、公園、交通機関、都市計画）
・地区社協、自治会、民児協などの活動状況

> この地域は山坂が多く、緑も多い。交通機関として最寄り駅に○○線・はバスを利用している。住民の多くが駅がある。その他の地区に○○ケアプラザと地域の関係「地区社協と地域の関係」、民児協の状況、自治会・町会の状況、「災害時への対策状況」、「防犯活動状況」、「自治会加入率」、その他の事項などに関する記述も考えられる。

④ボランティア・市民活動団体・自助グループ等の活動状況ならびに企業、NPOなどの活動情報

企業・NPO・団体名	活動日・場所・内容	企業・NPO・団体名	活動日・場所・内容
○○の会（高齢者を中心としたサロン）	毎月、第1、3水曜日　午後（○○センター）高齢者サロンが中心	○○株式会社	○○まつりに毎年参加・協力している
○○クラブ（子育て支援クラブ）	毎週月曜日午前10時～12時まで（地域ケアプラザ内）親子の交流などを通じて子育て相談		

> 具体的な地域のキーとなる団体名や人物の氏名、活動内容および特長や関わり方の方のノウハウなど

⑤地域団体・人材（地域のキーとなる団体・人物）

○○地区の子育てグループは、障害児の理解と受け付けをしている。地域の見守りネットワーク活動への関心が強く、地区社協活動にも積極的に呼びかけている。子どもが就学しても、他の活動へと発展する可能性が高く、福祉活動に関心が強い。地域の見守りネットワーク活動への理解が強い。小地域の理解に関すること。副会長の○○さんが中心となって本活動を推進している。

○○連合会長の○○さん：小地域の理解に関すること（災害時要援護者リストを作成し、防災訓練に利用している）
××地区の民生委員：×××さん：福祉活動に関すること
××地区の民生委員：△△△さん：（ケアプラザに関わっている）連絡先○○○（障害児者の理解がある）
××大学の○○先生の研究室を××地区で行っている。

> 地域交流として展開もしくは（は関わり）を持っている事業とその概況

⑥地域課題

平成19年度は空き巣の件数が激増している。障害児の理解と受け付けをしている。平成18年度第4件～平成19年度11件と地域の接点が増えていることがうかがえる。自治会へ加入をしていないための地域20年にわたった障害児者の余暇活動を××地区で行っている。平成19年度○月に、福祉活動も活発で活動が活発ではない。平成19年度○月に、孤独死で87歳の男性の孤独死が発生している。○○団地では独居の高齢者が激増している。

> 地域交流：○○研修会の開催、○○支援グループの立ち上げ、○○地区見守りネットワーク形成
> 包括支援センター：介護予防体操教室（○○公園）として実施
> 地域包括支援センターとして実施している地域向け事業

> ○ケアプラザの事業展開状況および地域交流活況状況など

3 ▶ 地域アセスメントの具体的活用と 課題の普遍化等の技術
——コミュニティソーシャルワークの実践展開に即して

1 基礎的活用

　表2-1における「統計資料等」では、人口動態をはじめとした地域の基礎データを収集するが、それらをもとに地域の特性、地域内の各区域ごとの特性などを把握する。こうした地域あるいは地区の特性把握は、後述するが、その地域で住民に接するときの知識として、また住民活動を起こすときに住民に示すデータとしてなどさまざまに活用できる等コミュニティソーシャルワークの実践展開のさまざまな段階で活用される。

　また、基礎的なデータ収集だけではなく、行政の各種統計資料、各種調査報告書、各種事業の年報、各種相談統計などの収集が重要である。このようなデータからは地域の問題把握ができる。例えば、個人からの相談について、相談内容統計や保健業務年報の疾病別患者統計・国民健康保険傷病別患者数統計などを数年間比較すると、例えばある疾病の人が増えてきていることがわかるし、そのことから単に個人の問題ではなく、地域に一定数同様の問題があることを推測できる。また、行政の各種相談窓口における相談内容統計を数年間分見ていくと、ある年齢層の人たちからのある相談が増加しているなどのニーズの傾向・動向を把握できる。このように相談とデータを関連づけたり、データとデータを関連づけたりする。こうした「データの関連づけ」という技術を用い、地域問題発見・課題解決の手がかりとしていくことが重要である。

2 ケアマネジメントを基盤とした対個人への支援

　ケアマネジメントを基盤とした対個人への支援では、基本的には通常いわれているケアマネジメントの過程に沿って行われる。しかし、介護保険制度下の現状のケアマネジメントのように、単なる制度上のサービスを当てはめただけのものではなく、援助を必要とする人とその家族の状況とニーズに応じて、関係者間で協議の上"総合的にプランニング"されることが必要である。"総合的に"ということは、フォーマルサービスのみならず、地域アセスメントの情報によりインフォーマルサービスの活用も視野に入れるし、援助を必要とする人とその家族にとって必要なものであれば、社会資源の開発も行う。また、ICFに基づく視点や援助を必要とする人とその家族のもっている強みや良さに着目するストレングス視点、それらの人たちがもっている力をより発揮させようと

するエンパワメント視点などを大切にし、援助を必要とする人とその家族の生活意欲の形成を図る支援が大切である。

例えば、表2−1を活用していくと、「生活関連産業」は、有料の事業者であるが、仕出し弁当屋さんが、高齢者に配慮したメニューで、低額で、一つでも配達してくれるなら、立派に配食サービスが成り立つ。高齢者の外出手段の乏しい地域では、生活用品を宅配してくれる事業者が活用できる。「住民組織、職種・職域組織」は、認知症高齢者を抱えている家族等介護者をサポートする場合、認知症高齢者の家族会（介護者会）等の当事者組織を活用していく。

表2−2の小地域レベルでのアセスメント表では、障害幼児を抱える母親が、混乱・孤立している場合など、障害児とその母親を受け入れている子育てサポートグループが把握されていれば、そこを活用していく。また、多動な自閉症児で、その対応に困る場合、歯医者や床屋さんの受け入れが難しい。その場合、受け入れてくれる歯科医師や理容店などの情報も活用できる。

③ 対個人への支援からサポートネットワークの形成

(1) 課題の普遍化

ケアマネジメントを基盤とした対個人への支援を行うとともに、個人の課題（個別ニーズ）解決だけにとどめず、支援している個人を含めて同様の問題を抱える人たちへの支援を展開しないと、コミュニティソーシャルワーク実践の展開につながらない。他に同様の問題を抱えている人たちの存在を明らかにすることが「課題の普遍化」である。例えば、一人の人からの相談があったとき、他に同様の問題を抱えている人たちがいないかを検証する。表2−1の過去の相談記録、地域アセスメントで把握した各種統計データなどを活用する。課題の普遍化の方法で最もオーソドックスな方法は、ニーズ調査である。また、表2−1で把握されている保健福祉の公的サービスを担う専門職へのヒアリング、障害児者団体等のセルフヘルプグループなどでのヒアリングなどにより、同様の課題をもつ人たちを把握できる。

課題の普遍化に関して、具体的な事例を紹介する。秋田県の藤里町社会福祉協議会は、「ひきこもり者支援」の活動等で有名である。人口約3800人の町で百数十人のひきこもり者（ひきこもり者の国の示す定義は39歳以下であるが、藤里町では40歳代・50歳代のひきこもり者も発見している）を発見した方法は、以下のとおりである。

最初、社会福祉協議会職員に高齢者から自分の家にひきこもりの息子がいることの相談があった（個別支援の段階）。社協が運営している介護保険事業所の介護支援専門

員、地域包括支援センターの専門職、デイサービスの介護職員へ同様のひきこもり者がいる家庭がないかヒアリング、住民懇談会でのヒアリング、中学校の同窓会ネットワークを通じての把握等をとおして、さらに発見されたひきこもり者に訪問調査を行ったのである。

　つまり他の人にも共通する課題として普遍化するのである。個のニーズは、さまざまな社会状況を背景としたものであるから、住民の共通課題、地域課題としてとらえなおす視点が重要である。

　この課題の普遍化は、対個人への支援からコミュニティソーシャルワークへ展開していく重要な局面である。対個人への支援から同様の問題を抱えている人たちを見つけ、それらの人たちへの支援のネットワークを形成していくことがコミュニティソーシャルワークである。対個人への支援を行いながら課題の普遍化をしていかないと、それは単なる個別支援、つまりケースワークで終わってしまうことになる。

(2)　サポートネットワーク形成に向けた住民・関係者との課題共有

　課題の普遍化により、地域にある課題（ニーズ）を抱えている人たちの存在が明らかにされたら、その人たちを支えるネットワークの形成に向け、住民・関係者との課題共有を図ることが必要となる。地域にある課題を抱えた人たちがいることを住民に明らかにしていくことである。表2－1の地域アセスメントで収集した統計データを示すなどして、このような課題を抱えた人たちがこの地域にこのくらいいること、一人の人の問題ではないことを伝えるのである。また、表2－1で把握されている当事者組織や保健福祉の公的サービスを担う専門職を活用し、課題を抱える人やその家族、その人たちの状況をよく把握している専門職が生の声として課題の状況を伝えることは、住民・関係者に「課題（ニーズ）を実感」してもらうことである。また、課題の普遍化で把握された人たちを、住民や関係者が訪問調査することにより、生活実態を目の当たりにし、より課題（ニーズ）を実感してもらうことができる。こうしたことが、住民や関係者へのサポートネットワーク形成に向けた動機づけにつながる。

　コミュニティソーシャルワーク実践者は、自ら所属する組織においても課題の共有を図ることが重要である。所属する組織の上司や同僚が理解しないと、実践活動への着手ができない。前述の住民・関係者との課題共有の方法などを活用し、自ら所属する組織でも課題の共有を図る。

(3)　実践仮説活動の計画

　課題の普遍化により一定程度の人たちに共通する課題（ニーズ）が明らかになり、そ

の課題解決のために想定される活動や新たなサービスを「実践仮説」という。実践仮説の活動をどのように築いていくか計画を立てることが必要である。どの段階でどのような人に働きかけるのか、活動を実践していくにあたっての人材、活動の拠点、活動に必要な機材、財源等を計画に盛り込まなければならない。

　例えば、表2－2を活用し「活動拠点や協力者」を確保する場合、高齢者や障害者のパソコン教室を行うときは、パソコン教室やパソコンの専門学校を拠点として、そこの人材を含めて活用する。高齢者の食事サービスの場合は、調理師の専門学校をそこの生徒も含めて活用するなどである。また、昔からの風習が未だ行われている地区、神社があり祭礼が行われ、氏子組織がある地区などは、住民の結束力が高い地区ととらえることができる。それはまさにストレングス（住民の強み・良さ）であり、そうした住民の地域活動への参加を図るなどである。

　実践仮説の活動や新たなサービスを築いていくことは、単なる「当面の目標」である。実践仮説の活動の創設や新たなサービスを開発するときには、実践仮説の活動やサービスを将来どのようなものに発展させていくかとの「将来の展開目標」をもつことが重要である。将来の展開目標が設定されていれば、コミュニティソーシャルワーク実践者は、築いた活動や新たなサービスを、将来の展開目標に向けて関わり続けることができる。将来の展開目標をもたないため、今までの多くの住民の福祉活動や新たなサービスが、5年、10年とたつうちに消滅してきたのではなかろうか。コミュニティソーシャルワーク実践者は、築いた活動やサービスが、住民や関係専門職から頼りにされる（社会資源として有効に機能する）ときまで関わり続ける必要性がある。

⑷　サポートネットワークのシステム化

　コミュニティソーシャルワーク実践は、ある課題を抱えている人たちのサポートネットワークを形成していくだけにとどまらない。住民の活動グループどうしをつなげて、地域にあるいくつかのサポートネットワークの協働活動の促進を図ることが大切である。つまり、地域の複数のソーシャルサポートネットワークをシステムとして機能させるのである。単にある課題解決のための専門職と住民活動グループが連携してサポートネットワークとして活動していればよいのではなく、地域全体の各種サポートネットワークどうしを協働させて、地域のシステムとして機能させていくという視点をもち、その構築が福祉コミュニティ形成につながっていくのである。そのためには、表2－1・表2－2を活用して、把握されている住民活動グループを結び付けていく視点が重要となる。

第3節

プランニング

はじめに

「コミュニティソーシャルワークの視点は理解できたが、具体的な実践としてどうすればよいのか」「コミュニティソーシャルワーク実践をしたいが、自分の職場での立場ではできない」。コミュニティソーシャルワークに関する研修を受けた方々から、しばしばこうした声が聞こえてくる。これらはコミュニティソーシャルワークが一人の専門職だけで実践できるものではなく、さまざまな人々との連携によるチームアプローチによって成り立つという特質ゆえに、自分の立場としてどこから始めたらよいのかという戸惑いにもよるものであるが、この壁を研究教育者や実践者が共に乗り越えていくことができなければ、日本のコミュニティソーシャルワークは単なる理念や理想論にとどまってしまいかねない。コミュニティソーシャルワークにおけるプランニングは、まさにコミュニティソーシャルワークの考え方を実践として具現化していく重要なソーシャルワークの局面である。本節では、コミュニティソーシャルワークのプランニングに関するいくつかの論点を整理しながら、今後の課題についてまとめていきたい。

1 ▶ コミュニティソーシャルワークにおける プランニングとは

まず一つ目の論点は、コミュニティソーシャルワークにおけるプランニングとは従来のソーシャルワークにおけるプランニングと何が違うのかということである。コミュニティソーシャルワーク実践を簡潔に表現するならば、「生活課題を抱える個人や家族に対する個別支援とその人々が暮らす地域への支援を多様な人々の連携によって統合的に展開するためのシステムを構築し実践すること」であり、この実践のためのプランニングにはいくつかの視点が混在している。それは、❶個別課題に対するプランニング、❷地域課題に対するプランニング、❸専門職が実践を展開できるシステムを構築するためのプランニング、❹これらのアプローチを統合するためのプランニング、である。

これらそれぞれのプランニングの特質を強調して言い換えるならば、❶はケースワークやケアマネジメントの視点によるプランニング、❷はコミュニティワークの視点によるプランニング、❸は社会計画すなわちソーシャルプランニングとしてのプランニング、そして❹がコミュニティソーシャルワークの視点によるプランニングである。しか

しながら、実践現場の現状をとらえると、❹のコミュニティソーシャルワークの視点だけによるプランニングが独立して存在しているわけではない。❹の視点は必ず❶や❷の視点と結び付いていなければ具体的な実践とはならず、また❸の実践枠組みを必要とする。

　具体的な例をあげて考えてみると、例えば、地域のなかで外出する機会もなく孤独を感じているＡさんという高齢者がいた場合、専門職は個別支援として直接支えたり、活用できる社会資源につなげるためのプランニングを行うことになる。これは❶個別課題に対するプランニングだが、この問題をコミュニティソーシャルワークの視点から考えると、Ａさんだけの問題として対応を考えるにとどまらず、地域のなかで同じような状態にある人々の状況を専門職と住民の協働による地域アセスメントによって把握し、例えば他にも同じような思いを抱いているＢさんやＣさんが同じ地域に暮らしていることが明らかとなった場合、地域のなかで孤独をなくしていくための取り組みとして新たにサロン活動やコミュニティカフェを始める等、Ａさんへの支援と同時にＡさん以外の人々にとっても有効な方策をプランニングしていくこととなる。これは❶の視点から❹の視点に広げていった場合である。

　一方で、❷の視点から❹の視点に広げていく場合もある。例えば、ある社会福祉協議会で地域アセスメントを行ったところ、一人暮らし高齢者世帯が急速に増加している地域があることが分かり、孤独を感じている人々が多いのではないかという問題意識から、地域のなかでサロン活動を進めていくことをプランニングした場合、これは❷地域課題に対するプランニングとなる。これをコミュニティソーシャルワークの視点から考えると、このような活動を求めている人々が具体的にどこに何人いるのかという実態を専門職と住民が共同で調査把握し、それらの人々がどうしたらサロン活動に参加できるのかを考え、個々への配慮を伴ったプランニングを行っていくことになる。これは、❷地域課題に対するプランニングであると同時に、❶個別課題に対するプランニングの側面をもつことによって統合的なアプローチとなり、❹コミュニティソーシャルワークの視点によるプランニングとなっていく場合である。

　またこれら二つのケースでは、こうした動きのきっかけとなる専門職や機関による投げかけから具体化への検討ができる仕組みや、公私協働によるチームアプローチを生み出す体制等、システムに関わる要素が備わってこそ具現化していくものである。この点において❸のソーシャルプランニングの視点が重要となる。

　これらを踏まえると、コミュニティソーシャルワークにおけるプランニングは、個別課題に対するプランニング、地域課題に対するプランニング、そしてソーシャルプランニングという三つの側面をもち、これらの連動性が求められる。例えば個別課題に対す

るプランニングにおいては、支援対象者の生活において地域との関わりが意識されていること、地域課題に対するプランニングにおいては個々のニーズが意識されていること、そしてソーシャルプランニングにおいてはこれらのアプローチの根拠となるニーズをしっかりと見据えた上で統合的実践を可能とする体制を整備する視点等が求められる。

したがって本節では、コミュニティソーシャルワークにおけるプランニングを「個別課題と地域へのアプローチの関係性を明確にし、かつ多様な地域連携のシステムと結び付けた支援方策のプランニングである」としておく。

2 ▶ コミュニティソーシャルワークにおけるプランニングの主体

次の論点は、誰がコミュニティソーシャルワークのプランニングを行うのかということである。これに関して、現在各地で「コミュニティソーシャルワーカー」と呼ばれる専門職の配置や養成が行われはじめており、このコミュニティソーシャルワーカーがコミュニティソーシャルワークにおけるプランニングの主体であると位置づけることもできる。しかし、実際にはコミュニティソーシャルワーカー養成研修を受け、あるいはコミュニティソーシャルワーカーとして配置されたとしても、その職務が所属機関や地域内で明確にされていなければ、既存事業の業務を担当するだけにとどまり、熱心な方ほど研修を学んだが故に現在の業務にストレスを感じる状況も生み出しかねない。そもそも未だ多くの地域では、そのような職員が明確に位置づけられていない状況にある。そのため、コミュニティソーシャルワークにおけるプランニングは、コミュニティソーシャルワーカーが配置されているかどうかにかかわらず展開できる方法論として確立していく必要がある。

そこで大切な視点は「コミュニティソーシャルワーク実践はチームアプローチである」ということである。この観点から筆者は、「コミュニティソーシャルワーク実践者」と表現するときもある。それはコミュニティソーシャルワーカーと呼んでしまうと特定の専門職がイメージされるようになり、多様な人々の連携によるチームアプローチであるという特質が弱まりかねないとの考えによるものである。

しかしながら、実践的にはコミュニティソーシャルワーカーと呼ばれるような、新たな機能をもった専門職が必要とされていることも事実である。それは、コミュニティソーシャルワークはチームアプローチであることから、理論上ではプランニングの主体はそのチームということになるが、実践的に考えるとチームに必要なメンバーは本人や

69

家族そして地域のニーズの状況によって異なるため、誰かがチームを形成し調整していくことが必要となる。そしてその人物がチームとしてのプランニングをとりまとめていく役割を果たしていくことも求められる。したがって、プランニングの主体としてはチーム全体であってもその中核となる専門職を必要とするのである。この専門職を「コミュニティソーシャルワーカー」と呼ぶこともできる。しかし、あくまでもプランニングの主体はチームであり、コミュニティソーシャルワーカーはそのまとめ役にすぎない。コミュニティソーシャルワークにおいては、チームアセスメントやチームプランニングという視点を強く意識している必要がある。

このように考えると、誰がチームの中心となるかは地域の体制やニーズの状況にもよるが、自分の職務上の立場でチームの一員としてニーズに貢献できる場合には、誰もがコミュニティソーシャルワークのプランニングの主体となり得るのである。

3 ▶ コミュニティソーシャルワークを展開するシステム

しかしながら、チームとしてプランニングの主体となっていくためには、それを可能とするシステムを必要とする。三つ目の論点としてコミュニティソーシャルワークを展開するシステムについて考えていきたい。

コミュニティソーシャルワークを展開するシステムには、現在大きく二つの実践モデルが存在する。一つは長野県茅野市[3]に代表されるように、多様な専門職をチームで小地域に配置していくものであり、もう一つは大阪府のコミュニティソーシャルワーカー配置事業[4]に代表されるように、コーディネート機能を中心とした専門職を小地域に配置することによってチームアプローチを展開していくものである。

この点に関して、イギリスのバークレイ報告においてもコミュニティソーシャルワークの実践例として二つに大別されている[5]。一つは地域性に焦点が合わせられ、ソーシャルワーカーが他の社会サービス職員とともに特定の地域を担当するものであり、二

---

3 茅野市の実践の詳細は，土橋善蔵，鎌田實，大橋謙策編集代表／茅野市の21世紀の福祉を創る会，日本地域福祉研究所編『福祉21ビーナスプランの挑戦—パートナーシップのまちづくりと茅野市地域福祉計画』中央法規出版，2003．を参照。

4 大阪では，大阪府によるコミュニティソーシャルワーカー配置事業によるコミュニティソーシャルワーカーのほかに，大阪府社会福祉協議会老人施設部会の社会貢献事業によるコミュニティソーシャルワーカーが活動を展開している。前者は中学校区を目安に社会福祉協議会やNPO法人等に人件費補助によってワーカーが配置されているのに対し，後者は老人施設にワーカーが配置され，各施設が拠出した社会貢献基金を元に経済的援助等を展開しているものであり，どちらも先駆的な優れた実践である。

5 National Institute for Social Work, *Social Workers : Their Role & Tasks*, Bedford Square Press of the National Council for Voluntary Organisation, p.207, 1982.

つ目は、ソーシャルワーカーや社会サービス職員が共通関心や問題を共有する特定のクライエント群のニーズに焦点を合わせるというものである。日本でもイギリスのコミュニティソーシャルワーク実践例として知られているパッチシステム[6]は前者の代表的な実践であり、日本における茅野市の実践に近いものといえる。また大阪府の取り組みは、バークレイ報告で大別された後者の方法を土台としながら、より地域性を強めたものととらえることができる。

　これらを踏まえると、コミュニティソーシャルワーク実践を展開するシステムとして、ある圏域を設定した上で、①あらかじめ基幹となる専門職チームを配置する方法、②必要に応じてチームメンバーをつないでいく役割をもった専門職を配置する方法、があると整理できる。これらは何かしらのシステムや人的資源等の再編を伴うが、さらに今後は既存の枠組みを生かしながらコミュニティソーシャルワーク実践を展開していく第3の方法を考えていく必要があると筆者は考えている。それは③機関間の情報共有や協働検討機能の確保による有機的連携体制を構築する方法である。これは特定の専門職がコーディネート機能を担うのではなく、必要に応じてどの専門職もコーディネート機能を担うことができ、そこからの投げかけによってチームで対応していく視点である。

　なお、圏域の設定にあたっては、小学校区や中学校区等の学校区が活用されることが多いが、地域によっては学校の統廃合により学校区が非常に広範囲となっている地域もある。少子高齢化が進んでいる今日においては学校区という観点だけでなく、住民のニーズの実態に応じたサービス提供圏域を設定する必要がある。ただし圏域設定の際には、地域住民自身が自分たちの地域としてどの程度の範囲を認識しているかを十分に知ることが不可欠である。この点を見落とすと地域住民との協働が困難になりかねない。そしてまた、専門職は自らが担当する圏域と地域住民の生活圏域は同じではないことを忘れてはならない。地域住民はそれぞれの生活圏をもっていることから、専門職は担当圏域を中心としながらも地域住民の生活状況に応じて、他の圏域やあるいは市区町村の境界付近に暮らす住民の支援においては、近隣市区町村の専門職等とも連携する体制を考えておく必要がある。

　いずれにしても地域の実情に合った形でチームアプローチの体制を構築し、チームとしてプランニングを行い実践につなげていくシステムを考えていく視点が必要である。

6　パッチシステムとしての実践の詳細は，濱野一郎，大山博『パッチシステム—イギリスの地域福祉改革』全国社会福祉協議会，1988.　に紹介されている。この本はイギリスでパッチシステムを推進し，バークレイ委員会のメンバーでもあったロジャー・ハドレイらによる『Going Local：Neighbourhood Social Services』の翻訳であるが，独自に解説が加えられており理解しやすい。

4 ▶ バークレイ報告における コミュニティソーシャルワークのプランニング

　ここで視野を広げて、イギリスにおけるコミュニティソーシャルワークのプランニングについて整理しておきたい。コミュニティソーシャルワークという考え方は、国際的に見ると1982年にイギリスで公表されたバークレイ報告において打ち出されたものである。日本では、このイギリスで生まれた概念の単なる導入や紹介ではなく、日本の実情に即して昇華させていくことが求められるが、なぜイギリスでこうした考え方が出てきたのかという社会的背景を踏まえ、コミュニティソーシャルワークという概念によって何を目指そうとしたのかを学ぶことは有益であり、その上でバークレイ報告ではプランニングをどのように整理しているのかまとめておきたい。

　1970年代のイギリスでは1968年のシーボーム報告によって社会サービス部が創設され、専門職としてのソーシャルワーカーが確立していった一方で、次第にソーシャルワーカーに対する官僚統制が強まり、クライエントや地域の問題に対応していないのではないか等といった批判が社会サービス部に対して起こりはじめ、地方分権を求める声が出てきていた。また、1979年からのサッチャー保守党政権が福祉予算削減を進めたことにより、サービスの見直しやソーシャルワークは何をすべきかという再定義が求められるようになっていた。こうした社会的背景からソーシャルワークは、地方分権や住民参加を志向する実践現場の動きや、財政削減の観点から個人や家族を活用しようとする新保守主義の影響を受けながら、再検討が求められはじめていた。

　このような状況のなか、1980年にバークレイを座長とする専門調査委員会が発足した。当時のソーシャルワーカーは新しい専門職であるが故に過大な期待をかけられ、無限ともいえるニーズの発生状況とそれに対する資源が十分でない状況の間で、不安定な活動を強いられていたことから、この委員会ではソーシャルワーカーの役割と任務は何かを現場の実態に即してまとめることが求められた。そしてさまざまな調査の結果、委員会ではソーシャルワークには主に「カウンセリング」と「ソーシャルケアプランニング」という二つの要素があるという確信に至り、その上でコミュニティソーシャルワークという新たなアプローチの必要性を1982年の報告書において提示した。[7] これが通

　7　バークレイ報告は，1984（昭和59）年に小田兼三による翻訳本が全国社会福祉協議会より出版されている。本稿では，この翻訳本を土台にしつつ独自に翻訳修正している。なお，バークレイ報告ではコミュニティソーシャルワークを以下のように定義している。「この用語は，公的機関によるソーシャルワークとして，個人や集団に影響を与える問題および社会サービス部局と民間組織の責任や資源にはじまり，われわれのコミュニティの基本的定義を構成するフォーマル，インフォーマルな関係の地域ネットワークやクライエントの共通関心コミュニティの力量を開発，支持し，権限を与え，また強化することを目的とする業務を意味する（p.xvii）。また第13章では，「コミュニティソーシャルワークをめざして」と題して，これからのソーシャルワークの方向性をまとめている。

称、バークレイ報告である。

　このバークレイ報告では「ソーシャルケアプランニング」を、次のように説明している[8]。

> 　ソーシャルケアプランニングは、現在の問題を解決または軽減するためにつくられる計画、および将来の社会問題の深刻化を防いだり、発生すると予測される社会問題に対応する資源を開発、強化することを目的とする計画を意味する。例えば、以下のものを含む。
> - クライエントの現在の問題への対応、およびクライエントの将来のための諸調整のプランニングおよび編成
> - 特定の集団（地理的範囲あるいは共通の不利益や障害のいずれかに規定される）のための社会サービスのプランニング、組織化、モニタリング、評価、供給、開発。これらはワーカーが所属する機関が単独で、または公私機関、互助グループ、ボランティア、インフォーマルな介護者と協働で行うものである。
> - 行政や民間福祉サービスとの共同によるプランニングであり、ソーシャルワーカーや政策立案に影響力をもつ対人福祉サービスの職員の経験を生かしていくこと。
> - 現在または将来の諸問題への対処、問題の拡大防止を目的とした民間組織や互助グループの創設および強化、ボランティアの募集や養成や支援、またはインフォーマルなケアネットワークの支援
> - ソーシャルワークや他の社会サービスの職員の養成、スーパービジョン、管理

　この説明では、チームアプローチによる個別支援や地域支援のプランニング、また専門職の体制に関するプランニングを含めた言葉として「ソーシャルケアプランニング」を使用している。一方、ソーシャルワークのもう一つの構成要素とされた「カウンセリング」については、次のように説明している[9]。

> 　我々はカウンセリングを、クライエントとソーシャルワーカーの間の直接的コミュニケーションおよび相互作用の過程（「ソーシャルケースワーク」として知られている）の意味で用いる。これを通して、クライエントは自分自身や環境を変えたり、耐えることができるのである。

　これは直接クライエントに関わる部分であり、バークレイ報告ではこの「カウンセリング」と「ソーシャルケアプランニング」の統合的実践を提唱している。こうした考え方は今日の ICF における個人因子と環境因子の視点と重なるものである。

　バークレイ報告では実際の地域における支援は公的機関だけでなく家族や友人、近隣住民によっても行われていることから、ソーシャルワーカーの果たす役割の一つとしてインフォーマルな人々を支援しコミュニティを築いていくことを求めた。そしてコミュニティソーシャルワークという概念によって、それまでの専門職によるカウンセリング

8　National Institute for Social Work, 1982. ibid, pp.xiv-xv

9　ibid, p.xiv

中心主義のソーシャルワークにコミュニティ志向をもたせようとしたのである。

　なお、具体的なコミュニティソーシャルワーク実践はパッチシステムとして多くの地域で展開されていったが、その背景には住民参加や地方分権といった本来の理念だけでなく、財政削減の観点から政策的に進められた部分があったことも事実であり見落としてはならない。いわゆる安上がり政策であり、住民同士で支えるのであれば公的支援は削減できるであろうという考え方である。しかし、支援における最終的な責任は専門職が担うべきであることをバークレイ報告も明記しているように、住民との協働は公的支援の代替ではない。自らが育んできた関係性のなかで生活し続けることが私たちの幸せに欠かせないものだからこそ、専門職はそうした人々との協働によって生活を支えていくのである。

　イギリスにおけるこうした歴史から、我々はインフォーマルケア本来の価値は何かという視点を深めておかなければ、コミュニティソーシャルワークは安上がり福祉政策に陥りかねないということを忘れてはならない。

5 ▶ サービス開発スキルの実態と課題

　次に、日本の現状を見ていきたい。コミュニティソーシャルワークにおけるプランニングは何のために必要なのかというと、その一つには既存の制度やサービスだけでは対応できない課題に対するものとして今日的意義を有しているものであり、いわば新たなサービスや支援の開発という使命を背負ったものである。

　では、現在の日本における福祉専門職は、どの程度サービス開発の機能を担っているのだろうか。この点に関する実態調査の結果を紹介したい。筆者は2008年に全国500か所で四つの機関（子育て支援センター、指定相談支援事業所、地域包括支援センター、社会福祉協議会）の福祉専門職を対象に地域生活支援スキルに関する調査を行い、1355名から回答をいただいた。[10]この調査では地域生活支援スキルとして30項目を設定し、[11]機関としてどの程度できているか機関実践度について4件法（1. できていない　2. あまりできていない　3. ややできている　4. かなりできている）で回答していただいた。このデータを得点化し因子分析した結果、地域生活支援スキルの枠組みとして①個別アセスメント、②地域アセスメント、③専門職間連携、④地域住民との連携、⑤サービス開

10　調査結果の詳細は，平成19・20年度科学研究費補助金（基盤研究B）成果研究報告書「コミュニティソーシャルワーク実践の体系的なスキルの検証及び教育方法の開発（課題番号19330133）」研究代表者：宮城孝，pp.25～46，2008．を参照。

11　調査項目の設計に関しては，拙著「コミュニティソーシャルワーク専門職養成の現状と課題」日本社会事業大学社会福祉学会『社会事業研究 第48号』pp.99～103，2009．を参照。

発、⑥人材養成という六つの因子が抽出された。これらの因子の平均値をグラフで表したものが図2-3である。

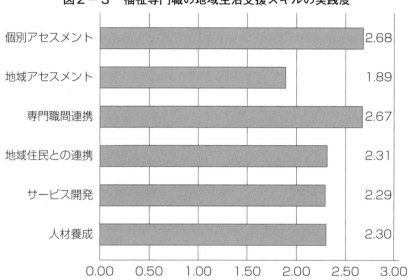

図2-3　福祉専門職の地域生活支援スキルの実践度

平均値2.50未満は、自己評価として実践の弱さを感じているととらえられるものであり、調査結果で平均値が最も低かったものは地域アセスメント（平均値1.89）、次いでサービス開発（平均値2.29）であった。この結果から現在の日本における地域生活支援スキルの課題の一つにサービス開発機能の弱さがあるといえる。

このサービス開発機能に関する具体的な状況について、四つの機関別に詳しく見ていきたい。図2-4は職場内においてサービス開発に向けた話し合いをしているかどうか、図2-5は職場内にとどまらず、他機関と連携しながら新しいサービスや事業を開発するために検討しているかどうかについて調査した結果である。

まず図2-4の職場内におけるサービス開発機能については、「ややできている」と「かなりできている」を合わせた割合を見ると全体としては約5割であったが、機関別に見ると地域包括支援センターと社会福祉協議会が約4割にとどまっている。

また、図2-5の地域としての機関連携によるサービス開発機能についても、「ややできている」と「かなりできている」を合わせた割合を見ると全体としては約5割であったが、職場内のサービス開発機能に比べるとその割合は少なくなっており、各機関においてもそれぞれできているととらえている割合は少なくなっている。

こうした結果から、障害者や児童の領域に比べて高齢者領域においてサービス開発機能が求められており、それぞれの領域における職場としてサービス開発機能の充実を図

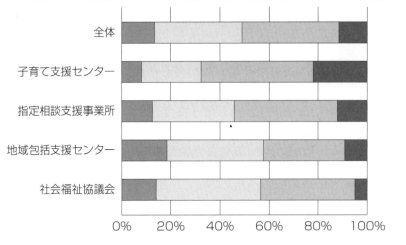

図2-4 職場内でサービス開発に向けた話し合いをしている割合

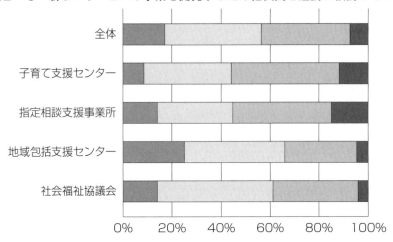

図2-5 新しいサービスや事業を開発するため他機関と連携し検討している割合

るとともに、それ以上に地域全体としてのサービス開発機能の確保が必要であるといえる。

6 ▶ サービス開発のシステム化

では、職場や地域全体としてどのようにサービス開発機能を明確にしていけばよいのか。この点について、現状ではそもそもサービス開発を業務とする専門職が配置されていることはまれであり、既存の制度や事業の枠内の業務にとどまらざるを得ない状況に

あるといえる。このような状況のなかでは、特定の専門職がサービス開発に取り組むという視点ではなく、職場として地域としてサービス開発に向けた話し合いの機会を明確にすることが必要である。これは、より具体的に言うと、既存のサービスの活用だけでは対応できない問題に直面したときに、その問題の解決に向けて話し合う会議があるかどうかということである。

これに関する先進的実践として、例えば島根県松江市では小学校区単位に「地域生活支援会議」を開催し、専門職と住民が集まって地域の情報共有や困難事例の伝達、個別事例に関するサービス調整等を行い、地域内の課題解決に取り組んでいる。また大阪府豊中市では、中学校区単位で「地域福祉ネットワーク会議」を開催し、さらにそこで解決できない問題は、市の課長級の職員で構成される「ライフセーフティネット総合調整会議」で解決に向けた検討を行っている。[12]

これらの実践のように既存のサービスだけでは対応困難な事例に直面したときに、新たなサービス開発という視点も含めて対応策を検討する機会を明確にしていくことが、職場や地域におけるサービス開発機能として重要である。なおかつサービス開発においては、最初から既存の財源的人材的制約から議論するのではなく、必要な財源等の確保も含めて検討していくことが求められる。

このようにコミュニティソーシャルワークにおけるプランニングでは、地域全体のニーズ把握の方策と対応策検討会議の設置によるシステムが不可欠であり、地域福祉計画等において明確に位置づけていくことが求められる。

12　これらの実践については，全国社会福祉協議会「地域福祉コーディネーターに関する調査研究委員会報告書」2009. を参照。筆者もこの委員会のメンバーとして参加した。

第4節

地域福祉計画

1 ▶ 超高齢社会の到来と地域福祉計画

　我が国の高齢化率は、2014年9月現在25％を超え、国民の約4人の内1人が65歳以上となる超高齢社会に突入している。国立社会保障・人口問題研究所によると、2025年には、30％を超えることが推計されている。我が国で高齢化率が7％を超える高齢化社会になったのが1970年であり、それから14％を超えて高齢社会になったのが1994年である。その期間が24年であったのが、2012年の23％から2025年の30％と、同じく7％増となるのに15年足らずと予測され、今後我が国の歴史上かつてないスピードで高齢化が加速されることとなる。

　このような超高齢社会の到来は、すでに地域社会に大きな変化を与えており、今後さらに大きな変化をもたらすことが予測される。この10年で加速される地域社会の超高齢化に、いかに対応するのか、その場合、既存の福祉システムだけで対応できるのか、本節は、その点について検討するとともに、地域社会における潜在的な福祉ニーズを発掘し、行政や関係機関、地域住民が協働して取り組むコミュニティソーシャルワークの意義を再確認するとともに、そのコミュニティソーシャルワーク実践を展開可能とするシステムの設計を行う地域福祉計画の内容のあり方について論考する。

2 ▶ 地域福祉計画の策定とコミュニティソーシャルワーク

　市町村自治体による地域福祉計画の策定は、2000年に制定された社会福祉法のなかで条文化され、2003年から施行された。その後、平成の大合併で足踏み状態となり、厚生労働省によると、2011年3月末現在で、53％の策定率であり、特に人口規模が小さな町村において策定を終えていないことが指摘されている[13]。ここでは、市町村自治体による地域福祉計画の策定状況について検討することが本旨ではないが、1990年の社会福祉関係八法改正から我が国の市町村自治体における社会福祉に関する計画策定は、オン・パレード（老人保健福祉計画、介護保険事業計画、障害者計画、障害福祉計画、次世代育成対策行動計画、子育て支援計画）状態であり、さらに地域福祉計画を策定すること

13　平成22年8月13日厚生労働省社会・援護局通知「市町村地域福祉計画及び都道府県地域福祉支援計画の策定及び見直し等について」

の意義が十分に伝わりにくいことも、その要因の一つと考えられる。

　かつて筆者は、地域福祉計画の策定にあたっては、これまでの社会福祉のパラダイムを地域レベルで転換するビジョンと戦略、施策、実践への展望を含む、より焦点化した地域福祉計画の固有性が求められると指摘した[14]。そこでは、地域福祉計画の内容の固有性として、第1に、住民の参加とエンパワメント、第2に、日常生活圏におけるサービス提供、第3に、地域における包括的な支援を行うシステムの整備、第4に、公民協働による地域福祉の協働的なネットワークの構築、第5に、サービスの質と権利擁護などの総合的なサービス保証システムの構築、第6に、関連領域との連携の促進と媒介機能の強化をあげた[15]。

　本節では、さらに近年、また今後の地域福祉をめぐる課題を踏まえ、市町村自治体における地域福祉計画の内容において、コミュニティソーシャルワークを展開可能とするシステムの形成の意義とその内容について重点的に取り上げることとする。

3 ▶ コミュニティソーシャルワークを展開可能とするシステムの機能

　コミュニティソーシャルワークを展開可能とするシステムは、どのような機能を有する必要があるだろうか。それらを整理すると、図2-6に示したように、第1に、地域における潜在的なニーズをアウトリーチなどの方法によって発見し把握するニーズ・キャッチ機能、第2に、生活困難事例や個別的な領域では対応できない多問題家族等への対応を強化する総合相談・支援機能、第3に、インフォーマル・サポートの活性化と関係機関・団体のネットワーク化を推進するネットワーク形成機能、第4に、従来のサービスや社会資源では対応できないニーズに対して、その改善や新たな社会資源の開発を図る開発的な機能に分けられる。

　以下、これらの機能の内容について概説することとする。

① ニーズ・キャッチ機能

　近年、地域における生命に関わる深刻な問題として、児童・障害者・高齢者に対する虐待問題の増加、自殺、特に大都市部において長期間発見されない独居高齢者のいわゆ

14　宮城孝「地域福祉計画の固有性」牧里毎治・野口定久『協働と参加の地域福祉計画』ミネルヴァ書房，p.204，2007.

15　14に同じ，pp.210 ～ 219.

図2−6 コミュニティソーシャルワークを展開可能とするシステムの機能

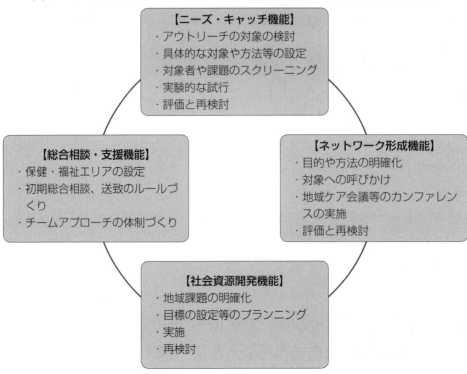

る孤立死問題などがあげられる。これらに共通する問題としては、親族や近隣など社会的に孤立する状態が恒常化し、自発的に他者や相談機関に支援を求めないまま、問題が深刻化し、生命に及ぶ状態に陥ってしまうことがあげられる。これらの顕在化した事例は、氷山の一角ともいえ、その底辺には社会的に孤立している状態で支援が必要な人々が多く存在していると考えられる。

　我が国の社会福祉制度における相談支援機能は、長らく続いた措置制度によって、自ら相談機関に相談し支援を求める意思を表明することから支援が開始される仕組みをとっていた。このような申請主義による事後的な対応による支援のアプローチだけでは、問題の早期発見につながらず、問題の深刻化を予防するシステムとしては不十分であり、今後ますます幅広いアウトリーチによる潜在的なニーズを発見、発掘可能とするシステムを開発する必要がある。

　コミュニティソーシャルワーク実践の視点から、このアウトリーチによるニーズ・キャッチシステムの対象、それらの対象に接近すべき状態、時期、方法の整理を試みたのが表2−3である。

　アウトリーチの対象としては、サービスや支援に関する情報が不足しているがゆえに、必要な支援を受けていない個人や家族、自らのニーズに無自覚な状態であったり、

表2-3　アウトリーチによるニーズ・キャッチシステムにおける対象と方法

対　　象	状　　態	アプローチの時期	アプローチの方法
潜在的なニーズを有する個人・家族	・サービスや支援に関する情報不足、ニーズに無自覚な状態 ・サービスや支援に拒否的またはセルフ・ネグレクトの状態 ・ハイリスクな状態	・日常的、定期的な接近、転入時や新たに危機的な状況が生じた時点など ・災害や重大な危機の発生時など	・情報提供、学習支援（継続的）訪問や対面的コミュニケーション ・当事者団体、セルフヘルプグループへの参加支援など
潜在的なニーズを有する個人・家族の近隣。知人等の関係者	・サービスや支援に関する情報不足、クライエントに対する無理解や拒否的な状態 ・理解や協力が期待できる状態	・日常的、定期的な接近 ・転居時や新たな状況が生じた時点などの早期時、危機発生時など	・支援内容の説明や理解の促進、声かけ、見守りなどの協力・支援要請 ・関係機関等への情報提供、緊急時の通報依頼など
地域社会	・地域の潜在的な福祉問題が認識、共有化されていない状態 ・地域において有効な対処方法が形成されていない状態	・計画にもとづく段階的な取り組み ・モデル的なエリア ・重点課題の設定による取り組み	・住民代表との協働による潜在的な福祉ニーズの把握と分析 ・地域における福祉問題のアセスメントと内容の共有化
専門職、関係機関・団体	・組織・団体単位の縦割り志向が強い状態 ・アウトリーチなどのニーズ・キャッチシステムが十分に開発されていない状態	・内外の要因から単独の組織や団体のみで問題が解決できないことが組織的に認識された時点 ・アウトリーチのシステムが発動した時点	・組織・団体間の情報の共有化、連携のルール・具体的な方法の設計 ・課題・問題ごとのプロジェクトチームの組織化

セルフ・ネグレクトの状態にある個人や家族、虐待を受けていたり、介護や健康上などにおいてハイリスクな状態にあり相談に赴くことそのものが相当な負担となる個人や家族などが想定される。このような個人や家族が、サービス利用や支援に結び付いていないのは比較的単純な要因であったり、かなり複雑な要因が存在する場合など多様である。これらの人々に接近しリンケージするためには、地域における具体的な課題や問題について、その個別的な事例などを分析し、効果的なアプローチ方法を検討する必要がある。

　例えば、独居高齢者の孤立死の予防、または、その早期発見の体制を地域で整備するためには、健康上のリスクを抱えていたり、ひきこもりがちな独居高齢者をいかにリストアップするかが第一の課題となる。住民基本台帳からリストアップした上で、どのように本人にアプローチするかが焦点となる。その場合、民生委員の協力を得ることは不可欠になると考えられる。その上で、個別の対象者の状態やニーズをスクリーニングし、それぞれの状態に合わせて、緊急通報システムの設置や、近隣や関係者などによる日常的な本人への声かけ、見守りや訪問相談による個別支援の体制などを組む必要があ

る。その際、ポイントとなるのは、対象となる本人の意思の確認、自覚の有無である。近隣などによる見守りが本人にとってどのような意義を有するのか、本人が自覚するプロセスが重要となる。また、単に声かけや見守りの体制だけでなく、「ふれあいいきいきサロン」など社会参加活動への参加促進や介護保険サービスについての情報提供も重要となる。また課題となるのは、このような声かけや見守りについて拒否する独居高齢者や認知症の独居高齢者の場合である。この場合、リストから外してしまうのではなく、近隣の理解や民生委員の協力のもと、外からの見守りを行い、緊急時などの通報の体制を確認しておく必要があろう。

　このように独居高齢者だけでなく、その他のハイリスクな高齢者世帯、社会的に孤立しがちな子育て世帯や障害児・者の世帯等に対して、その個別性を十分に理解し、地域社会の特性に合わせたソーシャルサポートを、具体的に、ていねいに形成していくことが望まれる。

　このように、アウトリーチによるニーズ・キャッチのシステムを整備していくことは、今後ますます社会的な孤立状態に置かれた人や家族などの深刻な問題が増加することが予測されることから、コミュニティソーシャルワークを展開する上で欠かせない要素となる。

② 総合相談・支援機能

　第2に、コミュニティソーシャルワークを展開可能とするシステムとして、支援を必要とする個人や家族のニーズに包括的に対応する総合相談・支援機能を開発・強化していく必要がある。

　筆者が近年実感することは、研修に参加している実践家がコンサルテーションに提示する現場における困難事例として、複合的、多面的な問題を抱えた事例が増加していることである。その詳細は省略するが、児童、障害者、高齢者等の単一の領域で収まらない複合的な問題が存在する事例、また、社会福祉領域だけでなく医療、就労、教育などと十分な連携が必要とされる事例、また、地域社会において孤立した状況にある事例などである。例えば、精神障害の息子が母親と同居し、介護サービスを十分に利用できていない例などである。

　介護保険制度の改革によって整備された地域包括支援センターは、生活圏域を設定し、主任ケアマネジャー、社会福祉士、保健師等の三職種におけるチームアプローチによる多面的な相談支援機能を発揮することが期待されている。一方、子育て支援領域における子育て支援センター、障害者領域における相談支援事業所などは、圏域などが設

定されておらず、相談支援におけるアクセシビリティが十分に保証されていない状況にある自治体が多い。

　初期相談支援の体制として、一定程度の人口規模の圏域を設定し、児童、障害、高齢者という領域にとらわれない初期相談支援体制を構築する必要がある。そこでは、受理（エントリー）面接によって基本的なアセスメントを行い、必要に応じてより専門的な対応を行う専門的な相談支援機関に送致することとする。地域住民により近い場所に総合的な相談支援の窓口を設置することによって、縦割りによる対応の遅れや連携の不十分さを未然に防ぎ、チームアプローチがより効果的に発揮する体制を整備していく必要がある。この総合相談支援窓口については、長野県茅野市の例が広く知られているが、最近ではほかに、静岡県富士宮市、神奈川県茅ケ崎市、東京都中野区などで、地域の特性を考慮してエリアを設定して設置されている。

　このようにエリア単位に総合的、包括的な相談支援窓口が設置できない場合には、各地区のソーシャルワーカーの地区担当制を明確にするなどし、各領域にまたがる事例へのチームアプローチの体制を明確にする条件整備が求められる。

　地域福祉計画においては、市町村自治体圏域における総合相談支援体制の圏域の設定、ソーシャルワーカー等の専門職の配置計画、モデル地域における施行などの実施計画、地域ケア会議やチームアプローチの方針やその内容、各領域における専門的な相談支援機関との連携のあり方などを設計し、明示していく必要がある。

③ ネットワーク形成機能

　第3には、地域におけるインフォーマル・サポートの活性化と関係機関・団体のネットワーク化を推進するネットワーク形成機能を、システムとして地域福祉計画の内容に組みこむ必要がある。

　コミュニティソーシャルワークにおけるネットワーキングとは、端的に言えば、支援を要する地域住民に対するソーシャル・サポート・ネットワークが有効に機能することを目的として形成するということであるが、地域福祉計画の内容として示すためには、そのネットワークのレベルと内容、機能をより明確にし、計画的に形成するプロセスを明らかにする必要がある。

　筆者は、コミュニティソーシャルワークにおけるネットワークは、三つのレベルにおいて機能として形成していく必要があると考える。

　第1には、支援を要する対象者とその家族をサポートする機能を有する個別的なネットワークである。筆者は、これを「パーソナル・ネットワーク」と呼ぶ。それは、その

個人や家族に対して個別的に機能するネットワークである。親族や友人、知人、近隣住民、ボランティア、同じ当事者の仲間などのインフォーマルな社会関係、また、各種の相談支援にあたる関係者やサービスなどのフォーマルな社会関係を有機的に結び付け適切に機能させていく必要がある。その支援のプロセスにおいては、それらのネットワークの調整や維持・修復、新たな関係の開発などの作業が必要となる。

第2には、支援に関わる機関における専門職相互で形成されるネットワークである。いわゆる「プロフェッショナル・ネットワーク」である。このネットワークは、相互の情報の共有化、②であげた総合相談支援窓口における初期相談や複数の専門職による共同アセスメントやプランニング、支援の実施などを通して形成されるネットワークである。いかに縦割りによる無責任な対応をなくし、専門職や機関が有する知識や技術、社会資源を駆使して迅速かつ包括的に対応することができるかが問われる。地域福祉計画には、総合相談支援窓口の設置、圏域の設定、各地域の地区別担当者の明確化、地域ケア会議の開催など具体的にネットワークを形成する手立てを明示する必要がある。

第3には、地域における各種の地域住民組織と関係各機関によって形成されるネットワークである。筆者は、便宜的にこれを「コミュニティ・ネットワーク」と呼ぶ。各機関の専門職と地域住民や各種の住民組織が協働で機能するためのネットワークである。現在、各地方自治体において、地域包括支援センター運営協議会や障害者自立支援協議会などが設置されている。このように市町村自治体のエリアに領域別に形成されるものも広義には含まれるが、より小地域で会議体という形式に収まらないで機能する地域住民組織と専門職のネットワークが求められている。それは、①で示したニーズ・キャッチ機能や住民による声かけや見守りなどの支え合い活動をより有効に機能するためのネットワークでもある。

このように、コミュニティソーシャルワークにおけるネットワークは、その目的や機能を明確にし、重層的に形成していく必要がある。地域福祉計画においては、各ネットワークの目的を明確にし、それらを形成する圏域の設定、構成する要員の例示、形成に至るまでのプロセス、具体的な機能などを示す必要がある。

④ 社会資源開発機能

先に述べた超高齢社会の到来は、各地域における高齢者などの生活基盤そのものを大きく変化させ、生活のしづらさをめぐるさまざまな課題として惹起している。それは、通院、買い物などの生活を維持する基本的な移動手段の確保、防災や防犯、増加する空き家問題、バリアフリー化など安心して住み続けられる住宅の整備、介護保険サービス

等の公的なサービスだけでは充足できない各種の生活支援サービスの必要性など、地域の問題の特性や各地域住民のニーズに応じて新たな社会資源の創出や既存の社会資源の改善などの取り組みが望まれている。

　これまで地方自治体においては、政府の各種制度に基づく細部にわたる規制に従って、各種の施設の基準やサービスを社会資源として整備、提供してきたことを是とする傾向が強かったといえる。今後は、少子高齢化の地域的な進展状況や障害者領域における社会資源の整備状況などを踏まえた上で、地域における社会資源と住民ニーズのギャップを的確にアセスメントし、地域にとって必要な社会資源の開発、改善を図る必要がある。

　例えば、近年、鉄道やバス路線の廃止や縮小などに伴って、各地方自治体でコミュニティバスの導入が進んでいるが、利便性の向上などの成功例もあるとともに乗降客がきわめて少ないなどの失敗例も散見される。そのため、先ず先に述べた各関係機関によるチームアプローチとして、課題に対して柔軟に対応可能であるプロジェクトを形成し、地域の住民ニーズを的確に把握し、問題を共有化するプロセスが重要となる。その上で、コミュニティソーシャルワークの機能として重要となるのは、個別の住民を含め、地域における住民のニーズを的確に把握することである。

　また、制度の谷間にある問題として、全国で社会的な問題となっている「ゴミ屋敷問題」に対して、豊中市社会福祉協議会では、団地の４階に住んでいる虚弱な独居高齢者の事例から、ゴミ屋敷に対する「ゴミ処理プロジェクト」を立ち上げ、これまで250件以上に対応してきている。その対応のプロセスとしては、❶ボランティアや行政の連携で問題解決を図り、サービス導入を進める。❷再発防止に向けて介護保険サービスの導入を図る。また、❸この課題は個人の課題だが、同じような課題が起きたときのために、「ゴミ処理プロジェクト」を立ち上げて、支援のルールづくりを行うことである。❹さらに、地域との関係を修復または継続できる方法を検討し、「ふれあいいきいきサロン」などにつなぐ。

　つまり、個人の課題を点と点で支えるのでなく、地域の課題としてとらえていくところに力点を置いている。このプロジェクトには、地域福祉課、高齢福祉課、障害福祉課、地域包括支援センター、ボランティア、清掃業組合、廃棄物担当者、コミュニティソーシャルワーカーなどが参加しており、特に行政や専門職だけでなく、住民がボランティアとして参加していることは、対象となる方が、今後地域で受容され、セルフ・ネグレクトの状態から脱する上で、非常に重要な要素となっている。[16]

16　豊中市社会福祉協議会『社協の醍醐味—住民と行政とともにつくる福祉のまち』筒井書房，pp.168～170，2010.

地域福祉計画には、社会資源の開発や改善にあたって、重点的な課題の内容や社会資源の開発のプロセス、例えば、このような組織横断的なプロジェクト形成の要件や具体的な内容、そこへの地域住民の参加の保証などについて明らかにする必要がある。

　以上、コミュニティソーシャルワークを展開可能とするシステムにおいて四つの機能をあげ、その内容について取り上げてきた。これらの機能を、地域の特性に応じて開発・発揮させるために計画的に基盤整備する必要がある。今後、地域福祉計画の策定や改定をする場合、地域の特性に応じてこれらの内容が反映されることが望まれる。

第5節

進行管理と評価

1 ▶ 評価はなぜ重視されるか

　コミュニティソーシャルワークは、個別の支援であっても地域全体への働きかけであっても、ニーズ発見やアセスメントを前提とし、おおよその支援方針や実施計画を基に実践される。これは家を建てる時に設計図を基に作業工程を手順として予め用意するのと同じである。しかし、家の建築がそうであるように、実際は建築の過程で設計図や資材や手順の変更やもろもろの見直しが生じる場合もあるし、施工主の要望や設計図通りに建てられているかを点検・管理する作業（監査）は欠かせない。そして最終の審査をパスした後に施工主に引き渡される。コミュニティソーシャルワーク実践も同じで、実践過程における進行管理と評価は欠かせない。

　例えば、コミュニティソーシャルワークの代表的な実践である地域福祉（活動）計画の場合、計画年次が数年に及ぶため、策定された内容を具体化するには、一定の期間において進捗状況をモニタリング（点検）することなしには進められない。プログラムや政策の結果に対する行政の説明責任を果たすためには、進行管理を含む評価体制を確保し、計画の作成段階から評価の方法を明示しておく必要がある。ここでいう進行管理とは、実施状況の点検や計画の推進体制に関することである。また一般に評価とは、事物の価値を定めることであるので、ここでは計画の企画から実施、結果に至る総合的な計画の値打ちを定めることである。したがって、評価は進行管理の実質を形成している。なお、評価の全体像は図2-7で示したとおりである。

　さて、政策評価は2001年「行政機関が行う政策の評価に関する法律」の制定により、すでに制度化（行政評価制度）されている。「政策評価に関する基本方針」（平成13年12月28日　閣議決定）では、「効率的で質の高い行政及び成果重視行政を推進」「国民に対する説明責任を徹底する」「行政施策の推進や見直しに資するよう、政策の効果に関し、科学的な知見を活用して合理的手法により測定・分析し、一定の尺度で客観的な判断を行う」とし、評価結果は公表が原則（外部からの検証を可能にする）とされた。このように評価には、住民に対する行政の説明責任（アカウンタビリティ）を果たすため、進行管理を含めてサービスの質の確保や標準化、費用対効果などさまざまな目的がある。

　コミュニティソーシャルワークの側面から評価の意義をとらえると、おおよそ次の7点がある。

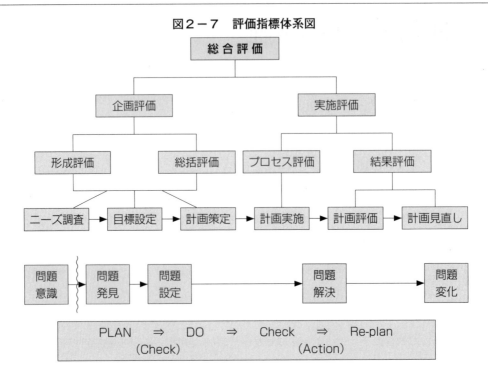

図2-7 評価指標体系図

❶ 実践活動や計画の進捗状況を点検する（モニタリング）
❷ 目標に対する成果（達成点）を見る（計画や実践活動の有効性を点検する）
❸ 再アセスメント（新しいニーズの発見）を行う
❹ 実践活動や計画の見直し・修正に活用する
❺ 新しい実践活動の展開・計画策定（計画の発展）や次の策定に反映させる
❻ 新しい計画づくりの手法、ガイドラインへの応用を図る
❼ 住民意識の啓発活動として行う

　これらの意義は、実践や計画の進行管理（システムチェック）としての側面と住民理解の促進（コミュニティワーク・プラクティス）としての両面がある。
　2000年の社会福祉事業法の社会福祉法への改称・改正によって、地域福祉計画が法定化されたのに伴い、多くの自治体が地域福祉計画の策定に取り組み、その大半はすでに実施に移されている。しかしながら計画の進行管理や評価に関しては、「第三者評価委員会」の立ち上げ、および一定時期の「見直し」を謳いつつも、具体化されていない場合が多い。それは、評価手法および評価尺度等の未開発によることも一因である。

2 ▶ 評価の要素と視点およびポイント

　評価とは、「関心のある事柄を受け入れられる基準と比較すること」（Green,L.W.,

Lewis, F. M.：1986）であり、関心・基準・比較の3要素が重要となる。

地域福祉における評価のこれまでの代表的な視点には、次の三つの視点がある。

❶　タスクゴール；獲得目標や目標値を前提に、実践の成果や達成度から評価する方法。地域福祉計画では、その盛られたサービス目標量や数値目標の達成の程度、ニーズの充足度などのアウトカム評価の方法。

❷　プロセスゴール；地域福祉実践の過程で利用者・市民がどのように意識を変化させてきたか、実践活動や計画づくりを通してネットワークがどの程度強まってきたかなど過程自体を重視する評価の方法。

❸　リレーションシップゴール；実践を通して生まれた行政と利用者の力関係の変化や、ステークホルダー関係、地域の権力構造の変化など福祉を取り巻く政治力学およびパートナーシップやコラボレーションの視点から見た変化度を見る評価の方法。

一般に行われている代表的な評価は、タスクゴールである。これは獲得目標に対する到達点を単純に計るもので、さまざまな福祉計画の進行管理では代表的なものである。しかし、タスクゴールだけであれば、計画進行の適切性、費用対効果、利用者や地域社会の意識変化、サービス供給システムの変化など計画そのもののシステム管理ないしアドミニストレーションに関する評価視点は不十分である。システム評価と計画に盛られた内容の評価は区別したうえで、その全体を評価しなければならない。しかし、行政評価の多くが実施の結果どうであったかというアウトカム評価に傾斜しており、進行管理（モニタリング）に組み込まれた評価システムが不足しているのが現状である。

またもう一つの課題は、これまでの評価が定性的でありすぎたために測定や比較が困難だった点もある。必要なのは何らかの基準を設け、その比較で評価した結果は、できるだけ分かりやすい数字で表すことである。

（評価のポイント）

①総合評価

実施評価のウエイトを高くした総合的なものであり、特にプロセス評価と結果評価を明確に組み立てることが重要になってくる。したがって、評価の企画段階で評価の目的や対象、評価指標、評価基準、評価のスケジュールや予算、担当者などを決めるとともに、評価のデザインの検討とデータ収集の方法およびデータ解析の準備は十分吟味されなくてはならない。

プロセス評価や結果評価で留意すべきことは、評価判断基準を企画段階に立ち戻って分析することではなく、現在のニーズや実施状況から計画の妥当性を検証し、改善点を明らかにすることにある。このことは個々の事業評価においても同様である。

②評価デザインの設計

　評価の妥当性と信頼性は、その大半が評価デザインによって影響を受けるものである。したがって、評価の企画段階において十分なデータ分析をすることは当然のことである。

　分析手法としては、単純集計、クロス集計などの定量調査に加え、定性調査としての個別もしくはグループインタビューも実施するのが望ましい。

③評価における二つの側面と種類

- ●評価は客観的な状態の改善度（計画達成度）を見る側面と、主観的な満足度を見る両面を総合的に評価する視点が重要である。
- ●評価はその種類においても、計画そのもののシステム評価と計画に盛られた内容の評価とは区別した上で総合評価することが必要になる。
- ●量的評価と質的評価の相互補完関係から評価する。

④評価の突き合わせ

- ●実践活動における評価と計画進行管理における評価との突き合わせをする。
- ●計画立案・進行管理者とサービス利用者、関係機関・団体との評価にズレはなかったかを見る。

　特に企画段階から計画にどの程度関与できたかによって、評価のズレ、温度差が生じやすいことは、計画そのものの評価によって留意すべきポイントである。

⑤実践活動（プラクティス）

- ●目標の達成度
- ●参加の度合い（関心、理解、参加意欲など）
- ●活動の継続性と発展性
- ●組織の活性化と拡大
- ●関係機関・団体との連携協力度
- ●地域社会の理解度、協力度、許容度

⑥計画進行管理（システムチェック）

- ●計画の達成度
- ●計画策定の意図
- ●計画進行の適切性
- ●費用対効果（広くは、投資と事業成功の経済換算）
- ●地域社会の意識変化
- ●サービス供給システムの変化

⑦評価ポイント分析の視点

基本的には先の評価の視点を踏まえながらも、次の分析視点が必要と思われる。

● 実践活動や計画進行を促進した直接的な要因は何か

● 実践活動や計画進行を阻害している直接的な要因は何か

● それらの背景構造

● 今後の見通し、現実可能性

● 実践活動や計画進行管理の修正すべき点

これらを明らかにするには、まずデータ分析が必要になる。代表的なデータ分析の手法には、以下のようなものがある。

● コンピュータを活用した方法（代表的なのは SPSS ソフトによる集計と分析）

● 図表化による方法（要因関連図・相関図・ソシオグラムなど）

● KJ 法による方法（川喜田二郎により開発された分析方法）

● GT 法（グランデットセオリー）による方法（グレーザーとストラウスによって開発された質的研究法）および各種の修正版

データ分析においても表出した事実を数字として把握するだけでは不十分である。その数字をもたらした意味をその背後から深く読み取らなければならない。そのためには、個人ではなく、グループでの深い分析・検討も欠かせない。

3 ▶ 評価項目（内的・外的妥当性のモニタリング）の設定

評価項目の設定にあたっては、量の測定として実施回数や従事人数、実施人数、実施経費などをとらえる側面としてのレベルや意識、行動の変化、費用対効果などの三つの測定を組み合わせる必要がある。それらの分析は、費用対効果一つをとってみても、他の行政計画との整合性を踏まえつつ、効果と受益との定性的・定量的分析を必要とするように統計学的知見も不可欠なものである。

一般にそれらは、評価指標（ものさし、indicator）の具体的な設定を必要とする。

①計画やサービスの内容をどれだけ知っているか

利用者：計画があることを知っているか、計画の名称を知っているか、計画のおおよその内容を知っているか（サービス内容の例示）

提供者：周知の方法は適切か、何か特別な周知方法を採用したか、計画の名称は浸透しているか、計画の内容はおおよそ周知されているか

②計画が目指した目標がどの程度達成されたか

提供者：順調に達成されている、いない―理由、原因（選択項目、自由記載）

利用者：順調に達成されている、いない―理由、原因（選択項目、自由記載）

③必要なサービスを充足できたか

利用者：出来ている、いないの数段評価―原因（選択項目）

提供者：出来ている、いないの数段評価―原因（選択項目）

④家族が抱える負担は緩和されたか

利用者：緩和された、されていないの数段階評価―原因（選択項目、自由記載）

提供者：緩和された、されていないの数段階評価―原因（選択項目、自由記載）

⑤生活満足度に改善が見られたか

利用者：満足できるようになった、変わらない、悪くなった―原因（自由記載）

⑥地域社会の意識に変化は生じたか

提供者：変化した、やや変化した、変わらない、むしろ悪くなった―原因（自由記載）

⑦将来利用する意思はあるか

利用者：是非利用したい、できれば利用したい、利用しなくてよい、利用したいサービスは何か（選択項目）、利用したくない原因は何か（選択項目、自由記載）

⑧将来利用したいサービスに不足はないか

利用者：大いに不足がある、やや不足がある、不足はない、どんなサービスを希望するか（選択もしくは自由記載）

提供者：同上

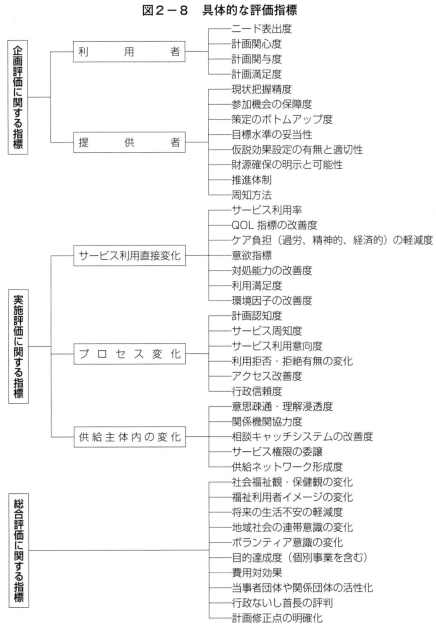

図2-8 具体的な評価指標

出典：田中英樹『精神保健福祉法時代のコミュニティワーク』相川書房, p.237, 1996.

4 ▶ 新しい評価の手法

　このような評価研究の流れのなかで、近年行政計画では二つの評価手法が注目されつつある。一つは、アメリカで開発されたベンチマーク方式（Benchmaking）である。ベンチマーク（標準値）とは、土地測量の方法で用いられていた「水準基標・水準点」の

ことで、測量によって自分の位置を知ることを意味する。一般には「ベンチマーク分析」というように、データを使って対象の特性を関連する他者などとの相対関係で把握する方法として「健康日本21」や地域福祉計画などの分野でも活用されており、政策目標の達成度を測るために設定する社会的指標としても普及しつつある。ベンチマーク方式では、ビジョンや政策目標あるいは具体的な目標値を明確にした上で、基本指標、結果指標（アウトプット）、成果指標（アウトカム）、コスト指標の四つの指標分類により、計画の進捗状況を点検する。この方法では、現状と未来を他者との比較で測ることができ、我が町の計画がどのレベルなのかを知ることにも役立つ評価手法である。

もう一つは、バランス・スコアカード（Balanced Scorecard；BSC）と呼ばれる戦略を確実に推進するためのマネジメント手法である。これは経営戦略の評価として1990年代に、アメリカのハーバード大学のキャプラン（Kaplan,R.S.）とノートン（Norton,D.P.）が企業経営の改善のために開発したものである。これについては、さらに詳しく紹介しておきたい。

5 ▶ BSC の特徴と活用の意義

BSC は、ミッションやビジョンから導き出された目標達成を連鎖する四つの視点（財務・顧客・事業・人材）のバランス（相対する関係）を基にいくつかの基準を示し、具体的な目標に落とし込み、それを実行、フォロー、評価（スコアリング）していく戦略推進評価の考え方ということになる（図２－９参照）。四つの視点を社会福祉協議会の戦略的組織改革や地域福祉（活動）計画に置き換えて例示すると、①顧客→地域住民、福祉利用者、②事業→事業（サービス）および効果的な事業プロセス、③財務→効果的効率的なコストや自主財源の確保、④人材→良質な人材育成計画となる。

BSC を計画の進行管理に用いる利点は多い。まず、合理的な予算編成を組みやすくする。サービスの実施に基づく資源配分を定め、計画性のある、事実に基づくマネジメントは勘（intuition）をなくす。また、将来もたらすであろう結果を予想しやすくする。可能性のシミュレーションが実施できる。さらには、進行状況の把握をマトリックスにして一目でよりわかりやすくする。そして、改善する必要があるものの優先順位を見分け、最善の実施を決めやすくする。加えて、行政活動の透明性やわかりやすさを高める。フィードバックを促進し、アカウンタビリティ（説明責任）を促進する。つまり進行管理システム全体を受け持つことができる新しいマネジメント手法である。

我が国でも BSC の活用は、いくつかの自治体が行政管理とその評価や地域福祉計画の進行管理に試みられてきているが、注目されるのはイギリスにおける活用である。

図2-9 バランス・スコアカードの四つの視点

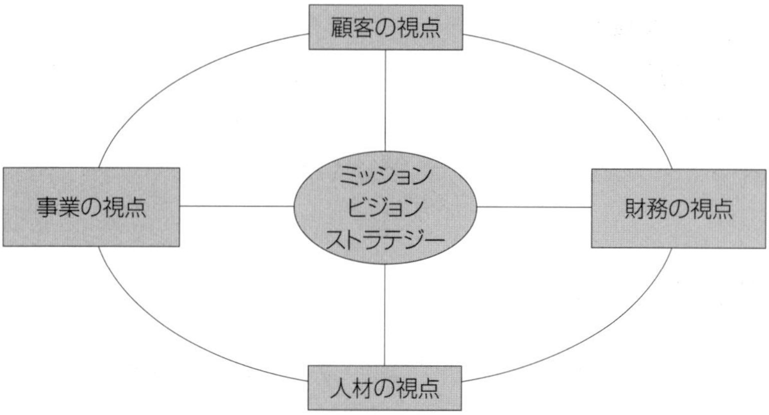

```
            顧客の視点

        ┌─────────┐
事業の視点 │ ミッション │ 財務の視点
        │ ビジョン  │
        │ストラテジー│
        └─────────┘

            人材の視点
```

1999年、イギリスの保健省は精神保健に関する10か年計画ともいうべき包括的な施策指針文書を発表した。タイトルは、「精神保健に関するナショナルサービス・フレームワーク～最新の基準とサービスモデル」（「1999精神保健 NSF」と略す）である。この計画の5年間の中間進行管理と評価の報告書が2004年12月に発表された。この国家計画の進行管理システムに用いられたのが BSC である（詳しくは、市販の訳出書を参考にされたい）。

地域福祉計画づくりで注目されるのは、「戦略の失敗は、策定ではなくて実施段階のほうが大きい」（キャプランとノートン）との指摘からである。BSC は、ビジョンと戦略を明確にし、これを経営トップから従業員一人ひとりに至る組織の全体に浸透させ、部門や個人の目標とビジョンおよび戦略との整合性をとり、組織全員のチームワークと結束力を強化し、ビジョンと戦略の実現に向けての戦略経営のマネジメント手法である。

BSC の特徴は評価に数字を使うことにある。数字は世界で最もシンプルな共通言語であり、汎用性が高い。しかも BSC の汎用性は、P-BSC；個人としての志（生涯の望み・夢、幸福追求、成功願望、特有の価値観・人生目標）と O-BSC；組織としての志（使命、ビジョン、方針、目標）の両方に使えることも特徴である。BSC 手法の活用により、①さまざまな経営管理の仕組の改善、②個人と組織の能力の向上、③個人と組織の戦略の共有と行動の促進、④戦略の具体化・実行などに期待できる。

また、BSC では KGI（Key Goal Indicator：ゴール、大目標）や KPI（Key Performance Indicator：アクションプランを評価する詳細項目や重要な評価指標）を指すが、詳しくは市販されている関連図書を参考にしていただきたい。他によく使う概念には、以下がある。

❶ ミッション；組織の使命や存在意義、設立の精神・理念

❷ 価値観；組織の行動原理、信念、何が大切か

❸ ビジョン；組織が目標とする将来像（5年後、10年後にどうありたいか）

❹ 戦略；目的を達成するための長期的な作戦や活動全体のシナリオ（スジ書き）

❺ 戦略課題；目的を達成するために解決すべき課題

❻ 戦略マップ；戦略を鳥瞰的に可視化したもの

6 ▶ BSC のプロセス

BSC の作成手順では、1) ミッションおよびビジョンと戦略の策定、2) 四つの視点と成果指標（KGI）の明瞭化、3) SWOT 分析の実施、4) サーベイランス・チェックシートの作成（重要成功要因（CSF）の見極め、四つの視点における業績評価指標（KPI）、ターゲット（KPI の数値目標）の設定）、5) 戦略マップの作成、6) 実行計画（アクションプラン）の策定と進み、いよいよ実施に移される。

このプロセス全体が重要となる。なぜなら、BSC の活用によって、組織全体が学習プロセスに置かれるようになるからである。ビジョン・状況・情報・戦略等についての共通理解、共有、フィードバックおよび学習が積み重なり、コミュニケーションが促進され、組織のイノベーションにつながるからである。次に各段階の内容を述べていきたい。

ミッションおよびビジョンと戦略の策定

1) の段階である「ミッションおよびビジョンと戦略の策定」とは、我々（組織体）の使命、存在理由は何か、将来どうなりたいのか、そのために何をするのかを確認し、構成員の認識を共有することにある。また、ミッションは組織内で共有するだけでは不十分であり、利用者や地域住民にいかに理解してもらい広げていくかも重要になる。

四つの視点と成果指標（KGI）の明瞭化

2) の段階である「四つの視点」のもとでの KGI の設定では、望ましい視点別の評価バランスの理想形は、スコアカードの各視点ごとに20〜25％の尺度がよいとされているが、筆者らは以下の配分を基本とした。

①顧客の視点の場合、5つの評価指標（22％）

②事業の視点の場合、7〜8つの評価尺度（32〜34％）

③財務の視点の場合、5つの評価指標（22％）

④人材の視点の場合、5〜6つの評価尺度（22〜24％）

96

図２−10　BSC の作成手順

| ミッションの確認 | 機関や施設の社会的使命と事業領域を確認する |

・ビジョンの設定：将来どうなりたいかを検討する

| 戦略の設定 | そのために何をするのか |

・SWOT 分析：組織の現状把握のための自己分析

　　　　　　（強み、弱み、機会、脅威の四つの視点で評価）

・SWOT のクロス分析：戦略目標の設定を行う SWOT のクロス分析

❶　強みを活かし、機会をものにする方法

❷　強みを活かし、脅威の影響を受けないようにする方法

❸　弱みを克服し、機会を逃さない方法

❹　弱みを克服し、脅威の影響を受けないようにする方法

・四つの視点、重要業績評価指標（KPI）の明瞭化

①　SWOT クロス分析結果を顧客、仕事、財務、人材の四つの視点から整理する

②　四つの視点による組織の達成目標になる重要業績評価指標を明確にする

※サーベイランス・チェックシートの作成

・重要業績評価指標（KPI）の設定：組織の重要目標達成指標（KGI）の達成度をどのように測定評価するか

・ターゲット（数値）の設定：達成できる重要業績評価指標（KPI）の目標値を決める

| 戦略マップの作成 | ビジョンと戦略目標達成のためのアクションの因果関係や関連を図式化 |

| 実行計画の作成 | 戦略につながる日常的な業務活動を実践的な施策として明らかにして（実施項目の識別）、その具体的なターゲットとなる水準を決定（パフォーマンスドライバーの設定） |

・実行計画の実施：定期的なモニタリングの実施

SWOT 分析の実施

　BSC では、この戦略課題を確認するために、3）の手順にあるように、「SWOT 分析」を行う。戦略目標の設定を行うための自己分析である。SWOT 分析とは、四つ（強み；Strength、弱み；Weakness、機会；Opportunity、脅威；Threat）のマトリックスによるクロス分析の手法をいう。S（強み）とW（弱み）は内部環境（組織）とその現状評価であり、O（機会）とT（脅威）は外部環境（組織）とその将来予測である。SWOT分析で外部環境に対し、内部資源を如何に活用すべきかの方向づけを行う。この場合重要なことは、❶組織体であれば管理者や上部が考えてくれるのではなく、構成員全員参加やボトムアップ方式で検討することが基本となる。❷現状分析では、強みや弱みを理解した上でその原因探しや過去に振り返るのではなく、組織体の強みを活かして弱みを減少させるか変えることである。❸将来予測では、機会と脅威の両方を理解した上で、

強みを膨らませ脅威を回避することや、機会を膨らませ、脅威のリスクを抑制することである。また、機会に乗じて弱みを強みに転換する戦略を検討することや、脅威と弱みが鉢合わせになるリスクの回避策を練る。そのためには逆転の発想が必要になる。❹最終的には、ビジョンと戦略を明らかにした上で、強みを一層強固にし、SWOT分析を経て、最終的に何を達成するかという成果指標であるKGI（重点目標達成指標）やCSF（Critical Success Factor：重要成功要因）、KPI（重要業績評価指標）などを設定する。その上で、四つのBSCの戦略マップの作成と実行計画に結びつける。

　内部環境（強みと弱み）と外部環境（機会と脅威）の考え方は、表2－4で示したとおりである。

表2－4

内部環境　＼　外部環境	機会（Opportunity）	脅威（Threat）
強み（Strength）	強みを活かした機会は何か	強みで脅威を回避できないか
弱み（Weakness）	弱みで事業機会を如何に得るか	脅威と弱みの組み合わせで最悪の事態を回避できないか

　なお、SWOT分析は、地域を空間的に鳥瞰するだけでなく、時間軸でも鳥瞰することが必要になる。その点で、未来からのダウンロード発想であるブレイクスルー思考の活用や、内部環境と外部環境、現在と予想される将来をマトリックスで表したSWOT分析の手法は有効である。いずれも、従来の発想である原因追求問題置換型アプローチ（現状分析→問題発見→対策）ではなく、あるべき姿（理念的目的）や予想される姿（未来像）を明確にした上で、現状との差を測り、その実現接近（目的志向の課題）の具体的解決案を練る思考プロセスである。

　地域アセスメントでSOWT分析を戦略ツールとして用いる場合は、次の手順を踏む。まず、図2－11のように9個からなるマトリックスを作成し、S1、S2、S3とW、O、Tもそれぞれ同数の番号を記入（おおよそ10項目程度で抽出すると良い）する。次に少人数での作業として話し合いながら、焦点となる地域（多くは、小学校・中学校などの徒歩圏域）の現状分析に、S（強み）とW（弱み）を整理する。次に、より広い地理的範囲（多くは、市町村単位）に、O（機会）とT（脅威）を整理する。そして、おおよそ10年後の将来を見越したO（機会）とT（脅威）を整理する。このSとWや、OとTは見方によっては裏表の関係にある。SWOT分析の話し合いの最初は自由な雰囲気でアトランダムに住民が出し合い、一つひとつ合意していなくても黒板や模造紙に書き出していく。その後で、話し合いのグループのなかで一つひとつの合意や確

図2-11　SWOTの分析の例

・ ・ ・------ ・（各課の目標を設定） ・	機会（O） ・O1 ・O2 ・ ・	脅威（T） ・T1 ・T2 ・ ・
強み（S） ・S1 ・S2 ・ ・	・O1を活かしてS1を発揮する ・O1を活かしてS1を発揮する ・	・T1にはS2で対応する ・
弱み（W） ・W1 ・W2	・O2を活かしてW2を強みに変える	・T1とW1のはちあわせを防ぐ ・T2とW2のはちあわせを防ぐ

強み（S） ・寄付が多い―社協の地域活動理解してもらっている ・職員の学習意欲高い ・農協や医療機関との連携がよい ・まちの中心地にある―アクセスがいい ・職員間の交流？モチベーションが高い ・（地域をよく知る）中堅職員が多い ・ボランティアが多い ・食材等現物寄付がある ・相談に対するインフォーマルサービスの開拓など柔軟な対応 ・（職員）地域住民への信望が高い ・（職員）粘り強さ	弱み（W） ・行政への依存高い ・財政面において介護保険事業への依存度高い ・ニーズキャッチするけど、事業に反映しきれない、人員不足 ・情報共有の機会を持ちにくい状況 ・イメージが暗い
機会（O） ・人口1万―住民の顔が見える地域 ・（年間300万人が訪れる）観光地にある社協―地域環境的資源がある ・災害が少ない ・交通、病院等生活資源が整っている ・（住民）学習意欲高い ・面積が狭い―訪問の効率が良い ・（住民意識）困ったら社協に相談 ・（日本地域福祉研究所から）全面的な支援 ・町議会の理解と支援がある	脅威（T） ・行政の財政基盤が弱い ・行政の福祉（社協）理解が弱い ・少子化、若年人口が流出 ・生保世帯、独居高齢者が多い ・古い福祉感が強い ・住民の社協への不十分な理解（役所の一部） ・社協とのかかわりが固定傾向（後継者拡大課題） ・民間、NPOが少ない（行政依存高い） ・介護保険事業への依存が低くなる

認を行い、合意が過半数の項目のみを、優先順位をつけて箇条書きに番号を振って書き出される。実際、この作業を行ってみると、最初のうちは現在の弱みや将来の脅威ばかりが出てくるかも知れない。しかし、誰かが強みや機会を発言すると連鎖的に広がることも多い。この作業をすると、組織や活動を取り巻く全体像が見えてくる。そして、新たな活動の方向性やアイデアが見えてくることに利点がある。

ちなみに、図2−11で、S町社会福祉協議会で実施したSWOT分析図を紹介しておく。

　こうして、

▼戦略目標の設定（四つの視点で戦略実現のための目標を決める）→

▼業務評価指標の設定（戦略の達成度をどうやって測定評価しよう）→

▼ターゲット（数値）の設定（指標がどの数値になれば達成か決める）へと進める。

　各地の地域福祉計画ないし地域福祉活動計画で用いた標準的なサーベイランス・チェックシートの開発は、以下のような内容である。

　利用者・住民の視点では、認知度、信頼度、満足度、参加度、期待度の五つを視点の業務評価指標（小項目）とした。業務プロセスの視点では、事業量、利用量、情報提供量、サービス開拓度、ネットワーク度、個別相談業務量、地区社協・小地域支援度の七つを小項目とした。人材の視点では、資格取得率、習得意欲、スタッフ満足度、職員自覚度、ストレス度、社会貢献度の六つを小項目とした。財務の視点では、職員一人当たりの経費、自己資金率、管理費コスト、受託事業の経営貢献指数、会員の経営貢献指数の五つを小項目とした。

　次に、それぞれの小項目の計算方法を一部であるが例示的に紹介する。

　認知度の計算方法は、社協を知っているか？の問いに「ハイ」と答えた割合を％で表す。そのためには、住民から見る社協のイメージの定着度（社協名、所在地、事業名、活動計画等）を、①はい②いいえで、無作為抽出で各中学校区内大型店舗前などの街頭アンケート（各中学校区×200件＝1000件）で実施して行った。

　信頼度の計算方法は、困ったときの相談先としてどこに相談しますか？の問いに「社協」と答えた割合を％で表す。①市役所・役場、②社協、③保健所・保健相談センター、④民生委員児童委員、⑤病院・診療所、⑥町内会・自治会、⑦学校、⑧家族、⑨友人・知人、⑩相談しない、⑪分からない、⑫その他、に分類し、認知度と同じく無作為抽出で各中学校区内大型店舗前などの街頭アンケート（各中学校区×200件＝1000件）で実施。

　満足度の計算方法は、市区町村もしくは社協の福祉のサービス等に対し満足ですか？の問いに「ハイ」と答えた割合を％で表す。これは、単純に①はい②いいえで回答いただく。同じく無作為抽出で各中学校区内大型店舗前などの街頭アンケート（各中学校区×200件＝1000件）で実施。

　参加度の計算方法は、ボランティア数／依頼人数×100で表す。社協のすべての課・係または事業・サービスを対象にボランティア参加者数と依頼人数の総数を把握して実施する。

期待度の計算方法は、対応した件数／要望や意見箱に寄せられた件数×100で表す。社協の全事業所を対象に当該期間内で、要望や意見箱に寄せられた件数に対して、何らかの対応した件数で実施。

ネットワーク度の計算方法は、当該期間内での、①連絡件数（電話・FAX・メール）＋②関係機関・団体・者等の会議への出席件数＋③他機関との協働の取り組み数の合計数で計算する。

サービス開拓の計算方法は、当該期間内に開拓し、先駆性及び独自性に富んだ新規事業の実施数を対象とした。

資格取得率の計算方法は、資格取得数／全職員数×100で行う。この場合、当該組織、例えば社協であれば、業務で必要とされる関連資格（社会福祉士、精神保健福祉士、介護福祉士、介護支援専門員、看護師、保育士など）を対象にその取得率で表す。

自己資金率の計算方法は、自主財源からの収入／総収入×100で表す。自主財源には、寄付金、共同募金、会費、介護保険、自立支援、その他利用料の総額を対象に計算する。

このように、まず尺度を決める。そして基準となる期日を設定し、アンケート実施や集計を行う。モニタリングでは、少なくとも半年に1回を基準日に設定する。

サーベイランス・チェックシートの作成

次に行うのは、サーベイランス・チェックシートの作成である。これは、すべての項目を一覧表にして全体が鳥瞰できるようにする。そして左側に順に基準日・達成期日・実施結果を％で表記していく（表2−5）。

なお、成果指標を図2−12のようにダイヤグラムで表すことも効果的である。

表2-5 成果指標一覧表 平成23年2月23日現在

	視点小項目	尺度	現状	中間目標	最終目標	点数変換式（100点満点）					点数変換後現状		点数変換後中間目標		点数変換後最終目標	
	視点小項目										現状		中間目標		最終目標	
1	認知度	%	25.5	33	50	0.5	%	=	1	点	51.0	点	66.0	点	100	点
2	信頼度	%	10.3	11.2	12.5	0.125	%	=	1	点	82.4	点	89.6	点	100	点
3	満足度	%	64.4	70.6	80	0.8	%	=	1	点	80.5	点	88.3	点	100	点
4	参加度	%	33.2	43.9	60	0.6	%	=	1	点	55.3	点	73.2	点	100	点
5	期待度	%	4.5	5.6	8.6	0.086	%	=	1	点	52.3	点	65.1	点	100	点
6	事業量	%	85.6	87.4	90	0.9	%	=	1	点	95.1	点	97.1	点	100	点
7	利用件数	件	94	120	150	1.5	件	=	1	点	62.7	点	80.0	点	100	点
8	情報提供量	件	540,930	670,753	865,488	8,655	件	=	1	点	62.5	点	77.5	点	100	点
9	サービス開拓	%	0	8.6	21.4	0.214	%	=	1	点	0.0	点	40.2	点	100	点
10	ネットワーク度	%	66.1	75	80	0.8	%	=	1	点	82.6	点	93.8	点	100	点
11	個別相談業務	%	53.2	55.9	60	0.6	%	=	1	点	88.7	点	93.2	点	100	点
12	地区社協活動支援	%	11.6	14.9	20	0.2	%	=	1	点	58.0	点	74.5	点	100	点
13	資格取得率	%	36.8	46.1	60	0.6	%	=	1	点	61.3	点	76.8	点	100	点
14	人材育成推進度	%	61.1	64.7	70	0.7	%	=	1	点	87.3	点	92.4	点	100	点
15	スタッフ満足度	%	54.4	56.6	60	0.6	%	=	1	点	90.7	点	94.3	点	100	点
16	職員自覚度	%	75.4	77.2	80	0.8	%	=	1	点	94.3	点	96.5	点	100	点
17	ストレス	%	0.13	0.05	0	0.01	%	=	-1	点	87.0	点	95.0	点	100	点
18	社会貢献度	時間	10	13	15	0.15	時間	=	1	点	66.7	点	86.7	点	100	点
19	職員一人当たりの経費	%	62.1	73.3	90.0	0.9	%	=	1	点	69.0	点	81.4	点	100	点
20	自己資金率	%	6.51	7	8	0.08	%	=	1	点	81.4	点	87.5	点	100	点
21	管理費コスト	%	-3.6	-5.0	-7.2	-0.072	%	=	1	点	50.0	点	69.4	点	100	点
22	受託事業の経営貢献指数	%	18.9	20	22	0.22	%	=	1	点	85.9	点	90.9	点	100	点
23	会員の経営貢献指数	%	107.6	110	120	1.2	%	=	1	点	89.7	点	91.7	点	100	点

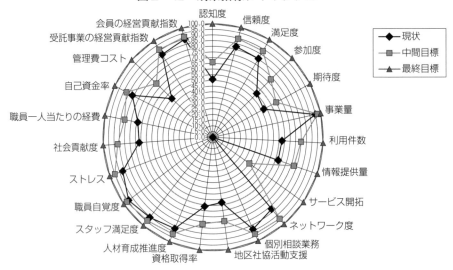

図2-12 成果指標ダイヤグラム

戦略マップの作成

　戦略マップとは、ビジョンと戦略目標を達成するための因果関係や関連を図式化したものである。BSCにおける四つの視点の因果連鎖を視覚的にわかりやすく整理して描いたものであり、戦略を体系的に見ることを可能にする。

　この利点は、①戦略目標ないし重要成功要因の整合性・適合性が理解しやすい、②構成メンバー間で戦略とそれを実現するための手段について共通の理解を得ることができる、③戦略事業単位（SBU：Strategic Business Unit）の各構成メンバーが戦略の実現に向けて日々の業務を通じて何をすればいいのか、その役割と責任を認識できる、④トップマネジメントは、現場で戦略がどのように実現されようとしているのかを一目で理解できる、などにある。

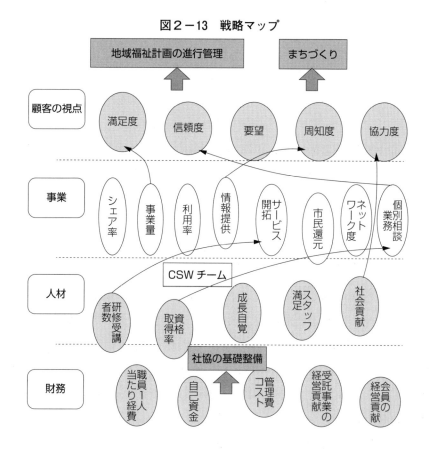

図2-13　戦略マップ

実行計画の策定

　戦略を実現させるための具体的なシナリオとなるものである。戦略につながる日常的な業務活動を実践的な施策として明らかにして（実施項目の識別）、その具体的なターゲットとなる水準を決定する（パフォーマンス・ドライバーの設定）。パフォーマン

ス・ドライバーとは、成果へと誘導する指標であり、日常的な業務や活動をマネジメントする際の基準となるものである。これは定量的に評価可能な指標で示される。

7 ▶ コミュニティソーシャルワーク実践における評価

コミュニティソーシャルワーク実践では、それがどのような実践であっても、進捗状況を中心にモニタリングは欠かせない。特に評価体制を実践全体のなかにどのように定めておくかが重要である。独立型・第三者のモニタリングで行うのか、サービス利用者を含む参加・協働型で行うのか、もっと利用者に即したエンパワメント型で行うのか、組織や実践の主体によっても異なる。地域福祉計画は行政計画としての性格から、地域福祉計画策定委員会を評価委員会に切り替えて継続する方法も考えられるが、基本は、計画を作成した機関とは別に、地域住民、学識経験者など行政外部の関係者が加わった評価委員会（第三者機関）を立ち上げるのが適切であろう。その際も、ベンチマーク方式やBSCなど政策評価の新しい手法を活用することが望まれる。また、第三者委員会のほかに、サービス利用者団体が独自に評価することや、地域住民の参加を得て、座談会や懇談会などで評価に関する意見を聴くことも必要になる。

また、広く住民全体に関わる計画策定などの場合は、評価結果は速やかに公開するのが原則である。計画策定段階と同じように、広報誌やパンフレット、ホームページの活用も必要になる。

8 ▶ 評価指標と計画の見直し

評価結果は実践の見直しに反映することが必要になる。ニーズは充足されたのか、課題は解決したのか、利用者は満足したのか、なぜ予定通りに進んでいないのか、原因はどこにあるのか、実践目標が適切だったのか、取り組み内容が適切だったのか、財源は十分だったのか、組織的布陣は適切だったのかなど評価項目は多い。これらのモニタリングは、組織であれば、上司だけではなく全員参加を基本に、PDCAサイクルと呼ばれる学習プロセスが活用される場合が多い。

いずれにせよ、これらの評価結果を踏まえて、かつ組織内外の合意形成も大切にしながら次の実践に進むことになる。

む　す　び

　筆者は、BSC研究を継続している。2008～2013年度はフィールド介入研究を主に行った。まず、埼玉県飯能市での地域福祉計画・地域福祉活動計画における住民懇話会での話し合いにSWOT分析を活用した。SWOT分析は広く企業で活用されているが、福祉分野では開発が遅れている。しかし、福祉分野でも組織や活動の戦略が明確でない場合、それを明確にする第1段階の作業として将来のあるべき姿を把握し、組織外と組織内を取り巻く環境を正しく分析する手法として有効である。

　飯能市では、地域福祉計画推進委員会および地域福祉活動計画推進委員会を合同で開催し、SWOT分析の作業を地区別の福祉懇談会や市民懇話会で実施するとともに、「はんのうふくしの森プラン」（平成21年度から平成25年度）を策定し、現在も進行管理を継続しながら、第二次はんのうふくしの森プランを作成中である。

　埼玉県所沢市社会福祉協議会や東京都豊島区民社会福祉協議会での地域福祉活動計画の策定や進行管理にも活用が始まった。「ところWITHプラン」と名称された第3次地域福祉活動計画in所沢（平成24年度から平成26年度）では、計画の進行管理にBSCの手法を用いることが明記された。「福祉が響きあうまち　としまNICEプラン」と名称された豊島区民地域福祉活動計画（平成24年度から平成28年度）の作成では、各地区懇談会でSWOT分析が作業として行われた。今後は、BSCの全国的普及のために、さらにモデル実施地域を増やしていきたい。

【参考文献】
・田中英樹『精神保健福祉法時代のコミュニティワーク』相川書房，1996.
・日本地域福祉研究所『コミュニティソーシャルワーク』第7号，2011.

第3章

コミュニティソーシャルワークを活かす視点と方法

第 **1** 節

福祉ニーズ

はじめに

コミュニティソーシャルワーク実践は、地域において何らかの生活上の支障、困難を抱え、福祉的な支援を必要とする住民個人、家族の地域自立生活の実現を目指す地域福祉実践の要の重要な実践方法である。とりわけ、本人・家族が主体となり、ワーカーが協働し、その方の抱える生活課題や各種の現状把握を踏まえて、地域自立生活の実現のために、どのような支援が必要であるのか、を充分に協議し明確化し合意に達する過程が重要である。そのことができてこそ、具体的な援助方針や援助計画が明確化され、それに基づく適切な福祉援助が実施されるのである。ひとまず、この、地域自立生活に向けた何らかの福祉的援助の必要性を「福祉ニーズ」と簡単に定義しておく。

本節では、まず、コミュニティソーシャルワークないし地域福祉実践の観点に立って、地域福祉ニーズという包括的な新しい福祉ニーズの概念を提示し、その福祉ニーズ概念をめぐる論点を提示して、その概念的多面性を示し、理解を深める。その上で、個人の個別的ニーズに焦点を絞り、地域に潜在化している個別的な福祉ニーズをいかにして顕在化するか、その方法について、ブラッドショウ（Bradshaw, J.）の四つのソーシャルニーズ分類論に依拠して、多角的に考察する。なお、本節でニーズの「顕在化」という言葉を鍵概念として用いているが、ここではその意味を「ニーズの発見や把握」の段階に限定しており、例えば、個別のニーズを具体的な行政のサービス提供基準に基づく利用資格（eligibility）に照らして適否を判断するという段階は含まれていない。

1 ▶ 地域福祉における福祉ニーズの四相

地域自立生活の実現に関わる福祉ニーズを「地域福祉ニーズ」と呼ぶとすれば、それは、次のように、四つの相（フェイズ）から重層的に構成されると考えられる。

❶ 個別ニーズ

個別の具体的な生活上の支援・サービスの必要性としてのニーズである。これは、実践、臨床レベル、ミクロレベルのニーズに位置づけられる。この個別ニーズのアセスメントの視点や方法については、次節を参照のこと。

❷ 集合的ニーズ

一定地域内の特定のサービスに対する個別ニーズの必要量を集計し合計した統計

的、量的ニーズ。各種分野別の福祉計画に搭載される各種サービスの必要量という形にあらわされているものは代表的。したがって、政策レベル、マクロレベルのニーズに位置づけられる。なお、このニーズは一定地域で集約されたニーズであるため、「地域ニーズ」と表現される場合があるが、その本来の意味内容からすれば個別ニーズの集合であるため、もし「地域のニーズ」と言うとすれば、それなりにきちんと定義して使用する必要がある。なお、❶も、❷も、個人が地域自立生活の上で何らかの支援の必要性を意味しているが、このようなソーシャルワークが対象とする個人の福祉ニーズについて、その用語としては、例えば、アメリカでは「ヒューマン・ニーズ」という用語がポピュラーである[1]。

❸ 地域共通ニーズ

これは、個別のニーズではなく、地域住民が自立生活のために共通して改善してほしいと望んでいるニーズ、例えば、公共施設のバリアフリー化等や、無医自治体における医療機関の創設などの、生活の環境に関する地域の共通ニーズなど。これも政策的、マクロ的ニーズの範疇になる。一定の地域における社会資源、福祉資源や福祉システムの創出の必要性などが主なポイントであり、コミュニティソーシャルワーク実践上は、地域アセスメントが重要な方法となる。

❹ 組織・団体ニーズ

福祉サービスを必要とするセルフヘルプグループや地域福祉目的の実践、サービス提供を行う諸団体、機関の活動上の支障を改善したいというニーズである。マクロあるいはメゾ領域に位置するニーズである。

地域における福祉ニーズは、地域福祉の推進という観点から、少なくとも、上記のような四つのレベルの異なる相から重層的に構成されると考察することができる。

以下では、主に❶の個別ニーズに焦点を絞り、福祉ニーズの各種の論点を考察し、多角的に福祉ニーズの相貌を明らかにしよう。

2 ▶ 福祉ニーズをめぐる主な論点

1 福祉ニーズは、どのような主体（誰）が判定するのか

福祉ニーズは、福祉サービスなどの社会的なサービスや支援に対する必要性という性

1　2008年に全米ソーシャルワーカー協会が発行した『ソーシャルワーク百科事典（第20版）』（Vol. 2, NASW Press, pp.398 ~ 422.）においては「ヒューマン・ニーズ」という概念，用語を紹介，説明している。

質に着目すれば、より広い概念である「ソーシャルニーズ」すなわち「社会的ニーズ」という範疇に位置づけられる。この概念は、一般に、そのニーズが社会の一定の人々によって共有され、顕在化している場合のニーズをいう、とされている[2]。つまり、そのニーズの充足のために何らかの社会的サービスを提供する必要があると社会が認めることが要件となる。例えば、1979年に全国社会福祉協議会がまとめた『在宅福祉サービスの戦略』（以下、『戦略』と略す）における福祉ニーズ論は三浦文夫の所論を中心に構成され、我が国の社会福祉政策上の福祉ニーズ理論に重大な影響を及ぼしたものとして知られているが、そこでは、社会的ニーズを、「ある個人、集団あるいは地域社会が、一定の基準からみて乖離の状態にあり、そしてその状態の回復・改善などをおこなう必要があると社会的に認められたもの」と定義した[3]。ここで問題となるのは、一定の基準を誰が定めるのかという論点である。福祉ニーズは福祉行政機関だけが判断するものと考えがちだが、地域福祉においては公私それぞれの支援主体ごとに、それぞれの価値規範に則った基準により、支援の必要性すなわち福祉ニーズが判断されている。公的な社会福祉制度に関するものであれば、法制度上の判定基準に基づき政府や自治体の行政機関が一律、公平な形で判断する。民間の非制度的な支援組織の場合、行政府のサービス提供基準から独立した、独自の基準を設定し支援を実施している。したがって、ある人のニーズが行政においては基準に合わず対応されなかったとしても、対応する民間の組織が地域にある可能性もある。地域福祉においては、実践主体ごとに福祉ニーズの基準が多元的であるといえよう。

② 福祉ニーズはどのような内容・種類を含むのか

　さて、福祉ニーズの具体的な内容はどのようなものであろうか。岡村重夫は、福祉の対象課題を七つの社会生活上の基本的要求（①経済的安定、②職業の機会、③身体的精神的健康、④社会的協同、⑤家族関係の安定、⑥教育機会、⑦文化、娯楽に対する参加）に整理している[4]。

　一方『戦略』は、三浦文夫の福祉ニーズ論が基本となっている。そこでは、福祉ニーズを貨幣的ニーズと非貨幣的ニーズに大別し、さらに、対人的福祉サービスによって充足される非貨幣的ニーズを、元々家族などでは担えない、専門的なサービスによって充足される即自的ニーズと、家族で対応できるが家族の不在などのために生じる代替・補

2　見田宗介他編『縮刷版社会学事典』弘文館，p.568，1994.

3　『在宅福祉サービスの戦略』全国社会福祉協議会，p.20，1979.

4　岡村重夫『社会福祉学（総論）』柴田書店，p.120，1956.

完的ニーズとに二分類し、それぞれの具体的な内容を論じている。

また大橋謙策は、地域福祉の目的を福祉サービス利用者の地域自立生活支援と位置づけ、自立生活の構成要素を多面的に考察している。すなわち、①労働的・経済的自立、②精神的・文化的自立、③身体的・健康的自立、④社会関係的・人間関係的自立、⑤生活技術的自立、⑥政治的・契約的自立である。これは、ニーズという表現こそ用いていないが、実質的に福祉ニーズの内容を示したものである。

なお、『戦略』は、我が国の福祉ニーズは貨幣的ニーズのみならず、今後は非貨幣的ニーズの増加、多様化への対応が重要になると指摘した。近年は、在宅福祉サービスの制度化定着化を背景に、社会的孤立や排除に起因する新たな問題がクローズアップされており、岡村や大橋が指摘している社会関係に関する福祉ニーズへの対応が課題になっている。つまり、福祉ニーズは決して固定的なものではなく、社会状況や福祉制度の状況の変化とともに、その重点的課題は変化していくことに十分留意する必要がある。

③ 数ある福祉ニーズのうち何を優先するのか、否か

大橋謙策は、先述の六つの自立要件の相互の関係について、マズロー（Maslow, A. H.）のニーズ（欲求）の階梯説を引き合いに出して論議している。すなわち、「これらの六つの自立要件で、大きな位置と役割を担うのが経済的自立である。しかしながら、社会福祉にとってその経済的自立が全てではない。マズローの欲求階梯説によれば、生理的ニーズを基底として安全へのニーズ、所属へのニーズ、自己尊重のニーズ、自己実現のニーズとなるが、この六つの自立要件は、そのような階梯説ではない。経済的に貧困で自立していなくても他の自立の要件は尊重されるべきである」もちろん、大橋は、経済的ニーズをないがしろにしてよいと言っているのではなく、また、マズローのようにより低いニーズが充足されなければそれより高度なニーズが発生せず対応も必要ないと考えるのではなく、むしろ、逆に、多様なニーズに同時並行的に多面的に対応していくべきと主張していると解せる。数ある福祉ニーズのうち何を優先するのか、どの

5　大橋謙策『地域福祉論』放送大学振興会，pp.26 ～ 28, 1995.

6　2000年12月，厚生省（現・厚生労働省）が設置した「社会的な援護を必要とする人々に対する社会福祉の
　　あり方に関する検討会」がまとめた報告書，現代社会特有の福祉課題として，「社会的排除や摩擦」（路上
　　死・中国残留孤児・外国人の排除や摩擦等），「社会的孤立や孤独」（孤独死，自殺，家庭内の虐待・暴力等）
　　などを取り上げた。これらは，従来の社会福祉サービスによる現金給付や，個別の役務的対人サービスの提供
　　だけでは対応が困難な問題である。

7　大橋謙策『地域福祉』放送大学振興会，p.30, 2005. から引用。

ような水準を考えるべきか、福祉サービスの質や水準の問題とも関係する論点である。

4 福祉ニーズ概念は「生活問題」を含むのか、否か

地域福祉実践は、地域における生活問題や生活課題などで表現される「問題状況」を誰かが認識することが最初のスタートであり、各種状況調査や分析等を経て、問題の改善や解決の方策の検討・選択という順をたどる。福祉ニーズはどの部分、どのような範囲をカバーするものであろうか。福祉ニーズという概念は、問題状況の認識から問題解決策（個別ニーズで多くの場合は支援策）の必要性の認識までをも広く含むのか、あるいは、問題状況の認識はニーズの発生要因として密接ではあるものの、それは含まず、狭く、問題の改善・解決の具体的な方策の必要性なり求めの認識に限定されるのか、という論点がある[8]。福祉ニーズを狭義に解釈するとしても、福祉ニーズがどのような生活問題の状況を背景として生じているのかという、ニーズの発生要因への視点は不可欠であろう。このほかにも、福祉ニーズを判定する基準を定めるにはどのような方法があるかなど[9]、まだまだ多くの論点があるが、紙数の関係で別稿に委ねることとする。

3 福祉ニーズは「求め」か「必要」か
——ブラッドショウと大橋謙策の議論から

ブラッドショウは、社会的ニーズの顕在化の形態を、本人の自覚や表明によるニーズ２種と、第三者の立場から把握されるニーズの２種、合計４種に分類している[10]。

1 本人の「求め」としての福祉ニーズ——「感知されたニーズ」と「表明されたニーズ」

まず、本人が何らかの生活上の支障や困難を感知・自覚したニーズは「感知された

8　小林良二は，社会福祉対象へのアプローチを，ある現象のもつ社会問題や生活問題の側面に焦点を当て，その意義の明確化によって社会的な共有を図っていく問題論的アプローチと，提起された問題に対してどのように対処していくかというニーズ論的アプローチの二つに大別し対照的に論じている。（小林良二「社会福祉対象の認識方法」仲村優一他監修，岡本民夫他編『エンサイクロペディア社会福祉学』中央法規出版，pp.358 ～ 363，2007.）

9　例えば，三浦文夫『増補改訂社会福祉政策研究—福祉政策と福祉改革』全国社会福祉協議会，1995. などに詳しい。

10　Bradshaw, J., "The Concept of Social Need," New Society, 30, 1972, pp.640 ～ 643, reprinted in Neil Gilbert & Harry Specht, *Planning for Social Welfare: Issues, Models, and Tasks*, Prentice-Hall Inc., New Jersey, pp.200 ～ 296, 1977.

ニーズ（felt needs）」と呼ばれており、ブラッドショウは「求め（want）」と同義ととらえている。しかし、この本人の「求め」は関係当局などに伝わらなければニーズとして顕在化しない。そこで、本人により、福祉の相談機関や当該サービス提供機関などに対して、支援の「求め」が表明された場合、そのニーズを「表明されたニーズ（expressed needs）」と呼んでおり、ブラッドショウは、これは「需要（demand）」と同義としている。

② 本人以外による「必要」としての福祉ニーズ──「規範的ニーズ」と「比較ニーズ」

本人以外がニーズの有無が明らかにされる場合がある。第三者がニーズがあると見なす場合であり、社会福祉の行政や専門家などどちらかといえば、支援主体サイドがその社会の価値や基準などに照らしてニーズがあると判断した場合は「規範的ニーズ（normative needs）」と呼ばれている。一定の社会的な標準（スタンダード）が存在することが前提であり、その社会として支援が必要かどうかの判断ということであり、いわば「必要」を意味しよう。専門家として当然ながら、ニーズ発生の背景や要因を明らかにした上で、ニーズを評価、アセスメントする視点と枠組みをもたなければならない。

また、ある2人の人が全く同じ状態であるのに、1人はあるサービスを受けていて、もう1人はサービスを受けていないという場合に、このサービスを受けていない人は、「ニーズがある」「支援が必要」といえる。このような比較・相対的な観点から導き出された「必要」をブラッドショウは「比較ニーズ（comparative needs）」と呼んでいる。

③ 大橋謙策の「求めと必要と合意」の含意と「統合的福祉ニーズ論」としての意義

ブラッドショウのソーシャルニーズ論は、ある面当事者の求めや希望と専門家の判断による必要性の認識が合致した場合こそが、社会的に対応すべき真のニーズであるということを論じているとも解釈できる。この見方と同様な見方を大橋謙策も示している。大橋謙策はコミュニティソーシャルワーク実践方法における個別支援計画に関して、「本人の求めと専門職の必要性の判断とを踏まえて両者の合意」を要件に位置づけている。▶11 この考え方は、ニーズ論に位置づけてとらえることも可能であろう。だとすれば、

それは、岡村重夫が実践志向の観点から重視した本人・当事者の「要求」「求め」としてのニーズ論と、三浦文夫が政策志向の観点から重視した社会的判断基準に基づく救護の「必要」としてのニーズ論を統合するものであって、いわば「統合的福祉ニーズ論」、あるいは「合意モデルのニーズ論」といえる。いずれにせよ、大橋は、利用者の「求め」と専門家の「必要性」の判断を出し合い、十分なコミュニケーション過程を経ての、双方の共通理解を踏まえて「合意」に達してはじめて、ニーズが確定することを示唆していると考えられ、地域福祉の実践レベルのニーズ論として有意義である。それのみならず、国や地方自治体レベルでの地域福祉政策や計画策定のレベルにおいても、当事者や各種専門家や実践者などの関係者の参加・参画と協働討議の重要性などを導き出すものであり、汎用性の高い考え方といえる。

4 ▶ 地域における福祉ニーズの顕在化に関する視点と方法

　福祉ニーズに関する論点のなかでも地域福祉実践やシステムを検討する上で最も重要な論点は、地域において潜在化している福祉ニーズをいかに発見・把握して顕在化させるかであろう。先述したブラッドショウの4種のニーズ論をもとにニーズ顕在化のルートを考えてみよう。まず、ニーズを有する本人がニーズを感知した場合、そのニーズを「感知したニーズ」と呼ぶが、このニーズを福祉相談機関等に申し出た場合、それは「表明されたニーズ」となる。これらのニーズは当事者しかわからない「主観的ニーズ」であり、この主観的ニーズが対外的に表明されることがニーズの顕在化の一つのルートである。他方、福祉相談機関やその専門職などは専門的規範や基準に基づいて支援の必要性があると認めた場合、そのニーズを「規範的ニーズ」と呼ぶ。また、「比較ニーズ」は他者や全体との比較相対によりニーズの存在が明確化されたニーズで、当事者のニーズ表明や規範的ニーズの根拠にもなる。これら「規範的ニーズ」と「比較ニーズ」は第三者的に把握されることから「客観的ニーズ」とも呼ばれ、この客観的ニーズの第三者による把握がもう一つのニーズ顕在化のルートである。地域に福祉ニーズが潜在化するのは、こうしたニーズ顕在化のルートが機能しないことに起因すると考えられる。そこで、二つのニーズ顕在化のルートに即してニーズが潜在化する要因と顕在化の視点を考察し、ニーズの発見・把握の視点と具体的な方法を提示する。

11　大橋謙策「コミュニティソーシャルワークの展開過程と留意点」日本地域福祉学会編『新版・地域福祉事典』中央法規出版, pp.21 ~ 23, 2006.

① 地域における福祉ニーズの潜在化の要因と顕在化の視点

⑴ 「主観的ニーズ」から見たニーズ潜在化の要因と顕在化の視点

　他者から見て支援が必要と認められる状態であっても、本人が認識能力の欠如や低下などにより現状に問題があると感知していない場合は、そのニーズは「感知されたニーズ」とならず潜在化する。したがって、判断や認知の能力に支障をもつ人に対しては、早期に見いだし、そのニーズを専門的な観点から代弁し権利擁護しなければならない。そのためにも利用者本人だけでなく、家族や近隣住民などの関係者、他の専門家などからも広く情報を得ることが必要となる。2008年にまとめられた厚生労働省の『これからの地域福祉のあり方研究会報告』は、「日常的に住民が活動している地域においては、最初に住民が近隣住民のちょっとした変化に気づき、それを解決すべき課題として共有し解決していく、あるいは、専門的対応が必要な場合には、住民が専門家や行政に通報し、公的な福祉サービスにつなげる、ということが行われている。」と指摘している[12]。近隣住民がニーズの早期発見や問題の深刻化のリスク軽減に寄与することを念頭に置いた実践が重要である。

　また、本人がニーズを感知していても他者にそれを表明しない場合も、ニーズは潜在化したままとなる。その理由としては、どこに相談していいかわからない、ニーズを充足するサービスがあることを知らない、申し出ても仕方がないと思っている、福祉サービスを利用するのが恥ずかしい、利用者負担がまかなえない、などいろいろと考えられる。これに対しては、適切な情報の提供や福祉理解の促進のための福祉教育の取り組み、気軽に相談できる場づくり、などが必要である。

⑵ 「客観的ニーズ」から見たニーズ潜在化の要因と顕在化の視点

　地域における福祉ニーズを当事者の申し出を待たずに、相談援助専門職から能動的、自発的に発見する取り組みが必要である。そのような観点から規範的ニーズは重要な役割をもつ。我が国の社会福祉制度にそれと同様な趣旨を見いだすとすれば、措置制度における職権保護などがあげられ、その意義をあらためて見直す必要がある。しかし、実際は、福祉の相談援助機関は利用者からの申し出に受動的に対応している場合がほとんどで、潜在的なニーズの掘り起こしまで取り組む例は少ないのが現状である。福祉の相談援助機関の実践者が各種のネットワークを駆使して潜在的なニーズを早期に発見する取り組みやそのためのシステム化が求められるとともに、各相談援助者が面接過程を通

12　『これからの地域福祉のあり方に関する研究会報告』全国社会福祉協議会，p.49，2008.

じて適確にニーズを明確化する力量の醸成が必要である。

　また、「比較ニーズ」の観点からすると、全国や同一都道府県内の隣接市町村などの各種のニーズに関係する比較可能なデータを把握していないと比較ができないので、そうした情報収集や必要に応じた担当地域に関する社会調査の実施なども必要になる。

2 地域における福祉ニーズの顕在化（発見・把握）のための主な方法・手法

　上記の留意点を踏まえて、福祉ニーズを発見・把握する顕在化のための主要な方法をあげる。

(1) 生活当事者および活動当事者から意見を聞く各種の調査方法

　福祉サービス利用当事者やボランティアなどの活動当事者、あるいはそうした人々が構成する当事者団体や活動団体などの意見を聞くということが重要である。

　その方法としては、面接方式で、個別に日頃の生活上の課題や活動上のニーズなどを詳しく聞き取る方法もあれば、集団的に一定のテーマについて話し合うなかで課題やニーズを明らかにする方法もある。また、特定の地域の地域住民やボランティアのニーズや考えなどの全般的傾向を把握する場合には、調査票調査などにより、統計的手法を活用して分析する方法も有効であろう。この調査方法には、質問紙を調査員が調査対象者に配布し記入後回収する方法や、郵送で質問紙を配布し回収する郵送調査による方法、あるいは調査対象者が一堂に会して行う集合調査、電話による調査等の方法がある。

(2) 小地域単位の住民懇談会

　地域の住民や関係者がある場所に集まり、地域福祉に関する課題やニーズなどを話し合う機会として、住民懇談会という方法があり、住民の多様な意見や要望を直接聞くことができるため、福祉ニーズを把握する方法として有効な方法と考えられている。よく用いられる手法としては、小地域単位で、地域の代表者や一般住民に呼びかけ集まってもらい開催する形態が一般的である。また、高齢者・青年・婦人等属性ごとに分離して話し合う形態もある。また、認知症高齢者の介護家族など課題ごとの関係者による話し合いなどの形態もある。こうした住民懇談会などの住民による話し合いの機会は、潜在化していたニーズの顕在化にとどまらず、ニーズの共有化、活動への動機づけとしても極めて重要な役割を果たす。

⑶ 相談援助専門家等によるアウトリーチの各種方法

　従来の社会福祉では申請主義がとられ、自ら出向いてきた人を支援するといった発想が強かった。しかし、上記のように福祉ニーズ把握を概観すると、いずれのニーズにも共通して重要なことは、本人のもとに出向いて話をし生活状態を確認しニーズを明確化する「アウトリーチ」である。「アウトリーチ」という用語は社会福祉の分野では、一般に、利用者が来るのを待つのではなく、出向くこと、すなわち、利用者の生活する居宅を訪問すること、さらには住民が生活する地域に出向くことと広義にとらえられている。

　具体的な手法としては、専門職が積極的に地域に出向いて個別訪問を行ったり、集会の場に赴いてニーズを発見する方法をはじめ、日時に縛られず、住民同士が気軽に顔を合わせコミュニケーションできる住民懇談会やサロンの活用などがある。地域にネットワークを形成して、そこから情報を得て発見する方式も有効だろう。後者には、社会福祉協議会が実践する小地域ネットワーク活動が該当する。また、アウトリーチする先は自宅や地域に限らない。例えば病院を定期的に訪問し、入院者の情報を収集し、必要に応じて、退院後の生活を計画し支援するなどの例もある。

⑷ 相談活動等の日常業務を通じて得られた相談内容の整理・分析からのニーズ把握

　各種の福祉の相談機関には、福祉サービスを必要とする人々からの生活上のニーズについての相談が数多く日常的に表明されている。一方、社会福祉協議会のボランティアセンターでは各種のボランティア活動者や団体からさまざまな活動上の支障や課題、すなわちニーズに関する情報を得る機会も少なくない。これらの生活上の相談や活動上の相談の内容を整理し分析することを通じて、相当のニーズを把握することが可能である。例えば、どのような相談内容が多く、また、どのようなサービスや支援が必要とされているか、既存のサービスで対応困難なニーズはどのようなものがあるかなどを明確にすることができる。

⑸ 各種統計情報の収集・比較分析や各種実態調査の実施

　比較ニーズの観点にたつならば、当該地域社会の地域福祉の実態の把握のみならず、全国や都道府県また隣接の市町村など、他の地域の実態の把握、そしてそれらとの比較分析もまた一定の重要性をもつ。主な方法には、既存の資料・データによる内外の地域特性やニーズ関連情報の把握、比較分析作業があり、また、地域踏査による地域実態の把握、資源マップづくりを行い、資源やサービスの分布を視覚的に比較できるようにすることなども有効である。なお、福祉ニーズの把握にあたっては、その基盤となる地域

に関する基本的情報を把握することが必要である。例えば、気候、地理的条件、人口動態、産業構造、住民意識、住民による福祉活動状況などの地域特性、またサービスの対象となる人々の実態、社会資源の整備状況を把握することは不可欠な作業である。

む　す　び

　本節では、地域福祉の推進、コミュニティソーシャルワークの観点から、ごく部分的ではあったが、福祉ニーズの論点と顕在化の方法の一端について論じた。地域における福祉ニーズの発見、把握こそ、コミュニティソーシャルワーク、地域福祉実践の出発点であり極めて重要な焦点であって、福祉ニーズの性質に則して適切な方法を駆使して、地域に潜在化している福祉ニーズを顕在化することが大切であるということを論じた。

　最後に、本節ではあまり触れられなかったが、関連して「福祉ニーズの社会化」の観点が地域福祉実践において重要であることを指摘しておきたい。見てきたように、地域福祉のニーズは、固定的で静態的なものではなく、地域福祉実践、そしてコミュニティソーシャルワークを通じて、刻々と動態的、創造的に、新たに生み出されるという性質を有している。単に住民の個人的な生活課題と見なされ放置されてきた「個人的ニーズ」を、一定の実践プロセスを経て、社会や地域が対処すべきニーズとして多くの人々に認められて「社会的ニーズ」に転換すること、この「個別ニーズの社会化」も地域福祉ニーズの内在する重要な性質である。このようなダイナミズムが新たなインフォーマルケアを創造し、さらには、インフォーマル・ケアをフォーマルなサービスに転換する原動力となる。そのような福祉ニーズへの視点とそれを実現するための具体的実践方法論の究明が、コミュニティソーシャルワーク実践展開において重要な課題と考える。

第2節

アウトリーチ

はじめに

　ポーランド系アメリカ人のアルフレッド・コージブスキー（Alfred Korzybski；1879
〜1950）の有名な言葉に「地図は現地ではない（the map is not the territory）」という
のがある。これは一般意味論の説明として、人間の神経回路の使い方や言語の使い方が
人間の可能性を制限していることを比喩している。ソーシャルワーク実践に引きつけて
述べるならば、相談者との面接を通して我々が理解している事象が実際起きている事象
と一致しているとは限らない。そこでコミュニティソーシャルワークでは、コミュニ
ティソーシャルワーカーが積極的に地域に出向いてニードを発見したり、支援したりす
るためにアウトリーチという援助手法を用いる場合が多い。このアウトリーチは、直
接、利用者のいる場所へ出向いて個別に関わることだけではなく、住民主体のまちづく
りや誰もが安心して暮らせるまちづくりのために、地域住民の声を収拾したり、関心を
高めたりする地域援助活動も含まれており、1世紀以上前の慈善組織協会（COS）の友
愛訪問やセツルメント活動から発展させてきた。

　その代表的な展開は家庭訪問であるが、ここでは、コミュニティソーシャルワークに
おけるアウトリーチの全体像からその種類と援助展開の方法を考察する。その際、アウ
トリーチを援助局面で分けると、ニード発見段階、支援段階、モニタリング段階に区分
することができる。なお、支援段階でのアウトリーチは、筆者の専門領域に限定した展
開例であることをお断りしておきたい。

1 ▶ ニード発見段階のアウトリーチ

　コミュニティソーシャルワークが成立するには、利用者の登場が要件となる。しか
し、利用者が自ら援助機関（この場合コミュニティソーシャルワーカー）を訪れるとは
限らない。むしろ地域では、何らかの事情から支援を拒否したり、躊躇したり、自ら援
助機関を訪れない場合が多い。そのため、社会福祉実践ではインテーク以前にニード発
見を必要とする場面も生じる。ニード発見の方法としてのアウトリーチの種類は、利用
者が個人かグループか地域かでも、また顕在的か潜在的か、自発的か非自発的か、援助
に協力的か拒否的かなど利用者の状況によっても異なる。

❶　「竹や〜、竹」レベル

利用者が日常に生活している身近な圏域に出かけて知らせるアウトリーチである。これには、ニードがまだ不明なために把握する手段の場合と、新しいサービスを周知する場合の二つがある。手法としては、街頭宣伝、町内や団地でのアナウンス、有線放送によるお知らせ、チラシ配布、回覧板活用、ご近所への声かけなど視聴覚に訴えた情報提供型が多い。

❷ 「飛び込みセールス」

新しい制度や事業が開始されたときや、より個別具体的なサービスに結びつける必要があるとコミュニティソーシャルワーカーが判断した場合、その利用が望まれる利用者のいる場所に急ぎ知らせる訪問である。このアウトリーチは、利用者を掘り起こし、積極的に援助に結びつけるサービスでもある。

❸ 状況把握型訪問

社会福祉現場では、IP（Identified Patient；患者・利用者とみなされる人）が直接、相談窓口に来所するとは限らない。最初の介入のきっかけは、家族であったり、民生・児童委員であったり、近所の人や大家など第三者からの相談も多い。これらの相談では、利用者の状況が相談にきた人の述べたとおりなのかを確認する必要がある。もちろん、利用者と思われる当事者が直接、話を聞かせてくれると介入の判断も容易であるが、時として介入に非協力ないし強く拒否的な場合がある。その際、状況確認は不可欠であり、慎重かつタイムリーな訪問が求められる場合も多い。

❹ 住民座談会方式

地域福祉計画や地域福祉活動計画の策定で、最近注目されてきた地域ニードの把握手法の一つである。この住民座談会は、住民に身近な日常生活圏域で行う。また小グループでの話し合いのほうが共通する関心やニードを確認しやすい。ここでは、参加者の個別に出された意見以上に、参加者の多くが合意するようなニードの共通性を抽出することが重要となる。

❺ 「声なき声」のニード把握

住民座談会が共通ニードを明らかにする手法とすれば、「声なき声」を掘り起こす方法はかなり個別ニードの発見に焦点が置かれる。この個別ニードは、スティグマや偏見のなかで表明されない場合が多いマイノリティ・ニードである場合が多い。しかし、このニードを発見しないと地域のリアル・ニードが浮き上がってこないこともあり、留意が必要になる。

以上のアウトリーチは、ニード発見が阻害されたり、抑制されたり、遅れたりする状況が存在するために、その解決手法として発展・確立してきたものである。

2 ▶ 支援段階でのアウトリーチ

支援段階でのアウトリーチは、広い意味でデリバリーサービスの一つであり、家庭訪問や時として生活場面訪問、また職場や施設訪問などが代表的である。アウトリーチ支援が必要な場合とは、①相談者が何らかの理由で援助機関を訪れることができない状況にある、②援助対象はIPと思われるが、援助の必要性は存在していても本人に相談の意志がないか援助を拒否する、③本人は援助を求めていても何らかのバリアが存在しているために援助機関にアクセスできないなどさまざまな背景がある。代表的な事例では、路上生活者やネットカフェ難民、一人暮らし高齢者、児童虐待や高齢者虐待、DV、不登校、ひきこもり、ゴミ屋敷、妄想反応による対人トラブル、アディクションなどである。

アウトリーチでは、安否確認型の定期訪問、災害発生等の緊急時の訪問、受診勧奨のためや支援の必要性を動機づけるためのIPへの働きかけとしての訪問、職権保護や法律に基づく介入などさまざまな方法がとられる。

こうしたアウトリーチは、援助者にとって利用者の生活ぶりや生活環境が把握しやすいこと、利用者にとって自分の居場所（くつろげる）という安心があることなど援助者、利用者に双方の利点もある。しかし、援助者にとって相手の土俵で相撲をとるしんどさが同居する援助であり、利用者にとってもプライバシーに踏み込まれる不安が同居する援助であることに留意しなければならない。そこで、アウトリーチを選択する際は、①ある程度は利用者の状況（家族構成や家族関係、病気や障害の程度、生活状況の困難さなど）を援助機関が把握できていること、②援助機関の訪問を受け入れる気持ちがあること、③何らかの緊急性があることなどを基準に判断する。

ここで、アウトリーチの代表的な事例として、精神障害者の地域生活支援における危機介入とACTと呼ばれる地域生活支援アプローチを紹介しておく。なお、具体的事例の紹介は紙幅の都合で割愛する。

1 危機介入

コミュニティソーシャルワークにおける危機介入とは、通常利用者が何らかの切迫した状態にあり、客観的に見て即時的な対応が求められる援助を意味する。筆者が専門とする精神障害者の場合は、まず発病や再発、急激な病状の変化など疾病性から医療の早期介入が求められる場合がある。しかし、精神科医療サービスの開始は、身体疾患と違い、人権問題やスティグマ・偏見などとも絡みやすく、利用者をして患者になるという

ことの意味では、受療・受診へのためらいや抵抗、拒否の心理も働きやすい。また、危機が疾患からではなく、生活の変化、人間関係から生じることもある。ここでは、そうした事例を中心に危機の諸側面から介入方法を考えたい。

❶　危機は、何らかの切迫している状況にあり、放置できない切迫した事態である。代表的なものには自殺企図や発作状態、放置すれば事件や事故につながる恐れがある場合などがある。

❷　本人にとっての危機と周りにとっての危機が違う場合が多い。119番と110番の違いである。代表的な状態では、フラッシュバック、酩酊状態、徘徊行動などがある。

❸　疾病性の危機と事例性の危機では、その性格や対処も異なる。疾病性では、初発状況、医療中断、未受診、病状の急激な悪化などが問題となりやすいが、そこに生活苦や家族問題、人間関係、仕事などさまざまな要因が絡むと単純ではない。

❹　危機の判断では、生命の存続と生活の存続を分けて考える必要もある。自殺企図や拒食、衰弱などは生命の危機であり、失職や生活破綻、人間関係のつまずきなどは生活の危機である。

❺　援助依頼者は誰かによっても対応は異なる。本人による SOS と家族による SOS、住民による苦情相談では異なる。

❻　危機介入の原則と留意点

危機介入の判断は、慌てず、憶測ではなく、事態を事実として正確に把握することが最初となる。そこで、危機介入の留意点や対応の原則を述べる。

①　病状に関しては、病気の始まり（前駆症状）とエピソードの始まり（初回エピソード精神病）を区別することが必要になる。また、非特異的兆候か、特異的兆候かなども、注意・集中の減弱、意欲や興味の後退、抑うつ気分、不眠傾向、不安、焦燥、社会的役割機能の悪化、猜疑心、身体愁訴、人間関係の過敏さなどから総合的に把握する。

②　IP を特定する。そのためには、対面による事実の確認（初回相談事例では複数訪問を原則に）を行う。

③　情報収集では、IP のパーソナリティ、疾病の重篤さ、判断や意志能力の程度、要治療の有無、障害の程度や性質、危機状況、即応性などの資料を得る。

④　介入の判断では、機関の機能に照らすことと、できるだけ一人で判断しないようにする。また、日本精神科救急学会の「救急医療ガイドライン」に基づいた判断も必要である。

⑤　介入では、援助目標を明確にする。即応的な場合は、仮の援助目標でもよい。

⑥　介入方法の選択と判断をする。直接介入（法的介入・サービス介入）か間接介入

（家族支援・キーパーソンの発見）を見極めることが重要になる。特に、精神保健福祉法第23条、第24条（警察官通報制度）、第29条（措置入院制度）、第34条（移送制度）など法に基づく介入の必要性は慎重に見極める。

⑦　介入のタイミングも重要である。関係づくりが重要で、焦らないことや動機づけも必要になる。

⑧　介入後の対応では、利用者に対するインフォームド・コンセント（十分に説明した上での合意）や、精神医療審査会などアドボカシー制度の告知が必要になる。

② ACT アプローチ

　世界標準のアウトリーチでは、精神障害者支援領域で ACT（Assertive Community Treatment：包括的地域生活支援）といったチームアプローチの展開が普及している。ACT は、多職種のチームで重度の精神障害者を対象に365日24時間対応の包括的なアウトリーチ支援を特徴とする。このチームには、人員数では看護師を中心としながらも、精神保健福祉士、精神科医師、作業療法士、臨床心理技術者、職業カウンセラーなどの各専門職に加え、リカバリースペシャリストとかライフコーチと呼称される精神障害当事者も参加している場合が多い。チームの仕事は医療的ケアのみならず、リハビリテーションや就労支援や生活支援など総合的なケアとサポートを担っている。この ACT は、その効果が確認・検証され、世界中に普及してきている。

③ コミュニティソーシャルワーク介入としてのアウトリーチ

　上記の 2 項目は、個別支援としてのアウトリーチ展開を紹介したが、ここで、コミュニティソーシャルワークとして支援段階のアウトリーチの例にもふれておきたい。コミュニティソーシャルワークでは、①利用者を取り巻く環境への働きかけ、②人的資源の活用と開発、③利用者や支援者の組織化、④地域コンフリクトの解決、⑤普及啓発活動などでアウトリーチ手法を用いる場合が多い。

(1)　利用者を取り巻く環境への働きかけ

　環境は利用者が属性として保有している以外のすべてである。家族や友人、親戚や近隣などの社会関係、地域、職場、学校などの生活空間、住居などの生活場面から自然環境に至るまで、ミクロ領域からマクロ領域までその幅は広い。そのなかで、わかりやすく個別の物理的環境改善を例にあげれば、よく行われているのは自宅の廊下や階段に手

すりを付けたり、ドアの取手や水道の蛇口を使いやすいものに替えたり、お風呂場を改造したりする住宅改善である。しかし、自宅から一歩外に出ると、団地にエレベーターがなかったり、道路は坂道であったり、段差があったりして移動が困難という中途半端なバリアフリー支援をよく見かける。コミュニティソーシャルワークでは、物理的環境改善の場合、利用者が暮らす地域全体を視野に置き、その改善を守備とする。したがって、団地全体や普段よく利用する道路に至るまでの物理的環境の改善のためにアウトリーチを用いたリサーチを必要とする。

(2) 人的資源の活用と開拓

　個別の支援では家族調整やソーシャルサポートを発見し、そのネットワーク化を図ることなども守備範囲である。コミュニティソーシャルワークでは、そうした個別に行われている支援を地域全体の課題ととらえ直し、地域としての見守り体制の構築を志向することになる。地域で支援を必要としている利用者は、一人暮らしの高齢者や障害者、日中に孤立や孤独な状況に置かれやすい人、公的な制度では対応しにくい個別性の高いちょっとしたニードを抱える人などさまざまであるが、その対応は個別的である以上に地域でのサポートケアシステムとして整備する必要がある。そのためには、支援を必要としている家庭に何らかのサービスを届けるアウトリーチの果たす役割が大きい。またそのためには、地域ごとで訪問活動を主とした生活支援員を開拓することが重要になる。

(3) 利用者や支援者の組織化

　当事者組織（SHG）自体は特定の地域に限定されて組織されているものではない。しかし、地域限定でも SHG の組織化と支援が行われている例は多い。例えば、認知症高齢者や寝たきり高齢者を抱えた介護者の会、引きこもり者の親の会、精神障害者の地域家族会、発達障害者の親の会、難病者の会など何らかの病気や障害に苦しむ本人や介護者の組織化が代表的である。これら SHG の組織化と支援にはアウトリーチ手法が多く活用される。

　ボランティアの組織化と支援も同様である。むしろボランティアのほうがその活動領域や活動の場が限定されやすいだけに地域を基盤とした展開は図りやすく、ここでもアウトリーチが欠かせない。

(4) 地域コンフリクトの解決

　これまでも地域では、施設建設反対運動などエクスクルージョンの動きが各地で起き

ており、これを未然に防ぐアウトリーチも重要である。具体的には、地域事情を細かく正確に把握するための地域リサーチ、どこにどんな人が住んでいるか、要となるキーパーソンの発見と協力依頼、地ならしや雰囲気づくりのための事前の宣伝活動、施設や事業を始める際必要となる設備や物品などを地元から調達し、施設や事業を特定の利用者だけでなく地元住民も利用できるようにする地元調達・還元主義の徹底、地元住民との膝を交えた話し合いなど、その大半はアウトリーチを用いている。

(5) 普及啓発活動

普及啓発活動はさまざまなレベルや場面で行われる。地域でのキャンペーンという方法では、学校や保育園、公園や公民館、商店街や図書館など住民がよく集まる場所に出かけて行うためにアウトリーチが用いられる。ソーシャルアクションでも支援者の組織化のために、署名活動やチラシ配布での個別家庭訪問、地域での住民集会、現地での話し合いなどさまざまなアウトリーチが選択される。

3 ▶ モニタリング段階でのアウトリーチ

モニタリングでは、支援の進捗状況、ニード充足の状況、目標の達成状況などを点検・評価することや、利用者の状況変化、新たなニードの発見、支援の修正など経時的変化を観察・評価することが中心となる。今日ではケアマネジメントが普及したこともあって、このモニタリングの重要性が増している。モニタリングの全体は、アウトリーチだけではない。個別援助では、相談記録の読み返しや援助チームによる定期的なケア見直しの会議、家庭や職場、学校など地域への訪問活動など総合的に展開される。また、地域援助でも、計画や活動の見直し・点検のための評価会議や、住民座談会、効果測定のためのアンケート調査やヒアリングなど総合的に展開される。

代表的なアウトリーチは、普段に行われる「御用聞き訪問」「状況把握型訪問」、利用者からの「呼び出し訪問」である。いずれも支援時とは違い、モニタリングが中心である。「御用聞き訪問」は、援助者側から積極的に地域や家庭に出かけて声を拾う。ニード充足状況の評価や不都合事項の修正ないし新しいニードを発見すること、早期の対処などに主眼が置かれる。比喩的に述べれば、車やガス器具の定期点検に似た作業である。「状況把握型訪問」は、安否確認、声かけ、変化の早期察知、不安解消などを主眼に実施される。「呼び出し訪問」は、何か地域住民や利用者からの注文があった場合のアウトリーチである。

む　す　び

　フランスでは、公衆衛生の分野であるが、保健師と環境衛生監視員がアセスメント時に一緒に家庭訪問するという話を聞いたことがある。そこで利用者の健康状態や暮らしぶりを総合的に見るが、環境衛生監視員は特に住宅や設備環境をアセスメントして、健康に良くない環境であれば自治体にその改善を勧告する権限があるという。

　イタリアでは、精神疾患が疑われる介入時のアウトリーチであるが、利用者宅が訪問に拒否的かつ緊急時と判断される場合は、ドアを壊してでも訪問するという。

　我が国では、自宅に訪問されることにまだまだ消極的な文化が根強い。加えて、訪問する側にも権限は少なく、アウトリーチ支援はデュープロセスの原則（法律に基づく手続きを踏む）を踏まえることが鉄則となっている。そのため、虐待の早期発見やひきこもりへの支援、自殺予防などでも遅れをとり、不幸な事件に発展させてしまう場合もあり、アウトリーチを制度的にも手法としても高める努力はこれからも必要と考える。

　また、コミュニティソーシャルワークとしてのアウトリーチを考えた場合、個別ニードを地域全体の共通ニードに一般化する作業が必要になる。したがって、個別ニードの中身から特殊性を取り除き普遍性だけを抽出する視点と方法を見いださなければならない。実践や臨床の知では経験している事柄ではあるが、科学の知に高めるこの方法論の確立も今後の課題である。

【参考文献】
・玉木千賀子「地域包括支援センターにおけるアウトリーチの現状」『沖縄大学人文学部紀要』第9号，pp.103 ～ 118，2006.
・田中英樹「アウトリーチ」『新・精神保健福祉士養成講座⑤精神保健福祉の理論と相談援助の展開Ⅱ』中央法規出版，2012.
・全国社会福祉協議会政策委員会「新たな福祉課題・生活課題への対応と社会福祉法人の役割に関する検討会報告書」全国社会福祉協議会，2012.
・申佳弥，西村憲次他「いま，求められる"アウトリーチ"とは」『ふくしの広場』7月号，2013.

第3節

ストレングスアプローチ

1 ▶ ストレングス視点の系譜

2001年にWHOで採択されたICF視点では、障害をマイナス面でとらえるのでなく、生活機能というプラス面からとらえることが注目されたが、これはストレングス視点と同様の考え方である。

小松（1996）[13]によれば、ストレングス視点は、1922年のリッチモンド（Richmond, M. E.）や1951年のレイノルズ（Reynolds,）、1967年のモーリー（Morley）の時代からソーシャルワークの実践原則につながるものとして提示されてきた。その後、1970年代前半にマルシオ（Maluccio）により、「病理から人間の強さ、資源、可能性への注目」が強調され、ストレングスの視点が提唱された。1980年代に入り、ヘップワースとラーセン（Hepworth & Larsen）が、「ソーシャルワーカーは、クライエントの症状や機能障害のみに焦点を当てた評価をしている」と述べており、病理・欠陥に焦点を当てた援助への批判と視点の転換を提起した。

さらに、ストレングス視点による実証研究は、精神障害者の病院から地域移行への支援を通じて発展した。1982年にカンサス大学で精神障害者の地域支援に、個人と地域社会の強さに焦点を当てた援助を行ったところ、22ケースのうち19ケースに肯定的な結果を得られた。さらにカンサス大学研究者チームは、1980年代半ばまでにこれらの研究に基づいたトレーニングマニュアルを完成させ、1980年代末までに児童養護から高齢者の長期ケアまで、そして地域開発や政策分析までその適用範囲を広げ研究を蓄積した。これらの研究過程を通して、ウェック（Weick）、ラップ（Rapp, C.）、サリービー（Saleebey, D.）、ゴールドシュタイン（Goldstein）らによりストレングス視点の理論的構築がなされてきた[14]。

ストレングスの視点は、サリービー[15]によれば理論ではなく思考の方法であり、実践上の一つのレンズであるという。さらにストレングス視点の特徴として、病理・欠損・問題への働きかけでなく、人と環境の相互作用を踏まえ広い視点で利用者を理解し働きかけること、および利用者と同じ目線で利用者のもつ可能性を信頼し働きかけることを

13　小松源助「ソーシャルワーク実践におけるストレングス視点の特質とその展開」『ソーシャルワーク研究』vol.22, No.1, 1996.

14　神山裕美「ジェネラリスト・ソーシャルワークによるストレングス視点―地域生活支援に向けた視点と枠組み」『山梨県立大学人間福祉学部紀要』第1号, pp.1～10, 2006.

15　Dennis Saleebey, *Strengths Perspective in Social Work Practice,* Allyn and Bacon, 2002.

あげている。それは反面、曖昧であり倫理的価値観も含んでおり、ソーシャルワーク援助の一つの視点を提供しているにすぎないという見方もある。しかしながら、コミュニティソーシャルワークにおいて人と環境のストレングス把握は重要な視点であり、個人や家族主体の支援から新しいサービス開発や改善までつながる実践基盤の重要な要素である。

2 ▶ ストレングス視点による支援

コミュニティソーシャルワークにおけるストレングス視点による活用について、ファストとチャピン（Fast, B. & Chapin, R.）（2000）[16]の考え方より高齢者への支援を例に紹介する。

ストレングス視点は、高齢者支援だけでなく、障害者支援や子どもと家族への支援等あらゆる対象者に活用できる。そのため、以下に述べるストレングス視点の支援や方法は、多様な対象者への応用が可能である。

高齢者は、障害や疾病や欠損のため、その力は弱いものだと思いがちである。しかし、ストレングス視点では、高齢や障害や慢性疾患は高齢者を示す一部であり、長い人生を生きてきた高齢者の経験や才能や個性を尊重する。例えば高齢者のストレングスは、以下の表3－1のように幅広くとらえることができる。

表3－1　高齢者のストレングスの例

知識・学習・自己覚知。　達成力。　才能・趣味。　個人の性格特性。 自尊心・尊厳・自己イメージ。　選択と希望。　家族と社会関係。 問題処理の心理的過程。　経験。　意識や感情。　文化的価値観・習慣・伝統。 地域社会への参加と創造的活動。　依頼心と援助の受け入れ。　心身の機能状態。 社会資源の利用。　価値観。　等

出典：Becky Fast, Rosemary Chapin, *Strengths-Based Care Management for Older Adults*, Health Professions Press, 2000.

問題発見、対応型の個別支援では、利用者が障害や欠陥をもっていることを前提として、実践や理論を構成する傾向があった。そこでは、専門職によるアセスメントや方針決定を重視し、医療基準による身体機能の向上を目的とする場合が少なくなかった。そ

16　Becky Fast & Rosemary Chapin, *Strengths-Based Care Management for Older Adults*, Health Professions Press, 2000.（青木信雄・浅野仁訳『高齢者・ストレングスモデルケアマネジメント』筒井書房, 2005.）

して、早期発見・早期対応による入院やリハビリテーションを素早く行い、高齢者の生活全般の向上より、病理の診断と治療に焦点を当てる傾向があった。しかし、ストレングス視点による個別支援では、利用者や家族や地域社会のもつ強さを発見し、形成することから始まる。そして、利用者自身による問題解決と選択を支援し、利用者や家族の望む目的を達成し変化を促していく。一般的に高齢者の障害や病気の進行はそれほど急速ではないので、入院や早期リハビリテーションの必要は、地域のサービスや資源を考慮した上で、生活全般との関連で判断することもできる。むしろ不必要な入院や治療は、利用者の生活の質を損なうこともある。また、一般的な高齢者は、心身機能の低下による否定的な固定観念があり、高齢者自身もそれを受け入れ依存的になる傾向がある。しかしストレングス視点は、高齢者の生きる力や人生の知恵や調整能力に注目する。そして専門職がストレングスを支援し伸ばすことで、不必要なサービスを減らし自立支援につなげることを目指していく。

　このように、ストレングス視点による援助は、利用者のもてる力を引き出し、自己決定による生活を支援する考え方である。問題発見・対応型のケアマネジメント等の方法は、合理的で効率的であるが、それだけでは限界がある。例えば、必要なサービスや支援の拒否や、閉じこもり等既存サービスでは対応できない事例は、問題点が把握されても解決困難な場合が多い。このような事例においても、ストレングス視点は別の考え方を提供し、利用者主体の支援やサービス開発にも役立つ[17]。コミュニティソーシャルワークでは、まず個人と地域のアセスメントで、問題点だけでなくストレングスもとらえる。個人のアセスメントでは、心身機能だけでなく、家族関係、生活歴、趣味や特技、社会での活動等幅広い面からストレングスを把握すると、相談時に問題点ばかりだった利用者や家族にも多くのストレングスが見えてくる。また地域アセスメントにおいても、地域の生活文化、自然、歴史等、どの地域にも自慢できることがある。さらに地方自治体の保健福祉サービスやシステムや、住民活動の状況やキーパーソンの存在においても、どの地域にもストレングスを見出すことができる。このような地域のストレングスを生かすと、コミュニティソーシャルワークのプランニングにおいても新しい考え方や対応方法が生まれてくる。そして、プランニング実施と評価過程でも問題点とともにストレングスを評価し再計画することで、ポジティブな実践の循環につながりやすい。このようにストレングス視点は、リッチモンド時代からソーシャルワーク実践の主要な実践原則であると同様に、コミュニティソーシャルワーク実践を貫く重要な視点の一つである。

　17　神山裕美「ストレングス視点の活用と展開―地域における高齢者の介護予防と生活支援を通して」『山梨県立大学人間福祉学部紀要』第2号，pp.19～30，2007.

3 ▶ ストレングスを引き出す支援方法

　では、コミュニティソーシャルワークにおいて個人や家族へのストレングスを引き出す支援は、どのように実践できるだろうか。2004 〜 2005年に日本地域福祉研究所の「健康・生活支援ノート[18]」を活用し、東北地方の52名の高齢者を対象に「ファストとチャピンの高齢者へのストレングス視点のケアマネジメント[19]」を参考に実証研究を行った[20]。その結果より、地域で暮らす高齢者へのストレングス視点の支援ポイントを以下の6点にまとめる。

1 高齢者の隠れた長所を引き出す

　日本の高齢者の多くは、謙虚で遠慮深い。調査対象地域の高齢者も寡黙で謙譲を美徳とし、自らの長所や希望を語ることが得意ではなかった。しかし、長年の経験や知恵、地域文化の継承、勤勉な価値観、家族や社会関係の豊富さ、地域社会への長年の参加と活動、適度な依頼心と援助の受け入れ等、多くの長所があった。このようなストレングスは、高齢者との会話や面接場面で、意識的に長所を言語化、文字化することで多くの長所を引き出すことができた。「高齢者は無知で弱く何の長所もなく、希望や意向を聞いても何も出てこない」というのは誤りであり、高齢者との対話から多くのストレングスを見出すことができた。

2 高齢者の生活信条の尊重とリフレイミング

　高齢者には、長年の生活のなかで身につけた生活信条や生活スタイルがある。「頑固で自己主張が強い」利用者は、ストレングス視点により「自分の考えが明確に伝えられる」と言い換えることができる。また、「物が捨てられずため込む」利用者は、「昔の思い出や物を大切にする」等、良い点に光を当て、言い換えることで新たなストレングスを発見することができる。リフレイミングは、「考え方の枠組みを変え」「消極的な考え方をひっくり返して積極的な考え方に変えてみる」ことで、一見マイナスと思えたこと

18　日本地域福祉研究所「介護予防と自己実現サービスプログラムのモデル開発事業」2004.

19　Becky Fast & Rosemary Chapin, *Strengths-Based Care Management for Older Adults*, Health Professions Press, 2000.（青木信雄・浅野仁訳『高齢者・ストレングスモデルケアマネジメント』筒井書房, 2005.）

20　神山裕美「ストレングス視点による高齢者への支援」『コミュニティソーシャルワーク』第3号, 中央法規出版, pp.59 〜 67, 2009.

もプラスに変わる考え方である。このようなストレングス視点による「リフレイミング」は、コミュニティソーシャルワークにおいても支援者に求められるスキルの一つである。

③ 高齢者の希望や願いを引き出す面接方法

　高齢者に希望や願いを尋ねる場合、「何もない」や、「健康長寿」等抽象的な答えが多く、具体的な高齢者の希望や願いが表現されないことも多い。その際、「一番幸せな瞬間は？」「楽しい時間はどんなとき？」「これまで一番嬉しかったときは？」等の質問により、高齢者の意向を聴き取り、その内容を組み立て直すことで、その人自身の願いや希望が把握できることも多い。また、高齢者の意向は信頼関係の深まりとともにより率直に表現されるので、面接方法や質問の工夫とともに、相談援助の基盤として大切な点である。

④ ストレングス視点による目標設定

　高齢者の生活信条やライフスタイルは、時には非現実的で、ストレングスととらえがたい面もあり戸惑うこともある。例えば、歯磨き習慣がないが80歳まで虫歯がない、という人に理由を聞くと、毎日生大根をかじることが健康な歯の秘訣だ、ということであった。歯磨きで虫歯を防ぐのは科学的な予防法であり、専門家が勧めることである。しかし、高齢者は長年の経験により、自分なりの健康法をもち、それは科学的な考え方と異なるが健康を維持している場合もある。歯磨きなしで80歳まで健康な歯を保てた人に歯磨きを勧めても、それはその人にとって実現可能な目標になるだろうか。その場合、歯磨きを勧めるだけでなく、生大根をかじり続けるための生活スタイルを詳しく聴き、その良さを評価し、それを維持するライフスタイルの文字化が個別プランの具体的目標になる。

　ストレングス視点による支援計画の目標設定は、ファストとチャピンによると以下[21]の4点があげられている。
- ❶　ICFの「その人にとって最良の人生」は、抽象的な目標を簡単な行動レベルに分解して提案する。
- ❷　援助者が良いと思うことより高齢者が良いと思うことを優先し、高齢者の言葉を

21　19に同じ

反映し要約をする。

❸　問題改善でなく良い点を伸ばす目標を設定する。

❹　生活全般の目標より、変化がわかりやすい部分的生活目標を設定する。

　これらを踏まえ、実践に当てはめて考えると、ストレングス視点による支援計画の目標設定は、面接で表現された利用者の言葉をつなぎ合わせ、利用者自身の言葉を生かし具体的に設定することもできる。その際、例えば「1日60分歩く」「俳句を1日1句作る」等、具体的な数値目標を含めるとさらにわかりやすく、かつ評価しやすくなる。実現可能で評価可能な目標設定には、高齢者が語る言葉から目標を達成可能なものに分解し文章化する、支援者のスキルも求められる。

⑤　個人を取り巻く環境のストレングスの把握

　東北地方の調査対象地域は、伝統文化が豊かで家族や地域とのつながりが強く、自然豊かな風土、農業等で定年のない就労環境等、高齢者を取り巻く環境のストレングスが、高齢者の生活に強い影響を与えていた。例えば、デイサービスやいきがいサロン等の利用者は、同じ地域に長年住む人が多く、互いに顔見知りであった。そのため、健康や機能維持の程度、障害をもちながらも前向きに生きる姿勢、家族の役割や近隣者の親しみ等は、長年知り合っている人々ゆえに、互いに大きな刺激になっていた。さらに、その地域の高齢者は家族同居が多く、家族とのつながりの強さは物心両面で高齢者がもつ環境のストレングスであった。さらに、民謡や踊り等の伝統芸能や、昔からの風俗・習慣等文化的に豊かな地域性も環境もストレングスである。このように、高齢者のストレングスは、個人だけでなく環境が与える影響も強く、物理的環境だけでなく、人的社会的環境のストレングスも高齢者の生活に大きな影響を与えるので、環境のストレングス把握も重要である。

⑥　ストレングス視点による支援方法の適性

　ストレングス視点による適性は、「どのように生きたいか」「何をしたいか」という希望が明確な人ほど適性が高いが、そうでない人には難しい面もあり、援助者の判断や助言が必要である。また、認知症や身体機能低下等により意思疎通が困難な利用者にも不向きである。ストレングス視点による高齢者の主観を尊重した支援方法は万能ではなく、専門職による科学的・客観的視点による支援方法との使い分けは必要である。

4 ▶ コミュニティソーシャルワークにおける ストレングス視点の活用

1 個人と地域のリフレイミングによるストレングス把握

　コミュニティソーシャルワークのアセスメントでは、先に述べたように、個人と地域の問題点だけでなくストレングスを把握することが必要である。個人のストレングスについて、リフレイミングを含めて積極的に把握すると、袋小路に陥っていたような事例にも新しい支援の切り口が見えてくることが多い。例えば、秋田県藤里町社会福祉協議会常務理事の菊池まゆみさんは、ひきこもり者へのアセスメントを深め、「自分の可能性に気づいていない人たち」「どこかでやり直したい人たち」「チャンスを待つ人たち」ととらえているが、これもストレングス視点のリフレイミング例である。

　また、個別アセスメント同様に地域アセスメントのストレングス把握でも、欠点ばかり目についてストレングスが見いだしにくい場合がある。しかし、C. ラップが述べるように「地域は資源の宝庫」である。例えば、「豪雪地で雪が多く生活に不便」は、「除雪による共同作業は住民間の絆を深める」面もあるし、「集落の高齢化率が60％で老人ばかり」は、「互いに長年顔なじみで相互に状況がよくわかり、共感しやすい」とリフレイミングできる。さらに、「山間地で坂道多く不便」は、「足腰を鍛える場が多く、気持ちが強くなる」と肯定的にとらえることもできる。このように、地域のストレングスも個人と同様に、問題点をリフレイミングし肯定的にとらえることで、新たな視点が見えてくる。これは、コミュニティソーシャルワークプランニングの発想を広げるヒントともなる。

2 日本の支援対象者と環境のストレングス把握

　日本人の多くは遠慮深く謙虚であり、特に高齢者は自分の希望を率直に表現することも自分の長所を表現することも不得手な傾向があった。まさに中根千枝[22]が述べるように、日本社会は「場」の力が強く働き、個人の「資格」や機能が重視されない社会である。そして、大橋[23]が述べるように、自己表現が育たず、自己選択や自己決定等主体性の確立ができにくい国民性と文化である。アメリカの文化と国民性のなかで育ったスト

22　中根千枝『タテ社会の人間関係』講談社現代新書，1977.

23　大橋謙策「わが国におけるソーシャルワークの理論化を求めて」『ソーシャルワーク研究』vol.31，No.1，2005.

レングス視点を、そのまま日本の、特に高齢者に適用するのは難しかった。

しかしながら、高齢者のライフストーリーや日常生活の仕事や役割等を聴くことで、多くのストレングスを見出すことができた。それらを相手に返し、各自のストレングスを意識化することで、高齢者は徐々に多くのことを語り、その人なりの希望や望み、生活信条が明確になってきた。また、「何もできない」「何もしない」と言っていた高齢者が、生活に根付いた多くの仕事をもち、自分なりの知恵や工夫を凝らし、希望や望みを実現しようとする日常の営みも見えてきた。これは、サリービーもジャーメインとギッターマン（Germain, C. B. & Gitterman, A.）も述べているソーシャルワークの普遍的アプローチである。

また、高齢者を取り巻く近隣や地域社会等、環境のストレングスを把握することも、利用者個人を理解するためには重要であった。また、中根は日本社会の「場」の力の強さについて述べているが、「場」が個人に及ぼす影響は大きい。高齢者を取り巻く近隣や地域社会等の「場」（環境）の強さは個人を規制する面もあるが、個人を取り巻く日本の社会的なストレングスととらえることもできる。そのような地域社会の「場」のなかでは、世間体を気にして主体性が確立できないという欠点もあるが、人々が協調し穏やかな人間関係を育み、その相互関係のなかで自分を生かすという長所もある。実際、高齢者が環境から受ける恩恵や影響は強く、個人の希望や望みを実現するために欠くことのできない要因ともなっていた。

これらの点は高齢者だけに限られた特性ではない。私たちの生活は、家族、近隣、地域社会と、そしてその風土や文化、および自然環境や歴史等、環境のストレングスと強く結び付いているのではないだろうか。ストレングス視点を適用する場合、個人のストレングスだけでなく、環境のストレングスも同時にとらえることが必要ではないかと考える（図3-1）。

図3-1　ストレングス把握

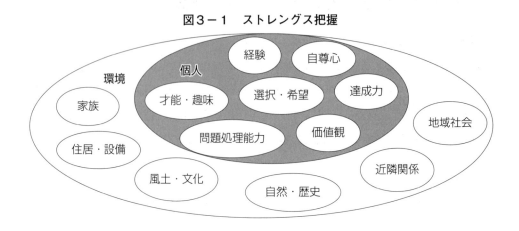

それは、生活困窮者自立支援事業等、地域でのソーシャルワーク実践にも必要な視点である。

3 地域のストレングスを生かすコミュニティソーシャルワークプランニング

コミュニティソーシャルワークのプランニングとして地域支援を企画する場合、ストレングス視点による地域アセスメントは重要である。なぜなら、地域の風土や文化、住民気質や住民組織、地域活動状況、地方自治体の地域福祉への取り組み、関係機関の意欲や連携状況等は、人の個性と同様に地域の個性があり、それを踏まえることで、多くの人々の理解と共感、参加協力を得るプランニングにつなげることができるためである。地域のストレングス把握は、個人と同様に最初からすべてを把握できないが、地域支援の実施・評価・再計画の過程のなかで、ポジティブに把握することにより徐々に見えてくる。ラップ[24]は、「地域は資源の宝庫である」と述べ、地域社会の人々や組織への働きかけ、その関係性を強化する重要性を指摘している。コミュニティソーシャルワークの地域支援の計画・実施・評価・再計画の流れは、地域の人々や機関のもつストレングスを引き出し、形成する過程でもある。その実践過程を問題点把握とともにストレングス把握の視点をもって取り組むことで、地域の人々や機関の力を高め、公私関係者の連携や協働を強め、地域課題の解決につながる。さらに、地域支援事業の成果が個人や家族ニーズに戻るような循環を、地域包括ケアシステムの一部として機能できるよう形成する視点もまた重要である。

5 ▶ 地域生活を支える視点

ストレングス視点による支援は、社会構成主義による主観的視点を含む。佐藤[26]は、「ICF視点は客観的世界を対象にしているが、人が生きる全体像を考えたとき主観的な世界をはずすことはできない。そのためICFに「主体・主観」を加えることで、人間生活全般を対象とすることができる」と述べている。地域福祉実践で個人と地域支援のためにストレングス視点を適用するなら、主観的世界と社会構成主義によるレンズと、客

24　C.ラップ，R.ゴスチャ，田中英樹監訳『ストレングスモデル 第3版』金剛出版，2014.

25　K.J.ガーデン，東村知子訳『あなたへの社会構成主義』ナカニシヤ出版，2004.

26　佐藤久夫「ICFの何を，どう活かすか―ケアマネジメントへの活用」『月刊福祉』全国社会福祉協議会，p.89，2005.

観的世界と科学的実証主義のレンズとを使い分ける必要がある。

　例えば、「加齢によるADL機能の低下や記憶力や認識力の低下は、高齢者に心理的なダメージをあたえる」ことや、「高齢社会により要介護や認知症問題が増加し、社会保障費が増加する」ことは事実である。しかしながら、「加齢を受け止め、残存能力を活用し、長寿による知恵や経験を生かすことで、高齢期ゆえの人生の豊かさや実りを得る」こともできる。また、「長寿社会の実現により健康寿命も伸びるので、経験豊かな高齢者の活躍する場が増える」という面もある。

　このように個人や社会的状況は、主観を含めてリフレイミングすることで、課題解決への新たな視点が得られる。地域生活支援において、ストレングス視点は万能ではないので、実践現場において科学的実証主義と社会構成主義の両者を活用することが求められる。それらが利用者ニーズ中心に両立できれば、多機関・多職種連携視点もより明確になり、利用者本位のサービス提供や地域包括ケアシステム形成にもつながるのではないかと考える。

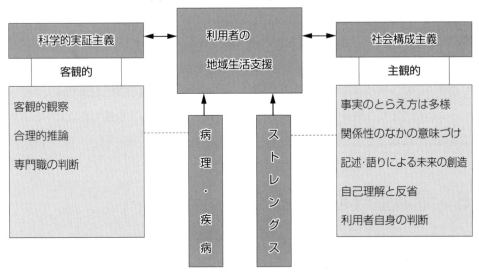

図3-2　地域生活を支える視点

【参考文献】
・青木信雄・浅野仁訳『高齢者・ストレングスモデルケアマネジメント』筒井書房，2005．
・大橋謙策「わが国におけるソーシャルワークの理論化を求めて」『ソーシャルワーク研究』vol.31，No.1，2005．
・Becky Fast & Rosemary Chapin, *Strengths-Based Care Management for Older Adults,* Health Professions Press, 2000.
・神山裕美「ジェネラリスト・ソーシャルワークによるストレングス視点―地域生活支援に向けた視点

と枠組み」『山梨県立大学人間福祉学部紀要』第 1 号，pp.1 ～ 10，2006.
・神山裕美「ストレングス視点の活用と展開―地域における高齢者の介護予防と生活支援を通して」『山梨県立大学人間福祉学部紀要』第 2 号，pp.19 ～ 30，2007.
・神山裕美「ストレングス視点による高齢者への支援」『コミュニティソーシャルワーク』第 3 号，pp.59 ～ 67，2009.
・小松源助「ソーシャルワーク実践におけるストレングス視点の特質とその展開」『ソーシャルワーク研究』vol.22，No.1，1996.
・K.J. ガーデン，東村知子訳『あなたへの社会構成主義』ナカニシヤ出版，2004.
・Charles A. Rapp, Richard J. Goseha, *The Strengths Model A Recovery-Oriented Approach to Mental Health Services Third Edition.* Oxford University Press, 2012.（C. ラップ，R. ゴスチャ著，田中英樹監訳『ストレングスモデル 第 3 版』金剛出版，2014.）
・狭間香代子『社会福祉の援助観』筒井書房，2001.
・日本地域福祉研究所「介護予防と自己実現サービスプログラムのモデル開発事業」2004.
・Dennis Saleebey, *Strengths Perspective in Social Work Practice,* Allyn and Bacon, 2002.

第4節

自己実現アプローチ

1 ▶ コミュニティソーシャルワークが今強く求められる背景

1 社会福祉基礎構造改革の理念と自己実現

　福祉関係八法改正に引き続き1990年の社会福祉基礎構造改革を経て、2000年の社会福祉法が施行されて間もなく15年が経過する。[27]

　社会福祉基礎構造改革の基本理念のなかでも、「サービス利用者と提供者の対等な関係の確立」は、最も重視すべき点であり、「サービスの提供にあたって、利用者本位の姿勢や認識は大変重要ではある、もう一歩進んで、恩恵的な視点から他者を救済するのではなく、対等な関係を基本にして、誰もが人として自ら責任をもって選択して、自己決定でき、その結果、多様な自己実現が図れるように支援するという立場を明確にすることこそが、ノーマライゼーションの具現化といえるのではないだろうか」……

　「福祉サービスの利用者がその様々な障害を克服して自己実現を行うためには、情報入手、判断、契約、利用などそれぞれの局面において、利用者を支援するための仕組みを制度化する必要がある」と説明されている。しかし、理念だけでいいのだろうか。

2 社会福祉法における基本理念と自己実現

　福祉サービスの基本理念として社会福祉法第3条では、「福祉サービスは、個人の尊厳の保持を旨とし、その内容は、福祉サービスの利用者が心身ともに健やかに育成され、又はその有する能力に応じ自立した日常生活を営むことができるように支援するものとして、良質かつ適切なものでなければならない」と規定している。ここにおける「個人の尊厳の保持」や「有する能力に応じ自立した日常生活を営む」のなかには、当然ながら、それぞれの「自己実現」が包含されており、これらを同法第4条の「地域福祉の推進」において、「福祉サービスを必要とする地域住民が地域社会を構成する一員

27　社会福祉基礎構造改革の基本理念
　　①サービスの利用者と提供者の対等な関係の確立，②個人の多様な需要への地域での総合的な支援，③幅広い需要に応える多様な主体の参入促進，④信頼と納得が得られるサービスの質と効率性の向上，⑤情報公開等による事業運営の透明性の確保，⑥増大する費用の公平かつ公正な負担，⑦住民の積極的な参加による福祉の文化の創造

として日常生活を営み、社会、経済、文化その他あらゆる分野の活動に参加する機会が与えられるように、地域福祉の推進に努めなければならない」と定めている。

③ 老人福祉、障害者福祉、福祉関係法における理念としての自己実現

2000年の介護保険法、2003年からの身体障害者及び知的障害者の支援費制度、2005年の障害者自立支援法、2010年の障害者自立支援法改正においても上記の各法における基本理念においては、自立支援、個人の尊厳の保持が謳われてはいるが、個別具体的に「自己実現」を支援する促進策はない。

2 ▶ 自己実現とは

① 自己実現とは

自己実現とは『社会福祉辞典』（大月書店）によれば、「自分の能力や才能を発揮しようとすることで、人格的成長が得られ、精神的・身体的・社会的健康を維持でき、人格の尊厳を保たれるような状態に自分を置くことを意味する。その人が「その人らしく」生き生きと生きている状態ともいうことができる」としている。マズローの欲求段階説では、①生理的欲求（physiological needs）、②安全の欲求（safety needs）、③所属と愛の欲求（social needs/love and belonging）、④承認（尊重）の欲求（esteem needs）、⑤自己実現の欲求（self-actualization needs）の5段階目に自己実現欲求を位置づけているが、4番目までの欠乏欲求を満たされずとも自己実現は可能であるという考え方もある。また、「生きがい」との関係で自己実現を「自分らしさを成長させること」ととらえる視点もある。

② 先行研究（その1）

日本社会事業大学「在宅介護者の自己実現促進システム開発に関する研究」（平成8年度老人保健健康増進等事業による研究助成）では、四つの研究課題を設定し、全国5地区でのモデル的実践研究を踏まえて1997年3月に報告している。研究課題としては、❶在宅福祉サービスを展開する上で必要不可欠になりつつあるケアマネジメントにおいて、ニーズや意向を評価する際のアセスメントシートやケア方針並びにケアプラン作成に当たって、介護者及び要介護者の自己実現という視点をどのように内在化もしくはそ

れに関わる項目を設定できるか、❷要介護者自身の介護状況の受容と介護者の要介護状況の受容過程を明らかにする、❸ケアマネジメントを単なるサービスマネジメントでなく、コミュニティソーシャルワーク展開の重要な方法と位置づけ、その際の新たな方法を開拓しようとの試みである。地域での自立生活を支援するためには、制度的在宅福祉サービスのみでは不十分であり、近隣住民のインフォーマルケアが求められる。そのような近隣住民のボランティア活動を推進し、インフォーマルケアを豊かにし、それらのインフォーマルケアと制度的在宅福祉サービスを有機化して提供できるようなシステムづくりとケアマネジメントのあり方について開拓しようと考えた。❹は、具体的に介護者と要介護者に対する在宅福祉サービスメニューとしてどのような自己実現プログラムが可能か、また現にある在宅福祉サービスメニューのなかでどのようなプログラムを実施すればそれが可能になるのか、メニューやプログラムを開拓することを課題とした。

「『自己実現』概念自体は抽象的かつ観念的（教育学・心理学・経済学など）なものであり、主体形成論とも密接に関わる。本研究会では……大橋が提起する自己実現サービスの提供により得られる自己実現に限定して研究を進めていく」とし、「自己実現は、人間の特性の最大限の発揮であり、……『精神的文化的に自己を磨き、人格を完成し、自己表現していく側面』と『集団的に生活する喜びを見出す側面』がある」と指摘している。また、自己実現の具体的内容として「自己実現サービス」という形で、1　労働、2　社会参加、3　交流活動、4　文化活動、5　趣味活動、6　コミュニケーションサービス、7　旅行、8　生涯学習、9　理容・美容サービス、を列挙している。

③ 先行研究（その2）

　上記の研究は翌年〈1998年度〉も発展させて、「ケアマネジメントの実践的展開とそのシステムに関する研究」（平成9年度老人保健健康増進事業による研究助成）として継続している。この時期は要支援・要介護高齢者を個人の尊厳を保持しつつ、住み慣れた地域で総合的に計画的に支援する「ケアマネジメント」の方法を社会保険の枠組みにおいていかに具体化するか、「公的介護保険」制度準備の真っただ中であった。当研究会においても前年の研究成果を踏まえて、総論では「介護保険と自己実現を意図したケアマネジメントシステム」をテーマとし、各論では、「ケアマネジメントにおけるアセスメントの視点」「チームアプローチとしてのケアマネジメントシステムの課題」「フォーマルケアとインフォーマルケアのネットワーク化」「ケアマネジメントにおける自己実現サービスの位置」「介護者の自己実現プログラム展開の方法」をモデル5地区（鹿児島県名瀬市、石川県羽咋市、埼玉県所沢市、岩手県湯田町、山形県鶴岡市）にお

ける実践研究を踏まえて報告書をまとめている。こうした研究から生み出されたものが「サービス必要度診断用紙〈要介護者用〉」であり、1「健康・安全保持・改善」、2「基本的生活の保持」、3「基本的生活の快適性〈療養環境条件〉」、4「経済状況」、5「家族関係　家族内役割分担」、6「社会生活」、7「精神的生活」、8「将来設計・見通し（自己実現）」、9「社会的サービス等の活用の姿勢」の九つの基本的視点から組み立てられている（参考資料として145頁に8「将来設計・見通し（自己実現）」の部分を掲載）。

　さらに、このシートを実践現場で活用しやすくするために改善したものが表3−2である。これは、先の先行研究活動の考え方、成果をまとめ、2000年8月「コミュニティソーシャルワークと自己実現サービス」（万葉舎発行、pp.56〜57）に編纂され以後、NPO法人日本地域福祉研究所の主催による「コミュニティソーシャルワーク実践者養成研修」における資料として活用されている。

④ 介護予防と自己実現

　2003年、宮城孝研究グループは、日本生命財団高齢社会実践的研究助成を得て、高齢者自身が主体的に参加し、健康で生きがいのあるライフプランを設計し、取り組むためのツールとしてストレングスモデルを活用した「健康・生活支援ノート（マイいきいきプラン）」を開発した。このなかには、自己管理能力として「継続している趣味や特技がある」「毎日、新聞や雑誌、本を読むようにしている」、社会関係と役割について「地域や社会に役に立ちたい」「自分の役割を周囲の人は認めてくれると思う」「地域の行事や催し物によく参加している」、生活信条と生きる姿勢として「自分は前向きに物事を考えることができる」「今の生活に張り合いを感じている」「生きている間に実現したいことがある」「身近なところでできることを見つけて楽しむことができる」「自分の良いところが自分でわかる」等々の自己実現に密接に関係する評価指標と項目を設定している。

　2000年の介護保険法施行から5年が経過した2006年、介護保険制度は要介護状態の予防と健康寿命の伸長をねらいとして介護予防型システムへと転換され、「新予防給付」と「地域支援事業」が地域における包括的・継続的システムへの一環として誕生した。宮城孝研究グループは先の「健康・生活支援ノート（マイいきいきプラン）」を活用して、遠野市、鶴岡市において、介護予防プログラムを実施し、有効性と効果を検証して、2005年10月「『健康いきいきノート』を活用した介護予防と自己実現プログラム開発に関する研究報告書」を出している。

この報告書では、「当該ノートは、単に記録をつけるためのものでなく、高齢者と援助者間のコミュニケーションツールであると同時に、援助プロセスを体系化したものとしてとらえていくことが重要である」としている。ここでの活用方法は、スタッフから説明を聞いた上で参加者が自らノートに記入し、その後、ノートに記入した事項についてスタッフと参加者の個別面接を重ねていく過程で、自分自身の楽しみや良い点に気づき、「何もしない、できない」と言っていた高齢者が、地域での役割や楽しみをもつようになった実践が報告されている。しかし、「自分の言葉で意見や希望を提示できない場合は、個人の強さを引き出し、意識化するような面接技法やグループワーク技法は必須となる」と報告している。

表3−2　自己実現を重視したアセスメントシート（日本地域福祉研究所，1998年作成）

要介護者の氏名 住　　　　所	性別：男・女　年齢：　歳（生年月日：　　　） TEL.
主介護者の氏名 要介護者との続柄	性別：男・女　年齢：　歳（生年月日：　　　）
要介護者の状況	虚弱、寝たきり、痴呆、その他（　　　　　　　　　）

項　　　　目	診　断　基　準
病　名　・　症　状 医学的管理状況 服薬・医療状況	1. 通院　2. 入院と通院　3. 往診　4. かかってない 1. 服薬のみ　2. 医療継続中（　　　　　　　　　　）3. 何もしていない
食事・栄養・嚥下 水　分　摂　取　等 排　泄　の　状　況 排　泄　の　方　法 睡　　　　　眠 身体的問題兆候の 有　無	1. 問題あり（　　　　　　　　　）2. 問題なし 1. 問題あり（　　　　　　　　　）2. 問題なし 1. 尿失禁の有、無（　　　　　　　）2. 便失禁の有、無 1. トイレ　2. ポータブルトイレ　3. おむつ、その場合1日の交換回数（　回） 1. 問題あり（　　　　　　　　　）2. 問題なし 1. 褥瘡あり（　　　　　　　　　）2. 痛みあり（　　　　　　） 3. 麻痺あり（右、左、その他）　　4. 変形（　　　　　　） 5. 皮膚疾患あり（　　　　　　　）6. その他（　　　　　　）
寝　た　き　り　度	C.1　　2B.1　　A.1　　2A.1　　2J.1　　2
行　動　の　範　囲	1. ベット上　2.（車）椅子上　3. 室内　4. 庭先　5. 近隣
食　　　　　　　事 排　　　　　　　泄 入　　　　　　　浴 整　　　　　　　容 衣　服　の　着　脱 移　　　　　　　動	1. 全介助　2. 部分介助　3. 観察誘導　4. 自立　｜A. 満足　B. 不満 1. 全介助　2. 部分介助　3. 観察誘導　4. 自立　｜A. 満足　B. 不満 1. 全介助　2. 部分介助　3. 観察誘導　4. 自立　｜A. 満足　B. 不満 1. 全介助　2. 部分介助　3. 観察誘導　4. 自立　｜A. 満足　B. 不満 1. 全介助　2. 部分介助　3. 観察誘導　4. 自立　｜A. 満足　B. 不満 1. 全介助　2. 部分介助　3. 観察誘導　4. 自立　｜A. 満足　B. 不満
精　神　的　安　定　性	1. 安定　　2. 不安定
痴　呆　の　状　態	Ⅰ.　　　Ⅲ.　　　Ⅳ.　　　M.　　　（厚生労働省の基準）
問　　題　　行　　動 精　　神　　症　　状	1. 徘徊　2. 暴言　3. 過食　4. 失見当　5. 失認　6. 幻覚　7. 幻聴 8. 妄想　9. 攻撃・暴力　10. 騒々しい・叫ぶ　11. 拒食　12. 弄便 13. 性的異常行動　14. 迷子　15. その他
食　事　の　用　意 部　屋　の　整　頓 電　話　の　利　用 買　　い　　物 交通手段の利用 安　全　の　管　理 金　　銭　　管　　理 冷暖房の管理 薬　　の　　管　　理 車いすの使用 階　　段　　昇　　降 入　浴　の　頻　度 外　出　の　頻　度	1. なし　2. 全面援助　3. 部分援助　4. 観察誘導　5. 自立　｜A. 満足　B. 不満 1. なし　2. 全面援助　3. 部分援助　4. 観察誘導　5. 自立　｜A. 満足　B. 不満 1. なし　2. 全面援助　3. 部分援助　4. 観察誘導　5. 自立　｜A. 満足　B. 不満 1. なし　2. 全面援助　3. 部分援助　4. 観察誘導　5. 自立　｜A. 満足　B. 不満 1. なし　2. 全面援助　3. 部分援助　4. 観察誘導　5. 自立　｜A. 満足　B. 不満 1. なし　2. 全面援助　3. 部分援助　4. 観察誘導　5. 自立　｜A. 満足　B. 不満 1. なし　2. 全面援助　3. 部分援助　4. 観察誘導　5. 自立　｜A. 満足　B. 不満 1. なし　2. 全面援助　3. 部分援助　4. 観察誘導　5. 自立　｜A. 満足　B. 不満 1. なし　2. 全面援助　3. 部分援助　4. 観察誘導　5. 自立　｜A. 満足　B. 不満 1. なし　2. 全面援助　3. 部分援助　4. 観察誘導　5. 自立　｜A. 満足　B. 不満 1. なし　2. 全面援助　3. 部分援助　4. 観察誘導　5. 自立　｜A. 満足　B. 不満 週　回または月　回（自宅、その他　　　　　　）｜A. 満足　B. 不満 週　回または月　回（場所　　　　　　　　　）｜A. 満足　B. 不満
聴　力　の　程　度 視　力　の　程　度	1. 普通　2. 大きな声でなら可能　3. 高度に障害し支障ある 1. 普通　2. 日常生活に支障ない　3. 生活に支障　4. 見えない

第3章　コミュニティソーシャルワークを活かす視点と方法

項　　　　目	診　断　基　準	満足度
コミュニケーション手段	1. 会話　2. 筆談・身振り　3. 文字版　4. 手話・点字　5. その他	
コミュニケーション意欲 電 話 で の 応 答 電 話 を か け ら れ る 日 常 の 意 思 決 定 日 常 生 活 意 欲	1. ある　2. 必要時のみある　3. ない　4. 意思表示不能 1. できる　2. できない 1. できる　2. できない 1. 自立　2. 部分援助　3. 全面援助 1. 意欲あり自立　2. 意欲はあるが見守り誘導が必要（部分援助） 3. 意欲がなく代行が必要（全面援助）	
過去の職業・得意・誇り に思うこと		
趣味・嗜好・好む活動・ 生きがい・楽しみ		A. 満足 B. 不満
家 庭 内 外 の 役 割 一 日 の 過 ご し 方 （ 日 課 ・ 習 慣 ）	家庭内での役割があるか？　ない、ある（　　　　　　　　　）	A. 満足 B. 不満 A. 満足 B. 不満
希 望 し て い る こ と 生 活 目 標 ・ 課 題		
家族との関係（交流） 　その理由 虐 待 さ れ て い る か 　あるなら	1. よい　2. 普通　3. 悪い　4. 殆どない a. 家族に気がねがある　b. 甘えがある 1. 身体的虐待　2. 放任放置　3. 精神的心理的 4. 金銭的物質的搾取　5. 性的虐待　6. その他	A. 満足 B. 不満
居　　住　　環　　境		A. 満足 B. 不満
居 住 環 境 の 改 善 点 （内容を記入）	1. 玄関（　　　　　　　　　）2. 居室・療養室（　　　　　　　） 3. 浴室（　　　　　　　　　）4. トイレ（　　　　　　　　） 5. 廊下（　　　　　　　　　）6. その他（　　　　　　　　）	
生活用具・介護用具利用 状況と必要性	1. 就寝用具（　　　　　　　）2. 移動用具（　　　　　　　） 3. 排泄用具（　　　　　　　）4. 入浴用具（　　　　　　　） 5. 食事用具（　　　　　　　）6. 生活・看護用具（　　　　　） 7. 緊急対応用具（　　　　　　　）	A. 満足 B. 不満
社会的サービスの利用状 況	1. 訪問サービス（　　　　　　　　　　　） 2. 通所サービス（　　　　　　　　　　　）	A. 満足 B. 不満
一 番 信 頼 で き る 人		
親　　族　　関　　係 交　　友　　関　　係 近　　隣　　関　　係 社会的関係（患者会等）		A. 満足 B. 不満
要介護者自己実現の総括 自 己 実 現 ニ ー ズ 自己実現プログラムの 目的・目標・期待する効果 プログラム計画内容 実　　施　　方　　法 評　　　　　価		

144

参考資料　サービス必要度診断用紙〈要介護者用〉（抜粋）
基本的視点 8．将来設計・見通し（自己実現）

要介護者への質問 （主旨）今後の不安、希望の把握	介護者への質問 （主旨）今後の不安、希望の把握	評価のまとめ	援助対策 （活用するサービス）
・生活の目標や希望はどのようなものですか。 （　　　　　　　　　） ・現在あなたが特に生きがいに思っていることは何ですか。下の中から選んで○の印をつけてください。 1．自分の健康維持 2．家族との交流・だんらん 3．交遊関係 4．療養すること 5．子供や孫の成長 6．家事における満足感 7．自分の趣味 8．社会や地域への貢献 ・仕事や趣味など生きがいとして生涯続けたいものがありますか。 （1．ある、続けている／2．あるが病気のために中断している／3．今はないが将来持ちたい／4．今はない、持とうと思わない／5．わからない）	・これからの生活、人生の見通しなどについてお聞きします。今後人間関係やつきあいを深めていきたいと思う人はだれですか。 （　　　　　　　　　） ・現在あなたが生きがいに思っていることは何ですか。 （1．大いに思う／2．思う／3．普通／4．思わない）の基準にしたがって、以下の項目についてお答えください。 自分の健康維持　　　　　　（1．2．3．4．） 家族との交流　　　　　　　（1．2．3．4．） 交遊関係　　　　　　　　　（1．2．3．4．） 介護すること　　　　　　　（1．2．3．4．） 子供や孫の成長　　　　　　（1．2．3．4．） 家事における満足感　　　　（1．2．3．4．） 就労における満足感・達成感（1．2．3．4．） 自分の趣味　　　　　　　　（1．2．3．4．） 社会や地域への貢献　　　　（1．2．3．4．） ・仕事や趣味などを生きがいとして生涯続けたいものがありますか。 （1．ある、続けている／2．あるが介護のために中断している／3．今はないが将来持ちたい／4．今はない、持とうと思わない／5．わからない） ・あなた自身が、高齢期に介護が必要になった場合、どのようにしたいと思いますか。当てはまるものに○印をつけてください。 1．自分の子供の家庭で同居家族だけで介護を受けたい 2．同居家族とそれ以外の親族による介護を受けたい 3．主に同居家族の介護を希望し、補助的に外部サービスを利用したい 4．主に同居家族や親族による介護を希望し、補助的に外部サービスを利用したい 5．主に外部サービスを利用し、補助的に子供や親族の介護を受けたい 6．子供や親族の介護をあてにせず外部サービスだけで自宅で暮らしたい 7．施設に入所して、子供や親族に迷惑をかけたくない 8．考えたことはないからわからない 9．その他（　　　　　　　　　）		

3 ▶ コミュニティソーシャルワークにおける 自己実現

① 地域における「新たな支え合い」の概念と自己実現

　2007年10月「これからの地域福祉の在り方に関する研究会」が設置され、11回の検討を踏まえて、2008年3月31日「地域における『新たな支え合い』を求めて―住民と行政の協働による新しい福祉―」が報告された。

　検討の経緯としては、「『団塊の世代』が退職年齢に達し、新たに地域の一員となっていく状況から住民が地域での活動を通じて自己実現をしたいというニーズは高まっている」「ボランティア活動を通じて社会に参加し、自己実現をしたいと考える人も増えてきた」という住民の自己実現意欲の高まりを背景としている。そして、「地域の生活課題に取り組むことは、取り組む者の自己実現につながるだけでなく、支援されるものにとっても地域で自己を実現し尊厳ある生活が可能となる」としている。また現行の仕組みでは対応しきれない多様な生活課題に対応するためにも、自己実現意欲を有する住民によるボランティア活動により、支援を必要とする人自らの内にある生きる力が引き出せるエンパワメントとしての支援になると述べており、住民相互の支え合いによる自己実現活動を、地域福祉活動として位置づけていく基本的な考え方が示された。そして、これを推進する条件として、地域がもっている負の側面に留意しつつ住民の意識変革、人権意識の高揚、個人情報の取り扱い、圏域の設定、コーディネーターの配置、専門家の関与等の整備方策までも提示されたことは、自己実現を個人の基本因子としながらも、支援を必要としている人や支援者の個別の自己実現から、地域における相互の自己実現活動へと展開、発展させるねらいとなっていることが伺える。

② コミュニティソーシャルワークの実践活動が求められる今日的背景

　高齢化、少子化、核家族化、未婚、離婚などの現象が家族機能を脆弱化させている一方で、経済、社会、雇用関係の変化に対応できずにいる社会的孤立世帯への対応など従来の社会福祉の枠組みの中では対応しきれない政策課題が浮き彫りにされている。国も安心生活創造事業、地域福祉活性化事業、地域福祉等推進特別支援事業等を経て、生活困窮者自立支援法が2013年12月に成立し、2017年4月1日から施行となっている。

　ここで対象となっている「生活困窮者」は、従来の制度下においては、孤立・孤独の状態が継続し、関係機関につながらないまま事件や事故として社会問題とされたり、近

隣からの通報や何らかのルートで発見されても、いずれの支援や救済に結び付かなかった事例が多い。一方で、支援を求めない、あるいは支援を拒否する「サイレントプア」に対しては、遠巻きに見ている状況から社会的排除に至る例など、通常は「支援困難ケース」「多問題ケース」といわれている。

　近年の各種モデル事業は、これらの事例に対する課題解決策として調査・研究の段階から実践的解決策を求められる状況に至り制度化への動向となっている。しかし、個別具体的な解決策として経済給付や就労先の斡旋や住宅提供のみでは基本的課題解決には至らず、個別支援と地域特性に応じた社会資源やサービスの開発を含めた地域支援を行う必要があり、この役割を担う人材には、コミュニティソーシャルワークを実践できる専門性が求められている。

③ コミュニティソーシャルワークにおける自己実現の実践課題

　コミュニティソーシャルワークにおける個別課題のアセスメントでは、地域に暮らす一人ひとりの生活上の課題をアセスメントすることであり、特に課題を有する個人を総合的にとらえる視点としてICFの生活機能を「心身機能・身体構造」「活動」「参加」の相互作用に着目し、プラスの側面からアプローチをする考え方は普及してきているが、個別具体的実践に十分に活かされているとはいえない現状もある。とりわけ「生活困窮者」の自立支援の場面においては、自己実現を諦めたり、投げやりになっている場合もあるが、もう一方ではフォーマルサービス利用要件を狭く、厳しく求められた結果、自己実現ニーズを求めてはいけないものと自ら判断している事例などがある。このような場合には、自助努力の限界と同時に社会的、孤立・孤独へと陥ってしまい、その後コミュニティソーシャルワークのアプローチに対しても心を開くまでに、関係者のエネルギーと時間をかなり要することになる。

　どのような状況下においても、その人らしく生きる権利があり、よりよく生きるWell-being を求め続けていくことが人としての権利であり、義務であることを意識してアプローチをしていくことがコミュニティソーシャルワークの原点である。個別課題の自己実現アセスメントに際しては、ストレングスの視点を忘れず、当事者、家族とともに双方向のコミュニケーションにより協働するためには、程よい距離感と、進め方のテンポを見極めながら進めていくことが重要である。

個別課題における自己実現アセスメントの基本項目

1　私について知ってほしいこと

　①私の好きなこと、得意なこと

　②嫌なこと、苦手なこと

　③認められて（褒められて）嬉しかったこと、記憶に残っている嫌なこと

　④してみたいこと、行きたいところ

　⑤このまちに暮らして良かったこと、ちょっと困ったこと

2　自分らしい生活をおくるために

　①大切にして欲しいこと

　②して欲しくないこと

　③一緒に考えて欲しいこと

　④手伝って欲しいこと

　⑤認めて欲しいこと

　これらの設問は個々人の生活歴や年齢、居住地域に合わせて言い回しを変化させて、可能であれば方言でやりとりできればスムーズに進めることができる。述べられた言葉は貴重な情報源になるので、繰り返し、確認し、記録に残すことが大切である。

　以上のような自己実現アセスメントの結果、個別課題における自己実現支援を地域課題としてプランニングし、個々の実践に対してモニタリングと評価を丁寧に重ねていくことにより、地域課題解決のための地域資源に近づいていくプロセスがコミュニティソーシャルワークの力になっていくものと考える。

第5節

チームアプローチ

1 ▶ 問題の背景としてのイギリスにおける チームアプローチの前史

　イギリスにおいて、コミュニティソーシャルワークが提唱される以前にフィールドワークにおけるチームアプローチを組織的に提起したのは、1968年の「シーボーム委員会報告」である。報告書は、「地区チーム」を構想し、その地区区分（エリア）の最適規模をおおよそ人口5万から10万とし、各地区（地区事務所）に所長（上級ソーシャルワーカー）を置き、10～12名のジェネリックなソーシャルワーカーを配置して社会福祉サービスを提供する新しいシステムを描いた。これを基に、1970年には地方自治体社会サービス法が制定され、地方自治体部局に社会サービス部が設置され、統合的なソーシャルワークが展開される組織再編が進められた。

　しかし、シーボーム報告が目指した包括的なアプローチは、その後の展開で行き詰まりを見せる。その原因は、第1に地区チームは、組織単位であって、援助単位で構成されたものではなかったことによる。報告書は次のように述べている。

　「社会的ケアを必要とする家族や個人は、一般原則として、あるいは可能なかぎり1人のソーシャルワーカーが担当すべきであり、……クライエントがもつ社会的諸問題に対して総合的にアプローチできる1人のワーカーが関わることが不可欠である」（para516）。

　報告書は、1人のソーシャルワーカーによる個別ケース担当制を採用したため、チームアプローチに発展することができなかった。第2に、エリアサイズが大きすぎてサービスへのアクセスや支援の接近が容易ではなく、地域のニード把握も困難であった。これらの行き詰まりは各地で課題となり、やがて1982年のバークレイ報告におけるハドレイ教授らが提起した少数派勧告、近隣基盤ソーシャルワークに結び付く。各地で人口2、3万人をエリアとする小地域（ディストリクト）を担当するパッチシステムを採用することで、少なくともアクセスや地域ニード把握の改善をもたらすことにつながった。しかしソーシャルワーカーをしてオールラウンド・プレイヤーを期待することは、さまざまな困難を抱えたクライエントにとっては失望を生むことになり、いつの間にかスペシャリスト・ソーシャルワーカーの供給という専門分化を生み出していく。特に、児童虐待や精神保健に関わるソーシャルワーカーたちの反発は強く、バークレイ報告におけるピンカー教授（少数派勧告）の意見を支持する素地を生むことになった。

さて、コミュニティソーシャルワークの原型は、バークレイ報告が述べる優れたカウンセリングや優れた社会的ケアプランナーとしてのソーシャルワーカー像である。しかし、現代の我が国で我々が提唱し、理論化を試みているコミュニティソーシャルワークは、その後の支援技法の発展を視野に置いている点で、原型を大きく変化させ、発展させている。そのきっかけとなったのが欧米でのケアマネジメントの開発であり、さらに進んでチームアプローチの台頭である。そこで、チームアプローチの理念や構造を先に述べながら、今日我が国で求められるコミュニティソーシャルワークにおけるチームアプローチのイメージを考察してみたい。

2 ▶ チームアプローチの意義と効果

コミュニティソーシャルワークの重要な手段の一つが、チームアプローチである。チームアプローチとは、共有する目標のもとに複数の人の知恵と力を結集する総合的な援助の布陣であり、問題解決の手法である。このチームは、地域において一般に2人以上の、かつインフォーマルな人的資源を含む、多領域多職種の人々で構成される。チームアプローチの目的は、利用者の自己決定の行使を支えることにあり、ケア判断の客観化やケアのパッケージ化により、サービスの質と効率性を確保し、ケアの安定性と継続性を図ることにある。また、チームアプローチは、専門職もその専門性を高める効果をもたらす。つまり、各自の役割理解、多角的な視点による援助力量の向上など個々の構成員はもちろんのこと、チーム全体の結合力を高め、レベルアップをもたらすことが期待される。

ラップ（Rapp, C.）は、チームアプローチの利点と課題を次のように紹介している。

①1人の援助者が提供できる範囲を越えた支援ができる

②問題解決や資源の知識の共有

③個人担当の負担感やバーンアウトの減少

④ケアの連続性を高める

⑤クライエントを知っている人の活用を増やす

⑥より創造的なサービス計画

しかし、個人担当制に代表される伝統的なソーシャルワークの立場から見れば、チームアプローチは、利用者と専門的に親密な関係を発展させにくいことや、連絡や会議などで時間消費的になりやすく、チームの機能不全が生じやすいため、即応的な支援には不向きの場合もある。

3 ▶ チームの形態と構成

　先の課題を解明する前に、チームの類型や形態、構成などから論を整理しておきたい。チームは、①同一組織内、同一施設・機関内のチームか、他の組織や施設・機関間のチームか、②同一職種内のチームか、他の職種とのチームか、③同一分野のチームか、複数分野のチームか、④スタッフ全員が統合された一つのクラスター・チームか、複数のクラスター・チームか、⑤専門職だけのチームか、非専門職を含めたチームかなどに類型化できる。

　またそれらのチームも、上下関係が厳格な軍隊式か、横並びの協調式かでも異なる性格を帯びる。前者の代表的なチームは医療チームである。医療チームには、ソーシャルワーカー（社会福祉士や精神保健福祉士）の他に、直接または間接的に関わりがある専門職には、医師をはじめ、看護師、保健師、助産師、歯科医師、歯科衛生士、臨床心理技術者、作業療法士、理学療法士、言語治療士、栄養士、薬剤師、診療放射線技師、臨床検査技師などがいる。「医師をはじめ」と述べたのは、医療法の規定により医師が包括的な指示をできる指揮者の役割と権限を有しているからである。

　コミュニティソーシャルワークを展開する地域においては、非医療関連の専門職または準専門職として、学校の教員、施設の管理人、グループホームの世話人、福祉施設の職員、ホームヘルパー、公共職業安定所の職業相談員、地域障害者職業センターの職業カウンセラー、福祉事務所の現業員、保護観察所の社会復帰調整官、消防士、介護福祉士、介護支援専門員なども日常的な連携の相手になる。また、地域では民生委員・児童委員、保護司なども参加する。さらには、利用者やその家族や友人、近隣の人々、ボランティア、町内会役員などインフォーマルな人的資源もチームに加わることが多く、地域での多分野協働チーム（インターディシプリナリーチーム；interdisciplinary team）やトランスディシプリナリーチーム（transdisciplinary team）と呼ばれるチーム構成に広げつつある。

　コミュニティソーシャルワークにおける援助の実際では、このようにチームの構成が多様で拡大しており、専門職だけでチームを組むことはきわめて限定的である点が一つの特徴でもある。その理由は、コミュニティソーシャルワークの特質による。コミュニティソーシャルワーカーは、利用者を援助する場合、個人をその取り巻く生活環境、家族や地域社会の間の生活空間で見る視点を重視しており、援助の対象は個人だけではなく、「生活環境・生活空間」の全体であるため、生活者としてのプロであるさまざまなインフォーマルな人々もチームに必要としているからである。そして、個別の援助で見えてきたニーズを社会文脈から再吟味することで、新しい資源開発までを支援の守備範

囲とする。

4 ▶ チームアプローチの原則と留意点

　地域において利用者の援助に関わる専門職の場合は、それぞれ教育的背景や根拠法令、職業的役割、よって立つ理論、技術は当然異なる。もし専門職が各自の視点や方法で個々バラバラに援助を展開することになれば、当然、連携は成り立たない。また、インフォーマルな人々がチームに関わる場合、専門職との間の摩擦や距離感、例えば専門用語の多用、プライバシー保護、責任の所在なども問題になりやすい。そこで、チームアプローチを進めるに際してのいくつかの原則を理解しておかなければならない。

　第1の原則は、チームアプローチは利用者本位が基本だということである。利用者は自分自身のニーズについては専門家である。それゆえ、チームは利用者中心に活動される。具体的には、利用者の了解を得る、利用者の自己決定を尊重し、個別性を重視し、希望を最優先するなど、その人らしさを大切にした提案型の援助を基本に据えなければならない。

　第2の原則は、チームメンバーの相互の関係は独立と協働（コラボレーション）を原則としていることである。そのためには、業務や役割、学問的基盤、職種アイデンティティ、立場などお互いの違いを尊重し合うこと、それぞれのチームメンバーが主体性を発揮することと、狭い職種優先や役割意識を払拭し相互に協力し合いチームに貢献することや、チームアイデンティティの確立を大切にする必要がある。

　第3の原則は、実際の活動にあたっては、共通の価値観、共通の目標を絶えず確認し合いながら調整することが原則である。利用者に関する共通理解、情報、アセスメント（事前評価）、援助方針、支援の実施、モニタリング（点検と見直し）、エバリュエーション（事後評価）を共有し、意見の不一致はチーム内で解決することがルールとなる。

　次に、チームアプローチの留意点を3点述べておきたい。

　第1に、チームメンバーが日常的なコミュニケーションを通じて普段の信頼関係を育てていく努力をする。第2に、互いに対等性を守ることや、援助者の属性である得手不得手、専門知識、経験、技術や技能、性別や年齢などの「違い」を「同化」しようとしないことが重要である。第3に、実際現場ではチームリーダーを必要とする場合も、重複する業務も多い。そこで、共通言語を使うことや、報告、相談、情報交換、ケア内容の統一、役割分担などをケアカンファレンスやチーム内でその都度実施する。特に、ケアカンファレンスが大切になる。

ケアカンファレンスは、利用者や地域社会に関する共通理解、情報、アセスメント、援助方針、支援の実施、モニタリング、エバリュエーションを共有する場である。この場合、①可能なかぎりケアカンファレンスに利用者の参加を求めるか、困難な場合は利用者の事前の了解を得る、②誰でも理解できる共通言語を使う、③それぞれのチームメンバーが主体性を発揮する、④狭い職種優先や立場意識を払拭する、⑤意見の不一致をチーム内で解決する、⑥あらかじめチームリーダーを決めておく、⑦個人情報の取り扱いやインフォームド・コンセントなどの倫理の順守を確認する、⑧グループスーパービジョンでの支えの仕組みを整備することなどが不可欠である。

5 ▶ エリアとチームアプローチ

コミュニティソーシャルワークにおけるチームアプローチは、どのような利用者とニーズに対応するかによって、そのエリア（担当する地域圏域）やチームの役割や構成は異なる。そこで、これまで展開されてきた地域包括支援センターや安心生活創造事業の取り組み、先進各地のチームアプローチのモデルを参考に、試論的にイメージを描いておきたい。

結論から先に述べると、想定する利用者とニーズ、役割やエリアサイズによって、二つのチームが想定される。第1のチームは、徒歩圏（日常生活圏域）でのチームである。地域住民のなかでニーズが集積している子育て、高齢者、障害者、生活困窮者、災害時要配慮者などの利用者を対象としたアクセス性に優れ、地域ニーズや地域資源を把握しやすいチームである。人口規模は人口密度や面積によっても違いがあるが、おおむね1〜3万程度を受け持ち地区とした小地域コミュニティソーシャルワークチームである。このチームは、ジェネリックチームであり、コミュニティソーシャルワーカーを中心に福祉協力員や地域福祉サポーターなどインフォーマルな人々も多くチームに加わることで、地域での予防的な介入やニーズの解決能力を高めることができる。このチームは、誰でも気軽に立ち寄れ、相談できる事務所（拠点）をもち、主に休日を含む日中の相談や支援活動を受け持つ。

第2のチームは、特定利用者対応型のチームである。地域住民のなかではニーズが見えにくいか、マイノリティで排除されやすい利用者、例えば、虐待やメンタルヘルス、ホームレスなどに対応したチームである。また、小地域コミュニティソーシャルワークチームを支援する。このチームのエリアサイズは、利用者とサービス機関が、どちらからでも電車やバスを利用した場合1時間以内でアクセスできる距離を基本に、人口10〜15万程度を受け持ち地区とする。このチームは、自治体（公的機関）の参加を前提

に、官民協働のスペシャリスト・チームであり、関連するNPO法人やさまざまな専門職、ピアサポーターを含むミックス型の組織で10～15名サイズのメンバーで構成する。ここでのサービスは24時間型である。このチームでは、特定利用者に関する深い知識、援助者との関係づくり、系統的な援助技法の訓練、他の社会資源との連結、地域組織化のスキル、スタッフのリスクマネジメント、スーパービジョン、プログラム評価のスキルなどを日常的に備えることが重要になる。また、制度的な権限の委譲も前提となる。

　この二つのチームに共通する機能は、アウトリーチ支援である。啓発活動、予防活動、ハイリスク層への支援、生活支援、家族支援、地域支援、ネットワーク形成と地域資源の開拓などがその活動内容となる。

第6節

ネットワーク

1 ▶ ネットワークの定義

　ネットワークというイメージしやすい用語は、日常的なコミュニケーションからコンピューター世界そして社会システムあらゆるレベルに浸透している。コミュニティソーシャルワークにおいてネットワークは、普段使われている用語以上に特別で重要な意味をもつことは、バークレイ報告以来の見方である。しかし、その意味するものは、住民の相互扶助ともいうべき「インフォーマルネットワーク」への注目や、エコロジカルアプローチが強調する利用者個人を直接支援する「ソーシャルサポートネットワーク」にややもすると限定して理解されやすい。そこで、本題に入る前に、コミュニティソーシャルワークを含む対人サービスにおけるネットワークの概念や特性について最初に考えておきたい。

　ネットワークのシンプルな表現は、「点と点の結び付きであり、それにより形成された有機的複合体」であるが、筆者は対人サービスにおけるネットワークについて過去三度の定義を示したことがある。1995年の最初の定義では、「資源・技能・接触・知識を有している人々ないし組織相互のインフォーマル、またはフォーマルな結び付きとその働きであり、さまざまなサービス間における連携の網の目のようなきめ細かな活動のこと」とした。続いて1997年には、「地域を基盤とした総合的な支援力を形成する新たな調整・協議・組織化の方法」（地域ネットワーク：田中；1997）とし、1998年には、「地域を舞台として展開される異質で関連性のある人的・物的資源の有機的結び付きとその作動態様」（地域ネットワーク：田中；1998）と整理をした。

　このように、定義を修正・見直してきたのには、ネットワーク展開の実際を反映してのことである。このほかにも、市民アンケートからの回答にあった、「水たまりに石を落とした波紋の広がりのような援助」と文学的な表現を紹介したこともある。また、福祉用語の辞典では次のように説明されている。「一般には、網目状の構造とそれを力動的に維持するための機能を意味する。社会福祉およびソーシャルワークの領域では、それを人間関係のつながりの意味で用いることが多い。例えば、小地域ネットワーク活動といった用語に代表されるように、地域における住民同士の複数の関係のつながりを指すものとして使われることが多い。そこでは、住民間の対等な水平関係をとおして情報や感情の交流がなされ、地域社会の重要な構成要素とされる。また、援助専門職間の「連携」という意味でネットワークを用いる場合もある[28]」

2 ▶ ネットワークの特性

ネットワークには、即応性、総合性、継続発展性という三つの機能があるといわれる。ネットワークの機能そして内容と構造を考えると、そこにはいくつかの特性があることがわかってきた。

❶ ネットワークは、インターネットのように単に情報や交流の手段として自動的に「繋がる」ものではない。発した起点者が誰であるかによっては、つくりやすい場合とそうでない場合との振幅が激しい。その起点が発した動機や目的といった色合いを帯びる。そこで、ネットワークを立ち上げ、形成するには、起点から組み手への「働きかけ」を不可欠とする。つまり、ネットワークの必要性が合意されていく過程である「ネットワーキング」が起点者にとって最初の課題となる。

❷ ネットワークは、横並びの緩やかな組織原理（水平組織原理）をその生命としている。しかし、現実原則からは矛盾を内包しやすい。そこに加わる構成員が純粋に個人の資格でない限り、元々階層的な組織原理に身を置いたメンバーで構成されるからである。そのため、ネットワーク自体が構成員（組織）の力関係を反映し、司令塔をもった垂直組織原理に変質する危険が生じやすい。ネットワークは構成員がすべて中心であり、一つを決めることはできない。この多中心性を認識しないと、いつでもネットワークは構成員の属性が影響して変質・破綻しやすい。そこで、ネットワークを維持し発展していく工夫が鍵となる。

❸ ネットワークの構造は、柔軟性や開放性をもつ。ネットワーク構成員は決められた制限や基準から拘束されることなく、自由な参加意志でいつでも加わることができる。これは逆説的に述べれば、課題によってはネットワークが不安定で伸縮の激しい、結果として役に立たない代物で終わる場合や、新たに責任の分散、もたれ合い、隙間という限界を生むこともある。これもネットワークの運営に関わる留意点である。

❹ ネットワークは、起点者の意図とその後の構成員の課題共有という持続性や同心円的な広がりを期待する方向性と強度（関係の強さ）に左右される。この方向性と強度は、目的とその共有によって生じる関係の流れを形成する。ネットワークは水平的な結び付きであるという意味で、構成員の固有性を尊重した形で形成され、その延長において構成員各自の適切な役割期待に応えたときに最も効果を発揮する。それゆえ、ネットワークはしばしば動的なプロセスであるネットワーキングという表現で説明さ

---

28 中央法規出版編集部編『社会福祉用語辞典（六訂版）』中央法規出版，2012.

れる。

❺　ネットワークは、相互作用的で発展的なものであり、複数の行為者が存在するとき
に限って生じることができる特性である「創発特性」がある。利用者への具体的な支
援や資源開拓そして地域ケアのシステム形成では、この特性が注目される。

3 ▶ ネットワークのタイプ

　対人サービス分野におけるネットワークは、目的と対象、展開のエリアと規模、有す
る機能などによって、いくつかにタイプ分けができるが、ここではコミュニティソー
シャルワーク展開という文脈から三つのネットワークを紹介する。

(1)　日常生活圏域で利用者を直接支援し、かつその地域の福祉コミュニティづくりを目指す小地域ネットワーク

　小地域といわれる住民の日常生活圏域（多くは徒歩圏）を単位として、そこに暮らす
支援が必要な住民一人ひとりを対象に、対人サービスの開係者と住民が協働して進める
援助活動を中心とする。また、あわせて地域における福祉教育の展開や福祉コミュニ
ティづくりも担う第一線のネットワークである。代表的な形態やサービスでは、「ふれ
あい・いきいきサロン」「地域包括支援センター」「子育て支援センター」などである。
日本社会福祉士会では、地域におけるソーシャルワーク実践におけるネットワークの機
能を次の５点としている。[29]

①　ニーズ発見のためのネットワーク（住民ニーズ発見機能）

②　総合相談につなぐ・問題発見のためのネットワーク（相談連結機能）

③　専門相談への対応・支援活動のためのネットワーク（介入機能）

④　見守りのためのネットワーク（見守り機能）

⑤　政策や制度の改善につなぐためのネットワーク（地域変革機能）

(2)　福祉コミュニティづくりを目指す市民活動レベルの地域ネットワーク

　このネットワークは、構成員の地域における共通関心事や課題（例えば、子育て支
援、バリアフリー、住みよい環境、町づくりなど）の共有や解決を目的に、有志の個
人、ボランティア団体や市民活動団体、NPO に代表される非営利団体、市町村議員、
企業などが地域レベルで協働した展開をしている場合が多い。活動内容は、相談活動、

29　日本社会福祉士会『地域包括ケアシステム構築のための地域におけるソーシャルワーク実践の検証に関する調査研究報告書』2005年３月, pp.37 ～ 41.

交流活動、情報提供、学習会や講演会、バザーやコンサートなどのイベント活動などさまざまである。制度と制度の隙間を埋める取り組みや新たな資源を開拓するには、このネットワークが育つこともコミュニティソーシャルワークにとっては重要である。住民への啓発活動とともに行政への働きかけを展開する点で、このネットワークは市民意識のバロメーターとなる。

(3) 社会機関相互の組織的な地域ネットワーク

　福祉ニーズが増大し先鋭化してくるなかで、改めて行政に代表される社会機関の働きがクローズアップされてきた。我が国では、法律や制度が縦割りのために、関係する機関も別々なために、利用者にとって相談窓口が分散している弊害は何度も課題視されてきた。ほとんどの場合、一つの機関や施設でニーズを満たすことも、すべての支援を実施できないことの限界は明らかで、他の機関や施設とネットワークを組むことは当然の帰結である。しかし、このネットワークは、その構築の必要性を、法律や施行令、通知、条例や実施要綱、指針などの根拠に基づいて上位下達的に、いわば「官僚的」につくる場合が多く、結果として計画策定会議や地域福祉推進会議、事例検討会議などを呼びかける場合でも形式優先になりやすい。

4 ▶ ネットワークのつくり方と育て方

　ネットワーク形成では、①地域のニーズや地域社会資源の把握、②ニーズの普遍性や地域社会資源のアセスメント、③趣意書の作成や準備委員会の立ち上げのための呼びかけ、④地域ネットワークの設立、⑤具体的な活動の展開と評価、などのプロセスを必要とする。

　筆者はこれまでの現場で、認知症高齢者を支援する地域ネットワークづくりのなかで、地域型デイケアの創設と都市型の特別養護老人ホームの建設、精神障害者支援の地域ネットワークづくりで小規模作業所やグループホームづくり、地域就労支援ネットワークづくりなどの関わりを経験した。この経験から、地域ネットワークのつくり方と育て方の実践知を紹介しておく。

（つくり方）

①目的意識と目標の明確化

なぜネットワークが必要か、なぜつくるのか、誰に呼びかけるのかといった基本課題を
じっくり考えることはネットワークの起点者にまず求められる。目的は抽象的である場合
が多いが、できるだけシンプルに表現する。そして目標は具体的であることが基本とな
る。

②自己の限界の認識と手を組む必要性の認識

コミュニティソーシャルワークの展開ほど自己の限界を感じることはない。「新たな支
え合いの仕組みづくり」は絶えずその輪に参加する同盟者を求めるからである。起点者に
相手を求める切望感があれば、他者に働きかけようとする自己の行動力を高める。

③下（現場の３地点の実務者レベル）からつくる

ネットワークは、その形成を本当に求めようとする「現場」が起点者となる。それはか
ならずしも専門家とは限らないが、福祉の現場ではソーシャルワーカー、保健師、ケアマ
ネージャー、医師などヒューマンサービス分野でも保健・医療・福祉の専門家が課題を共
有しやすいために、最初の核となる場合で適切であろう。

④トップへ働きかける

現場スタッフは、施設や機関の制約もあり、起点者の呼びかけには賛同しても参加でき
ない場合もある。この現実原則を忘れるとネットワークは形成が難しくなる。そのため、
現場スタッフの上司や所属長など権限のある人への働きかけも欠かせない。

⑤構成員の呼びかけを狭めない

目標にもよるが、地域福祉が実現や推進しようとする課題は、それが小地域の場合で
あっても、住民の普段の暮らしをより良くすることや、住みやすい町づくりに直結してい
ることが多い。民生委員、保護司、住宅の大家や管理組合、町内会・自治会、商店街や商
工会議所、郵便局や銀行、農協や漁業組合、生活協同組合、診療所や病院、趣味のサーク
ルやボランティア団体、幼稚園や保育園、小中学校やPTA、福祉施設など数えきれないほ
どのグループや団体・機関が地域には存在する。呼びかけのウイングを広げて広げ過ぎる
ことはない。

（育て方）

①相互の信頼関係を育てる

構成員同士がよく知り合うには、性別や年齢、学歴や職種、経験や職務といった表面的
なことを知ればよいということではない。構成員の行動様式、性格特性、関心や持ち味、
価値観の全体像を理解することである。そのためには、話し合い、討論での率直な意見の
交流を日常的にも積み重ねることで形成される。

②実際の活動で良い協働体験を積み重ねる

協働の実践はネットワークを鋼のように鍛える。実践は成果を生み出せればすばらしい
が、例えうまくいかなかった場合でも、体験を共有した事実は残る。そこに仲間意識が生
まれる。話し合っているばかりではネットワークは育たない。

③場を共有する

活動の拠点である。ネットワークには一人のリーダーがいるわけではないが、後に述べるようにコーディネートする部門は必要になる。そして構成員がいつでも気軽に出入りできる「たまり場」のような場を地域に設置することで、ネットワークの安定的な発展を担保しやすくなる。

④メンバーシップを発揮しながらコーディネーター部門を確保する

ネットワークは、構成員各自がもてる能力を十二分に行使することが前提になる。各自がフルに働くからこそ「創発特性」が生まれる。そのためには、全体の流れをつくるコーディネート部門が必要になる。

⑤共同目的を実体化する

ネットワークの強みを実感できるのは、共同で立てた目的・目標を実体化したときである。「失敗は成功の鍵」というが、「成功は最大の良薬」でもある。そのためにも、目的は具体的な目標、しかも達成可能な目標を設定することが決め手となる。

⑥適切なまとまりに小分けして連結する

ネットワークが、どんどん拡大すると役に立たないものに変質しやすい。ネットワークの立ち上がりは遅くなるし、構造も複雑すぎて使いきれなくなる。これを解決するには、ネットワークを顔の見える程度に小分けすることである。ネットワークを一次ネットワークと二次ネットワークに構造化し、ニーズに対応する守備範囲を再編することも必要になる。

以上、ネットワークについて要約的に述べたが、難しく考えることはない。軽い「フットワーク」で、新しい場所に一歩足を踏み入れることや、「足でかせいで」即座に課題を解決する姿勢が大切である。その意味で、ネットワークは「出かけ、知らせ、育てる活動」に他ならない。

【参考文献】
・田中英樹『精神保健福祉法時代のコミュニティワーク』相川書房，1996.
・田中英樹「チームアプローチ」『新・精神保健福祉士養成講座⑤精神保健福祉の理論と相談援助の展開Ⅱ』中央法規出版，2012.

第7節

社会資源の活用と開発

1 ▶ 社会資源の定義と分類

　ソーシャルワークの機能的特質には、利用者との援助関係を通じて形成していく関係的機能と、ニーズの充足・解決のために必要な社会資源を活用できる媒介的機能がある。ソーシャルワークでいう、社会資源（social resources）とは、利用者の抱えたニーズを充足・解決するために動員・活用される有形無形の人的・物的・制度的・情報的資源を総称したものである。おおよそ福祉に関連する知識や情報、施設や機関、法律や制度、設備や資金・物品、ボランティアや専門職などの人材および人材の有する技術や能力のすべてが含まれる。これらの社会資源を活用することと開発することは、ソーシャルワーカーの職能にとって、最も重要な機能ともいうべき働きであることがリッチモンド（Richmond, M.）以来のどのソーシャルワーク理論においても強調されてきた。もちろん、コミュニティソーシャルワークでも、既存のサービスや制度化されたフォーマルサービスだけでなく、個別のニーズに柔軟に対応できやすい制度化されていないインフォーマルサービスやソーシャルサポートネットワークの開発や調整が、これまでも繰り返し強調されてきた。しかし、そのアプローチが具体的な実践理論として確立していないのも事実である。

　ここでは、社会資源、とりわけ地域社会資源の活用や調整および改善や開発を考察していくが、その前に、社会資源の代表的な分類を紹介しておく。社会資源の分類は、市川（新版地域福祉事典：2006）によれば、「人、もの、金、とき、知らせ」と分かりやすく説明されている。また、藤村（福祉社会事典：1999）は、「物的資源、人的資源、文化的資源、関係的資源」と分類している。また、社会資源の二分類法も次のように紹介されてきた。

①**一般社会資源と関連社会資源**

　広く社会に存在する施設や機関、法律や制度、人材を一般社会資源と呼ぶ。
これに対して、特定の分野やニーズに対応した資源を関連社会資源という。

②**フォーマルな社会資源とインフォーマルな社会資源**

　すでに制度化されているか、公的なサービスなどをフォーマルな社会資源と呼んだ場合、家族や近隣、友人などのソーシャルサポートや制度化されていないサービスをインフォーマルな社会資源として区分する。

③**既存の社会資源と開発を要する社会資源**

　現に存在する社会資源か、今後望まれる社会資源かでの分類である。ソーシャルワーク

第3章　コミュニティソーシャルワークを活かす視点と方法

では、既存の社会資源を活用できることと、開発が必要な社会資源を創り出すことの両方の働きが援助者に求められる。

④内的社会資源と外的社会資源

　利用者が有する能力や個性、資質などを内的社会資源と呼ぶ場合、利用者の外に存在する人々や環境や機会、サービスなどの資源を外的社会資源という。

　一般にソーシャルワーカーには、こうした社会資源を調整・動員する働きが求められるが、その具体的な方法を提示した理論書は意外に少なく、事例的な実践紹介に留まっている。まるで、社会資源を創出するのはソーシャルワーカー以外の働き（例えば国や自治体行政の仕事、セルフヘルプグループや市民運動の役割など）を前提にしている観すらある。ソーシャルワーク理論の多くは、社会資源がすでに存在しているか日々に変化していることを前提に、その効果的な動員のためにソーシャルワーカーが社会資源についての知識や情報により熟知することが強調される程度である。しかし、「事実は小説より奇なり」というように、利用者が抱えたニーズが既存の社会資源で充足されるとは限らないし、多くのあるいは特定の利用者にとっては、社会資源はそのメニューも量も不足している。その結果、専門家の援助も窮屈になっている場合が多い。「困難ケース」は、利用者側に原因があるのではなく、多くの場合、解決できない主要な要因としての環境側にあるのにもかかわらず、である。

　そこで、社会資源の活用（既存の資源をニーズに合わせて連結・調整・改善）と開発（未存の資源を創出）の具体的な展開方法が理論的にも必要になる。こうした社会資源は厳密に述べると、対象属性別の社会資源と他の福祉利用者とも共有し統合した社会資源に分けることもできる。それらは広く地域社会に存在する一般社会資源とは区別される。コミュニティソーシャルワークの視点からは、①個別ニーズを一般社会資源も含む既存の社会資源と結び付ける方法、②個別ニーズを充足するために新たに必要な関連社会資源の開発、という二つの課題がある。

2 ▶ 地域社会資源への着目とアセスメントの視点

　繰り返し述べるが、「はじめに社会資源ありき」ではない。その意味は、既存の社会資源を前提にすることや社会資源を最初に考えると、限られた社会資源に目を奪われ、結果としてニーズの制約を押しつけ、利用者の生活のとらえ方を狭めてしまう。その結果、諦めやニーズの自己抑制、欲求不満や新たなニーズの噴出など、むしろ解決をこじらせることも生じやすい。

　それではどうするか？　ストレングスモデルの提唱者の一人であるラップ（Rapp,

C.) は、「地域は社会資源の宝庫である」(Rapp ; 2009) と繰り返し強調してきた。ストレングスモデルでは、資源を特定の利用者にのみ専用の資源、特定の利用者も利用できる社会サービス、そしてごく普通にある資源の3層の円で説明した上で、「ソーシャルワーカーは、"普通の資源"と自然発生的なサポート（家族・友人・近隣）利用からはじめなければならない。特殊なサービス利用は最後であり、最初から利用するものでない」と主張する。

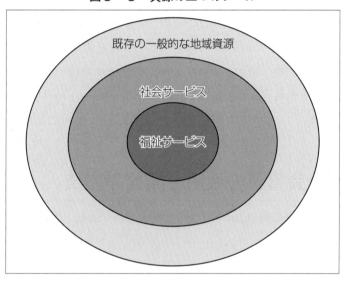

図3-3　資源の三つのレベル

　ごく普通にある地域社会資源は、①継続的である、関係性は相互的なものである、②専門的なサービスの必要性を減らす、あるいはなくす、③一体感、地位、そして機会の感覚を促進する、④一般に認められた行動が期待され、誘因が存在する環境を提供する、⑤生活とウェルネス（健康・元気）を構築することに努力する動機づけを促進するかもしれない、⑥通常、ごくある地域社会資源は、専門的なサービスよりも費用がかからない、⑦ごくある地域社会資源は、より豊富で、多様である；個々の利用者により良く合わせることを可能にする、と述べる (Rapp ; 2009 : PPT No. 23)。

　ストレングスアセスメントでは、地域内にごく普通にある資源のアセスメントを重視する。そのためにまず、利用者を取り巻く生活全体を社会資源の視点からとらえようとする（ストレングスアセスメントの内容については第3章第3節「ストレングスアプローチ」を参照）。

3 ▶ 地域社会資源に着目する コミュニティソーシャルワークの視点

ストレングスモデルでは、紹介したように、ごく普通にある社会資源の活用を優先的に考えた個別アセスメントを実施する。しかし、そこで見えてきた資源はあくまで個別ニーズの解決に動員するためであって、コミュニティソーシャルワークが求める地域の再建までを視野に置いた展開を期待しているわけではない。コミュニティソーシャルワークはニーズの個別性だけではなく、ニーズの普遍性をアセスメントの課題としている。そこで、コミュニティソーシャルワークでは、地域社会資源（SRC；social resources in community）という別の概念から、ストレングスモデルが強調する「地域内にごく普通にある資源（NCR；natural community resources）」とその「地域内にある特定クライエントの利用も可能な社会資源（social resources）」を含む概念を重視する（地域社会資源については第2章第2節「地域アセスメント」を参照）。

4 ▶ 地域社会資源の活用と開発の方法

一般に新規社会資源の開発法には、いくつかの方法がある。代表的なのは次のアプローチである。

⑴ ソーシャルアクション型アプローチ法

ソーシャルアクションのプロセスは、まず、取り組むターゲットとしての問題の特定を前提として、その課題解決のために次のような手順が踏まれる。①主導集団・実践主体の形成（最初の呼びかけ、コア・グループの形成、インフォーマルグループづくり）から始まる。次に、②フォーマルグループの形成（趣意書、組織体制、獲得目標などを決める）、③行動計画の作成と合意形成、④直接行動の展開（ポスターやチラシ、集会開催などによる地域世論の喚起、理論的な根拠の発表、マスコミ活用など）、⑤交渉や協議、⑥活動の総括（評価や残された課題の整理を含む）が一般的な展開過程である。

社会福祉領域では、これまでも保育所づくりや学童保育の運動、障害者の権利擁護運動、公害反対運動、地域社会の偏見や差別をなくす運動、圧倒的に不足している社会資源の開発や自治体への福祉施策の要求運動、裁判闘争、社会福祉に関する制度・政策の拡充、セルフヘルプグループの支援活動などソーシャルアクションは繰り返し行われてきた。組織的にも、全国的な要求団体から地方や個別の共通関心での組織づくりに至るまで無数の団体・グループが存在する。しかし、ソーシャルアクションは要求や組織の

形態、取り組み方によっては、政治色を帯びたり、先鋭化したり、世論形成を強引に進めたりもしやすいために、職業としてのソーシャルワーカーが主導的な役割を果たすことは次第に少なくなり、社会資源の開発で強調される場面は利用者のアドボカシーを守ることや、ソーシャルワーカー自身の職域拡大など限定されることが多い。

(2) 福祉教育型アプローチ法

このアプローチは、地域を耕し、住民の意識に働きかけて地域世論を形成する上で伝統的なアプローチである。歴史的には、戦後の人権思想を基盤に、福祉的な心情や態度を培い、社会福祉や福祉の利用者に対する住民の理解と関心を高めることから始まった。現在では、住民自らが福祉の権利・要求の主体であり、同時に福祉の担い手としての新たな支え合いを構築し、福祉社会の形成に住民が主体的に参加するためにも展開されている。しかし、このアプローチは、住民の意識に粘り強く働きかけるために、先に述べたソーシャルアクションのような即効性や緊急性を期待するのは困難である。それでも、ノーマライゼーションやソーシャルインクルージョンは「急がば回れ」方式の福祉教育なしには実現しないのも事実である。

(3) ソーシャルプランニング型アプローチ法

社会福祉は住民の暮らしを守る自治体行政の基本である。個々の自治体が先行して進めてきたソーシャルプランニングは国家レベルでも課題となり、福祉サービスの拡充が求められてきた高齢者・子育て・障害者の三大社会福祉計画からスタートし、現在では市町村を基盤とする横断的な地域福祉計画の時代に入っている。このアプローチには、民間主体で行う地域福祉活動計画も含まれるが、ニーズ把握を基本に制度に反映し、新たな福祉サービスを開発したり、福祉サービスの供給量を増やしたりする安定的な事業の創出効果が期待されるために、最近では最も重視されてきている。しかし反面、制度化されるサービスは、個別のニーズを解決するオーダーメイドのサービスではないことや、どの自治体においても限られた財政能力という制約も受けやすいために、すべてのニーズを充足することには限界がある。

(4) 既存制度活用型アプローチ法

即効性が期待されるのは、既存制度を活用する方法である。すでに存在する制度であれば、その制度の対象拡大や運用の改善、部分的な手直しや再資源化のための交渉で済むからである。しかし、再資源化がもともとサービスの対象としていた利用者に割り込む形の場合は、その交渉も容易ではない。また、意外と知られていない制度やサービス

も地域や他の機関・部署には存在する。そのため、活用できる資源を発見したり、調整したりする能力がソーシャルワーカーに求められる。

(5) ソーシャルサポートネットワーク活用型アプローチ法

　もともと「ソーシャルサポート」という家族や友人などごく親しいインフォーマルな対人関係における支援に限定した概念と「サポートネットワーク」という動的な支援の連結性や社会関係に着目した概念であったために、これまではあくまでインフォーマルな支援の形成やその輪と理解されていた。しかし今日のソーシャルワークでは、さまざまな専門家の支援などフォーマルな関係を統合した広義の意味で用いられている。このアプローチは、ケアマネジメントでも応用されている。また支援ツールも多く開発されており、エコマップ、ソーシャルサポートネットワークマップやソーシャルネットワーク・ダイアグラムなどが活用されている。しかし、これらのツールは個別の関係性を分析し解釈することは長けていても、あくまで個別支援の枠を出ていない。コミュニティソーシャルワークは、ニーズの個別性や利用者の個別支援で完結するものではないために、このソーシャルサポートネットワークをいかにしてニーズの普遍性や地域における社会資源の開発につなげていくかが課題である。その点で、コミュニティソーシャルワークでは、小地域ネットワーク活動に代表されるように、むしろネットワークに着目したアプローチを重視している。

5 ▶ 社会資源開発の原則と展開

　新規の社会資源開発の方法について類型化して述べてきたが、実際の展開ではそれらは複合的に用いられている。そこで、実際の社会資源開発において共通する特徴的な内容をコミュニティソーシャルワークの視点から、次の九つの原則を具体的な展開事例をいくつか紹介しながら提示したい。

(第1原則) 地域には問題を解決する力がある

　「限界集落」という嫌な言葉がある。65歳以上の人口が過半数に及ぶ「限界集落」では、冠婚葬祭や水、生活道路、森林の管理などの共同事業が困難になり、やがて村人が去り自然消滅に向かうという危機が叫ばれている。全国1821市町村のうち「過疎地域自立促進特別措置法」の過疎地域に指定されている市町村775市町村（43％）を対象とした国土交通省の調査（2006年4月）によると、この「限界集落」は、全国の6万2271集落中、7873集落（12.6％）あり、うち消滅の恐れのある集落は約3割に及ぶという。し

かし実際は、1999年の国土庁調査で「10年以内に消滅」とされた419集落のうち、実際に消滅しているのは15%以下の61集落であったし、平成16年（2004年）の新潟県中越地震で全員が一時疎開した長岡市山古志村でも7割の住民は村に戻っている。いま全国で、「限界集落」の再生が課題とされ、多くの「村」で具体的な再生のプロジェクトが立ち上がり、「危機」を脱出した成功の報告もされるようになってきた。農業を手段とした村の再生、遊休耕作地の再生、緑と水を活用した再生、森林の再生、都市住民と山間地農村との交流による「ワーキングホリデー」制度、ツーリズム、道の駅、Iターン支援、等々である。これらの地域では、村がもっている特性（ストレングス）に着目し、現代の科学で水や緑、エネルギー、自然環境を活かした取り組みで再生しているように、地域には問題を解決する力があることを証明している。

　「シャッター通り」商店街でも問題は同じである。全国の町で市街地の中心部が空洞化しており、いわゆる「シャッター通り」商店街が出現しているが、この再生に挑戦し、昔のような賑わいを取り戻した商店街も各地で報告されるようになってきた。このようにコミュニティソーシャルワークでは、この地域力を発見することが重要となる。

（第2原則）個別支援の限界が地域社会資源の不足によるものかどうかをアセスメントする

　コミュニティソーシャルワークは、個別支援と結び付いて地域も視野においたアプローチを特徴としている。個別化は同時に脱個別化の視点を必要としている。どのような資源があれば、ニーズの充足・解決が図られるのかを分析し、個別支援の実践を積み重ねることで開発が必要な資源の明確化とその効果を仮説的に測定する作業が求められる。この作業はケアマネジメントやケースワークでも本来は同じことが期待できるのであるが、残念ながら現実の援助はケースロードなど忙殺的なことが多く、援助も一件処理的な反復に終始するだけでなかなか集積されていない。この改善には、個別相談記録を記入するだけでは不十分である。仕込み段階として開発が必要な地域社会資源記録を別に用意し、そこに事例的に必要性のニーズを根拠として書き込み、それを集積する工夫が大切になる。集積された資源は性質ごとに分類し、どの資源が最も切実に求められているのかの優先順位が分かるように記録する。

（第3原則）地域全体の資源状況をマクロ的に把握する

　そのためには、資源状況を地図に図式化して全体を鳥瞰する視点が必要である。援助者が個別の援助関係に入り込んでいるままでは、なかなか全体が見えなくなりやすい。事例はもともと特殊個別性を特徴としているために、その解決方法も千差万別であり、

入り込んでいるだけではニーズの普遍性は見えてこないからである。むしろ援助関係を離れた全体状況から見ることで、ニーズの特性と普遍性が明確になりやすい。そのためには、援助者一人の視点では不十分であり、支援チーム全体や関係機関と地域の全体状況を協議する仕組みも不可欠である。

(第4原則) 地域を過去・現在・未来の変化のプロセスでとらえる

　地域を空間的に鳥瞰するだけでなく、時間軸でも鳥瞰することが必要になる。その点で、未来からのダウンロード発想であるブレイクスルー思考の活用や、内部環境と外部環境、現在と予想される将来をマトリックスで表したSWOT分析の手法は有効である。いずれも、従来の発想である原因追求問題置換型アプローチ（現状分析→問題発見→対策）ではなく、あるべき姿（理念的目的）や予想される姿（未来像）を明確にした上で、現状との差を測り、その実現接近（目的志向の課題）の具体的解決案を練る思考プロセスである。これも集団的な協議が欠かせない。

(第5原則) ストレングス・リングを発見し、その開発による予想される効果を見通す

　資源開発は、必要とする資源を並列的に明らかにすることではない。仮にたくさんの資源を新たに必要としても、現実的な実践には結び付かない。目標は、具体的で優先度が高く、全体波及効果が最も高いものに絞り切ることが着眼点となる。筆者はそれを「ストレングス・リング」と呼んでいるが、全体を大きく変えていく中心資源は何かを考え、特定することが最も重要になる。また、そのストレングス・リングを発見し、開発することでどんな効果が期待できるのかをあらかじめ見通す根拠を用意することが不可欠になる。

　一例を紹介しよう。沖縄県の宮古島の取り組みである。宮古島は今ではUターン、Iターンが続き、マリンスポーツで有名な観光地で、年間数十万人が訪れ、5万3000人が暮らす島である。しかし宮古島は、「非常に水の乏しい島」として位置付けられてきた。山がないために河川がない。亜熱帯地域で台風の通り道にもなりやすく多くの雨量（年間3.6億トンの降水）があっても、地表には0.4億トンしか溜まらない。これは、島全体がサンゴ礁の隆起してできた透水性の高い「琉球石灰岩からなる島」のためである。地中深くは、大陸の河川から供給された砂や泥が厚く堆積してできた中国大陸大陸棚であり、水を透しにくい泥岩から成る。このため、台風の被害に加え、相次ぐ干ばつで作物も実らない不毛の地とされ、島民の所得は低く、多くの島人が島を出て行った。しかし、この島を「宝の島」に変えることに成功した。世界で初めて、地下水の流れている帯水層を締め切り、水を溜め、その水を汲み上げて利用しようとするダム施設の調査が

1974年から開始され、1979年3月に実験地下ダムとして総貯水量70万トンの皆福地下ダムが完成した。この未だ世界で例をみない大規模地下ダムを水源施設とする宮古土地改良事業計画によって、サトウキビに加え、水資源を利用した葉タバコ、カボチャ、そして、高収益な施設野菜（ゴーヤなど）や施設果樹（マンゴーなどのトロピカルフルーツ）などの生産も可能となった。いまや宮古島の総面積の57％が耕地として利用されている。この地下ダム構想に糸口を与えた人は、民間製糖会社が招いたハワイ州ホノルル市水道局の水利地質技師F.ミンクである。彼は宮小島に1か月間滞在し、地下水の調査を行った。これにより宮古島の琉球石灰岩層には多くの地下水があることが判明した。宮古島の地下ダムによる水資源開発（沖縄総合事務局農林水産部土地改良課）は1985年度「上野賞」に輝いている。

（第6原則）資源開発にはビジョン・目標・戦略を明確にする合意形成が基本である

　資源開発はその目標や立案段階から個人で行うことではなく、集団的な合意形成が必要とされる。具体的なターゲットとなる資源の特性を明らかにし、その実現可能性の分析や予想される効果と接近方法の選択は、もはや個人レベルのことではない。コミュニティソーシャルワークの実践はネットワークの力を発揮する協働実践を特徴とする。そのプロセスは最初の共鳴者を見つけることや少人数のインフォーマルな話し合いから始まるが、最終的にはより広範囲の人々や機関が加わり、あるいは代表者レベルでの合意形成を基にした戦略の選択を通して行動戦略は具体性を増す。この合意形成は、電話や文書での依頼や形式的な会議でできるものではない。個人やグループ、組織や機関への働きかけは普段の実践が評価されるし、熱意や見通しの確かさが評価される。どこにでも出かけ、知らせ、語る勇気がコミュニティソーシャルワークに求められる。

（第7原則）資源開発は戦略的で計画的な実践である

　資源開発は、それを創出するための資金や時間、働きかける対象など現実の制約を踏まえた取り組みである。そのため新規に資源を開発するには、目標や接近可能性によってもスパンは異なるが、少なくとも3〜5年程度は見ておく必要がある。計画の初期段階では、協力・連携できる機関や人の資源マップを作成すること、関係者の間での課題の共有を図るために出会い、出かける活動を重視することが基本となる。また、公的財源や民間財源で活用できるものを検討することも含まれる。中長期的には、行政の計画策定に反映させる取り組みや資源開発を住民のボトムアップで進める組織づくりが必要となる。また、各地での実践事例に学ぶことや、地域世論を形成したり、試行錯誤的であってもモデル的な実践から教訓を積みあげたりすることも大事になる。

一例を紹介しよう。知的障害者を主たる利用対象としているある小規模作業所では毎年2回、公園を三つも借り切ってバザーを開催してきた。バザー会場には関係者だけでなく数百人のボランティアが参加し、数万人が訪れ、1回の売り上げが500万円になる。この施設は、5年間でバザーだけで5000万円を貯めた。この資金で社会福祉法人を立ち上げることが目標でもあった。この取り組みを毎年見てきた地主が土地を提供し、大手の建設会社が建物を無償提供した。感激した行政も後押しし、立派な施設と法人が設立された。

（第8原則）人を動かすのは支援者の決意と誠実さである

　バークレイ報告では、ネットワークの支柱をコミュニティソーシャルワーカー自身に求めている。援助者であれば誰もが、日々の実践で協働した体験をもっており、地域の誰に働きかければよいかを知っている。そうした信頼できる親しい関係を活用する合意形成から始まる。「信用は無言の財産」という。人との出会いや合意形成では誠実さを第一とする。援助者の態度と行動は利用者だけでなく、関係者や地域住民がよく見ていると思ったほうがよい。「この指とまれ」で働きかけるのもよい。利用者もそうであるように援助者自身が資源開発での「小さな成功」を積み重ねることも重要である。しかし、「ローマは一日にしてならず」である。人との関係づくりでは、社会福祉の関係者や知己のある個人的関係に限定しないで、さまざまな立場の人とあらゆる機会を活かして出会うことが大切になる。その際、出会いの気持ちは「好きです！」の一言を援助者が気持ちのなかに秘めながらも、「狭めない」「省略しない」「力を評価する」「尊重する」誠実な態度で接することが求められる。

　一例を紹介しよう。ある団体（障害者家族会）が駅前で署名と募金活動に取り組んでいた。数人の高齢者が中心で、雨の日も風の日も1年中である。この活動を路上で観察するように見ていたある人がそこに近寄り、おもむろに荷物を広げ習字道具を取り出し「1本書き」を始めた。書道家で有名なその人の作品はとても1枚1000円で買える大道商品ではない。瞬く間に黒山の人だかりとなった。その光景が夕方のニュースとしてテレビで放映された。それを偶然見た都会の高齢者が自分のマンションを売り、その団体に寄付した。億単位である。それを元に立派な施設が設立された。

（第9原則）実践のもう一つの目標は「ひと」を発見し、育てることにある

　資源開発の基本は、見えていなかった「ひと」を発見し、つなぐことが初めの一歩である。資源開発では、社会福祉の利用者や専門家、関係者、関係機関という狭い輪で考えてはいけない。地域にはいろいろな人が暮らしているし、つながりや力のある人もい

る。目標が関係ないと思われていたそういう人たちにも共有されていくと、実現性は一挙に現実味を帯びてくる。社会福祉は、人々のふだんの暮らしのしあわせを追求する営みである。まちづくりの目的も同じである。1970年代以降の「福祉のまちづくり」や、1990年代以降の「福祉でまちづくり」から、今後はさらに「福祉はまちづくり」に統合されていくと考える。もはや地域福祉が中心とは社会福祉の枠内でのことではない。地域福祉はまちづくりと結び付いて実践される時代である。その際、資源開発のもう一つの目標が「ひと」を発見し、育てることにある。実践活動での利用者や地域住民の成長、専門家の成長が、個人においてもグループや組織体においても見えて、形になってくることがコミュニティソーシャルワークの目標となる。

【参考文献】

・全国精神保健相談員会・田中英樹編『地域援助活動』萌文社，1998.
・田中英樹『精神保健福祉法時代のコミュニティワーク』相川書房，1996.
・田中英樹「コミュニティワーク入門―計画の初動に当たって」『公衆衛生』11月号，1997.
・田中英樹『精神障害者の地域生活支援』中央法規出版，2001.
・田中英樹「なぜ医療・社会資源を上手に使わなければならないのか」『精神科臨床サービス』第1巻第4号，2001.
・日本社会福祉士会『障害者ケアマネジメントのための社会資源開発』中央法規出版，2001.
・日本地域福祉研究所『コミュニティソーシャルワーク』第6号，第7号，中央法規出版，2011.
・Charles, A, Rapp. Richard, J. Goscha, *The Strengths Model, A Recovery-Oriented Approach to Mental Health Service, Third Edition.* Oxford University Press, 2006.（田中英樹監訳『ストレングスモデル―リカバリー志向の精神保健福祉サービス（第3版）』金剛出版，2014.）

第 8 節

スーパービジョン

1 ▶ コミュニティソーシャルワーク スーパービジョンの必要性

　コミュニティソーシャルワークは地域福祉の推進に向けて、個別支援の蓄積から地域の共通課題を抽出し、その共通課題から地域支援事業を企画し実施・評価していく。個別ニーズへの対応は、アセスメントからプランニング、評価まで、ケアマネジメントとも重なる部分があるので、その実践にも慣れている専門職も多いように見える。しかしながら、いくら個別事例支援の経験が豊富であっても、地域共通ニーズ把握や、それらに基づく地域支援事業の企画・実施になると戸惑ってしまう実践者が多いように見える。地域共通ニーズ把握には、個別ニーズ蓄積と地域ニーズ全体を比較する視点が必要であるし、地域支援事業の企画・実施には、地域アセスメントに基づく人的・社会的資源の把握が不可欠である。

　黒川によれば、ソーシャルワークのスーパービジョンは、ケースワーク中心で発展しており、個々のクライエント援助のための理論、技法が主たる焦点になっていた。コミュニティソーシャルワークは、個人や家族支援だけでなく、組織や地域支援への広がりのなかで支援するため、新しいスーパービジョンの枠組みが求められている。個人と地域の両者を把握する視点は、個人や家族から、集団、組織、地域に広がる総合的・包括的ソーシャルワークの枠組みと重なる。コミュニティソーシャルワークは、これらの交互作用を踏まえて支援・介入する具体的実践方法である。

　コミュニティソーシャルワークの実践は、研修を受けてそのプロセスと方法論を学ぶだけでわかるものでなく、自動車の運転のように実際に何度も行い、時には失敗しながらも身についてくるように思う。その際の失敗や成功等を方法論と結び付けながら振り返ると、より実践力がつくことは言うまでもない。その振り返りの視点や方法がスーパービジョンである。それは、自ら行う方法もあるし、仲間や上司や学識経験者等と行う方法もあるし、一対一で行うものもあればグループで行うものもある。そして、実践とスーパービジョンの繰り返しのなかで、包括的総合的なソーシャルワークの枠組み、およびコミュニティソーシャルワーク方法論も見えてきて、根拠に基づく実践につながるのではないだろうか。さらにコミュニティソーシャルワーク実践の知識や技術が、言

30　黒川昭登『スーパービジョンの理論と実際』岩崎学術出版, pp.19〜20, 1992.

語化され記録されることで、それらは伝達可能なものとして共有され考察も深まるだろう。個人の名人芸から、伝達可能なコミュニティソーシャルワークの知識や技術を蓄積するため、そして、利用者へのコミュニティソーシャルワーク実践の効果を担保し、検証するためにもスーパービジョンは必要である。

2 ▶ スーパービジョンの機能

ソーシャルワークのスーパービジョンはケースワーク中心に発展しており、グループワークやコミュニティ・オーガニゼーションのスーパービジョンは明確ではない。ましてコミュニティソーシャルワークのスーパービジョンの枠組みは未開発である。しかし、スーパービジョンの発展過程は、ソーシャルワークの発展とともに変化しており、ソーシャルワーカーの教育訓練や教育援助の一過程としての位置づけから、しだいに行政的側面を重視するようになってきた経過はある[31]。

福山和女[32]によると、「スーパービジョンは、『管理』・『支持』・『教育』という三機能を提供することによる、実践家を含む専門職育成の過程であり、専門職の業務全般の遂行をバックアップするための職場の確認作業体制である」と定義した。

また、渡部律子[33]は前述のスーパービジョン三機能に、『評価』を加え四つの機能があると述べ、スーパーバイザーとスーパーバイジーは、ワーカーとクライエント関係のようにスーパーバイジーのニーズに沿って進められるもので、それらの類似性も述べている。

さらにカデューシン[34]（kadushin：1985）は、クライエントに対するサービス提供責任を果たすため、スーパーバイザーの運営と管理（administration）機能として以下の10項目をあげた[35]。それらは、①職員補充と選別、②ワーカーの就任と配置、③業務計画、④業務配分、⑤業務委託：自主的・自由裁量権の調整、⑥業務の監視、点検、勤務評定、⑦連絡調整業務、⑧コミュニケーション機能、⑨行政上の緩衝器としてのスーパーバイザー：機関とバイジー間、爆発や対立を緩和、⑩改革者としてのスーパーバイザー：組織の安定維持、地域社会サービスの欠陥等への変革、である。

これらのことにより、スーパービジョンは、管理と運営・支持・教育・評価を通した

31　30に同じ，p.19.

32　福山和女編著『ソーシャルワークのスーパービジョン—人の理解と探求』ミネルヴァ書房，pp.196～198，2005.

33　渡部律子『基礎から学ぶ 気づきの事例検討会』中央法規出版，p.4，2007.

34　Kadushin, *Supervision in Social Work, Second Edition*, Columbia University Press, p.20, 1985.

35　34に同じ

ソーシャルワーカーの教育的援助過程であり、クライエントへのサービス提供責任を担保する面もあるといえる。コミュニティソーシャルワークのスーパービジョンは、個人・集団・組織・地域の把握と交互作用を活用しながら支援する総合的・包括的ソーシャルワークの枠組みに基づく。そして、コミュニティソーシャルワーカーの組織での適切な業務遂行を支え、地域基盤での公私連携による多様な活動を支える役割をもつ。

3 ▶ コミュニティソーシャルワーク スーパービジョンの視点

福山は、スーパービジョンの機能である「管理」「教育」「支持」の視点から以下の表3－3のようなチェックリストを提示している。

まず、管理機能では、「何をしたか」「何をしようとしているか」を、①職務や職責、②業務や援助行動の計画性、③専門職の理論や技術や価値の活用、④支援の効果予測、から確認する。次に、教育機能では、「何が不足しているか」を前述の①～④より確認する。そして、支持機能では、「何を悩んでいるか」を同様に①～④より不安や悩みを確認し、良いところ、できているところを認める。これらのうちどれに重点を置くかは、スーパーバイジーのニーズや事例によるが、管理・教育・支持機能は相互に補完し合うということである。

カデューシンの管理・運営機能は、福山の管理機能や渡辺の評価機能と共通する面が

表3－3 スーパービジョンのチェックリスト

機能の確認	チェック項目	明確にするポイント
管理機能 「何をしたか」「何をしようとしているか」	①職務・責務、役割・機能を確認する	仕事上の立場・職位、責任範囲
	②業務・援助行動の計画性を確認する	援助目的・計画援助機関・援助内容・具体的効果
	③業務・援助の考え方や視点に社会福祉の専門性に関する理論・情報・技術・価値を活用したか確認する	理論・知識 技術 情報 価値
	④業務・援助の効果予測を確認する	効果 限界
教育機能 「何が不足しているか」	上欄4項目についての不足部分を確認する	
支持機能 「何を悩んでいるか」	上欄4項目にまつわる悩み、不安、自信喪失を確認する	悩み・不安 自信

出典：福山和女編著『ソーシャルワークのスーパービジョン―人の理解と探求』ミネルヴァ書房，p.205，2005.

ある。特にコミュニティソーシャルワークスーパービジョンでは、教育・支援機能に加え管理・運営（administration）機能への視点が重要である。なぜなら、コミュニティソーシャルワーカーは組織に所属し、組織の役割のなかで地域住民や関係機関と信頼関係を形成し介入するためである。コミュニティソーシャルワーカーは、組織内での実践者の役割、所属組織と地域や関係機関の関係性、および市町村行政システムのなかでの所属組織の位置づけ等が影響する。そのため、コミュニティソーシャルワークスーパービジョンでは、それらの関係性を踏まえた管理・運営機能への理解が求められる。

4 ▶ コミュニティソーシャルワーク機能と組織・地域・保健福祉システムとの関係性

コミュニティソーシャルワークスーパービジョンの枠組みは、「管理・運営」「支持」「教育」「評価」機能を縦軸とすれば、コミュニティソーシャルワークに求められる機能を横軸に加えると、新たな枠組みができる。コミュニティソーシャルワーカーに求められる機能は、大橋謙策によれば11点である（第1章第2節参照）。これらの機能が、コミュニティソーシャルワーカーの個人と地域のアセスメントからプランニングを経て、地域での展開に至る過程で実践される。

これらの11点はすべてのコミュニティソーシャルワークで実践できるわけでなく、コミュニティソーシャルワーク実践を行う組織差や、事例ごとの支援対象やニーズ等により異なる。大橋謙策によれば、「すべての事例に個人から地域への支援・介入が必要なわけでない。また、それをすべて一人のソーシャルワーカーが担う場合もあれば、チームや組織として担う場合もある。全体として、市町村で上記を展開できるシステムが構築されているかが重要である」[36]と述べている。コミュニティソーシャルワークの機能は、一つの機関で一人の支援者による実践から、地域の多機関連携によりコミュニティソーシャルワークの機能を分担して市町村保健福祉システムとして実施する実践までと幅広い。その際、コミュニティソーシャルワーク機能の全体的枠組みを踏まえた上で、各実践者がどこに焦点化し、何をしているかという意識化が求められる。

またコミュニティソーシャルワークのスーパービジョンでは、スーパーバイザーとスーパーバイジーの関係性が、「所属組織や機関」「小地域」「市町村の社会福祉制度とサービスシステム」のなかで位置づけられることへの理解も必要である（図3－4）。コミュニティソーシャルワーク実践は、コミュニティソーシャルワーカーが置かれてい

36　大橋謙策「コミュニティ・ソーシャルワーク展開の過程と留意点」『新版 地域福祉辞典』中央法規出版，p.23，2006.

図3-4 社会福祉協議会のコミュニティソーシャルワーカーを例にした組織・地域との関係

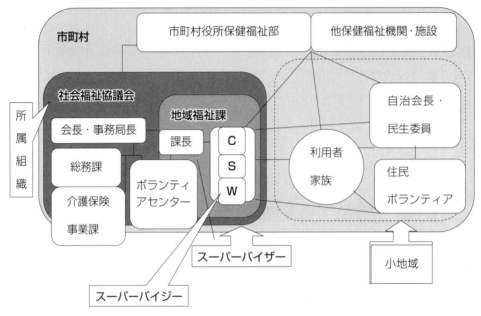

る組織の機能や目的の影響を受ける。さらに、小地域での関係性、および地方自治体の社会福祉サービスやシステムの影響も受け、実践の促進や遅滞につながることもある。コミュニティソーシャルワークのスーパービジョンには、コミュニティソーシャルワーカーを取り巻く職場組織や多機関との関連、地域社会の関係性、市町村の社会福祉制度やサービスやシステムというエコロジカルな人的・社会的環境を理解する視点も重要である。

5 ▶ コミュニティソーシャルワークスーパービジョンの目的と留意点

　スーパービジョンの目的は、事例提供者が安心して事例を振り返り、そのことで学びや励ましや次の仕事への意欲をもつことを目指すことである。そのため、スーパーバイジーが自らの実践に欠けていた考え方やアセスメントに気づき、次にどうすればよいか考えることができるようにする。さらに、コミュニティソーシャルワークの機能や支援枠組み、および必要な知識や技術や価値と結び付けて考え、言語化することを目指す。また、スーパーバイジーがスーパービジョンの後、次の実践への意欲が高まるように、事例の悪い点や改善点を一方的に指摘せず、良い点もあわせて見つけ返すことも求められる。

コミュニティソーシャルワークのスーパービジョンでは、スーパーバイジーが利用者や家族だけでなく、組織と地域をどのように把握し介入してきたかという視点が重要になる。そのための留意点としては、以下の7点をあげる。

❶ 事例に取り組むスーパーバイジーの思考・感情・行動を尊重し、スーパーバイジーが課題と考えることを明確にする。

❷ スーパーバイジーがわからないことを表現できるように進め、本人自身が理解し納得できるようにする。

❸ 十分な情報なしに非難・批判・解決法探しをしない。

❹ スーパーバイジーの良い支援や実践に向けて、個人・集団・組織・地域の枠組みを踏まえ、各レベルでの位置づけや関係性を考えられるようにする。

❺ 支持・教育的視点が基本であるが、不足する点の気づきと検討も深める。

❻ ソーシャルワークの職業倫理や価値を常に念頭に置く。

❼ ソーシャルワーク実践と同様に「秘密保持の原則」を守る。

上記7点は、一対一のスーパービジョンだけでなく、ピアスーパービジョンやグループスーパービジョンにおいても共通する留意点であり、その際スーパービジョンに参加するメンバーもまた留意したい点である。

6 ▶ コミュニティソーシャルワーク実践展開によるスーパービジョンのポイント

コミュニティソーシャルワークの実践展開は、個別アセスメント、地域アセスメント、課題の普遍化、実践のプランニング（対象別と統合）、具体的実践のプランニング、地域支援の展開、のプロセスを経る。以下の(1)～(6)で各プロセスのスーパービジョンのポイントについて示す。

(1) 個別アセスメント

利用者と家族の心身状況だけでなく、ICF視点に基づき利用者と家族の人的・社会的・物理的環境も含めて生活の全体性を把握する。さらに、利用者や家族の問題や障害だけでなく、知識や経験、才能や能力や知識に注目し、興味や関心や願いや希望を引き出すストレングス視点によるアセスメントを行っているかどうかの振り返りも行う。

(2) 地域アセスメント

利用者や家族が生活する市域と居住地域の二つの視点から、地域の特色や状況を把握

する。その際、地域の問題だけでなく、地域のストレングスを引き出すようにポジティブに把握することは個別アセスメントと同様である。地域アセスメントでは、地域のフォーマル・インフォーマルな社会資源の把握とともに、特に地域住民や団体等のキーパーソンや各組織等の活動状況把握が重要である。これらの把握には、常に住民や関係者と接し信頼関係形成のなかで情報を得て更新しているか、アウトリーチによる地域への活動等を行っているか問われることになる。また、既存の社会資源の全体像を踏まえた上で、地域に不足するサービスや開発したいサービスについても考える視点をもつ。

(3) 課題の普遍化

　利用者や家族と、組織や地域への支援方針や目標を、取り組むニーズや課題から整理した後で、それらのなかから普遍的な共通課題を見つける。普遍的共通課題は、事例の居住地域と市域の統計的データ、行政計画策定時の調査結果からの比較、自分自身の実践経験、所属機関の相談種類や件数、他機関・他職種との情報交換、ケースカンファレンスの蓄積、全国および各地域の社会問題との比較等から、この事例だけでなく多くの人に共通する課題をまず仮説として抽出する。そして、なぜそれが普遍的課題と考えたのか自分の思考を振り返る。そして、それらが経験や勘だけでなく、統計データ・調査結果・業務実績等を根拠としてどのように実証できるかを考える。

(4) 実践のプランニング（対象別・統合）

　個別と地域のアセスメントを踏まえ、個人・家族・組織・地域の枠組みを踏まえたプランニングを行う。その際、既存のサービスや制度の活用を踏まえた上で、新しい対策や事業例等の地域支援事業を考え、実践テーマを書き出す。その際、介護保険制度等既存サービスに加え、どのようなサービスがあったらいいか、どのような事業が問題発生や重度化を予防するのか考える。

(5) 具体的実践のプランニング

　実践のプランニングで書き出した地域支援の実践テーマから一つを選び、その具体的実施計画をたてる。テーマ、目的、必要な社会資源、準備作業、具体的事業、実施体制等が一貫した流れにあり、かつそこで計画した事業や実践が、最初にアセスメントした個人や家族のニーズに合ったものになっているかが評価の基準となる。せっかく個人や家族のニーズに基づき普遍化したニーズへと積み重ねてきても、それが不特定多数のための事業で、最初にアセスメントした個人や家族のニーズにつながらないなら、再度支援過程やニーズ把握と普遍化、プランニング過程を見直す必要がある。

⑹　地域支援の展開

　実際の地域支援のプランニングは、単発で終わるものより長期的・継続的に実施し、評価しながら進めることが多いだろう。その際、地域支援全体の目的を個人と地域に還元させることを前提に、各回の目的を明確にしてその準備や進め方を計画し、実施と評価と再計画を継続する。これらの過程を通して、個人と集団への理解と支援方法の振り返り、公私社会資源や人的関係等の地域アセスメントの深まり、市町村保健福祉システムとの関係性の気づき、それらの問題点やストレングス等が明確になり、地域介入への視点と実践が深まる。

　以上が、コミュニティソーシャルワーク実践の展開プロセスごとのポイントである。各段階でコミュニティソーシャルワークが注目する視点があり、実践とその振り返りや考察の繰り返しにより、コミュニティソーシャルワークの価値や知識や技術と結び付ける視点が深まり、スーパービジョンによる効果も高まる。

7 ▶ コミュニティソーシャルワーク スーパービジョンの課題

　最後に、コミュニティソーシャルワークスーパービジョンの課題について4点述べる。

⑴　総合的・包括的ソーシャルワークの活用

　最初に述べたように、コミュニティソーシャルワーカーの基本的な視点は、総合的・包括的ソーシャルワークと重なるので、それらへの理解と、価値・知識・技術の活用は前提である。特にエコロジカルな視点で、個人や地域の問題点だけでなくストレングスを把握する力は、個人や家族、組織や地域を支援する上でも基本となるので、コミュニティソーシャルワーク実践の基本として身につけたい。また、支援過程では、アセスメントで何を見て何に注目し、どう優先順位をつけてプランニングし実施し、その結果に対してどう評価し再アセスメントするか、という思考の流れを意識化・言語化し、勘や経験を伝達可能な知識や技術として整理していく点も総合的・包括的ソーシャルワーク実践の課題と同じである。

⑵　地域アセスメントを深める

　コミュニティソーシャルワークでは、個人や家族と同様に、地域をどうアセスメントするかが重要であるが、その視点や方法には支援者により差があるのが現状である。地

域には公的サービスだけでなく、非営利・民間等さまざまな社会資源がある。さらにインフォーマルな住民の自治組織や団体も含めて、地域の社会資源をどれだけ知って連携することができるかどうかがコミュニティソーシャルワーク実践に強く影響する。地域特性や社会資源把握は、統計資料や地域情報から集約できるが、地域住民への理解や把握、関係機関・団体の状況把握は、実際に地域を歩き、関係者と接し、共に仕事をしないと見えない部分も多い。また、個人へのアセスメントと同様に地域のアセスメントも、住民や関係者との信頼関係や援助過程が深まらないと見えてこない部分もある。熟練したソーシャルワーカーは無意識に地域アセスメントを行っている人も多く、地域への介入も、関係機関や住民との信頼関係に基づき的確に行っていることも多いように見える。

　個別アセスメントの手法は介護保険制度のケアプラン等を通してその視点や方法も明確になっているが、それらに比較すると地域アセスメントの手法はまだ発展途上のように見える。地域アセスメントが的確にできると、地域共通課題の抽出や実践のプランニングの的確さも増し、地域に不足するサービスやシステムをつくりだす力や、地域や住民と協働する力にもつながることが多い。

⑶　コミュニティソーシャルワーク成果の組織や地域への報告と発信

　コミュニティソーシャルワーカーの働きは徐々に注目されつつあるが、全国一律に配置された職種ではないので、一般的な認知度は低い。そのため、コミュニティソーシャルワーカーの活動や成果を組織や地域へ報告することは、コミュニティソーシャルワーカーの責任でもある。コミュニティソーシャルワーカーの役割が地域や組織に役立ち、その働きが理解されればされるほど、コミュニティソーシャルワーク実践も円滑に進みやすくなる。そのため、コミュニティソーシャルワーカーは、組織や地域との関わりのなかで、その実践の成果や課題を整理し、わかりやすく発信することが常に求められる。

⑷　コミュニティソーシャルワークスーパービジョンの新しい枠組みの創出

　従来のスーパービジョンはケースワーク中心に発達してきたが、コミュニティソーシャルワークでは、組織や地域との関わりが多い。田中英樹は、「コミュニティスーパービジョンでは、ニール・トンプソンが述べるように、地域での開発とケア、そして調停や仲裁の機能が求められる」[37]と述べている。先に述べたように、コミュニティソー

37　田中英樹「コミュニティソーシャルワークの概念とその特徴」『コミュニティソーシャルワーク創刊号』中央法規出版, p.16, 2008.

シャルワークの一般的な認知度が低いゆえの理解不足や批判、組織や地域での対立や葛藤に接する場面も多い。そのため、個人や家族だけでなく、組織や地域、および制度や保健福祉システムとの関連を踏まえたスーパービジョンの枠組みを広げていく必要がある。

　2008年3月の「これからの地域福祉のあり方に関する研究会」報告書では、コミュニティソーシャルワーカーの言葉が初めて公文書で使われた。2011年には、高齢者の行方不明や孤独死等の問題を経て、さらに「地域での新たな支え合い」や「新しい公共」が必要とされる地域社会になっている。そして、2015年の生活困窮者自立支援事業や介護保険地域支援事業の生活支援コーディネーターでは、コミュニティソーシャルワーカーの働きが期待されている。人と人、人と機関、人と組織をつなぎ、個人や地域の課題に対応する役割をコミュニティソーシャルワーカーが担うなら、その役割や成果を発信・紹介していくこともコミュニティソーシャルワーカーの社会的使命ではないだろうか。それらをスーパーバイジー自身の力で実践し、その社会的責任が遂行できるよう支援することが、コミュニティソーシャルワークスーパービジョンの役割である。

第9節

コンサルテーション

はじめに

「あなたはコンサルテーションを受けたことはあるか」と聞かれたとき、多くの福祉専門職は受けたことはないと感じる場合が多いが、「他の専門職から助言を受けたことはあるか」と聞かれれば、あると答える人は多いだろう。これは他の用語でも起こりがちなことであり、日本の福祉実践や理論の弱さでもある。外来語は流行のように次々と日本に紹介され、単なる訳語以上に特別な意味合いをもたされるが故に日本語に置き換えられないまま、カタカナで使用されることが多い。しかし、これが逆に実践の理論化を阻み、曖昧な言葉が現場を混乱させる要因ともなる。私たちは言葉の定義や概念から入るのでなく、具体的な事象を見据えてどのようなソーシャルワーク実践やソーシャルワーク教育が必要なのかを考え、それを自分の言葉で説明し理解する力をもたなければならない。

コンサルテーションは特別なものでなく福祉現場において日常的に行われている実践である。そして、今後さらに高めていかなければならない実践である。しかし、その内容は多様であるため整理が必要である。十分な理解がなければ、特定の者が行う実践として矮小化され、結果としてコンサルテーションは受けていないという認識に陥り、高めるべきスキルや学ぶべき視点を見いだせず、理論と実践の乖離へとつながっていきかねない。

コンサルテーションとは何か、本節ではその内容を類似概念であるスーパービジョンやコーチングと対比させながら整理していきたい。その上で、コミュニティソーシャルワークの観点からとらえたときに何が重要となるのか、筆者が関わってきたコンサルテーションの経験からまとめていくことによって、コミュニティソーシャルワークにおけるコンサルテーションのあり方について述べていきたい。

1 ▶ コンサルテーションとは何か

1 コンサルテーションとスーパービジョン

コンサルテーションはスーパービジョンとの違いが明確に意識されないまま実践現場で混用されている言葉である。そのため、この二つの言葉の違いを整理しながら、コン

サルテーションの大枠をとらえておきたい。

コンサルテーションは、相談に対する助言を行うコンサルタント（助言者）と、相談し助言を受けるコンサルティ（相談者）という二者の間で行われる実践である。業界によっては、コンサルティングという用語が使われる場合もあるが、福祉領域ではコンサルテーションが一般的に使用されている。この二つの言葉について英和辞典では、コンサルテーション（Consultation）は、「相談、話し合い、協議」、コンサルティング（Consulting）は「専門的助言を与える、顧問の」等と訳され、混在して使われることも多い。

社会福祉におけるコンサルテーションについて植田（2007）[38]は次のように説明している。

> コンサルテーションとは、業務遂行上、ある特定の専門的な領域の知識や技術について助言を得る必要があるとき、その領域の専門家、つまりコンサルタントに相談する、あるいは助言を受けることをいう。

この定義では、先ほどのコンサルテーションとコンサルティングという単語それぞれの意味をもたせた言葉としてコンサルテーションを説明しており、ここではコンサルタントはその領域の専門家であり、コンサルティは業務遂行上の助言を必要とする者となる。

また、植田（2007）はスーパービジョンについて次のように説明している。

> スーパービジョンとは、社会福祉施設や機関において、スーパーバイザーによってスーパーバイジー（ワーカー）に行われる、専門職を養成する過程である。

このようにスーパービジョンは、専門職の養成、指導を目的として、施設や機関という業務上の職場において、指導者が「スーパーバイザー」、指導を受ける者が「スーパーバイジー」となって、スーパービジョン関係を基に行われるものである。

コンサルテーションとスーパービジョンの大きな違いの一つは、管理的機能にあるといわれている。これはコンサルテーションにおけるコンサルタントとコンサルティは原則として対等な関係にあり、コンサルタントからの「助言」を実行するかどうかは、コンサルティの力量や判断に委ねられるのに対して、スーパービジョンにおけるスーパーバイザーの「指導」は、実行することを前提として行われるものである。そして、スーパーバイザーはスーパーバイジーの行動に対して責任をもつ存在でもある。

こうしたことから、スーパーバイザーは職場内の上司や指導者が位置づけられることになるが、今日では職場外の専門職がスーパーバイザーとなることもある。それは、多

38　植田寿之「スーパービジョンとコンサルテーション」『エンサイクロペディア社会福祉学』中央法規出版, 2007.

職種多機関のメンバーで構成される支援チームの場合には、他機関の専門職から指導を受けて行動することもあり、その実行責任はチーム全体にある。すなわち他機関のメンバーによる指導が管理的機能と責任を伴うものであれば、スーパービジョンということができる。ただし、こうした混合チームにおいては、コンサルテーション関係やスーパービジョン関係が明確に意識されているわけではなく、他機関の専門職からの意見が実行を強く求められる指導であったり、参考意見としての助言であったりとさまざまである。そのため、コンサルテーションとスーパービジョンの境界が曖昧となり、言葉の混用が生じやすくなる。

チームアプローチが求められる今日では、相手とどのような関係性に基づいて協働していくのか、チーム編成の段階である程度明確にしておく必要がある。そうでないとコンサルタントやスーパーバイザーがどこまで関わるのか、コンサルティやスーパーバイジーがどこまで求めるのかが曖昧となり、その不一致が生じるとチームの機能不全をもたらしかねない。

なお、スーパービジョンは同一職種から行われるものであり管理的機能を有しているのに対し、コンサルテーションは他職種から行われるものであり管理的機能は有さないと説明される場合がある。これについては、それぞれに適切ではない。その理由として、①多職種からなるチームアプローチでは、チーム内の他職種からのスーパービジョ

図3-5　ワーカーに対するスーパーバイザーとコンサルタントの関わり（筆者作成）

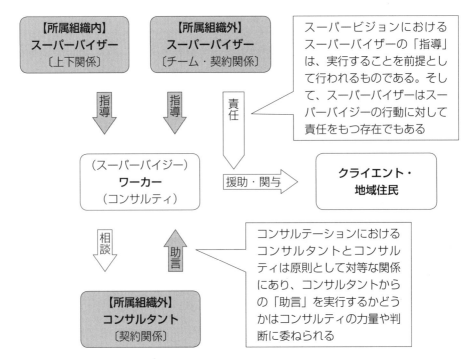

ンが行われ、チームとしての管理的機能を有すること、②他の職場の同一職種からコンサルテーションとして助言を受ける場合もあるからである。

② コンサルテーションとコーチング

　最近ではコーチング（Coaching）も注目されている概念であり、これとコンサルテーションの関係についてふれておきたい。

　コーチングは日常的に行われるものでなく、「何のために」「誰を」「どのくらいの期間」指導するかを明確にした上で行われるものである。

　コーチングに関する書籍はさまざまあるが、そのなかでもマイケル・ホールら（2004）はメタ・コーチングという独自のアプローチを提唱しており[39]、彼らはコンサルティングとコーチングの関係を図3－6のように表している。

図3－6　コーチングと他のアプローチとの違い

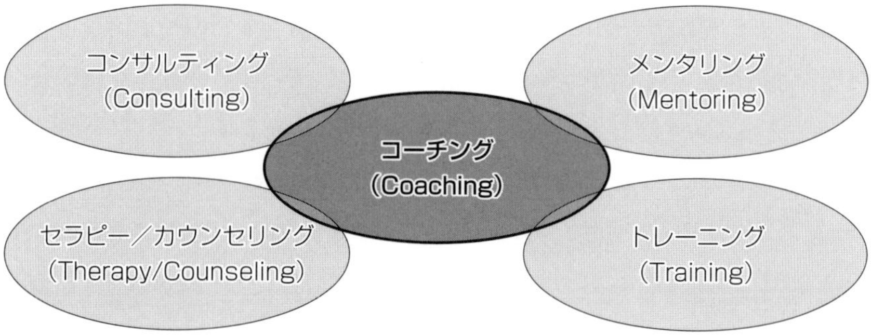

出典：Michael Hall & Michelle Duval（2004）

　この図によればコーチングは、コンサルティングやメンタリング、セラピー／カウンセリング、トレーニングのようなさまざまなアプローチを活用しながら、相手の自発的な成長を促すものとして整理されている。このコーチングの初段階では、コーチはコンサルタントの役割を担いコーチングの価値を伝え、そのプロセスを設定していくことになる。その後は相手の状況によってさまざまな役割へのシフトを繰り返しながら関わっていくことになる。このようにコーチングとはコンサルテーションにとどまらず、必要に応じて役割を変えるという広い概念としてとらえられており、コーチには相当の力量が求められる。逆にコンサルテーションの立場からこの図を通していえることは、コン

39　L. Michael Hall & Michelle Duval, *META-COACHING*: Volume 1, Coaching Change For Higher Levels of Success and Transformation, Library of Congress, Washington, D. C., 2004.（佐藤志緒訳, 田近秀敏監修『メタ・コーチング』VOICE, 2010.）

サルテーションにおけるコンサルタントは万能ではなく、自らの役割限界を見定めた上で、他の役割が求められる場合には、しかるべき人材につなぐという関わり方が必要ということである。

2 ▶ コンサルテーションの方法

1 コンサルテーションにおける助言

　先ほどの植田の定義のように、専門家に相談し助言を受けることがコンサルテーションであるとするならば、より具体的にソーシャルワーク実践現場における「助言」についてとらえなければならない。その形態は多様であるが、議論を深めるために整理すると、次の四つに大きく分けることができる。

(1) ソーシャルワーカーが業務上関わりのある専門職から受ける助言

　これは、ソーシャルワーカーが業務を行う上で、職場内の同僚や上司から受ける助言、あるいは他機関の専門職から受ける助言であり、実行するかどうかはソーシャルワーカー自身が判断するものである。契約に基づくものでなく、日常業務におけるちょっとした助言のように、コンサルテーションとして意識されないで行われているものがある。こうした助言は相手が自分の置かれている状況をある程度理解した上で行われるものであり、他に比べてより具体的な助言となり、ワーカーも抽象的な助言よりも実効性のある助言を求める。

(2) ソーシャルワーカーが業務以外の個人的ネットワークから受ける助言

　私たちは業務上の関係以外にさまざまな人間関係を有しており、時にはこうした個人的なつながりをもつ人物から助言を受けることもある。例えば、解決すべき問題が明確な場合には、職能団体の活動や広域的な研修会、資格取得の学習を共にしてきた仲間や恩師などに相談し、そこから得られる助言は自分自身の状況を客観的にとらえ、視野を広げて冷静に判断する上でも有効である。しかし、ソーシャルワーカーが直面している状況の説明は、自分がとらえている範囲でしか伝えることができないため、相談内容の情報が偏りやすいことに助言者は留意しなければならない。また状況によっては、助言というよりも傾聴的な態度をソーシャルワーカーが望んで相談する場合もあるため、助言と傾聴のバランスが求められるときもある。

(3) ソーシャルワーカーが契約に基づき外部の専門的知見を有する者から受ける助言

　これはコンサルティと外部のコンサルタントの間で契約を交わした上で行われるコンサルテーションである。コンサルティは個人、グループ、組織の場合があるが、個人がコンサルタントと契約を交わすのはまれである。多くはグループや組織が助言を受けたい分野において専門的知見を有する教育・研究機関やコンサルタント会社、NPOなどと契約を結んだ上で行われるものである。福祉に関する計画策定時にはこうしたコンサルタントが関わることも多い。また、何らかの委員会の委員として委嘱を受けて会議に出席し、発言する場合もこの契約に基づくコンサルテーションに含まれる。

(4) クライエントがソーシャルワーカーから受ける助言

　コンサルテーションを専門家が相手からの相談に対して必要な助言を行うことととらえれば、ソーシャルワーカーもクライエントからの相談に応じ助言を行うという点でコンサルタントといえる。したがって、コンサルティは福祉専門職だけでなく、地域住民の場合もあり、この点においてコンサルテーションの対象者はスーパービジョンと明確に異なる。すなわちスーパービジョンは専門職間で行われるものであるが、コンサルテーションは専門職間だけでなく、ソーシャルワーカーとクライエントの間でも行われるのである。コンサルテーションを助言というスキルととらえれば、ソーシャルワーカーはまさにコンサルタントとしての力量を高めていかなければならない。

2 コンサルテーションの形態

　コンサルテーションの形態は、コンサルタントの対象によって、❶個別コンサルテーション、❷グループコンサルテーション、❸ピアグループコンサルテーションに分けられる。

❶　個別コンサルテーションとは、コンサルティの相談に対してコンサルタントが一対一で直接助言を行うものである。この場合、面談形式の他に電話やメールでの助言もある。

❷　グループコンサルテーションとは、ケース会議や事例検討、委員会などの場面で、コンサルタントがあるグループに入り、ファシリテーターとしての役割も果たしながら、相談を受け助言を行うものである。この場合、助言を行うのはコンサルタントだけでなく、他のグループメンバーもその役割を担うこととなる。

❸　ピアグループコンサルテーションとは、同じ属性をもつメンバーで構成されるグループでのコンサルテーションであり、例えば、地域包括支援センターの社会福祉士

だけの事例検討などである。この場合、グループメンバーは相談者と同じ状況にある者として相談内容を的確にとらえ、また共感的態度で助言を行うことも可能となる。この場合、一人ひとりのメンバーがコンサルタントとなるため、外部のコンサルタントが入らないこともある。ただし、その際にはファシリテーター役をメンバー内で決めることや、相手の意見を尊重するなど話し合いのルールが必要である。

3 ▶ コミュニティソーシャルワークにおけるコンサルテーションのポイント
──個別事例に対するグループコンサルテーションから

以上、コンサルテーションの概要を踏まえた上で、コミュニティソーシャルワークにおけるコンサルテーションに焦点を当てていきたい。コミュニティソーシャルワークは個別支援と地域支援の統合的実践であり、前提として個別支援や地域支援の各技術がなければならない。これらは既存の研修でも扱われるテーマであり、コミュニティソーシャルワークとしてのコンサルテーションではソーシャルワーク実践の統合という視点を軸にして助言を行うものである。

これまで各地におけるコミュニティソーシャルワーカーの養成研修に関わり、受講者から提出された多くの事例に対してグループコンサルテーションを行ってきた。その事例検討においてコミュニティソーシャルワークの視点から助言しているポイントを4点に絞って以下にまとめた。これらは、多くの地域で共通して直面している課題に対する助言であり、より具体的なコンサルテーションは各地の状況によって異なるものであり、これだけというものでもない。

1 個別ケースで終わらせていないか

個別の事例検討の多くは、「この事例」では何が重要かという視点で進められることが多いが、コミュニティソーシャルワークにおけるグループコンサルテーションはそれだけにとどまらない。この事例と同じニーズをもつ人々は地域のなかにどれくらいいるのか。またそれを把握するためには、どのような方法が考えられるかというところまでを考えなければならない。それは個別ニーズに即した地域アセスメントの重視である。実践現場において個別アセスメントはかなり意識的に実践されているが、地域アセスメントの実践は非常に弱い。この地域アセスメントには、地域概況や社会資源、地域ニーズの把握・分析が含まれるが、コミュニティソーシャルワークで重要なのは個別ニーズ

188

をしっかりと見据えた上で必要な地域アセスメントが行われているかということである。漠然と地域を把握するのでなく、まずは事例検討においてこの事例と同じようなニーズをもった人々は地域にどれくらいいるのかをはっきりさせることによって、個別対応でとどまるケースなのか、地域のなかで新たな取り組みを生み出していく必要がある状況なのかが見えてくるのである。

② 新たな社会資源を生み出す仕組みがあるか

困難ケースとしてあがってくる事例の特徴の一つは、既存のサービスだけでは対応できないということである。そうしたとき、ケアマネジメントだけでは限界がある。なぜならケアマネジメントは、既存のフォーマルやインフォーマルな社会資源を調整する技術として有効であるが、既存のもので対応できない場合には、新たな取り組みや社会資源を生み出していかなければならないのである。そうでなければソーシャルワーカーは制度の狭間の問題から目を背けてしまうことになる。

新たなニーズに向き合うためには、まずそのニーズを話し合う機会が組織内や地域内に設置されている必要がある。またそのニーズに対応するプロジェクトチームを編成し、必要な財源を公私から集めてくる仕組みが必要である。

また、社会資源の開発において「フォーマルで足りないものはインフォーマルで補う」という発想を私たちは払拭しなければならない。住民の視点から考えれば、既存のインフォーマルなネットワークでできるだけ対処しようとし、それがどうにもならなくなったときにフォーマルな機関に相談してくるのである。住民は「インフォーマルで足りないところはフォーマルで補う」という感覚であることを忘れてはならない。フォーマルで足りないところをインフォーマルで補うという視点には、フォーマルな社会資源の開発という発想がない。「フォーマルで足りないところは新たな社会資源で補う」という視点から、ニーズの状況に応じて公的なサービスや住民相互の助け合いを生み出していくことが大切であり、そのためにはニーズに対する取り組みを話し合う場の設定が必要である。

③ サポートを提供している社会関係をアセスメントしているか

ソーシャルサポートネットワークの重要性は誰もが認識するところであるが、そのサポートの種類にはさまざまあることに留意しなければならない。例えば、介護が必要なケースにおいては、介護という手段的サポートの代替となるサービスの活用が考えられ

るが、私たちは情緒的サポートなしには幸せに生活することはできない。いくら介護保険サービスを利用して手段的サポートを満たしても、本人やその介護者の情緒的サポートを満たさなければ、精神的に追い込まれてしまうのである。

そこで重要となるのは、その情緒的サポートの源は誰かということである。それはその人自身が育んできた人間関係であり、幸せに生きていく上で欠かせない存在である。そのため、身体的なアセスメントだけでなく、そうした社会関係をアセスメントしていくことが重要となる。こうした関わりを把握しないままに本人の状況だけでサービス利用を始めると、それまで気にかけていた友人や隣人が声をかけなくなるという場合も少なくない。「サービスが地域の関係を切る」といわれるところである。

地域生活を支えていく際に、地域との関わりという言葉がよく使われる。しかし、その地域とは非常に曖昧であり、近隣住民や自治会、民生委員、ボランティアというイメージが先行しがちで、地理的範囲にとらわれない友人関係や日々の暮らしのなかで関わる商店などの存在が抜け落ちていることが多い。地域のなかでどのようなサポート関係をもちながら生活しているかをアセスメントするためには、エコマップや住宅地図を活用した関係図などが有効である。こうしたアセスメントをしてこそ、個別ニーズに即した地域へのアプローチ方法が見えてくる。

4 複合ニーズ世帯に対応する仕組みがあるか

困難事例であがってくるケースには複合ニーズ世帯のものも多い。なぜ困難になっているのか、困難さをもたらしている要因を見いだすことができれば、解決への道筋が見えてくる。困難さの要因を探っていくと、家族構成員それぞれがニーズを抱え、それぞれの専門職が関わっているにもかかわらず、家族全体を見渡して必要な援助を調整する者が不在であることに気づく。縦割りなサービスを横断的につなぐ仕組みの必要性が浮かび上がってくるのである。そのため、こうした事例では自分が勤務する地域でどのような体制が整えば、コーディネート機能を確保できるかを考える必要がある。先進的な地域では、コミュニティソーシャルワーカーが配置されていたり、小地域に多職種チームが配置されていたりするが、そうした体制がない地域ではどうしたらよいのか、他市の情報を参考にしながらも単なる先進事例の当てはめでなく、自分の地域の状況を踏まえて解決策を探していくことがグループコンサルテーションにおいて重要である。

また、その際には情報共有のルールとツールが明確になっているかという点も重要である。他機関や関係者と情報共有することの重要性を否定する者はいないが、実際には、何の情報をどの範囲まで伝えればよいのか、どのような様式に記録し共有すればよ

いのかということが曖昧な場合が多く、結果としてうまく情報共有ができていないことがある。住民ニーズが時代とともに変化していく今日では、ニーズに対応するシステムやツールを生み出す営みを絶えず続けなければならない。

4 ▶ これからのコンサルテーションのあり方

　最後に、これからのコンサルテーションのあり方についてまとめておきたい。コミュニティソーシャルワークにおけるコンサルテーションのあり方を考察するにあたって、大いに参考となるのは、シャイン（Schein, E. H.）（1999）のプロセス・コンサルテーションである。[40] 彼は、コンサルテーションのモデルについて、①情報—購入型 専門家モデル、②医師—患者モデル、③プロセス・コンサルテーション・モデルに整理して、プロセス・コンサルテーションという独自のモデルを提唱している。

　これらを簡単に解説すると、情報—購入型 専門家モデルでは、コンサルティがコンサルタントから専門的な情報やサービスを購入することを仮定しており、例えばコンサルタントに調査を依頼し分析してもらうような場合である。この場合、コンサルタントはコンサルティが求める情報を提供できるということが前提となっているが、気をつけなければならないのは、このモデルの問題点としてコンサルティの力を奪いかねないということである。例えば、コンサルタントに調査・分析を委ねることによって、コンサルティ自身が調査し分析するという力を高める機会を奪われかねないことにも留意しなければならない。

　医師—患者モデルは、組織の一部の人間がコンサルティとなり、組織を「点検してもらうために」コンサルタントを呼び入れる場合である。このモデルでは専門家であれば、組織に入り込んで問題を見極め、改善することができるという仮定にも基づいている。しかし、組織内のメンバーがコンサルタントの提言を受け入れる体制が整っていなければ、またその提言を実行する力が組織になければ、実行されることはない。

　そこでシャインは、プロセス・コンサルテーション・モデルを提唱している。これは、状況の分析や診断をコンサルティと共同で行い、コンサルタントの視点や問題解決の技能を相手に引き継ぐことに焦点を当てている。これはソーシャルワーカーが利用者に代わって問題を解決するのではなく、利用者自身が問題解決できるように支援をしていくという考えと一致するものである。ソーシャルワークにおけるコンサルテーション

40　Edgar H. Schein, Process Consultation Revisited : *Building the Helping Relationship*, Addison-Wesley Publishing Company, Inc., 1999.（稲葉元吉・尾川史一訳『プロセス・コンサルテーション』白桃書房，2002.）

は、シャインの提唱するプロセス・コンサルテーションであることが重要である。

　では、今の日本におけるコンサルテーションはどうか。例えば、地域福祉計画等の計画策定プロセスにおいては、コンサルタントが用意した調査票で実態調査を行い、結果の集計から分析までをコンサルタントが行い、さらには計画の文章そのものもコンサルタントが執筆している状況も各地で見られる。たしかに専門家の視点で分析しまとめられた計画は内容的には優れているかもしれない。しかし、そのコンサルタントの関わりはその地域の力を奪っているかもしれないことに気づかなければならない。

　ここで思い出されるのは、イギリスにおいてコミュニティソーシャルワーク実践を推進するハドレイらに対して批判したベレスフォード（Beresford, P.）（1982：22-5）[41]の指摘である。彼は地方分権や住民参加として推進されるパッチシステムの実践に対して「重要なことは、すべての計画が外部の行政部局や学者によってたてられ、住民運動の結果でもなく、住民や利用者のイニシアティブでなされたものではないということである」と述べている。

　コンサルタントとして外部の人間が関わるとき、その提唱する内容を地域に当てはめるのか、その地域の人々自身が現状を改善していくプロセスに関わり続けるのか、コンサルタントの姿勢が問われる。どのような実践を展開していくかはコンサルティ自身が判断すべきであり、コミュニティソーシャルワークにおけるコンサルタントは、先進的な取り組みを行っている実践例を紹介はしても、その取り組みを他の地域に当てはめようとしてはならない。また、一方でコンサルティは安易にコンサルタントに頼るのではなく、自分たちで状況を分析した上で、適切なコンサルタントを選び、そのスキルを習得し、必要以上を求めないことである。コンサルテーションはコンサルティの力を高めるためでなくてはならない。そのためには、①何をコンサルテーションしてほしいのか、②誰がコンサルテーションを受けるのか、③コンサルテーションを受けた後、検討機会があるか、④コンサルテーションの内容をどのように職員間で共有するか、という点をコンサルタントとコンサルティが明確にした上で、コンサルテーションを行っていくことが重要である。

【参考文献】
・原口佳典『コーチング講座』創元社，2010.
・野口吉昭『コンサルタントの「質問力」』PHP ビジネス新書，2008.
・安田龍平・平賀均編著『コンサルタントのフレームワーク』同友館，2010.

41　Peter Beresford, 'Public participation and the redefinition of social policy', Catherine Jones and Jane Stevenson eds., *The Year Book of Social Policy 1980-1981*, Routledge & Kegan Paul, pp.20 〜41, 1982.

第10節

福祉教育

はじめに

　コミュニティソーシャルワークにおける福祉教育とは、「個人」と「地域社会」の関係性のなかに「教育・学習」という手法をもって介入することである。例えば安心生活創造事業では、地域内の活動を持続させていくために財源確保や創出を念頭に置いている。もちろん財源が無いなかで事業展開をしていくことは困難であるからして必要なことではあるが、それ以上に不可欠なことは、地域住民が活動に参加する動機づけや意識を継続させていくことである。そのためにも持続可能な安心生活を創造していくためには、地域住民の学びが不可欠である。コミュニティソーシャルワーカーが地域住民に働きかける福祉教育とは、そのことを意識したものでなければならない。

1 ▶「在宅福祉サービスの構造」の意味するところ

　大橋謙策は在宅福祉サービスを次の図3−7に示すような3層に構造化してとらえている。[42] 全体の基底に「環境醸成」を置き、第2層に「求めに応ずる受容・相談・援助」、そして第1層に「直接的日常的対人ケアサービス」を位置づけている。この構造は、ホームヘルプサービスをはじめとする直接的対人援助サービスは、ケアマネジメントによるケアプランによって成立すること、さらに、こうしたサービスは住民主体によるまちづくり環境醸成によって成り立つことを示している。この基底にあたる環境醸成には、バリアフリーやユニバーサルデザインによる「物理的側面」と、福祉意識の啓発・主体形成といった「意識的側面」によって構成されている。

　一般的には在宅福祉サービスをこの第1層だけで解釈しがちなのに対して、このように構造化してとらえ考察することによって、地域自立生活支援のシステムとしてとらえることができる。つまり地域のなかで自立生活を支援していくためには、質の高い直接的対人援助サービスが存在することを前提に、ニーズに即したケアマネジメントが必要なこと。さらに一人ひとりの生活空間を支える物理的環境と、地域の近隣関係を含めた意識的環境の醸成が求められ、それらを総合的体系的に推進していくことの必要性を示している。逆説的に説明するならば、こうした視点がなく、直接的対人援助サービスだ

42　大橋謙策『地域福祉論』放送大学教育振興会, p.38, 1995.

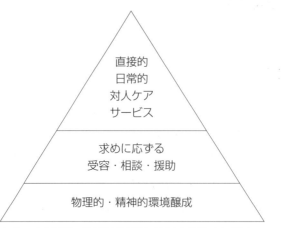

図3-7　在宅福祉サービスの構造

出典：大橋謙策『地域福祉論』放送大学教育振興会，1995.

けを在宅福祉サービスとしてとらえ、その量的整備だけを図っても十分ではないということである。つまり介護保険事業計画や障害福祉計画で、在宅福祉サービスの整備目標は示せても、専門職によるケアマネジメントや総合相談支援のシステム、あるいは住民参加によるまちづくりといった総合的な地域福祉のシステムにはならないのである。こうした構成要素を構造的にとらえ、総合的にどのように拡充していくかを検討することで地域福祉の推進が図られる。

　コミュニティソーシャルワークとは、この大橋の示す「在宅福祉サービスの構造」を中心から串刺す軸である。つまり直接対人援助サービス、専門職によるケアマネジメントやそのシステム、そしてハードとソフトを含む環境への働きかけがコミュニティソーシャルワークの機能である。個別支援と地域支援の総合的、一体的な援助が必要である。

　福祉教育との関連で注目されるのが、この構造のなかに位置づけられる「意識的側面」についてである。どんなに在宅福祉サービスが丁寧に提供されていたとしても、地域住民の福祉意識によって地域生活の質が異なる。重度の障害のある人が在宅生活をする際に、障壁になるのが近隣の人たちとの人間関係である。認知症への誤解や偏見が、本人や介護している家族にとって大きな負担になっている。コミュニティソーシャルワークが介入する福祉教育とは、地域自立生活支援を推進していくための地域住民の意識や行為に対する働きかけである。つまり地域福祉を推進するための主体形成にほかならない。

2 ▶ コミュニティソーシャルワークと福祉教育実践

　住民主体で地域福祉を推進していくためには、制度を整えて質のよいサービスを提供すること、そのためのシステムを構築していくことと同時に、地域住民の福祉意識を高め、主体的に地域福祉の推進に参画するようにしていくことが大切である。

　地域福祉を推進してきた先人たちは「地域福祉は、福祉教育にはじまり、福祉教育におわる」と経験知を伝えてきた。最初に出てくる福祉教育とは、啓発・広報の段階である。少しでも多くの人たちに地域福祉を理解してもらうことからはじまる。しかしいつまでも啓発・広報に留まっていては、住民主体の地域福祉は成立しない。地域住民自らが、主体的に地域福祉の推進に関わる「自治」の段階が最後の福祉教育である。まさに地域福祉の推進の過程が、住民の主体形成の過程そのものである。

　こうした地域福祉の主体に関しては岡村重夫や右田紀久恵らの代表的な先行研究がある。なかでも大橋謙策はこの主体形成を今日の地域福祉の構成要件の基軸として位置づけている。1990年の社会福祉関係八法改正をひとつの契機として、従来の社会福祉における主体論が相互関連をもち、地域福祉のなかでそれぞれが実体化している状況を踏まえ、今日的な地域福祉の主体形成を四つの側面から説明している。①地域福祉計画策定主体の形成、②地域福祉実践主体の形成、③社会福祉サービス利用主体の形成、④社会保険制度契約主体の形成である。個人（生活主体）と地域（生活場面）におけるそれぞれのニーズを分析し、個人と地域の関係を統合的にとらえながら、地域住民の主体の中身を構造化している。[43]

　コミュニティソーシャルワークとして、こうしたいくつかの側面のなかで、どの場面で、どのように福祉教育実践を用いて介入していくかが問われる。地域福祉の主体性の内実を明らかにしながら、その形成への支援と方向性について論議していかなければならない。筆者は大橋の知見を参考にしながら、地域福祉の実践主体を「予防」と「実践」に、利用主体を展開過程に即して「発見」「選択」「契約」「活用」とし、さらに計画策定主体・社会保険制度契約主体を「参画」と「創造」として分節化を試みた。[44]地域福祉における個人の主体性の内実を、これら八つの視点から重層的にとらえてみた。さらに、これらを主体形成によって個々人が身につける力量として整理したのが以下の八つの側面である。

　43　大橋謙策『地域福祉論』放送大学教育振興会，pp.99 ～ 104，1995.

　44　原田正樹「地域福祉のシステム構築と主体形成の視点」大橋謙策・千葉和夫・手島睦久・辻浩編著『コミュニティソーシャルワークと自己実現サービス』万葉舎，pp.196 ～ 213，2000. これをもとに考察を加えたものが，拙稿「地域福祉の主体形成と福祉教育の展開」山縣文治編『社会福祉法の成立と21世紀の社会福祉　別冊・発達25』ミネルヴァ書房，pp.134 ～ 143，2001.

表３－４　個人の主体性の内実とコミュニティソーシャルワーク

	個人 →	← 地域自立生活支援の主な内容	
予　防	予防できる力　→	←　意識啓発、情報提供、福祉教育事業	福祉教育的機能
発　見	発見できる力　→	←　アセスメント、社会福祉調査、住民懇談会	
選　択	選択できる力　→	←　サービス情報提供、ケアプラン	
契　約	契約できる力　→	←　契約行為、権利擁護、苦情解決、成年後見	
活　用	活用できる力　→	←　サービス提供、サービス評価	
実　践	実践できる力　→	←　ボランティア、当事者活動、地域活動	
参　画	参画できる力　→	←　地域福祉計画等の策定、オンブズマン	
創　造	創造できる力　→	←　サービス開拓、NPO、福祉文化	

出典：原田正樹「地域福祉のシステム構築と主体形成の視点」大橋謙策・千葉和夫・手島陸久他編『コミュニティソーシャルワークと自己実現サービス』万葉舎，p.202，2000.

① 「予防」とは、現在の生活や健康を維持したり、社会福祉について理解し、福祉意識を高めたり、福祉サービスについて相談先等を知っておくことができる力である。

② 「発見」とは、自分の状況が認識でき、自らの変化を受け止め、ニーズを自覚化していくことができる力である。

③ 「選択」とは、自分のニーズに照らして、必要なサービスの情報を収集し、そのなかから自分に必要なものを選択することができる力である。

④ 「契約」とは、自らの選択によって決定したサービス等について、必要な契約を行い、それに対して自己責任をとることができる力である。

⑤ 「活用」とは、さまざまな福祉サービスを、自己実現を図るためにうまく組み合わせ、常に質的な向上に向けて活用していくことができる力である。

⑥ 「実践」とは、主体的にさまざまな福祉活動に参加したり、課題を解決していくための学習や行動を起こせる力である。

⑦ 「参画」とは、地域福祉を維持するために住民参加による計画策定に携わっていく、あるいは選挙をはじめとした社会活動への参画によって自治を指向していくことができる力である。

⑧ 「創造」とは、ニーズに応じて新しいサービスを創り出すなどコミュニティアクションを起こしたり、福祉文化活動の展開など積極的な市民活動を担っていくことができる力である。

以上、八つの力は、岡村のいう「主体性の原理」[45]に基づき、個人のなかで統合化され、個人の必要によって活用され得る力であるから、個人のなかに重層的に構築されて

45　岡村重夫『社会福祉原理』全国社会福祉協議会，pp.99 ～ 101，1983.

いくことになる。こうした主体形成の側面を意識して、コミュニティソーシャルワークがどのように実践していくかを吟味しなければならない。換言すれば、その時に実施する福祉教育の目的を明確にしていく必要がある。地域住民の「予防」を目的にした福祉教育プログラムを展開するのか、新しいサービスを開発していくために、コミュニティアクションを起こしていくための「創造」としての福祉教育プログラムを実施するのか、まさに介入する段階を見極めながら、それに必要な福祉教育実践をしていくことになる。

3 ▶ 当事者性を育むこと

　岡村重夫は地域福祉論の構成要件として、コミュニティケア、地域組織化、予防的福祉をあげた。[46] 特に地域組織化では、一般地域組織化と福祉組織化という二つの側面に構造化している。そのなかで地域コミュニティの下位コミュニティとして、福祉コミュニティを位置づけている。生活上不利条件をもつ人々の生活上の要求は、「地域社会の多数をしめる住民のための一般的サービスや環境条件の改善だけでは、充足されないものである」として、福祉コミュニティの形成の必然性を述べている。

　岡村は福祉コミュニティを次のように構造化している。まず最も中核に社会福祉の対象者を置き、第2の構成員として生活困難な当事者に寄り添う共鳴者や代弁する代弁者を位置づける。そして第3の構成員として各種サービスを提供する機関・団体・施設を位置づけている。福祉コミュニティとはそれらの結合体として考えられた。

　このことは今日のように「利用者主体」が意識されるようになっていれば決して目新しいことではない。しかし当時、まず対象者を中心に据えたこと。さらにサービス提供者との間に共鳴者、代弁者としての「市民」を位置づけたことに大きな意義がある。このことはサービス提供者と利用者の間には距離があるということである。すなわちサービス提供者の誰もが利用者にとっての共鳴者や代弁者ではあり得ないこと、むしろこの二者の間には緊張関係が必要であり、このことを含んで福祉コミュニティが構想されていると考える。そのときにより対象の気持ちに共鳴し、代弁していくのは専門家ではなく、近隣の住民であるということに大きな示唆が含まれている。

　筆者は福祉教育において「当事者性をどう育むか」が重要なテーマであると考えてきたが、[47] まさにこの共鳴・代弁できる近隣住民をどう増やしていくことができるかが、

　46　岡村重夫『地域福祉論』光生館, p.70, 1973.

　47　原田正樹「福祉教育が当事者性を視座にする意味 ―いのち・私・社会を問うための福祉教育であるために」
　　　『日本福祉教育・ボランティア学習学会年報』vol. 11, pp.34～55, 2006.

地域福祉を推進していく際の福祉教育の課題である。

　福祉教育では「総論賛成・各論反対」の福祉意識をどう変容させていくかが問われるが、まさに実際の地域福祉の推進にあたっても、この地域内で生じるコンフリクトを避けては通れない。障害者施設の建設反対運動をはじめとする抑圧や排除が生じるのも同じ地域なのである。そのことを無視して、福祉コミュニティだけを理想化してしまうことは、本来の社会福祉問題の固有性と運動性を曖昧にしてしまうことになりかねない。

　福祉サービスの利用者へのスティグマを払拭していくということは、「同化」させていくことではなく、むしろ福祉コミュニティを強化することによって、地域コミュニティとの関係性を問い、その緊張関係のなかで地域コミュニティを変革していくことである。すなわち「福祉コミュニティの普遍化」ではなく、「地域コミュニティの福祉化」が今日の地域福祉に必要なことであり、方法論であると考える。[48]そのためには地域コミュニティに対して、福祉コミュニティが常に問題提起を繰り返し、その緊張関係のなかで権力構造を変革（リレーションシップゴール）していくことが必要になる。ここでいう権力構造の変革とは利用者主体という構造をつくりだしていくことである。その際に、彼らの共鳴者であり、代弁者としての地域住民、ボランティアの役割は大きな意味をもつ。このアドボカシーできる地域住民やボランティアの存在が、福祉コミュニティの形成の上では不可欠なのである。

4 ▶ 福祉教育実践の形骸化——貧困的な福祉観の再生産

　しかしながら、今日実践されている福祉教育がすべてこうした目的を具現化しているかといえば、大変厳しい状況にある。

　例えば、障害理解プログラムとしてよく用いられているのが「障害の疑似体験」である。「障害のない人」が「障害のある人」を理解するという目的のもとに、車いすに乗ってみたり、アイマスクをしてみたりして、障害の疑似体験をしてみようというプログラムである。

　具体的には、例えば子どもたちがアイマスクをして、「目が見えない」体験をしてみる。アイマスクを外したあとで感想を求める。子どもたちは、「不便さ」や「怖さ」「不安」を口々にする。そこで教師はそれが視覚障害者の日常の実態だと説明し、最後に五体満足であるあなたたちは「優しく」しなければいけない、というまとめをする。そして終了後には、「障害者の苦労がよくわかった」とか「障害者はとても気の毒なことが

48　原田正樹「地域福祉計画と地域住民主体の主体性に関する一考察」『都市問題』pp.63 ～ 75, 2004.

実感できた」といった参加者からの感想が寄せられる。一般にはこうした感想を「良い」評価としてとらえていることが多い。

　しかし、このプログラムには大きな落とし穴がある。それは、ここで体験する「障害」とは「能力低下（disability）」のみの体験であるということ、つまり身体的な能力低下による、ある動作ができる、できないといった部分だけを体験しているにすぎない。そうした体験だけで障害のすべてが伝えられるわけではない。むしろそうした疑似体験が偏見を助長することもあり得る。一見、福祉教育をしているように映るが、そこでは「貧困的な福祉観」を再生しているかもしれない。

　福祉教育では体験学習が必要だといわれてきたが、それは障害のある人の直面している日常生活の課題に着目し、その課題をどうしたら共有化できるのかを考える、そのための体験をいう。言い換えれば、障害のある人にとっての「参加（participation）」について気づき、同時に「環境要因」のあり方、つまりバリアフリーを達成していくことが私たち一人ひとりの役割であることを自覚していくことが求められる。それには実際に障害のある人とふれあい、交流を通して人間関係を結べるような体験が必要である。そのなかで障害があってもさまざまな可能性があること、人間としての尊厳について学び、同時に障害があることで被る現代社会の偏見や差別についても知っていかなくてはならない。

　単に「障害者は不自由だ、大変だ」で終わってしまう疑似体験だけでは、正確に障害を理解していくことにはならないのである。さらにいえば、これからの障害理解では、ICF（国際生活機能分類）の正しい理解に基づいた障害観を伝えていかなければならない。

　このようにコミュニティソーシャルワークとして福祉教育を展開していくということは、例えば今説明したような ICF をはじめとして、社会福祉理論に裏づけられなくてはならない。またそこでは、社会福祉の価値や倫理を福祉教育プログラムに反映させていくことが大切である。

　福祉教育プログラムを検討する際には、こうした福祉教育の価値や目的、そして、そのための実践仮説と評価方法についての検討が不可欠である。つまり福祉教育プログラムとして明示されたものだけに着目するのではなく、同時にその福祉教育プログラムに込められた潜在的意図を可視化して、批判的に検証する視点が必要とされる。形ばかりの福祉を取り入れた教育が行われても、その結果はノーマライゼーションを具現化していくことにはならない。その意味からも、豊かな福祉教育を実践していくためには、一方で子どもたちが置かれている「教育福祉」の状況をきちんと把握しておくことが不可欠である。

5 ▶ コミュニティソーシャルワークと福祉教育実践の地域化

　コミュニティソーシャルワークが福祉教育を展開していくときには、地域のなかでどう福祉教育実践を実施していくかを検討する。それは「地域において生涯にわたる総合的統合的な福祉教育の展開」を創り出すことである。このことは、今日の福祉教育実践を「地域化」させていくことになる。

　コミュニティソーシャルワークは学校の福祉教育実践に関わらなくてもいいということではない。地域の子どもたちに社会福祉のメッセージを伝えていくことは、ソーシャルワーカーとしての責務の一つであると考える。ここでいう地域化とは、実践内容の地域化である。福祉教育が学習素材として取り上げる「社会福祉問題」とは地域のなかに存在する。それを学ぶためには限られた教室のなかだけの実践では限界がある。すでに多くの学校が地域との交流・連携を通して福祉教育実践を始めている。地域ぐるみで福祉教育をどう展開できるか、「地域の教育力」が試されてくる。また先述したように、生涯学習の視点から広く学習の機会が保障されなければならない。その意味では「公民館」との連携が今まで以上に必要になる。コミュニティソーシャルワークとして、社会教育行政や具体的な公民館活動に関わることを意識してみてよいのではないか。

　もう一つの地域化とは、福祉教育の対象として「地域住民の統合」を図るという視点である。これまで福祉教育実践では、例えば障害のない人が、障害のある人のことを理解するといった一方的な図式でとらえがちであった。つまり福祉サービス利用者は福祉教育実践の対象であって、参加する側としてとらえられてこなかった。地域住民の「だれも」が福祉を学習する権利があるという思想のなかでは、まさに双方向的な関係形式が必要であるし、どのような立場であっても、お互いが「学び合う」という構造が福祉教育では大事にされなければならない。

　こうした変化を踏まえて、福祉教育の推進システムを構築していく必要がある。これまで学校中心であったものを、地域を基盤とした福祉教育のシステムに移行していく。地域のなかで福祉教育に関係する機関、学校、社会教育施設、社会福祉施設、その他の組織、NPOなどが、それぞれの役割を果たして連携しながら福祉教育の場をつくりあげていく。その際にコミュニティソーシャルワークは、学習課題と地域の福祉ニーズを明確に結び付けていく必要がある。地域の福祉ニーズとは個別のニーズだけでなく、地域社会の課題も含めて考えられる。これはアメリカやイギリスで推進されているサービ

49　小川利夫『教育福祉の基本問題』勁草書房，1985.

スラーニング（Service-Learning）のシステムが参考になる。また、それをサポートしていく機関や福祉教育推進者の養成機関も必要である。

こうした福祉教育の推進方法の一つとして、「協同実践」[50]という方法が試みられている。この「協同実践」とは、福祉教育に関する一連の実践を担当者個人が担うのではなく、プロセスそのものを、複数の人間がお互いに関わり合いながら進めていくという実践方法である。企画の段階から複数のスタッフが関わることによって、すでにスタッフ自身の「学び」が始まる。この学びを大切にしながら進められるプログラムでは、参加者相互の学びが大切にされる。この双方向的な「学び合うという関係性」を大切にした実践の方法が「協同実践」の特徴である。

この協同実践の方法を福祉教育に導入するという意図は、福祉教育プログラムが協同実践化されることによって「共に生きる力」を育み、地域の福祉力を耕し、ノーマライゼーションを具現化していく一つの契機になっていくからである。さまざまな出会いを通して、地域の福祉課題を相互に「共有化」し、解決していく指向性と地域福祉実践に結び付けていくことが大切である。

6 ▶ 福祉教育実践における コミュニティソーシャルワーカーの介入の留意点

福祉教育実践にコミュニティソーシャルワーカーが積極的に関与していくときに、留意しておく視点について整理しておく。最も留意しておかなければならないのは、社会福祉の専門家であるコミュニティソーシャルワーカーが、社会福祉を知らない人たちに一方的に「教える」ことが福祉教育ではないということである。つまりコミュニティソーシャルワーカーが学習会の講師になることが目的ではない。

ボランティア活動をしている人たちがよく「私自身が相手からたくさんのことを教えてもらった」という類の報告をされる。相手から学ぶという行為、つまり提供者と利用者という一方通行の関わりではなく、相互に関わり合うという行為がボランティア活動にはある。同じ二者関係でも質が異なるのである。ボランティアとしての活動と、サービス提供者としての活動の違いは、単に報酬の有無というよりも、この二者関係の質の変化によるものが大きいのではないだろうか。

これからのボランティア活動をすすめる上で、上野谷加代子は「支え上手と支えられ上手」という点を強調しているが、支えられ上手になれるボランティアとは、実は援助

---

50 協同実践と近い概念として用いられるのが「協同学習」「学習参加」である。

者としても高度な共感性とコミュニケーション能力が備わっていることが求められる。

　さらに、支えられ上手になれるボランティアを強調するということは、まさに専門職によるパターナリズム（paternalism）への批判も含まれている。これは強い立場にある側が、弱い立場にある人たちのためであることを大儀として、強制的に介入したり干渉するといった父権主義のことをいうが、よく専門職と素人（住民、利用者、患者など）の間で起こり得るとされる。ところが、このことがボランティア活動のなかでも起こるのである。一方的に「ボランティアをしてあげている」という意識が、かえって相手を抑圧してしまうことにつながる。いわゆる善意の押しつけや弊害である。

　日本の社会福祉専門教育は、1990年代以降、資格制度の導入も伴って「担い手の育成」という視点を強めていく結果となった。そこでは対象者理解という視点から、援助者と利用者という二項関係の構図を強くすることになる。障害や高齢の疑似体験など相手を対象化することで、福祉教育実践が形骸化してきたことは先述したとおりである。結果として貧困的な福祉観の再生産のもと、専門家主義によるパターナリズムが強まる傾向にすらある。

　例えば学校教育などフォーマルな教育現場における福祉教育の場面では、「指導者」と「生徒」と「対象者」の構図による授業が典型である。社会福祉サービスの利用者を対象化した授業やプログラムを立案することによって、生徒は学習の対象として相手と対面することになる。何よりもその構図をつくることによって指導者自らが対象者と生徒とのなかで距離を保つことができるので、安定した指導がしやすくなる。つまり指導者は自らの福祉観や価値観を問われることなく、「生徒」と「対象」の二者関係に対してあるべき論を指導できるポジションを手に入れることになる。しかし、指導者自らも学習する当事者としてそのなかに身を置いたときに三者の関係性は一変する。

　すぐれた福祉教育実践では教師自らが授業をすすめるなかでゆらぎが生じ、そして新たな三者関係を形成しようとする。そこに緊張関係を伴う主体的な学びが起こる。このゆらぎを含めて、リフレクション（省察）のあり方が着目されている。

　ゆらぎやリフレクションという行為は、コミュニティソーシャルワーカーにとっても重要な姿勢である。とりわけ地域住民のなかで社会福祉の価値を創出していく過程では大切にされる。コミュニティソーシャルワーカーが社会福祉の専門家として、地域住民に対して教える側の立場だけではないことを自覚できていないと難しい。

　同時にコミュニティソーシャルワークのなかで、福祉教育的機能、つまり主体形成のアプローチを意識して、ソーシャルワーク実践に内在する主体形成を促すような働きかけをしていくことが不可欠である。例えば、地域福祉計画を策定することは、その過程に関わる人たちにとっての学習の場であるという側面を意識するということである。

コミュニティソーシャルワーカーが地域に働きかけていかなければならない事柄がたくさんある。ただし、それはコミュニティソーシャルワーカーが一人で解決するのではなく、地域の力を活用していくことであり、最終的には福祉コミュニティが形成されていくことで地域の福祉力が高まっていく。しかし、地域の福祉力などという抽象的な力がもともとあるのではない。それは突き詰めれば、そこに暮らす一人ひとりの地域住民の参加を促すことであり、それには地域住民の福祉意識と行動を変えていくこと、つまり学習がなければならない。

まさにそれは地域住民にとってのエンパワメントであり、具体的には福祉教育活動である。すなわち、地域を基盤とした福祉教育活動を大切にすることで地域住民をエンパワメントし、そのことが地域住民主体の福祉コミュニティをつくり出すことになる。「住民主体の原則」に基づく地域福祉とは、住民にすべて委ねるということではない。むしろ本当の意味で専門職と協働できるよう地域住民が推進力をつけることである。コミュニティソーシャルワーカーが専門性を発揮したとしても、そのことによって専門職主導の地域福祉にならないようにしなくてはならない。専門職とボランティアのよい緊張関係をつくっていくためにも、アドボカシー機能を有する地域のボランティア活動はますます重要になる。そのことが福祉コミュニティを形成していく上で重要な役割になることを意識して展開することが、コミュニティソーシャルワーカーに求められている。

【参考文献】

・Johnson, D. W., Johnson, R. T., & Holubec, E. J., *Circles of Learning: Cooperation in the classroom.* Interaction Book Company, 1984. (杉江修治他訳『学習の輪：アメリカの協同学習入門』二瓶社, 1998.)
・佐藤学『教育改革をデザインする』岩波書店, 1999. 佐藤は活動的で協同的な学びへの転換と「学習参加」による「学びの共同体」として学校のあり方を提唱している。
・植田一博・岡田猛編著『協同の知を探る』共立出版, 2000.
・原田正樹『地域福祉の基盤づくり―推進主体の形成』中央法規出版, 2014.
・日本福祉教育・ボランティア学習学会 20周年記念リーディングス編集委員会編『福祉教育・ボランティア学習の新機軸―学際性と変革性』大学図書出版, 2014.
・上野谷加代子・原田正樹編『新・福祉教育ハンドブック』全国社会福祉協議会, 2014.
・大橋謙策『地域福祉の展開と福祉教育』全国社会福祉協議会, 1986.

第**4**章

コミュニティ
ソーシャルワークの
実践事例

本章では、コミュニティソーシャルワークの展開方法を意識した実践事例がまとめられている。一つの事例が一つの展開方法のみを述べているわけではないが、可能な範囲で個別アセスメントや地域アセスメントなど展開方法を重視した事例構成としている。読者にはこの点を留意しながらお読みいただきたい。

　本章は、九つの事例で構成されている。まず、富山県氷見市の事例は、地域アセスメントを中心に構成されている。氷見市社会福祉協議会によるケアネットを中核とした小地域福祉活動の展開や、チームアプローチによる地域ニーズに基づいたさまざまな実践展開について具体的に述べられている。秋田県藤里町の事例は、個別アセスメントとニーズ把握を中心とした事例となっている。藤里町社会福祉協議会がどのように個別ニーズをアセスメントし、ニーズキャッチを行っていったのかについて具体的に述べられている。千葉県鴨川市、長野県茅野市の事例は、プランニングとシステムづくりを中心とした内容となっている。安心生活創造事業に基づく実践や地域福祉計画策定過程等を通した住民参加に基づいた行政と社会福祉協議会のパートナーシップによる地域福祉の具体的展開が述べられている。香川県琴平町、三重県伊賀市、大阪府豊中市、東京都豊島区の事例は、サービス開発・システムづくりを中心とした事例として構成されている。それぞれの地域において、医療・保健・福祉の連携や合併に伴う住民自治協議会の取り組み、校区福祉委員会やさまざまな地域ニーズに基づく社会資源の開発やシステムづくりの具体的な展開が述べられている。また、大阪府豊中市では中学校区単位に、東京都豊島区では地域包括支援センター単位に社会福祉協議会のコミュニティソーシャルワーカーが配置され実践が展開されている。今後、コミュニティソーシャルワーカーの配置を検討している地域にとって参考となる事例となろう。最後に、社会福祉法人同愛会の事例では、施設におけるコミュニティソーシャルワークの展開方法の事例を提示し、施設においてもコミュニティソーシャルワーク実践が展開できることが示されている。近年、社会福祉法人のあり方が検討されるなかで、社会福祉法人が社会貢献活動・地域公益活動を行うことが期待されている。この事例では、施設が地域福祉を担う展開方法が提示されている。

　以上のような九つの事例を通して、コミュニティソーシャルワークを地域でどのように具体的に展開していくことができるのか。本章では、その具体的な展開方法の視点を学ぶことを目的としている。先述したように、それぞれの事例は、紙面の関係上ある展開方法を中心に書くように構成されているため、必ずしも一つの事例がすべてのコミュニティソーシャルワークの展開方法を含んでいるものとはなっていない。上記のような事例の視点に留意しつつ、いくつかの事例を組み合わせながら学んでいただきたい。

第1節

富山県氷見市社会福祉協議会
── 地域アセスメント

森脇俊二（氷見市社会福祉協議会）

1 ▶ 地域アセスメントを意識する以前の実践

氷見市は、富山県の北西部に位置し、自然豊かな農村漁村地帯が広がり、「ひみ寒ぶり」が有名である。高齢化率は33.2％と県内３番目に高く、年少人口も年々減少しているにもかかわらず、世帯数は増加し、典型的な少子高齢核家族化が進んだ地域である。

氷見市において、本格的な地域福祉実践の始まりは、1982年の「富山県地域福祉活動推進モデル事業」による地域組織化である。このモデル事業をきっかけに、旧小学校区（市内21地区）ごとに、住民主導による地区社会福祉協議会（以下「地区社協」という）が1985年から1990年までに全地区に設置された。

地域組織化を図りつつ、1990年には厚生省（現・厚生労働省）の指定を受け、「生活支援地域福祉活動推進モデル事業」を実施し、市民のあらゆる相談に対応する総合相談機能を確立し、個別支援体制の充実を図った。そこから見えてきた生活課題を解決するために、さまざまな在宅福祉サービスを開発するとともに、行政や専門機関とのネットワークを構築していった。

その頃、地区社協では、1992年から指定を受けた「ふれあいのまちづくり事業」を活用し、小地域単位に集会所等を会場とした「シルバー談話室」やそのサロンの場を発展させた「ふれあいランチサービス」など高齢者の集う場を次々とつくり出していった。以降、高齢者だけではなく、乳幼児や児童、障害者等を対象とした集合型の地域福祉活動を展開するようになった。

サロンを中心とした集合型の地域福祉活動の発展として、2003年から近隣住民のチームによる個別支援を展開する「ケアネット活動（ふれあいコミュニティケアネット21事業）」を地区社協単位で実施し、近隣住民による生活支援チームを住民主体で組織し、見守りや声かけ、ゴミ出し等の地域住民による個別支援活動が生まれた（2014年３月末現在で594チームが組織され、1407名がケアネットチームに協力している）。

2 ▶ 地域アセスメントの必要性の認識

　このような地域福祉実践のなかで、市社協職員がコミュニティソーシャルワークを意識していたかと問われると、正直意識していたとは言い難い。これまでの展開を振り返ると、結果として地域支援と個別支援が交互に作用しながらそれぞれの環境を整えていったことはよくわかるが、双方をつなぐための取り組みを意図的に行ってはいなかった。

　そんななかで地域アセスメントの重要性を認識したのが、前述の住民主体の個別支援活動である「ケアネット活動」により、支援チームが次から次へと誕生していったときである。

　ケアネット活動における市社協の役割は、地域で要支援者を把握した際に、本人の生活課題の整理を行いつつ、住民や専門機関とともに本人を支援するチームを組織して、生活課題に合わせた地域による支援のコーディネートを行っていた。ケアネット活動を普及した当初は、チーム数も少なく、本人に合った支援を地区社協役員とともに考えてコーディネートしていたが、チーム数が増えるにつれ、きめ細かなケアマネジメントを実践することが難しくなっていった。

　ある一人暮らし高齢者（男性）の見守りに関わったときのことである。その方は、認知症状により、頻繁に徘徊をし行方不明になることも少なくなく、離れて暮らす息子も常に心配し、市外から駆け付けることも多かった。本人は在宅での生活を望み、施設入所を頑なに拒否し、何とか在宅での生活を可能にするために介護保険制度に基づく在宅サービスを最大限活用したものの、徘徊は続き、地区社協役員と協議し、地域による見守りで様子を見ることとなった。

　その当時は、本人の主訴や状態、家族の思いを聞きながら、どうすれば生活課題を解決できるかばかり考え、周りの地域については、あくまで本人を支える社会資源に過ぎないと思っていた。そのような考えでのマネジメントだったため、見守りに協力していただいた地域住民も一度や二度の徘徊であれば付き合う気長さはあったが、頻繁になると手に負えないということで、見守りチームからの脱退を申し出る協力者も出てしまい、当時のケアネットリーダーである民生委員から「何とかしてほしい」というSOSが出たのである。

　そこで改めて、息子とケアネットチームメンバーに集まってもらい、地域による見守りについて再度検討することになり、ある協力者からの一言で多くの学びと発見を得ることとなった。それは、「自分たちだけで見守るのは、無理だ。もっといろいろな人に協力してもらおう」という一言であった。まずは、本人の徘徊ルートを整理し、地図上

で表した。そこから、負担なく見守られるよう、そのルート上に見守りができる人を探した。そうすると、商店や電気屋、郵便配達員など、仕事柄、自然に人と触れる機会が多い人にお願いしてはどうかということで、皆で手分けしてお願いに回った。お願いとは、店の前や配達時に本人が歩いている姿を発見したら、息子に連絡してもらうというものである。いつも息子だと動けないことも多いので、曜日や時間帯によっては、民生委員が対応することになった。ある程度役割が整理されてくると、これまで不満をもちつつ漠然と見守っていた近隣の協力者も前向きになり、これまでの傾向から本人が外出する時間帯の多かった午前中に、重点的に本人宅に訪問することになった。この時点で、筆者はただその場の話し合いを見守るだけで、多くの情報をもっている地域のパワーに圧倒されるばかりだった。

　この話し合い以降も本人の徘徊は収まることはなかったが、多くの方の協力により事故もなく家に帰ることができ、最終的には施設入所することもなかった。本人亡き後、息子は地域の方々への感謝を絶やすことはなかった。息子の感謝の言葉に対する関わった地域住民の声に筆者は驚かされた。それは、「じーちゃんのおかげで、一緒に歩いて自分の足腰を鍛えることもできたし、何より認知症について勉強することができた」や「この地域には認知症で苦しんでいる人がもっといるから、そのためにも認知症にやさしい地域にしたい」など、関わった方々からこの事例を通じての学びやこれからの地域のことを考えるコメントが出たのである。

　このような事例を通じて、個の生活課題だけに注目するのではなく、そこに関わる地域の特性を理解し、マネジメントしていけば、個への支援の延長に地域の成長、そして、真の住民主体による動きへとつながることを学んだと同時に、そのためには地域アセスメントが不可欠だと感じた。

3 ▶ 地域アセスメントを実践するための体制整備

　本格的に地域アセスメントを実践するきっかけは、2006年に策定した「第3次地域福祉活動計画」策定時であり、同時に、コミュニティソーシャルワーク実践を意識した職員体制の構築を検討したときでもある。

　計画策定の内部作業で、最初に行ったことがこれまでの氷見市社協の事業展開の歴史の整理である。自分の担当している業務がなぜ生まれたのか、そしてどう発展して今があるのかを役割を決めて整理していき、一つにまとめた（まとめたものは、現在の地域福祉推進計画に掲載）。それを見た職員は、改めて、個別支援と地域支援の関係を確認し、無意識ではあるがコミュニティソーシャルワークを組織で実践してきたことを理解

したのである。

その流れで、計画の重点項目を検討する際に、自然とコミュニティソーシャルワークの実践を意識した事業展開に重点を置くこととなった。どうやって意識した事業展開ができるかを皆で話し合った結果、「地域に出る」という結論に至り、形骸化していた「地域担当制」（1994年から導入）を機能させようということになり、「職員のエリア担当制」を導入することになった。

このエリア担当制は、市内を四つ（民生委員児童委員のブロックや地域包括支援センターのブランチと同じ規模）に分け、1エリア4～6地区社協を単位とし、市社協の各部署からそれぞれのエリアに配置し、5～6名が一つのチームとなり、該当するエリアを担当するというものである。

このエリア担当制を導入した2007年当時、多くの職員が自治会や地区社協役員と面識がほとんどなかったため、まずは、「地域を知る」ということで地域の行事や会議に積極的に出席させてもらった。その際、漠然とその場に行くのではなく、いろいろな地域の情報を集めることも目的として、多い年で年間600回程度さまざまな場面に訪問した。

現在では、定着した市社協職員のエリア担当は、地域からの信頼も得られ、最初は、こちらから動かなければ入ってこなかった地域のさまざまな情報も、地区社協役員や民生委員など多くの地域住民から情報提供をいただくようになった。

4 ▶ 地域アセスメントシートの導入

どのような情報を集めるか、ということで、日本地域福祉研究所がコミュニティソーシャルワーク実践者養成研修で使用していた地域アセスメントシートを参考にし、地区社協単位で新しい情報を更新していった。主な項目は、以下のとおりである。

（地域アセスメントシート項目）

- ・地域特性（自然環境、産業、人口動態、交通、生活基盤、文化等）
- ・地区社協の活動（実施メンバー、内容、開催頻度等）
- ・その他のインフォーマルな組織や活動
- ・医療・保健・福祉・保育・教育その他の主な公的な機関、社会サービス
- ・留意点（その他必要な社会資源・職員の気づき等）

このシートを導入した当時、一番驚いたことは、当時の地域支援担当が長年かけて集めた地域の情報よりも、半年でエリアメンバーが集めた情報のほうが多かったことである。なかでも、個別支援の視点の情報も多く、「集会所がバリアフリーになっていない」「要支援の方々もサロンに来る配慮を地域ボランティアが行っている」「地域活動には顔

を出していないが障害をもった住民の家族を多数見た」など、個別支援担当者でしか気づくことができない情報であった。

　また、あるエリア担当者会議の場で、場数を踏んでいくとだんだん地域の人間関係、特に力関係が見えてきて、誰が地域を動かすキーパーソンなのかがわかってきたという話題になり、そのキーパーソンは地域にどのような影響を与えているかをシートに盛り込むことになった。この時点では、地域診断の領域を越える活用を想定したものではなかったが、キーパーソン情報を盛り込んだことで、個別支援体制の構築や地域による新たな活動開発など、地域アセスメントを行う上で重要な情報となったのである。

　地域アセスメントのポイントの一つと考えているのが、「地域の最新の情報を常に把握しておくこと」である。そのための体制として、エリア担当制は有効だと思っている。地域の情報のなかでも、人材に関する情報は常に変化している。従来のように、担当職員の頭のなかだけにある社会資源の情報を基にした、職人芸のような動きでは、コミュニティソーシャルワークの実践は、長い目で見て持続させることは難しいように思う。その点では、アセスメントシートを導入して、複数の目で常に情報を管理し、最新の情報を共有することで、更新の度に再度地域アセスメントを行うこととなり、一つの情報の変化を契機にアクションを起こすことも多い。さらに、各部署の職員がエリア担当として地域アセスメントに携わるため、さまざまな場面で活用されるということも見えてきた。

5 ▶ 地域アセスメントから地域支援、個別支援へのつながり

　地域アセスメントシートを導入して3年が経過し、集めた情報を基に個別支援や地域支援につなげる機会が少しずつ増えていった。

　その一つの事例として、A地区での取り組みを紹介したい。それは、中心市街地に位置するA地区のケアネット活動者の定例の会議が発端である。その場に出席していたケアネット活動者から「関わっている当事者が最近ひきこもっている」、「60歳代前半で認知症状を患っている当事者がデイサービスに行くと周りと話が合わないので居場所がない」、「いつも家にいるので、いつでも皆が集える場があればいい」など、ケアネットで見守っている方々の声を紹介いただいた。そのときは、週に1回でも集えるミニデイサービスのような拠点があれば、もっと活動の幅も広げられるのになぁ、という緩やかな願望で終わった。エリア担当としても、多くの声を解決できる方法はないかと考えたが、すぐに思いつくアイデアもなく、アセスメントシートに記載するだけであった。

それから数か月後、たまたま市役所のまちづくりの部署で話をしていると、商店街の活性化を目的とした大型の補助金があり、店舗を提供してもいいという情報をもらった。早速、地区社協会長宅を訪問し、これまで出てきた個別ニーズや地域のニーズを根拠に、補助金を活用して拠点を創るチャンスだと、この話を投げかけた。日々の運営費や人材確保、拠点で何をやるかなど、検討しなければいけないことは山ほどあるなかで、A地区がどういう決断をするのかを待つだけとなった。翌日、改めて地区社協役員が招集され、拠点づくりについて検討が行われ、最終的には、不安はあるがこの話を進めよう、ということになり、申請の手続きに入った。

　それから、約9か月、毎週のように拠点づくりの会合が行われた。メンバーには、地区社協役員である自治会長や民生委員、そして各町内からボランティア活動に熱心な住民、総勢20名が集まった。このメンバー構成にもアセスメントシートを基にした地域アセスメントが活かされた。キーパーソンを巻き込むことがスムーズに協議を進めることにつながると考え、意図的に巻き込んだのである。今回のケースでのキーパーソンは、自治振興委員長（A地区を単位とした自治会の集まりのトップ）である。それまでは、地区社協役員にはなっているものの具体的な地区社協活動への関わりはほとんどなかった。しかし、この関わり以降、この拠点の取り組みにかかわらず、地区社協の活動に全面的に協力していただき、地区社協活動の幅も一段と広がったのである。

　メンバー構成に地域アセスメントを活かすことで、最初は、運営上の課題の多さに不安はあったものの、皆が意見を出し合い、少しずつ議論が進み、開設3か月前には運営に関わるスタッフも加わり50名を超える大所帯となり、開設が待ち遠しい様子であった。

　そして、2009年9月、商店街の一角を総額1000万円程の補助金を活用して改修し、「まちなかサロンひみ」が誕生したのである。週6日開設しており、1階は喫茶スペースで、一律200円で飲み物を提供し、その収益は自己財源となっている。さらに、調理を得意とするボランティアは季節に応じたお菓子を出すなど、趣向を凝らしている。2階では週1回のミニデイサービスを開設するとともに、週3日放課後の子どもの居場所にもなっている。また、平日の午前中には未就園児とその保護者の居場所になり、そこに行けば誰かいるという地域の拠点となった。

写真4-1　「まちなかサロンひみ」の様子

一つひとつの取り組みにはA地区に住んでいる一人ひとりのニーズを満たす要素が含まれ、運営はすべてボランティアという手づくりの拠点となっている。この拠点での取り組みは、地域アセスメントシートに基づく地域アセスメントによって、エリア担当が少しだけヒントを出し、メンバーで話し合ってプランニングしたものである。

開設から5年、この拠点での活動を通じて見えてきた新たな生活課題を解決するために、週2回の「なんでも相談」が開設された。そこでの相談をきっかけに、軽四自動車を地区住民から寄贈してもらい、個別支援型の外出支援サービスを実施している。

そこで受けた相談のなかで、どこに相談したらよいかわからない相談や同一世帯で重複する生活課題を抱える相談が非常に多く、合わせてそのような相談を受け止める機能がないということから、市庁舎内に新たに福祉の総合相談窓口である「ふくし相談サポートセンター」（2015年5月）が誕生したのである。

このように、個別支援のために社会資源を活用することを検討する地域アセスメントだけではなく、個人のニーズを地域のニーズとして認識する場面やそこからその解決を図るための新たな取り組みを生み出す場面にも地域アセスメントは重要なものだということを学んだ。

6 ▶ 地域アセスメントを軸にした事業展開

今、氷見市社協では、地域アセスメントを軸にした個別支援、地域支援の進め方の流れが確立しつつある。そのきっかけが2010年から進めている安心生活創造事業である。この事業で掲げた目標の一つが地域の個別支援能力の強化で、具体的には、地域による生活支援サービスの開発による把握および支援力の機能強化である。

事業展開として、市社協の担当は、前述のエリア担当が中心となり、モデルとなる地区社協を指定し、2年間かけて新たな取り組みを実践し、それ以降は定着させるというものである。この2年間の具体的な動きは、以下のとおりである。

（安心生活創造事業における事業展開）

❶ 指定地域の選定（地区との交渉）

❷ 地区社協役員への説明（事業理解、共通認識）

❸ 住民アンケートの実施、分析（個別、地域課題の把握）

❹ 課題解決の取り組み検討（地域の将来構想）

❺ 人材育成（担い手確保、次世代リーダーの育成）

❻ 生活支援サービスの実施（実践）

❶～❻のすべての展開時に、地域アセスメントが活かされている。エリア担当はこの

流れを頭に入れつつ地域の実情に応じて関わり方を変え、生活支援サービスの実施の段階では、住民が主体的に活動に取り組むことができるよう支援している。地域アセスメントがしっかりとできていれば、必然的に住民自身が主体的に動くようになることも、これまでの実践で確認することができた。

　これまで開発された生活支援サービスには、個別の外出支援や集落単位の外出支援、事前予約注文型の買い物支援、相談室を兼ねたサロンなど、地域の特色を活かした活動を展開している。さらに、このような活動から個別支援につながった事例も多数出てきている。例えば、精神疾患のため長期間ひきこもっていた方が、買い物支援の利用をきっかけに地域住民との交流が生まれたり、外出支援の際、集合時間になっても来ないため、地域ボランティアが訪問すると倒れているのを発見し、一命を取り留めた事例などをきっかけに、新たなケアネットチームができ、生活支援サービスが支援機能だけではなく把握機能ももち、そこから個別支援へつながり、そこから見えてきた新たな生活課題が生活支援サービスを生むというサイクルが見えてきたのである。

　このようなモデル地区での成果を受けて、全地区で本事業を実施することを地域福祉計画に掲げることができたため、今後は、毎年２地区ずつ指定し、機能強化を図っていく予定である。

　さらに、地域の機能が高まれば、必然的に要支援者を早期に発見でき、必要なフォーマルサービスによる支援へとつなげられる。一方で、これまで把握してなかった要支援者を発見した場合に、フォーマルな社会資源の役割は非常に重要となってくる。これまで以上にフォーマルな社会資源の質の向上も必要だと考えている。氷見市社協としては、地域とフォーマルな社会資源が連携しやすい環境をつくることが今後の課題であり、そのために行政や関係専門職が地域アセスメントの考え方を意識した個別支援を展開できるよう、多職種連携の事例検討会等を通じて伝えていきたい。

第2節

秋田県藤里町社会福祉協議会
——個別アセスメント・ニーズ把握

菊池まゆみ（藤里町社会福祉協議会）

はじめに

　藤里町は、秋田県最北端に位置し、青森県との県境一帯は標高1000mを超える山並みが連なる、世界自然遺産の指定を受けた白神山地である。面積は282k㎡と広大だが、9割以上が山林原野でその大半を国有林が占める。林業の衰退とともに過疎化が進み、2014年4月現在の人口は3700人で高齢化率は41％を上回っている。

　2005年度、藤里町社会福祉協議会（以下「藤里町社協」という）は日本地域福祉研究所の支援を得て「地域福祉トータルケア推進事業」の取り組みを開始した。

　この10年間、「大橋コミュニティソーシャルワーク論」で突きつけられた課題に、藤里町社協は真摯に向き合ってきた。地域福祉の推進役としての社会福祉協議会（以下「社協」という）が、「本当にその役割を果たしているのか」「地域のなかで、縦割り制度を横につなげる力量をもつのか」「地域の福祉ニーズを把握し、そのニーズに応える事業展開ができているのか」等の課題に対し、役職員がそれぞれの立場できちんと向き合ってきた。そして、それらの積み重ねが藤里町社協のこの10年間の原動力となっていた。

　藤里町社協の「地域福祉トータルケア推進事業」の合言葉は、『福祉でまちづくり』。その合言葉が、組織ぐるみで取り組む事業だという基本姿勢を、支援する者、支援される者がともに集えるまちづくりを目指すという方向性を、内外に示すことができたようだ。何よりも、この事業を展開するほどに、地域福祉の可能性や社協の可能性に対して、期待感が内外に広がっていくことが実感できた。

　そして改めて、地域福祉実践の現場は何の事業を行ったかを問題にするのではなく、地域福祉推進のために何を実践できたかの視点が必要だと、考えさせられている。

1 ▶ 組織として取り組んだ
藤里町地域福祉トータルケア推進事業
——ネットワーク活動事業からトータルケア推進事業への移行

1980年に秋田県で「一人の不幸も見逃さない運動」として始まったネットワーク活動事業は、筆者が藤里町社協に入社した1990年当時には、既に一人暮らし高齢者対策事業としてのイメージが定着していた。

地域の要援護者を見つけだし、地域住民とともに支える活動のなかから、地域の福祉ニーズや課題を拾い上げ、そして地域が必要とするサービスの提供につなげていく。まさに地域福祉推進役としての社協が成すべき事業展開そのままの事業のはずが、一人暮らし高齢者対策事業のイメージから脱皮できない状態だった。そこから、藤里町社協が総力をあげて「地域福祉トータルケア推進事業」への移行を図った。

その流れを、地域福祉推進役であるべき社協の実践力という視点で振り返っている。

地域住民の目にはどう映るのだろうか。一人の不幸も見逃さない運動だと声高に言い、まさに市町村社協の中心事業だと言いながら、真っ先に必要だとあげる事例が一人暮らし高齢者を近隣が支える図だとしたら、横断的総合的な地域福祉の実践として十分なものと言えるだろうか。地域住民の目には、それが市町村社協の実力で実践力の限界と映るかもしれない。しかも、その見方は大きく外れていないのかもしれない。

筆者がネットワーク活動事業担当だった頃、一人の不幸も見逃さないために、本気で町中の困っている人は誰なのかを見つけだそうとしていたし、リアルタイムのニーズ把握に重点を置いていた。一人暮らし高齢者、高齢者のみ世帯、重度身体障害者、知的障害者、在宅障害者、そして認知症や寝たきり高齢者等々の同意を得た名簿をもち、実際の支援が必要な状況になった場合の情報が入るシステムを機能させている状態は、社協の強みといえる。そんなリアルタイムの情報は、私自身が支援活動に動くこと以上に、常にそれぞれの地域の専門職やインフォーマル機関につなぐことで活かされていた。

それでも、地域の支え合い活動としてはまだまだ不十分だった。そのため、筆者自身が事務局長職に就いてから、地域福祉トータルケア推進事業に取り組むこととした。

一担当職員ではできなかったことがある。まず、「組織で取り組む」ということ。地域に向けて社協の中心事業だというからには、すべての役職員が実際に取り組まなければならない、という思いがあった。地域福祉担当職員が何人か動いている状況では、地域の方々に社協の本気度は伝わらない。

そして、こだわったのが「弱者を限定しない取り組み」ということであった。

地域のなかで「一人暮らし高齢者」とか「身体障害者」とか、弱者を限定する活動の

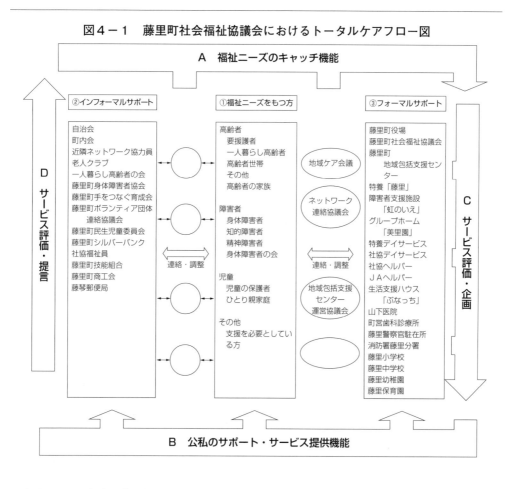

図4-1　藤里町社会福祉協議会におけるトータルケアフロー図

ままでは、地域を動かす大きな支え合い活動への展開が難しいのでは、という思いがあった。だから、トータルケアフロー図（図4-1）には、①福祉ニーズをもつ方として「一人暮らし高齢者」や「障害者」を載せたが、同時に、②インフォーマルサポート（支援する側）として、「一人暮らし高齢者の会」や「障害者等の会」を載せている。

　地域で暮らすということは、一人暮らし高齢者だから支援が必要な側だとくくることは現実的ではない。もちろん、支援が必要なときや部分はあるが、常に支援が必要な側ではない。逆に、家族がいないことで自分の自由な活動時間が多く、社会貢献活動（支援する側）に動けるという面もある。今日は支援される側だが、明日は支援する側で活動する。地域で暮らすということ、地域で支え合って暮らすということは、そんなことだと思っている。そして、その調整役として社協があればいいと考えている。

　だから、地域福祉トータルケア推進事業を行う市町村社協の実践力と考えた場合、上記の2点は大切だったと考えている。

　社協が対象とすべきは、弱者を特定することではなく、支援を必要としているヒトとトキを見逃さないことである。そして、少なくとも役職員すべてが関わる体制をつくる

ことが大切である。そもそも社協の中心的事業に、理事職にある者や給与をもらっている職員を駆り出せないならば、社協事業と無関係の地域住民を動かせるはずがないと思い始めている。(各社協の実践力をはかる目安になるのかもしれない)

以下に、四つの重点項目と藤里町社協独自の五つ目の重点項目について、実践力を身につけるという視点から、簡単に述べる。

2 ▶ 総合相談・生活支援システムの構築

藤里町社協の特徴としては、まず、地域包括支援センターをはじめとして、相談支援に係る法的な相談事業所を積極的に受託してきたことがある。

その理由として、個人情報保護法の施行により、民間である社協が対象者名簿の作成等が難しい状況となり、可能な限りの法的根拠をもちたかったことがあげられる。その上で、総合相談窓口は一つにして、報告の段階で法制度による区分けをしている。小さな町で総合相談をうたう以上、法制度の都合で窓口を分けることは避けたかった。

表4-1 総合相談体制整備

2005年	2006年	2007年	2008年	2009年	2010年	2011年
地域包括支援センター受託準備	地域包括支援センター受託開始	地域包括支援センター受託運営	地域包括支援センター受託運営	地域包括支援センター受託運営	地域包括支援センター受託運営	地域包括支援センター受託運営
			地域活動支援センター受託の検討	地域活動支援センター受託開始	地域活動支援センター受託運営	地域活動支援センター受託運営
	指定相談支援事業所の開設	指定相談支援事業所の運営	指定相談支援事業所の運営	指定相談支援事業所の運営	福祉の拠点「こみっと」開設	宿泊棟「くまげら館」開設

藤里町社協の二つ目の特徴として、報告・連絡・相談用紙の活用をあげる。個人情報保護法や介護保険法の施行で、民間である社協が運営する事業所情報を共有するには、さまざまな制限を受けることとなった。だから、法的根拠をもつ地域包括支援センターに情報を上げて必要な情報のみを各部門・各事業所にまわすという仕組みにより、社協内部での必要な情報に限っての共有が可能になった。

福祉ニーズのキャッチ機能を第一目的にした報告・連絡・相談用紙の活用だったが、人材育成場面で、地域との対話の場面で、組織の結束力強化の場面で、さまざまな波及効果を出した。ニーズキャッチの力が大きく向上したのである。

報告・連絡・相談用紙を活用した苦情・相談等受付件数の推移だけでもその効果は理解していただけると思う（表4－2）。

表4－2　苦情・相談等受付件数

2005年	2006年	2007年	2008年	2009年	2010年	2011年	2012年
197件	1,036件	1,935件	3,288件	3,628件	4,407件	5,310件	8,039件

3 ▶ 福祉を支える人づくり

　個別アセスメント・ニーズキャッチの力を向上させるためには、福祉を支える人材が効果的に機能しなければならない。

　福祉を支える人づくりは、報告・連絡・相談用紙を活用したことで、研修事業を行うこと以上に、日々の業務のなかでの一つひとつの積み重ねが職員を育て、地域への発信につながることを痛感することとなった。

　例えば、パートヘルパーを取り上げる。ヘルパーである前に社協職員であれ、毎日の業務のなかでアンテナを張って福祉ニーズに敏感になれ、などと繰り返しても、なかなか浸透しない。毎日の業務を一生懸命こなすだけでも精一杯、「これでもまだ足りない？　これ以上何をしろと言うのか？」という思いが先に立つらしい。毎日の作業日報に3行以上書きたいことがあったとき、ケース記録には書けないことがあったとき、報告・連絡・相談用紙を活用するように言った結果が、驚異的な報告件数の増加につながった。この報告を地域包括支援センターの相談員が重要なニーズがないか改めてチェックしていくのである。

　怖いと思ったのが、当社協がひきこもり支援を開始するきっかけにもなった、ヘルパーによる報告の書き方である。ヘルパーの支援対象は、あくまでも高齢の利用者であるため、「ひきこもりの息子のことが心配」という介護者の話を、相談とは受け止めていなかった。「……と、介護者さんが30分以上も愚痴をおっしゃっていました」という書き方になる。ヘルパーを責める話ではない。高齢者介護を業務とすれば、ヘルパー日報やケース記録に記すことではないし、むしろ余計な記載といえる。自分の仕事ではないと思いながらも、心を痛めていたから、報告件数の驚異的な増加になったのかもしれない。改めて、それまで社協内にそんな声を拾える仕組みがなかったことに愕然としている。この報告を地域包括支援センターの相談員が丁寧に把握していることが、藤里町のニーズ把握の力を向上させている。

4 ▶ 介護予防のための健康づくり・生きがいづくり

藤里町には、介護予防事業のサービスが十分になかったため、新たな介護予防事業として「元気の源さんクラブ」というサービスを開発することとした。

介護予防事業の「元気の源さんクラブ」事業を住民と対話をしながら必要に応じて次々に展開していくことの効果や達成感、そして楽しさを職員と地域の方々で共有できた気がする。住民のニーズに応えて、「出張元気の源さんクラブ」として、地域に入っていって支援を行う事業も始め、アウトリーチの支援を行っている。

表4−3　介護予防事業「元気の源さんクラブ」事業の展開

2005年	2006年	2007年	2008年	2009年	2010年	2011年
60歳以上 週1回開催	60歳以上 週1回開催	60歳以上 週1回開催	60歳以上 週1回開催	60歳以上 週1回開催	60歳以上 週1回開催	60歳以上 週1回開催
	出張・源さんクラブ開始	出張・源さんクラブ開催	出張・源さんクラブ開催	出張・源さんクラブ開催	出張・源さんクラブ開催	出張・源さんクラブ開催
		みんなの縁側 介護者対象 月1回開催	みんなの縁側 介護者対象 月1回開催	みんなの縁側 介護者対象 月1回開催	みんなの縁側 介護者対象 月1回開催	みんなの縁側 介護者対象 月1回開催
	こだわりの縁側事業の検討	こだわりの縁側事業の検討			福祉の拠点「こみっと」開設	宿泊棟「くまげら館」開設
				源さんクラブ・をとこ組開始	源さんクラブ・をとこ組自主運営	源さんクラブ・をとこ組自主運営

5 ▶ 福祉による地域活性化（⇒福祉でまちづくり）

「福祉でまちづくり」を合言葉に、地域福祉トータルケア推進事業を推進したことで、それまでの福祉の概念や実践のなかで勝手に決めていた限界を、楽しみながら超えられた気がする。

特徴的な例として、「ふれあいマップ」がある。空き店舗を利用してのサロンづくり構想があったが、空き店舗だらけの人通りのない商店街が、サロンづくりで活性化するとは思えなかった。そこで、商店街まるごとサロンになってもらい、その「ふれあいマップ」を作成する、という構想に転換した。

2008年に「ふれあいマップ」を作成したが、社協がこんなことまでやるのかという強

いインパクトを、町民に与えたように思う。以後、商店街を筆頭に町民と社協の距離感が縮まり、さまざまな事業をともに行う関係ができている。

例えば、買い物弱者を対象にした「お買いものツアー事業」は、ふれあいマップ加盟店との協働で行っている。それらの効果か、2008年度に作成した「ふれあいマップ」の在庫がなくなったが、2014年度秋田県で開催する国民文化祭に向けて、町が新たに「ふれあいマップ」の印刷をしてくれた。

さらには、当社協が始めたひきこもり者等支援事業の一環として2013年度から始めた「職業訓練カリキュラム」において、ふれあいマップ加盟店の店主が、その主な講師陣として頑張っている。そして、そのことがさまざまな波及効果をもたらし、地域住民がさまざまな活動に参加し、真の意味での『福祉でまちづくり』につながるのではないか、と期待を抱いている。

6 ▶ 次世代の担い手づくり

当社協が次世代の担い手づくりを目指して、福祉の拠点「こみっと」を中心に始めた「ひきこもり者及び長期不就労者及び在宅障害者等支援事業」が、今、面白い。

ひきこもり者等支援の専門家としては、医療関係者や教育関係者が思い浮かび、福祉には踏み込めない分野だというご指摘もあった。だが、福祉でもできる支援・福祉だからできる支援があるはずだという、思いがあった。ひきこもり状態にあろうがなかろうが、地域で暮らす人であることに違いはないのだから、地域で少しでも快適に暮らしたいという思いがある方なら、手伝えることはあるはずだ、と考えた。

例えば、風邪で高熱の人の治療はできないし薬の処方もできない。だが、汗で気持ちが悪ければ、着替えの手伝いはできる、食欲がなければ食欲が湧くような献立の工夫はできる。それが、目に見える成果が出ている。

「こみっと」開設当初、ひきこもり者等支援の情報提供を承諾してくれた人が113人。民生委員等からの情報に基づいて、断られても何度も社協職員が個別訪問を行った。4年が経過して、「こみっと」に出てきてくれた人が60人以上になり、そのうち一般就労に結び付いた人は40人

写真4-2　こみっと感謝祭

近い。

　何より、生き生きと活動している「こみっと」登録生の姿が、町民に期待を抱かせるのだ。ひきこもり状態にあっただけで弱い人・能力がない人ではなかったことを、彼ら自身が証明している。活躍の機会を失っていた人たち。動きだした彼らを見れば、地域のなかに活躍の場をもたないまま埋もれさせてはならないと思う。その思いを、町民と共有できたことが、社協への期待や支援につながったように思う。

第3節

千葉県鴨川市
―― プランニング

髙梨美代子（鴨川市福祉総合相談センター）

はじめに

　鴨川市は千葉県南東部に位置し、面積191.30㎢、観光や医療など第三次産業従事者の多い中山間地域である。2014年4月1日現在、人口3万5099人、世帯数1万5952世帯で、高齢者人口1万1999人（高齢化率34.2％）、年少人口は3763人（年少人口率10.7％）。世帯形態も核家族、一人暮らし世帯が年々増加傾向にある。このようななか、孤立死や虐待件数も増加し、さまざまな生活課題を抱えている人が増えている現状にある。

　現行のままではさまざまな生活課題を抱えている人を支えきれないと考えていた。そこでニッセイ財団（現・公益財団法人日本生命財団）助成事業「なの花プラン大作戦」をきっかけに芽生え始めた「地域福祉」の意識の芽を伸ばしていくための方策を模索し、厚生労働省地域福祉推進市町村モデル事業「安心生活創造事業」（以下「本事業」という。平成21～25年度）に取り組むことになった。

　筆者は、2010年2月から2014年3月まで鴨川市社会福祉協議会のコミュニティソーシャルワーカーとして本事業の主担当であった。本節では、個別支援を中心にすえた地域づくりを実践するために欠かせないプランニングについて省察したい。

1 ▶ 本事業の企画

1 企画書の立案

　当初、本事業はモデル地区住民から「すでに見守りはできている」「なぜ行わなければならないのか」という意見をもらっていた。そこで、主担当として国と鴨川市のプロジェクト内容のすり合わせを行った。国の福祉、医療、教育、司法などの統計と動き、全国の地域福祉活動の実践と傾向について資料を収集し分析した。また、鴨川市の概況、基本計画とその他の計画、市内での活動の資料を収集した。他政策との位置づけ、地域組織の役割、機能、強み等を分析した。さらに、医療ソーシャルワーカーやケアマ

ネジャーとして地域医療と地域福祉に関わってきた経験を踏まえ地域課題を書き出し分析した。そこで見えてきたのは、1）個別支援での不安に対するフォロー機能が弱いこと、2）「個」を支えるシステムが有機的につながっていない、という課題であった。これらを解決するには、大橋は「住民の主体形成」[1]が重要だと考えた。そこで「主体的な活動と豊かな人間関係を築くためにコミュニティソーシャルワークの機能を発揮すれば、支えあう地域システムを構築できる」という実践仮説を立て、プロジェクトの企画書を立案した。

② 本事業の目標設定——国が示した設定と鴨川市の独自性[2]

【本事業の大目標の設定】「誰もが安心・継続して暮らせる地域づくり」

【本事業の中目標の設定】「住民と行政の協働による新たなささえあいの仕組みの構築」

【小目標の設定】

（国）原則1：漏れのないニーズ把握から地域をつなぐ

　　　　⇒「福祉意識の高まりから実践へ」

　　　　　対象者は孤立死や虐待など基盤支援が必要な人に限定せず住民のニーズとした。

（国）原則2：ささえあいのある地域づくり

　　　　⇒「見守り＝顔の見える関係づくり～つなぐ・つなげる・つながる仕組み～」

（国）原則3：自主財源確保に向けた取り組み

　　　　⇒原則1、原則2が連動した地域福祉の財源確保

③ 企画実行のための枠組み

⑴ モデル地区（ゾーン）の設定

日常生活圏域（中学校区）のなかから選定。モデル地区の江見地区（江見地区・太海地区・曽呂地区）は、漁業、農業、観光を営む集落が多い。

【面積】32.99k㎡【人口】2009年4月1日時点では5372人、2014年4月1日時点では5099人【高齢者人口［率］】2009年4月1日時点では、1917人［35.7%］、2014年4月1日時点では2038人［40.0%］。

1　大橋謙策『地域福祉の展開と福祉教育』全国社会福祉協議会，1986.

2　高梨美代子・宗政智子・小柴則明・牛村隆一編『厚生労働省地域福祉推進市町村モデル事業安心生活創造事業（平成21～23年度）事業報告書』鴨川市社会福祉協議会，2013.

図4-2 誰もが安心して暮らし続けられる地域へ

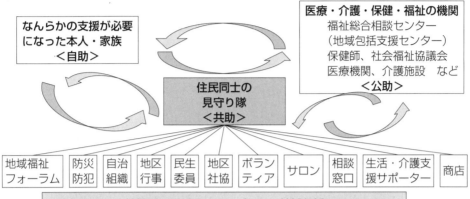

出典：鴨川市社会福祉協議会高梨作成より抜粋

(2) 方法
① 行政（責任主体：担当部署は福祉課と健康推進課）と社会福祉協議会（実施主体）との協働
② コミュニティソーシャルワーカーの配置
③ ソーシャルワーク機能を果たせる組織編成（検討部会と推進会議設置）
④ さまざまな主体への働きかけと連携
⑤ スローガンの設定
⑥ 第一期鴨川市「健康福祉推進計画（「健康増進計画」と「地域福祉計画」）」と鴨川市社会福祉協議会「地域福祉活動計画」策定
⑦ 福祉教育・生涯教育
⑧ 住民による地域福祉活動の組織化
⑨ 住民と行政と市社協合同の地域アセスメント

(3) 視点
① コミュニティソーシャルワークの機能
② ケアリング
③ ソーシャル・キャピタル
④ ソーシャル・ネットワーク

⑤　健康（身体的・心理的・社会的）の概念と ICF

(4)　理論

大橋「コミュニティソーシャルワーク理論」

(5)　期待される効果

① 住民同士の支え合う関係構築
② 行政と社会福祉協議会の協働の促進のためのシステム構築
　a）組織化（実行部隊結成と検討部会設置、プロジェクト進捗状況管理の推進会議
　　設置）
　b）政策形成（地域福祉計画と地域福祉活動計画策定）
③ 医療・介護・保健・司法・教育などの専門職の顔の見える関係構築と地域課題の
　共有
　a）職能団体や連絡会や団体へのセミナー開催協力
　b）勉強会やプロジェクトチームの創設

2 ▶ 本事業の主な取り組み

1 平成21年度～地域を改めて知る～

① 住民への本事業説明、② 住民による全戸訪問アンケート調査実施

2 平成22年度～地域を知り、地域の強みや課題を共有～

① 見守り支援マップ作成
② アンケート報告会
③ 地区社会福祉協議会メンバーとグループワーク
④ 地域福祉実践研究セミナーなどの福祉教育の実施
⑤ 生活支援・介護予防サポーター研修とフォローアップ研修
⑥ 自主財源確保の模索
⑦ 鴨川市「健康福祉推進計画（「健康増進計画」と「地域福祉計画」）」と鴨川市社
　会福祉協議会「地域福祉活動計画」同時策定（施行は2011年4月より）

③ 平成23年度～新たなささえあい活動の展開～

① 生活支援・介護予防サポーター「なの花サポーターの会」組織化
② 「かもがわおひさまのマーマレード」の販売と事業のPR活動と見守り依頼
③ 医療・介護・保健・福祉・司法などの専門職の多職種連携、講演会の実施
④ 行政と市社会福祉協議会の合同研修会

④ 平成24年度～活動の改善と展開～

① 活動の継続
② 医療・介護・保健・福祉・司法・教育などの専門職の多職種連携の講演会と事例検討

⑤ 平成25年度～活動の定着化と展開～

① 住民による全戸訪問アンケート調査実施
② 生活支援・介護予防サポーター講習会の他地区への展開
③ 医療・介護・保健・福祉・司法・教育などの専門職の多職種連携の講演会を鴨川市福祉総合相談センター中心に実施
④ ケアマネジャー連絡協議会、ヘルパー連絡協議会などでの研修の充実
⑤ 医療連携、司法連携
⑥ 行政と市内大学と合同研修
⑦ 住民と多職種、他分野をつなぐ取り組みの実施
⑧ 専門職の地域福祉活動参加
⑨ 住民と行政とコミュニティソーシャルワーカー合同で福祉教育実施

3 ▶ 本事業での地域内変容

① 住民の変容

　地域を動かす大きな原動力となったのは、地区内の活動を有機的につなぐ役割を果たした生活支援・介護予防サポーター「なの花サポーターの会」の展開である。役割は「情報支援、不安解消支援、良い点探し支援、生活手助け支援、つなぐ支援、見守り支

援」とした。生活手助け支援では、生活応援サポートとして支える側・支えられる側の関係ではなく、住民同士がお互いさまで支え合う仕組みにしたいとチケット制を導入。チケット代はサポーター個人が受け取るのではなく、会自体を応援する寄付の仕組みとした。個別支援、新規サロンの創設、各種団体や地域住民、他市区町村との懸け橋の役割を担う。サロン、サポーターという地域拠点をつくり活発的に情報発信と受信をしている結果、仲間も増え、支援の輪が広がっている。

個別支援の事例

　一人暮らし高齢者Ａさん。月1回一人暮らしの方にお弁当を届けるボランティアをしていた、なの花サポーターメンバーが、Ａさんの「病み上がりで庭の手入れが大変」というニーズをキャッチし、生活応援サポートで庭の手入れをお手伝い。その後もメンバーは訪問し、Ａさんをサロンに誘い、Ａさんはサロンに参加するようになる。一連の経過とＡさんがサロンで「とても楽しい」と喜んでいたことをコミュニティソーシャルワーカーとメンバーは、なの花サポーターの会の定例会で事例報告。他のメンバーとともに今もＡさんと交流を続けている。

② 行政・社協の主な変容

　主体性をもった実務者が検討部会を行うことで互いの役割を認識し、協働する機会が増加。政策面では、第一期「鴨川市健康福祉推進計画」（健康増進計画と地域福祉計画）や鴨川市社会福祉協議会による「地域福祉活動計画」を同時策定。行政では、福祉の相談窓口利用者の立場を考え、窓口を一本化するため、2012年4月より組織変更し、鴨川市福祉総合相談センターや地域ささえあい係を新設。2013年4月1日には福祉総合相談センター天津小湊も開設。さらに平成27年度の鴨川市基本構想総合計画策定に向けて本事業の手法は取り入れられ、住民や各種団体と積極的に懇談会を開催している。

③ 医療・介護・保健・福祉・司法・教育分野などの
　ネットワークの変容

　医療・介護・保健・福祉・司法などの多職種合同セミナーの開催を企画。基本的に専門職は所属機関とは別に職能団体や任意団体に所属し研鑽している。そこで職能団体の理解も得るため、所属団体長に後援依頼とエリア長に参加呼びかけの依頼をし、2011年から年1回開催。範囲も徐々に教育分野、広域圏域に拡大。その結果、実践者の動きに

図4-3 「誰もが安心して暮らせるまちづくり」地域内連携

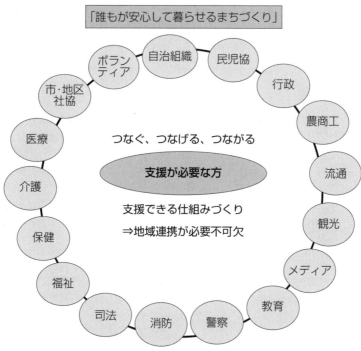

出典：鴨川市社会福祉協議会高梨・宗政2012年©

波及していった。在宅医療と訪問看護事業所との医療連携会議の開催、弁護士との権利擁護勉強会、学校にて福祉教育の講義と実践、市内販売協力店の見守り情報共有化が推進。さらに、広域の地域包括ケアシステム連絡会の創設（2014年10月）に至った。

4 農商工等の企業との関わり変容

　自主財源確保と生活上の理由で収穫ができなくなった夏みかんを地域づくりに活用できないかとの発想で始めた「かもがわ　おひさまの　シリーズ」がある。障がい者ボランティアらとともに夏みかんを収穫・スライス加工し、工場にて商品化。地域づくりのための寄付機能付きマーマレード、ポン酢を販売している。これらを地域づくりのツールとしても活用。活動に賛同してくれた販売協力店、さらにはマーマレードを使用した商品を新たに開発し販売する店舗もある。また、こうした地域での関係性を育む取り組みが基盤となって、行政による一般企業への認知症サポーター研修や見守り協定が展開される。

図4-4　住民主体の地域づくりに向けた意識変化の重要性

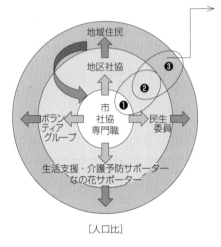

[人口比]

出典：鴨川市社会福祉協議会高梨・宗政2011年作成

❶の市と社協や医療・介護・保健・福祉に関わる者の協働の地域づくりに向けた**「人づくり」**が大切である。特に**地域福祉の企画・個別支援と地域支援をコーディネート**することができる人材が必要である。
⇒「福祉でまちづくり」には

❷の地域のリーダーと活動層の活動支援が不可欠である。地域のリーダーと活動層が見守り（＝顔の見える関係づくり）を率先することにより、地域の住民の意識が向上し、新たな担い手の発掘や地域の見守りなどの支援体制がつくられていく。
　例）見守り活動から体調不良の方を発見できた
　　　配食活動から困っている人を見つけて窓口へ
　　　つないだ　　　　　　　　　　　　　　など

❸の地域住民に向けて生活課題や解決に向けた取り組みを生活圏域の身近なところで顔の見える関係作りを戦略的に発信し続け、**見える化**をする地道な活動が必要である。
　例）講義を聞いて将来の不安について相談にきた
　　　サロン活動を知って参加した　　　　　など

5　総合的な効果

　企画段階で予測していた効果が得られた。さらに、❶住民の地域活動の活発化、❷住民による新たな拠点づくり、❸福祉以外の行政部局と住民との協働関係構築、❹医療・保健・福祉・教育などの専門職と住民活動の協働関係構築、❺農商工関連と顔の見える関係構築と地域課題の共有、❻広域で地域包括ケア連絡会構築、へと展開した。

　個別の相談も地域課題ととらえ、住民や団体が主体的に活動する機会が増えている。また、コミュニティソーシャルワーカーや福祉総合相談センターと顔見知りの地域福祉活動者と困りごとを話し合うことで地域福祉活動者が抱える個別支援の不安を解消し、困りごとを地域福祉活動や専門職につなげてくれるようになった。その結果、地域内の支援の輪が広がりを見せている。

4 ▶ コミュニティソーシャルワーク実践における重要ポイント[3]

❶ アウトリーチの重要性

目的をもって出向く活動を行う。対話することから、さまざまな発見、つながり、支援ができる。個別支援を中心とした地域づくりの基礎的活動である。

❷ 課題や強みを共有化し、意識化するプロセスの重要性

さまざまな機会を通じて住民や関係団体・機関と対話することが重要である。目先の「できた」「できない」という結果ではなく、「気づき」を促し、気づきあう関係性をいかに構築できるかプロセスをみていくことが重要である。

❸ 「学びと体験の提供」の重要性

福祉教育も基礎的活動である。主体的な活動になるためには「気づき」が必要と考える。「気づき」を促進する「学びと体験の提供」は欠かせない。

❹ 地域アセスメントの重要性

地域アセスメントは個別支援やプランニングには欠かせない。国や地域の資料だけではなく、組織や活動の動き、キーパーソン等を知ることも重要なアセスメントである。

❺ 通訳者としての役割の重要性

住民、行政、専門職の思いやジレンマをコミュニティソーシャルワーカーが通訳することで、互いの役割を認め、協力する土壌を育むことは重要である。

❻ 住民と行政との協働の重要性

市・市社協・関係団体・住民が協働するための前提に主体性がある。互いが主体性をもち、意見交換するなかで協働（共に役割や地域課題を認識し、何ができるのかを共に考え、実践）することができる。地域づくりの基本である。

❼ 触媒機能の重要性

住民同士の関係づくりが促進されるよう触媒になることは重要である。

❽ 住民同士の支援体制の構築の重要性

交流や地域情報の機会が減ってきており、災害・防犯・健康対策も含め隣近所の支え合う関係づくり、見守り体制づくりを構築することは重要である。

❾ 地域内の医療・福祉などの多職種や他分野との協働の重要性

福祉の分野の専門職を対象に限定せずに医療・介護・保健・福祉・司法・教育分野

---

3 日本地域福祉研究所『コミュニティソーシャルワーク』第11号，pp.39～40，中央法規出版，2013. を基に修正・加筆

図4-5　鴨川市地域福祉活動計画　第1期（平成23～27年度）

「福祉でまちづくり」に向けた大切な視点
「つなぐ」「つなげる」「つながる」を意識しよう！

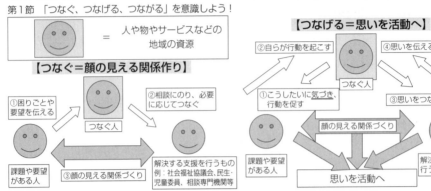

お互い日常の困りごとやこうなったらいいなということを気軽に話し合え、相談された方は適切な方法に橋渡しをしてつなぎます。知らなかった者同士が顔の見える関係へ変化。お互いに顔の見える関係づくりは、孤立や閉じこもり防止や健康や防犯や防災などにも影響します。地域での顔の見える関係作りが、災害時など有事の際の安否確認、情報伝達、支え合いなどに影響を与えます。安心・安全・笑顔に過ごすためにも地域のなかの顔の見える関係作りは不可欠です。

困りごとやこうなったらいいなということに気づきあいます。この気づきが大切です。そして、気がついた方は普段の関わりのなかでその思いを伝え、つないでいきます。そういった過程のなかで互いに認め合い、助け助けられ、支え支えられて生きることを学んでいきます。そしてその思いをさらなる「ささえあい活動＝地域福祉活動」につなげます。

「その人らしく安心・笑顔で暮らせる地域づくり～ささえあい・ふれあい交流・生きがいづくり～」に基づき、つながることで地域独自の取り組みが生まれます。
この福祉の地域づくりの視点で見た時、単体で活動されていたもの（点）同士が結びつき（線となります）線同士がさらに複合的につながり広がり（面）となり地域を支えます。この面が広がることが地域の大きな力となります。

出典：鴨川市社会福祉協議会「地域福祉活動計画」より抜粋[4]

4　鴨川市社会福祉協議会「地域福祉活動計画第一期」2013.

など、生活を支える専門職や他分野と支援体制を構築するために協働は重要である。

❿ 制度、他事業と地域福祉活動との調整の重要性

今後どのような地域にしていきたいか。現行制度との位置づけ、課題と資源の接点を見つけ、包括的な事業を展開する仕組みづくりは重要である。

⓫ 事業の財源確保の重要性

事業の遂行に伴う予算確保と計画は基礎的な部分である。

⓬ 協働の政策的デザインの重要性

住民、多職種、他分野の方が参加し、地域づくりに向けた新たなプロジェクトを行うためには政策的な裏付けは欠かせない。

5 ▶ 考　　察

本事業を通じて、「主体的な活動と豊かな人間関係を築くためにコミュニティソーシャル機能を発揮すれば、支えあう地域システムを構築できる」可能性を示している。その主な要因としてコミュニティソーシャルワーカーによる「学びと体験のプロジェクト」「活動しやすい環境的配慮」「相手に合わせた進捗」「住民と行政と市社協の協働」を挙げたい。行政と市社協が協働できた背景には、「検討部会の存在」がある。検討部会のメンバーは、エンパワーメント視点に立ち個別支援を行ってきた者（専門職と管理職）であり、常にPDCAを実施。こうした人材と組織づくりが推進力となった。これらにより「気づき」を促し主体的に活動ができる人が増えたと推測する。鴨川市以外で同じように展開できるのかという課題は残っているが、「地域づくりは人づくりと関係性づくり」であることに異論はないと考える。

おわりに

今後、地域包括ケアシステム、権利擁護、生活困窮者自立支援の取り組みを行う上でも、個別支援を中心に据えた地域システム構築は欠かせない。そのためには、コミュニティソーシャルワーク機能をもった人材とその人材を支える組織体制構築は必須条件である。そして、何より実践を積み重ねていくことが重要だと考える。

【参考資料】
・メイヤノフ，ミルトン，田村真・向野宣訳『ケアの本質』ゆみる出版，1987.
・大橋謙策『ケアとコミュニティ』ミネルヴァ書房，2014.

・世界保健機関憲章前文（日本 WHO 協会仮訳），WHO1946,http://www.japan-who.or.jp/act/index.html
・寺谷隆子『精神障害者の相互支援システムの展開』中央法規出版，2012.
・佐藤俊一『対人援助の臨床福祉学―「臨床からの学」から「臨床への学」』中央法規出版，2004.
・稲葉陽二他編『ソーシャル・キャピタルのフロンティア―その到達点と可能性』ミネルヴァ書房，2011.
・厚生労働省老健局「『地域包括ケアシステム』のあり方に関する調査研究事業報告書」厚生労働省 HP
　http://www.mhlw.go.jp/stf/seisakunitsuite/bunya/hukushi_kaigo/kaigo_koureisha/chiiki-houkatsu/
・厚生労働省社会・援護局『安心生活創造事業報告書　～安心生活を創造するための孤立防止と基盤支援～』2014．厚生労働省 HP
　http://www.mhlw.go.jp/seisakunitsuite/bunya/hukushi_kaigo/seikatsuhogo/anshin-seikatu/dl/houkoku_2409.pd

第4節

香川県琴平町社会福祉協議会
──サービス開発

越智和子（琴平町社会福祉協議会）

はじめに

　琴平町は香川県のほぼ中央に位置し、瀬戸内海式気候にあって年間を通して穏やかな気候に恵まれている。また、古くから「讃岐のこんぴらさん」として親しまれてきた金刀比羅宮の門前町として全国から年間300万人の観光客が訪れる町である。平成の合併では近隣の町との合併協議会を結成したが、最終段階で否決され、単独で町政を進めている。

　しかし、高齢化率36.9％（2014年7月現在）は香川県内でも上位に位置し、特に近年の少子化と若年層の流出による人口の減少は急激である。観光立町とはいえ町並みを見ると空き家や空き地が増え、自治会の組織率も減少傾向にあり、町外資本の中堅スーパーの撤退など住民生活に不安をもたらす要因が少しずつ増えてきている。

　住み慣れた地域で安心して暮らし続けるために、住民がお互いに助け合い、共に支えあう活動や住民主体のまちづくりは重要である。国庫補助事業「ふれあいのまちづくり事業」のなかで、地域福祉推進に関わる福祉・医療・保健関係者とともに、住民自身が地域福祉を学ぶことに取り組んだ。先進地の事例をもとに、住民が学び、考え、自分たちの問題として地域福祉を理解できることを目的に始めた「こんぴら地域福祉セミナー」が今年、第18回を迎えた。第7回の開催からは「四国地域福祉実践セミナー」という名称が加わり、徳島県海部町（現・海陽町）を皮切りに各地の住民、民生委員等地域福祉推進者や多くの社協関係者が参加し、四国4県をめぐりながらその地の実践から学ぶセミナーとなった。今年は香川県高松市で「福祉でまちづくり」をテーマに開催し、600人を超す参加者であった。

1 ▶ 琴平町社会福祉協議会は

　琴平町社会福祉協議会の事業活動は「誰もが安心して暮らせるまちづくり」を目標に取り組んでいる。本町は高齢者でも特に独居世帯が多いことから、まず一人暮らしの高齢者に「寄り添う」取り組みをしてきた。一人暮らし高齢者が多い背景には、子ども世

代が町から転出したことに加え、観光産業に職を求め町外や県外から転入してきた人が多いことがある。そして、身近な親族等の支援を得ることが困難な状態の人が住み慣れた家で暮らし続けるために必要なサービスや地域づくりが求められた。

社協の在宅福祉サービスとしてホームヘルパー派遣事業を基盤に地域での生活を支援することに取り組んできた。また、民生委員による調査をもとに声かけ活動の実施や福祉委員からの連絡で訪問するなど、個別に家庭を訪問し、支援する活動から新たなサービスを開発してきた。例えば、「えんがわクラブ事業」は老老介護や孤立しがちな人の高齢期うつ症状への対応として、まず、社協職員の協力でできることと地域資源の活用による支援が必要な人の居場所として取り組んだものである。利用者は高齢者に限らず、在宅で閉じこもっていた中途障害の青年や単親家庭の児童が、まさに地域の縁側に集うようにと設置した。「必要だから、まず取り組んでみよう。とりあえず社協でやってみよう」という姿勢で地域のニーズに応えてきた。前述の1996年からの「ふれあいのまちづくり事業」では、その他に総合相談事業、相談を受け解決に向け関係機関の協力を得て支援する取り組み、また、小地域のなかでの住民ネットワーク活動や地域福祉活動など住民参加によるまちづくりを推進した。そしてそれは、2002年のニッセイ財団高齢社会先駆的事業「ヒューマンサポートシャントセナ21事業—住民主体における保健・医療・福祉の総合推進をめざして—」につながり、住民主体の福祉活動と医療・保健・福祉の各分野の連携と活動拠点の整備等に取り組むなかで、「高齢社会では高齢者自身が健康に関心と自覚を持ち積極的に社会に参加することが重要であり、地域社会の担い手として地域活動を活性化する役割を認識することや、その仕組みづくりが求められる」ことが検証された。

2 ▶ 在宅福祉サービス

現在、琴平町社会福祉協議会では在宅福祉サービスを図4－6のように展開している。

在宅福祉サービスの基盤はホームヘルパー派遣事業である。それは、ヘルパーが在宅に訪問し活動するなかでさらに必要なサービスや求められる支援が明らかになり、それが社協に集約された。在宅福祉サービスとは「掃除・洗濯・調理・買物・相談援助・身体介護」にヘルパーの派遣をもって対応するものである。なかでも、琴平町社協では人として生きていくことの支援はまず『食の確保』と考えている。食事が食べられているか、支援を受けることで食べられるようになるのかをチェックすることから食事サービスが始まった。男性の一人暮らし高齢者の一言から、365日3度の食事が孤食であるこ

図4-6　在宅福祉サービス（地域自立生活支援サービス）の展開

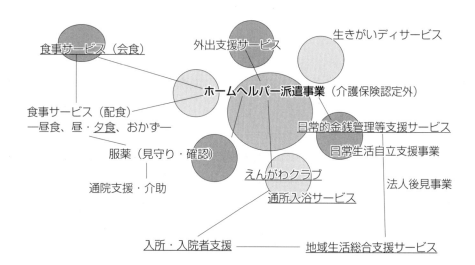

とに気づいて会食サービスが生まれた。ヘルパー派遣は利用しないが手作り弁当なら欲しいという男性独居者の要望が配食サービスになった。配食サービスを続けることで顔なじみになり、信頼関係がつくられて訪問サービスを利用する準備が整う。顔が見える関係の積み重ねがニーズ発見にもつながる。高齢者の食事は単に空腹を満た

写真4-3　配食に向かう職員

すだけのものではない楽しみの一つであり、満足感につながり、有用感も生み出す。最期の食事が配食弁当であることもある。琴平町では食事サービスの調理に町内の女性団体がボランティアとして参加し、配食を社協職員がすることでヘルパーが訪問活動でニーズキャッチをしているように、他の職員も配食を通じて利用者だけでなく地域のニーズを発見している。

　何より地域で生活する上においては、地域で生きている「喜び」やご近所づきあいなどの「関係性、社会性」を支えることが必要といえる。支援を必要とする人は地域住民であり生活者であるという視点が大切だと思う。また、身寄りのない高齢者からは老いた日々の金銭管理と最期の時、葬儀や死後の事務手続きなどの不安に対する支援が求められた。地域で生活する高齢者や障害がある人など支援を必要とする人をアセスメントして、こうしたサービスをその状況と本人の希望に応じてコーディネートしている。

相談や情報があれば、まず出向き情報を確認する。琴平町ではヘルパー派遣は介護保険の認定にかかわらず必要が認められれば対応し、地域での自立した生活支援サービスの中核として位置づけている。併せて、職員が週5日の配食サービスなどで地域のなかで活動する姿は、地域住民の「社協が見える」ことにつながり、地域のニーズ発見や高齢者が求めるサービス開発につながっている。また、琴平町社協の特徴はヘルパー派遣だけでなく、食事サービスなど行政からの委託事業と社会福祉協議会としての独自事業として実施する事業に狭間をつくらないように展開することである。そして、ヘルパーの対応はもちろん、配食に合わせた「服薬確認」や「入院・入所者支援」の実施にあたっては医療機関や入所施設との連携のなかで実施している。

　在宅サービスや権利擁護事業などの利用により地域での生活が続けられても判断能力が衰えたり、入院や施設入所になることもある。また、人生の最期を迎えるときに家族や親族がいないだけでなく、家族がいても家族だけでは担うことが困難な状況が増えてきた。自治会や民生委員等の協力を得て、フォーマルサービスとインフォーマルサービスをつなぎ、民間サービスの活用も含め継続して総合的に最期まで支える事業「地域生活総合支援サービス」を開始した。これまでもいくつかの事例で自治会等と協働して葬儀を行ってきた。生きることを支え、死に方も支援する、そのためには地域全体で家族機能を分担できる仕組みが必要になってきた。

3 ▶ 住民主体

　琴平町ではひだまりクラブ（小地域いきいきサロン）活動が44か所で実施されている。社協からは小地域でのこの活動を開始するにあたって説明に出向き、事業実施を呼びかけている。その結果、多くの小地域のなかで福祉委員や民生委員が中心になり活動が開始されている。具体的活動内容や活動場所についても相談には乗るが、それぞれの地域の自主性に任せている。各クラブから依頼があれば社協から活動に出向き、血圧測定や体操、講話講師として参加する。また、年に2、3回のクラブリーダー（お世話役さん）の情報交換会や研修を実施して、リーダー相互が連絡し合える関係づくりと全体交流会で参加者が全町的に交流する機会を設けている。また、この事業は平成11年度から始めたが、この活動に対する補助などの金銭的支援は2004年（平成16年度）より「チャリティー作品即売展」の収益からの分配だけである。ひだまりクラブ活動の運営経費は参加者の参加費が基本で、その他にそれぞれで自治会会計や集会所活動費から支援を受けているということだ。

　日常的なひだまりクラブの活動プログラムは高齢者を中心にした内容で取り組んでい

るが、決してそれだけで終始することがないようにあえて「サロン活動」という呼びかけをしていない。小地域のなかに歩いて行ける範囲に住民が集まり、交流できる場を設置することを目指した。40か所を超えて増えてきたのは社協事務局からの熱心な働きかけというより、「地域福祉を考える住民の集い（琴平町社会福祉大会）」などで実践者から報告などを聞くことや近隣地域の様子から影響を受け、取り組むところが少しずつ増えているためといえる。お世話役の多くは自治会から選出された福祉委員が担当している。

　福祉委員は1992年から任期３年で日常生活のなかで声かけ・見守り活動を担っていただくように社協会長が委嘱しているが、次第に福祉活動に積極的に取り組むことが増えてきた。「社協の応援があるなら住民でできることはやろう」という意識は、社協に集まる情報や相談にも同じことがいえる。民生委員や福祉委員から支援を必要とする人の情報があった場合、訪問しアセスメントして在宅福祉サービスを提供するだけでなく、その人の支援ネットワークづくりができる小地域が増えてきた。ひだまりクラブ活動を通じて住民同士が交流して情報共有し、互いに協力できることや地域で支える活動が少しずつ広がった。小地域のなかで子ども会活動との交流や自主防災組織づくりの取り組みなどもある。

　また、1989年に始まった食事サービスの調理ボランティアは長年続いてきた活動であるため、後継者不足に悩みながらボランティア団体自身が後継者づくりに取り組み、これからも事業が継続できる条件が整ってきた。だからこそ調理ボランティアとして関わる住民が食事サービスの利用者を発掘して、社協事務局に連絡してくることがある。食事サービス事業に関わりながらその必要性を評価するとともに食事サービス事業を住民として支えていくという意識である。それは「いずれ自分たちが利用者になるからな」の言葉に込められている。また、子どもたちを対象とした「ゆうゆうクラブ」の実施やひだまりクラブ活動などへのサービス提供も、こうした理解のなかで進められている。町内で実施される地域福祉活動も毎年12月の第１土曜日、日曜日に開催する「チャリティー作品即売展」収益を上げて、２日間で延べ500人程のボランティアの協力により活動財源がつくりだされている。

　主要産業が観光という不安定な地域経済のため、何かにつけ行政依存的な地域性から、住民が主体的に地域福祉に取り組み福祉活動に参加すること、参加した活動が誰かのための活動ではなく自分や自分の家族と無関係ではないことを活動に参加して学んでいる。しかしその始まりは1996年の「こんぴら地域福祉セミナー」である。大橋謙策先生のご講演と各地の先進的事例に学ぶシンポジウムという内容で毎年継続して開催するこのセミナーでの学びが、住民の意識を確実に変えてきた。

4 ▶ 新しいネットワーク

　認知症や要介護度5の一人暮らし高齢者、血縁者のいない高齢者夫婦、老老介護の家族などを支えるために民生委員や福祉委員、近隣の住民参加で支援ネットワークを組織することがある。地域で生活することを支えるには社協という「点」だけでは不可能である。近隣の住民や友人らの協力により、その人の毎日を支える「面」が求められる。そして、支援活動に対する地域の共通理解も必要である。認知症高齢者の支援ネットワークといってもすべて同じものはできない。小さな町琴平でも、住んでいる人が自らアイデンティティをもつ小地区ごとに地域課題への理解や地域福祉活動への参加には差異が見られる。地区地域福祉活動推進連絡会はそういう地域性を大切に地域住民が課題解決に参加できるよう話し合い、「共に生きるネットワーク」の構築を目指すものである。そして、それを支える専門家のネットワークとして「医療・保健・福祉関係者連絡会」は町内の医療関係者と保健、福祉関係者が一堂に会し事例検討をするなど相互理解と連携を目指している。そしてその調整役を社協が担ってきた。

　しかし、地域での自立生活を支援するためには、単に、医療・保健・福祉分野のサービスがあればいいということではない。地域のなかで支援を必要とする人は年齢に関係なく、就労や住宅や教育の問題を含めその人の権利をまもる視点が大切になった。異なる分野の高度な専門性との連携が必要になってきた。これから社協には地域福祉推進のため住民のネットワークをつくるということと、それを支える専門職をつなぐということが求められている。2009年度より法人後見事業に取り組んだのも地域の求めに応えたもので、琴平町社協としてはまだまだ十分な体制が整っているとはいえないが、これか

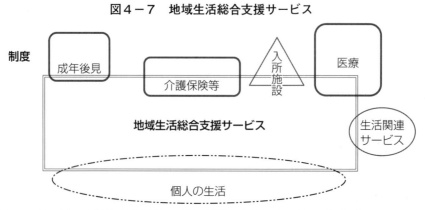

図4－7　地域生活総合支援サービス

社協としてサービスを提供すると共に、住民活動や住民によるサービスなどインフォーマルサービスとフォーマルサービスをつないでコーディネートすることにより生活を総合的に最期まで支援する。

出典：琴平町社会福祉協議会；作成2014

らの成年後見事業の円滑な有効利用に社協が果たす役割について生活に関連する分野との連携のなかから明らかにしていきたい。

また、福祉分野以外との連携ということでは、社協の収益事業として琴平の地域特産品を生かした商品の販売を農商工連携に加わり始めた。特産品のにんにくの規格外のものを社協が仕入、障害者事業所のねむ工房で1次加工した後、製造業者に商品の原料として販売をする。にんにく生産者、加工する作業所、販売者のそれぞれの利益に配慮し、この事業収益を地域福祉活動の財源に充てる地域全体で関わる仕組みを関係者の理解と行政の協力により構築できた。

おわりに

これからも地域の人が「安心やなあ」といえるまちづくりを進めていかなければならない。

地域の生活課題に住民とともに取り組むのが社協の役割と考える。しかし、少子高齢社会の進展が地域の生活基盤を変化させている。これからの地域福祉を推進していくなかでは、これまで以上に住民同士の交流や意見交換が大切である。住民活動拠点「ちょっとこ場」の整備や小地域で住民の集う場として「ひだまりクラブ」事業により「拠点整備」「場づくり」に取り組んだ。また、地域介護・福祉空間等整備補助事業を受け地域福祉推進拠点「楽集館」を設置した。

これからも人と人が出会い、地域の生活課題を意識し、考える機会をつくり、住民の創意が生かせる場づくりは社協として担うことである。一人ひとりを支える活動から家族全体をみる支援が必要になっている今、地域が変化するなかでの問題や課題に気づき、それを整理し、解決に向けた住民活動のコーディネーター、キーパーソンとして社協職員の役割は大切である。住民の福祉意識の醸成に取り組むこと、そして医療保健分野だけでなく生活関連分野の専門職連携を進めていくなかで、何より社協職員の専門性が問われることをしっかり認識することである。

第5節

三重県伊賀市社会福祉協議会
──サービス開発

平井俊圭（伊賀市社会福祉協議会）

はじめに

　伊賀市は、2004年11月に三重県北西部の上野市、伊賀町、島ヶ原村、阿山町、大山田村、青山町が合併して誕生した。2014年7月31日現在、総人口は9万6096人、世帯数3万9369世帯、高齢化率は29.58％である。市町村合併に伴い誕生した伊賀市社会福祉協議会（以下「社協」という）は、本所兼支所と5支所、福祉サービス総合センターを拠点単位として社協活動を展開している。特に権利擁護や総合相談支援、福祉教育に注力し、各種サービスの開発を行ってきた。また、在宅福祉サービスの充実にも取り組んでおり、重度の障がい者宅を小規模多機能型居宅介護施設として借用、経営している。

　伊賀市では住民主体の自治を実現するため、2004年12月に「伊賀市自治基本条例」を施行。身近に地域の課題を話し合い、解決できるように自治基本条例に基づいて地域住民自治協議会（以下「自治協」という）が組織されており、2014年7月31日現在では38の住民自治協議会がある。

1 ▶ 地域の福祉課題解決の歴史

　社協では、地域住民一人ひとりがその人らしく自己実現を図りつつ暮らすことのできる地域社会を実現すべくさまざまな取り組みを行ってきた。各種のサービスを提供する個別支援と、地域住民の活動を支援することで自発的な住民参加による有償または無償支援の両方を含む。さらには、個人が抱える課題を地域全体の課題として住民参加で解決する地域の福祉力を強化する取り組みの両方を行ってきた。それは必ずしも一方方向の支援ではなく、支援を必要とする人も参加することで双方向に支援が展開することに特徴がある。いかに"お互い様"や"持ちつ持たれつ"の関係をつくるかが重要である。

　筆者の相談支援の経験からは、真に困りごとを抱える人は自ら訴えることは少ない。自身がもつ困りごとを理路整然と説明できる人も少ない。まして、課題を解決できる窓口を熟知して適切な窓口に自らアクセスできる人はさらに少ないといえる。結果として

家族や近親者だけで解決しようということになりがちで、解決の糸口を見いだせないまま混乱に拍車をきたし、問題がいっそう複雑になってしまう。こうしているうちに家族のストレスも増大し、場合によっては虐待につながる。もっと早く相談してもらえていればほかの解決方法もあったのにと、悔しい思いをした例がいくつもあった。このため、1985年頃から民生委員児童委員の協力を得て何らかのニーズのある人を早期に発見、解決する仕組み（地域ケアシステム）づくりに着手した。発見したニーズについて住民参加でその背景を分析する。これは、いずれ身近な人の、あるいは自分自身の課題になるかもしれないと理解を得ることにつながる。ニーズの背景がわかれば解決策も立案できる。住民が主体的に解決過程に参加する動機づけにもつながる。こうしてさまざまなニーズに応じた解決策を組み上げてきた。発見すれば解決せざるを得ないのである。

2 ▶ 働く場と理解や共感の場としての障がい者作業所づくり

1 なぜ作業所が必要だったのか

　筆者が最初に取り組んだ社会資源開発は、作業所づくりである。学生時代にボランティアで訪問した元公民館の場所を使った作業所の利用者は活き活きして見えた。一方、入所型施設の利用者はそのように感じなかった。多くのボランティアが小さな作業所を支えており、笑い声が絶えない。古めかしい建物は修繕を必要とし、その古さとは裏腹にいろいろな人が集える場になっていた。この違いは何だろうかと考え続けた。

　その作業所には次のような特徴があった。古くて小さくて壊れてしまいそうな作業所だからこそ、多くの人が支援している。目的を共有し支援することでつながりが生まれ、達成感を感じることができる。プロフェッショナルとしてのスタッフはそう多くない。規模が小さいからこそメンバー相互に理解や共感を得ることができ、接近しやすい。利用者とボランティアの関係は、利用者に支援すべき特徴はあるが対等である。

　養護学校はバスで片道1時間以上。学校を卒業しても就職できる人はごく限られ、多くの人は就労や生活をサポートする人や場所がないため、家庭に閉じこもるか生活施設への入所を余儀なくされていた。

　親が帰宅する夜に障がいをもつ人の家を訪問しては、作業所をつくっていこうと語りかけたが、「私の方が先に死ぬんや」「この子がずっと幸せに暮らせる場所が必要」と、最初は相手にされなかった。障がいのある人が地域から隔絶されることに強い憤りを感

じていた。まち全体が施設のような機能をもてば誰もが暮らしやすいのではないか。住民すべてが少しずつ役割を分担し合って障がいのある人が暮らしやすい環境をつくればいいのではないか。そう思っていた。

② きっかけは転居者

　ある日、一人の親が相談に上野市社協へ訪れた。隣市の障がい者の作業所に娘を通わせようと転居してきたが、福祉事務所では当時隣市への措置は行っていないと断られ、途方に暮れているといった。ちょうど作業所づくりに着手しつつあったので組織化を急いだ。親やボランティアで作業所を見学したことで「地域に施設の機能を備えれば誰もがその人らしく暮らすことができる」「支援されるだけではなく役割を発揮できる環境が大切」などの感想が聞かれた。

　何かおかしい。普通に働きたい。仲間をつくりたい。住み慣れたところで暮らしたい。当り前の願いだけど障がいがあるために実現されないというのは。

　作業所を利用したいという人はだれでも受け入れよう。それがこれまでの施設と違う点。仲間のすべてが顔と名前を覚えられるだけの、できるだけ少ない人数で、自分で通える距離に、地域の人が気軽にのぞけるまちのなかに。作業所から就職できれば、たとえ離職してもまた作業所に戻ってやり直せる。こうしたコンセプトは関係者と何度も話し合って熟成させていった。

　その後「つくる会」が発足し、ボランティアと親の力によって1988年４月、元電卓工場にどんな障がいのある人も受け入れる小規模作業所ができ、およそ10名がボランティアや親の送迎で利用をはじめた。その後も市民を巻き込んだアルミ缶回収運動の展開など、活発な働きかけを行った。

　作業所の開所以来、多くの感動的な日のなかで、忘れられない日がある。作業所がボランティアで支えられ、それまでは日曜日ごとに開所し、1988年９月からは週５日の三重県認可の作業所となるため、４月から寄付金や工賃などをためてきた給料（平均1800円）を支払うこととなった1988年８月７日（日）、参加したすべての親やボランティアの目には涙が浮かんでいた。知的な障がいのある人は、「これで親に良い物を買ってやるんだ」。また脳卒中の後遺症のある人は、「これまで保育士として勤めていた時には何十万円という給料をもらっていたが、今日のお金ほど大事な物は無い。通帳を作って貯める」と言った。

　5　昭和60年度から毎年体験を中心とした７回連続講座のボランティアスクールを開講，毎回およそ50名の市民が受講。

作業所は借りていた事業所の再開などでその後4度の移転を余儀なくされた。引っ越しのすべてをボランティアでまかなったが、人件費や修繕費を換算すると1回あたりおよそ70万円かかっていた。しかし、移転先の近隣住民に作業所や障がい者のことについて理解を得ることができれば換金できない価値があると考えた。事実、引き手が高齢化している町から無形文化財である上野天神祭りの"だんじり"の引き手としてあてにされた。作業所利用者の実習受け入れにはじめは積極的ではなかったある企業家は、「どこに障がいがあるのかわからない。こんなに一生懸命仕事をしてくれるとは思ってもいなかった。近い将来、社員として雇いたい人もいる」と、週に2回作業所から交替で参加する実習生を受け入れてくれた。ボランティアが作業所での体験を地域の人に話すことで、障がいのある人に関する理解が深まる。あるボランティアは、「もしかしたら施設に入所するということは、その人の心の生命維持装置をはずすことなのかもしれない」「人からは、与えていると見られるけれど、実は彼らから多くのものを与えられているように思うんです。そんな毎日が幸せです」とつぶやいた。[6]

こうした理解と共感が地域を変えていくはずである。当事者の組織化とは当事者だけの組織化でなく、理解者を獲得し、共働するための組織化でもある。地道な努力の結果、篤志家からの寄付を得て8年目（1995年）にして法人化を達成し、国の認可施設となった。今では7か所の施設を経営する大法人に成長している。[7]

3 ▶ 必要なところに出かける外出援助

1 なぜ外出が必要か

上野市社協では、1983年度から市からの委託事業として介護が必要な人への特別養護老人ホームの入浴設備を活用した入浴サービスを行っていた。利用者の一人に80歳代の男性高齢者がいた。施設までの送迎はリフト付き自動車で行った。ある日、彼は天井に24あるが何かわかるかと尋ねた。当時の家屋の天井は板張りで、天井の節穴を見るくらいしかできないと伝えたかったのである。サクラが咲けばその近くを通り、祭りがあれば見えるところで止まるなどして送迎した。彼にとって月1回の外出は生きがいとなっていった。最初の頃は完全に寝たきりの状態でストレッチャーでなければ移動できなかったが、半年も経過すると車いすへ座れるようになった。外出という刺激が人に与える影響は計り知れないものがあると感じた。

6　ビデオ『やさしさのまちが好き！』（22分）著者：全国社会福祉協議会，出版：東京シネ・ビデオに収録。
7　社会福祉法人維雅幸育会　http://www.uenohimawari.com/

② きっかけは障害者手帳を持たない重度障がいのある人

　1989年、民生委員から重い障がいがありながら障がい者のサービスを受けていない人がいると連絡があった。当時としては、判定のために専門職が訪問する訪問審査は十分機能していなかったこともあり、本人は通院によって病院で受診できないために身体障害者手帳が発行されていなかった。このために、障がい者のサービスが利用されていなかった。とりあえずこの方については市保有リフト車で病院への送迎によって身体障害者手帳が発行されたが、すでに寝たきり状態の高齢者や重度の障がい者に対する外出意向の調査を民生委員を通じて行っており、通院などかなりの量の外出ニーズがあることを把握していた。

　こうした問題を解決するため、まずは市が保有するリフト車の活用も打診したが、定期の通院などは目的外使用と送迎中の事故対策が困難との理由で断念する。次いで市内に３社あるタクシー会社にそうした人の送迎を打診してみたところ、３社とも拒否された。理由は重度の障がいのある人を介助して乗せることができない点と、車いすを積み込むことが困難という点だった。やむなく市外のリフト付きタクシーを運行している会社に問い合わせたが、当該地域でフル稼働状態のためとうてい上野市へは回せないとの返事だった。

③ 検討会の開催

　このため、老人クラブ代表、障がい者団体代表、民生委員児童委員協議会会長、ボランティア連絡協議会代表、行政担当者に集まっていただき、この件について協議した。種々の案が提案されたが、最終的には社協でリフト車の寄贈を受け、ボランティアで運行することとなった。運転登録ボランティアを養成し、道路交通法上のいわゆる白タク問題をクリアするため、利用者を利用会員、運転者を協力会員として特定し、運行費用の捻出のため賛助会員も設ける形で計画した。利用目的は特に制限せず、利用対象者は常時車いす利用者や寝たきり状態の高齢者とした。また、利用範囲は上野市と隣接市町村とした。

　念のため弁護士にも相談したところ、法律上問題はないとのことで早速準備に取りかかった。リフト車の寄贈については二つの団体に助成申請をしたが、残念ながら初年度目（1989年度）は選からはずれた。あきらめずに２年度目にも申請したところ、軽自動車と普通自動車のリフト車をそれぞれ二つの団体から寄贈を受けることができた。早速運転登録ボランティアの募集を行い、警察や消防の協力を得て安全運転と救急法、リフ

トの操作方法の講習を行った。同時に利用会員の募集も民生委員を通じて実施した。サービス開始後１年が経過した頃、すでに利用会員約60名、協力会員約40名という状態となった。

4 市の委託事業へ

その後も利用者は着実に増加し、利用者の喜びの声は市当局にまで届くようになっていった。1995年度末実績では915件、延べ乗車人員2803人という状況だった。1996年４月、そうした地道な取り組みと実績が認められ、市の委託事業として「上野市重度身体障害者等移動支援事業」が委ねられることになった。以降週３回の透析需要にも対応し、2010年度末で２万1579件もの実績となった。しかし、NPO法人による福祉有償運送の事業者が育ち始めたことから、３年かけてすべての利用者に福祉有償運送事業者に移っていただき、当会としては事業者によるサービスから漏れる人だけを救済する市の委託事業である「移動制約者セーフティネット対策事業」へと移行した。

4 ▶ 外国籍住民の突然の保育需要

1 夜間子どもが放置されているかもしれない

1995年８月、民生委員児童委員から「外国籍の母子家庭で母親が夜間の仕事に出かけたあとの１歳の子どもの様子が気になる」という情報があった。民生委員と訪問すると、市営住宅に住み、夕方18時から24時頃までほぼ毎日、１歳の子を残して仕事に出かける。食事は食べなければ置いておくという。市に保育所の利用を相談したが、当時夜間保育は対応できないため、やむを得ずそうしているとのことだった。

ボランティアのなかから協力者を募ったところ10名が協力を申し出てくれた。２人１組で、母親が出勤する18時から母親宅で子どもに夕食を食べさせ、寝かしつけて母親が帰宅する24時までの間、交代で子どもを見守ることになった。同時に民生委員児童委員には昼間の仕事を探してもらうように依頼した。

2 課題の背景

保育は需要が起きたときに受け入れられないと、生活が立ち行かなくなることも多い。この背景には、外国籍、支援者がいない、生活困窮など、いろいろな課題が複雑に

絡み合っている。どんな手だてがあるのかを、民生委員児童委員やボランティアなど地域の人たちと検討した。

地域の人が参加することで、突然の保育ニーズをどう解決するか、外国籍の人にとって何が課題だったのかを住民が考えてくれるようになる。気づきの視点をもった人が多くなればなるほど、社会資源はつくりやすくなる。

2か月ほどたち、母親に昼間の仕事が見つかった。日中は子どもを保育所に預けて働き続けることができた。このきっかけから、空き家を活用して外国人向けの託児所へとつながった。

5 ▶ 大きな課題は専門家も交えて検討

少子化・高齢化の進行や社会システムの複雑化に伴って権利擁護が必要な人が増加する。悪徳商法事業者は認知症や知的障がい、精神障がいなど容易にだましやすい人の名簿をもとに悪徳商法や詐欺を展開する。安心して暮らし続けることができるためには、地域ぐるみで権利擁護を進める必要がある。社協では2004年度から市民参加を得て本格的に悪徳商法対策に取り組みはじめ、2006年度には専門家や民生委員、老人クラブ、障がい者団体など地域住民の参加を得て、伊賀市および名張市の委託を受けて、成年後見制度を使いやすくするための窓口 "福祉後見サポートセンター" を開設し、市民が後見を担う "福祉後見人" も5名を輩出している。

しかし、後見人は保証人にはなれない。病院への入院や施設・アパートへの入居、就職などのときに保証人を求められる場合が一般的である。サービスを必要とする人は保証人がいないことでサービスを使うことができない。少子化・高齢化の今日にあっては保証人の確保がきわめて困難である。2008年度から厚生労働省の社会福祉推進事業助成を受けて、「地域福祉の推進における『保証機能』のあり方に関する研究事業検討委員会」（以下「検討委員会」という。岩間伸之委員長（大阪市立大学大学院生活科学研究科教授））を設け報告書を発行した。委員会には商工関係者やハローワーク、JA、福祉施設、当事者団体、民生委員児童委員、地域団体、行政、研究者、弁護士、司法書士や社会福祉士などの専門職団体などが参加した。

---

8 悪徳商法対策。以下のリンクを参照。
http://www.pref.mie.lg.jp/CHOJUS/HP/miechiikikea/ 4-52.pdf

9 福祉後見サポートセンター。開設の経過や事業内容については以下のリンクを参照。
http://www.hanzou.or.jp/kouken/kouken.html

10 地域福祉あんしん保証システム構築事業報告書。以下のリンクを参照。
http://www.hanzou.or.jp/archives/cat10/cat70/

報告書に基づき保証を求める側（サービス提供者）に保証人として具体的に何を求めるのかを確認し解決策を提案する"地域福祉あんしん保証事業"に取り組んでいる。社協などの組織が保証人になるという選択肢もあったが、保証人を求める側も、サービスを利用しようとする側も、保証人に求める内容が曖昧で形骸化しており、見守りや連絡先の確保など必ずしも保証人でなくとも、後見人など代替できる機能が地域に存在することに着目したものである。

6 ▶ 地域福祉計画への反映

伊賀市地域福祉計画[11]は伊賀市と社協とで合同事務局を結成し、住民参加で2006年度に策定した。福祉分野のあらゆる課題を、市民、事業者、社会福祉協議会、市が連携しながら、横断的に取り組むために策定している計画である。当時まだ行政は地域福祉計画、社協は地域福祉活動計画を策定することが主流だった。伊賀市では合併前に住民参加で合併後の社協の在り方を明記した"あいしあおう構想"を策定した。策定に携わった人たちから出された、目指すものが同じなのに市がつくる計画と社協がつくる計画の二つがあることは、市民にとってわかりにくいとの意見によって合同で策定した。

安心生活創造事業は第2次計画策定に大きな功績を果たした。折しも第2次地域福祉計画は2010年6月から策定委員会を開始、安心生活創造事業における成果をすべて計画に盛り込むことができた。

とりわけ、第2次計画では、「コミュニティ・ソーシャルワークの実践」を施策として掲げており、専門職（社会福祉士等）が地域住民の参加を得て、戸別訪問から地域における見守り支援体制づくりまでを幅広く支援することとしている。

計画に基づいて実践し、実践結果を評価し、さらに計画に反映するという一連の流れをとおして地域福祉がらせん状に向上していくと考えられる。課題の解決は人が行う。たとえ人が交代しても課題解決が継続的に行えるようにするためには計画が必須である。その意味で計画に明記することはきわめて重要である。

11　伊賀市地域福祉計画。計画書や策定経過については以下のリンクを参照。
　http://www.city.iga.lg.jp/ctg/07422/07422.html
　http://www.city.iga.lg.jp/ctg/16039/16039.html
　http://www.hanzou.or.jp/archives/cat11/cat21/

7 ▶ 地域住民が地域の課題解決に主体的に参加するために

　以上、地域住民が主体的に地域の課題を解決する事例を見てきた。こうしたことが機能するための要因を考えたい。

1 課題の発見と住民参加の検討会で情報共有

　まずは、地域の課題を明確にすることに努めてきた。何らかの生活上の課題をもつ人の願いや思いを中心に、課題を構成する要因が何かを見つけ、複数の要因の関係をできるだけわかりやすく言語化することに心を砕いた。要因の言語化については、その人に関わる人とともに検討することで、本人のこれまでの経過や他の人々との関係性をもとに、本当に願っていることに近づくことができる。このとき、もし自分がその人だったらどう思うかを考えていただくことが大切だと考えている。課題を共有し共感できれば、解決への意欲につながる。

　願いや思いを達成することを阻むものは、他の人にも共通する場合が多い。同じようなことで悩んだり困っている人が少なからずいるのではないかと思ってみることである。ただ、注意しなければならないのは、こうした検討の場で誰かを批判したり、課題解決とは別の方向に話題をそらさない、参加者のすべてから発言を得る、等の留意は必要である。その意味で検討会の進行は、そうした場を多く体験することが望ましい。

　また、誰を参加者とするかについては、その問題の深さや規模によって異なる。個別的な対応であれば近隣者を中心とし、より多くの人に共通する課題であれば、関係団体や研究者などの参加を呼びかけるようにしてきた。

2 課題解決過程への参加の動機づけを高める

　地域内では異分野の機関や個人が連携していない場合が多く、異分野の情報や知識、経験が相互に交流することで新たな価値を生み出し、意外な解決策が提案されることがある。一方で、各機関や団体、個人の間にはさまざまな力関係や緊張関係がある。それを理解しつつ、共通の目標を見いだし、それぞれがもつ力を課題の解決や地域福祉の推進に振り向けることが求められる。この発展形がプラットフォームである。

　その人の課題を自分の、または自分たちの将来起こり得る課題であると理解できたときに解決しようとする動機づけは高まる。課題の解決過程に住民が参加し、実際に課題

が解決できれば達成感を味わうことができる。ひいては介護予防にもつながる。もちろん課題の解決には本人や当事者の参加も見逃せない。そうした成功例の紹介もより参加意欲を高めることになる。

　目標を考えるときはあるべき理想的な姿を思い描いてみることである。自分自身がどうありたいかという問いでもある。「誰もが安心して暮らせるまちにする」という命題は理解を得やすい。課題が明確になり、目標が設定できれば、それを実現するための具体策を検討すればよい。

③ 資源開発の検討

　既存の資源で解決できる課題は資源の適用で足る。既存ではない場合は開発が必要となる。資源開発を行う場合、①目標を達成するための有効な手段は何か、②臨時的な対応でよいか、継続的な対応が必要か、③使える資源（人、物、金、情報）はどの程度あるか、または必要か、④解決すべき課題をもつ人はどの程度存在するか、⑤今後の需要見通しはどうか、といったことを検討する必要がある。

　資源をすぐつくり出すことが困難な場合は、とりあえずボランティアなどインフォーマルな関係者の協力を得て必要な支援を直ちに講じることができる。試行的に実施してみて効果や課題を分析し、少しずつ改善する形でサービスを組み立てることができる。解決策が具体化し、多くの人が使うようになれば潜在化していたニーズが顕在化する。多くの人がそれを使って課題を解決できれば制度化していけばよい。こうしたプロセスを経ることで、無駄や重複を避け、貴重な税などの財源を有効に活用することにもつながる。

　なお、住民の活動に行き詰まりやトラブルが生じたときに、各種の専門家とつながっておくことで支援できる体制を整えておくことも重要である。

おわりに

　困りごとをもつ人を発見し、生活上の課題を見つけ、住民参加でさまざまな課題を解決する仕組みをつくってきた。誰しも自分の力だけでは生きることができない。まして病気や事故、障がい、法的なトラブル、失業など、さまざまな人生行路を狂わせる要因があちこちで待ち構えている。そうした折に、できるだけ普段の暮らしが続けられるようにしておくことが大切である。さまざまな社会システムは、こうした折に役立つよう工夫され組み立てられてきた。さまざまな制度が整ってきた今日、制度と制度の狭間の

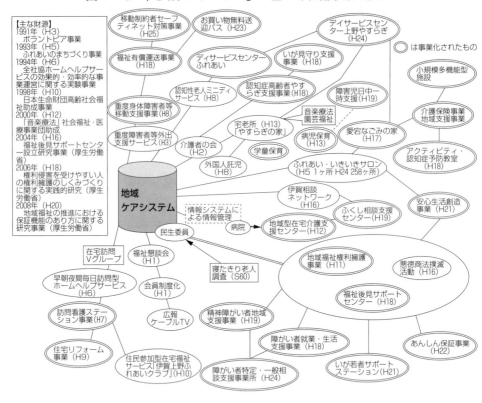

図4-8 「地域ケアシステム」に基づく社協事業の拡がり

問題がクローズアップされている。実はこの狭間は昔は今より大きかったのだ。しかし、人々のつながりや支えによって解決されてきた。こうした解決過程に参加した人は少なからず「最初は他人のためにと思って始めたが、自分のためになっていた」と口を揃える。それは、支援が必要な要素をもつ人が課題を解決しようと生きる姿に感動したり共感することが背景としてあるように感じる。

こうした感動を多くの人と分かちあいながら、ゆっくりと、しかし確実に、たとえ生活上の課題があっても幸せに暮らせるまちであり続けることを見つめていきたい。

【参考文献】
・原田正樹監修，伊賀市社会福祉協議会編集『社協の底力―地域福祉実践を拓く社協の挑戦』中央法規出版，2008．
・「消費生活・市民福祉の推進　市民参加による権利擁護活動―悪徳商法対策を中心に」『地域保健福祉政策実践事例集』第一法規，2010．
・「地域福祉の担い手と主体形成・コミュニティワーカー」『改訂第3版精神保健福祉士養成セミナー第12巻　地域福祉論』へるす出版，2005．
・「地域福祉を考え，実践する～伊賀市社会福祉協議会～」『月刊地方自治研修』2009年11月号，公職研

・「地域で支える認知症　第6回伊賀市における取り組み」『Congnition and Dementia』Vol.8 No.1，メディカルレビュー社，2009.

第6節

大阪府豊中市社会福祉協議会
——システムづくり

勝部麗子（豊中市社会福祉協議会）

はじめに

　大阪府豊中市は、大阪府の北西に位置して、大阪市内のベッドタウンとして発達した人口40万人、高齢化率が23％に達した都市化した市である。特に最近ではマンション群が立ち並び、自治会の組織率も平均46％、地域によっては20％を切っている地域もある。まさに、都市部の「つながりの限界地域」といっても過言ではない。

　地域・家族・社会のつながりが弱まるなか、孤独死、ひきこもり、虐待、多重債務、自殺、DV、ゴミ屋敷、ホームレス等社会的援護を要する課題を抱えながら、SOSを出せずに制度の狭間で支援を必要とする人たちの存在が顕著になってきた。2000年の社会福祉法の改正で、社会福祉協議会は地域福祉の推進役と法的にも整備され、これらの制度の狭間の問題も地域福祉の課題としてとらえられるようになった。豊中市では、地域福祉計画の策定を位置づけ、2005年よりコミュニティソーシャルワーカー（豊中市社会福祉協議会が受託）を配置し、新たなライフセーフティネットの構築に取り組んできた。そのようななかで、社会的孤立のさまざまな問題と出会い、行政任せや地域任せでは解決できないこれらの問題を、地域や家族とのつながりの再構築で支援していく豊中市社会福祉協議会の新しい取り組みが始まった。

1 ▶ 豊中市社会福祉協議会の活動

　この市で、豊中市社会福祉協議会は、1983年に法人化して以来、介護保険や委託事業を中心とした活動ではなく、校区福祉委員会やボランティアセンター、当事者組織づくりなど地域組織化を中心とした活動を展開してきた。

　特に、校区福祉委員会は、小学校区を単位に校区内の自治会、民生児童委員会、老人会、子供会、婦人会、公民分館、PTA、当事者組織、NPO、ボランティアグループ等さまざまな団体に参画いただき、地域ぐるみの町づくりを進めていこうというものである。地域内の各種団体による構成になるために、地域の祭りや敬老の集いなど町ぐるみの行事などを行う際には最適の組織として役割を果たしてきた。しかしながら、個別援

助や継続的な事業を実施するにはなかなか機能しにくいという面があった。

そこで、1988年から校区単位に福祉の町づくり講座を実施し、地域内でのボランティア活動ができる人を組織したボランティア部会づくりを行い、団体として協力するというやり方から個人の意志で地域活動に参加する人たちの2段階方式での活動を提唱した。その結果、1995年1月17日阪神淡路大震災では、校区ボランティア部会が組織されていた地域で校区内での助け合いや見守り活動が展開できたことがわかった。

この教訓を生かし、1996年から全市的に小地域福祉ネットワーク活動を実施することにした。具体的には地域のつながりをつくるために、給食サービス、ふれあいサロン、子育てサロン、ミニデイサービス、世代間交流などのグループ活動を基盤に、見守りや声かけや個別援助活動のできる個別支援のネットワークを広げることになった。

当初、大都市では困難といわれたこの事業も各校区の住民の努力と熱意に支えられ、2002年にはすべての地区で実施できるようになった。現在、1万世帯の緩やかな見守りを行う地域基盤ができている。

この活動は現在の豊中市の地域福祉力のミニマムとなり、防災、防犯、教育、環境などの課題にも対応できる大きな礎となった。

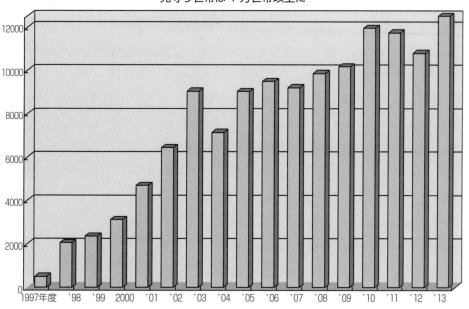

図4-9 豊中市の見守り世帯数の推移
見守り世帯は1万世帯以上に

2 ▶ 公民協働で支えるセーフティネットの構築と コミュニティソーシャルワーカーの役割

　しかし、この活動も地域でつながりやすい人にとってはいいのだが、地域と結び付きにくい人たちへの課題についてはこれらの活動ではなかなか限界があった。

　また、せっかく対象者がニーズを発信しても地域住民だけでの支援がメインになるため、専門職との連携の弱さという課題があった。

　そこで、2004年度に市と社会福祉協議会が共同で地域福祉計画策定を行ったことをきっかけに、❶小学校区単位に地域福祉の拠点を確保し、❷そこに「福祉なんでも相談窓口」を設置し、解決できない課題はコミュニティソーシャルワーカーが関係機関や町のさまざまな社会資源を活用し、公民でともに支える仕組みをつくる。さらに、❸地域と行政と事業者のパートナーシップの構築ということで、顔の見える関係づくりの場として地域福祉ネットワーク会議を開催、市役所職員の地域活動をフィールドワークする研修会の開催などを重点プログラムとして実施してきた。これにより活動を推進するコミュニティソーシャルワーカーが社会福祉協議会に配置されることになった。

　この取り組みで、今まで地域でなかなか把握できなかった精神障害者やホームレス、DV、虐待、ゴミ屋敷やひきこもりなど社会的援護を要する人々への支援について、地域が直面することになった。

　福祉なんでも相談窓口は、民生委員と指定する研修を受けた校区福祉委員会のボランティアで運営されている。相談内容は、校区で対応可能なことから社会的援護の課題までさまざまであるが、対応が困難な場合は社会福祉協議会に配置されたコミュニティソーシャルワーカーが支援する。コミュニティソーシャルワーカー（CSW）は、大阪府の地域福祉支援計画に基づき生活圏域（中学校区）に配置された大阪府独自の制度である。豊中市では、七つの日常生活圏域（地域包括支援センターと同一圏域）に配置され、地域力を背景に、個別支援へのサポート、ネットワークづくりを行う。さらに、解決されない問題は、市の課長級で構成されたライフセーフティネット総合調整会議に情報提供し、プロジェクト会議を立ち上げ、問題解決を目指す。これまでに、悪質リフォーム対策会議やゴミ屋敷リセットプロジェクト、徘徊SOSメールプロジェクトやケアマネジャーと地域活動の連携のためのガイドラインづくり、75歳以上の一人暮らし高齢者のアンケート調査、高次脳機能障害家族交流会などのさまざまな連携や事業を開発した。

図4-10 豊中市のライフセーフティネットの仕組み

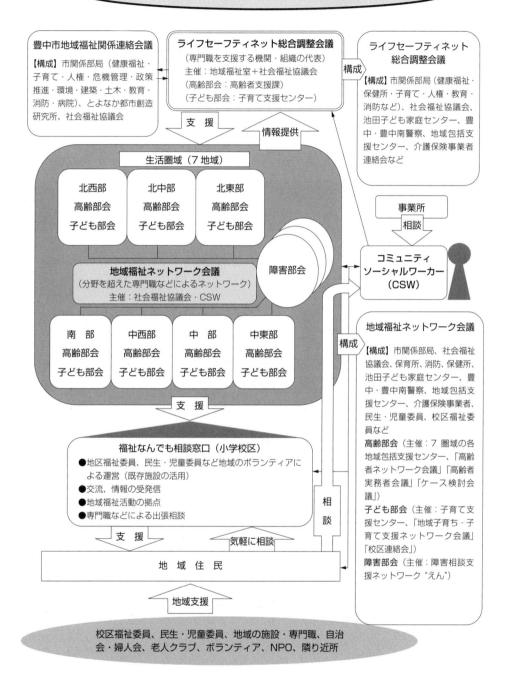

3 ▶ 制度の狭間の課題から仕組みづくりへ

　2005年にコミュニティソーシャルワーカーが配置され、行政制度だけでは対応できない、または所管課のない、いわゆる「制度の狭間」の課題が次々と持ち込まれるようになった。住民が発見する相談であり、関わりをもつことから主体的な関わりが実現する。

〔事例①団地の4階からゴミを降ろせない虚弱高齢者〕

　団地の4階に住む70代の一人暮らしの高齢者、介護認定を受けてもらおうとするが訪問調査を拒否。ケアマネジャーから相談を受け、コミュニティソーシャルワーカーが訪問。団地のドアの隙間には、1メートル近いゴミの山が。「誰にも相談できなかった。どうしたらいいのかわからなかった」「本当に助けてもらってもいいの」という彼女の言葉から支援が始まる。ゴミの多くは新聞などの資源ゴミ。虚弱になりゴミを降ろせなくなったことから、捨てられなくなった。当初は支援について関係機関と協議すると、本人の嗜好であるという意見もあったが、本人の気持ちに寄り添うことで本当は一人でどうしようもなかったことがわかり、セルフネグレクトの課題として支援をし、地元の

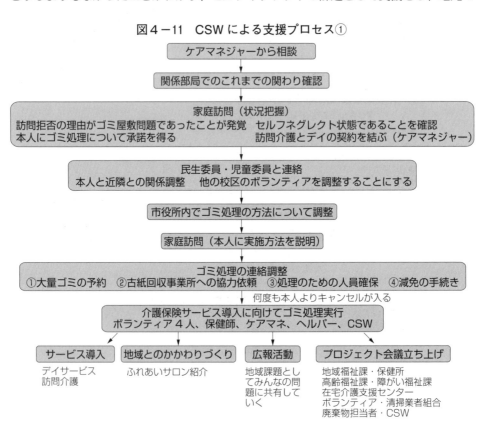

図4－11　CSWによる支援プロセス①

関係を考慮し、この場合は他地区のボランティアに協力を依頼し、部屋を片づけた後、サービス導入と地域のふれあいサロンなどへとつなぐことができた（CSWによる支援プロセス①、図4−11）。

〔事例②若年性認知症の母親を介護する若い介護者の支援〕

若年性認知症の母親を介護している20代の娘より、「若いため、高齢者サービスの利用につながらない、また徘徊で困っている」という相談が入る。そんななか、母親が孫を連れて徘徊するという事件が起こった。幸い見つかったものの、徘徊により年中行方不明になるケースもあることが警察などに問い合わせてわかった。そこで、❶校区福祉委員会が実施するミニデイサービスにボランティアとして参加していただき、孫も赤ちゃんボランティアとして参加、その間娘は少し買い物などに出られるように支援に結び付けた、❷娘と同じ年代の若い介護者を対象に「若い介護者の集い」を開催し、育児と介護で孤立していた状況から仲間づくりを行った、❸さらに、市のライフセーフティネット総合調整会議へ提案し、携帯電話による「徘徊SOSメールプロジェクト」を立ち上げ、警察、消防、高齢介護課、地域包括支援センター、介護者の会、介護保険事業者連絡会などに参画していただき、徘徊者の家族からの情報をもとに捜索協力のメール

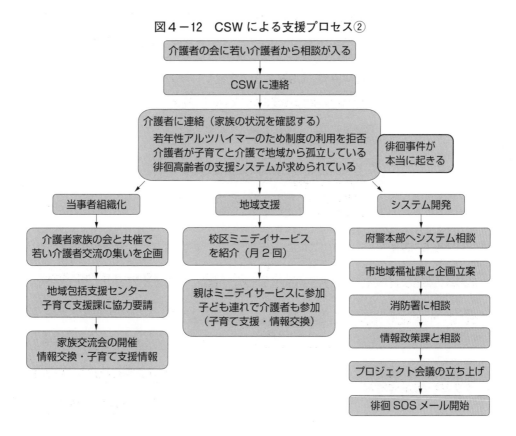

図4−12　CSWによる支援プロセス②

配信ができる仕組みを開発した（CSWによる支援プロセス②、図4-12）。

〔事例③ひきこもりの息子の支援〕

　80代の父親から、息子の家庭内暴力についての相談が入る。家庭訪問すると、息子は20年以上ひきこもっており、母親も高齢で介護認定を受ける必要があった。また、発達障害の息子に対して、親は病気に対する理解がないために日常的にトラブルが発生していることがわかった。そこで、❶保健所とともに息子の医療受診や年金の手続きを行った、❷地域包括支援センターとともに母親の介護認定を行った、❸父親の息子への関わり方を学んだり同じ悩みをもつ人たちと出会う場として、発達障害者の家族交流会を組織化した（CSWによる支援プロセス③、図4-13）。

　支援のポイントは次の四つで、①サービスの導入、②地域や家族との関係の修復、③同じような悩みを抱える人への働きかけ（啓発）、④同じような問題をスムーズに解決できるための仕組みづくりを行う、である。そして、これらの課題を地域福祉ネットワーク会議で共有し、個人的な課題ではなく、社会的な課題であることを地域関係者と共有する。これらを協働の支援ととらえたことで、地域住民のリーダーは、その後関わる同じような課題を、排除ではなく支援の対象としてとらえるようになってきた。このことが、地域力の向上につながるものと考えている。まさに、個別の支援から地域づく

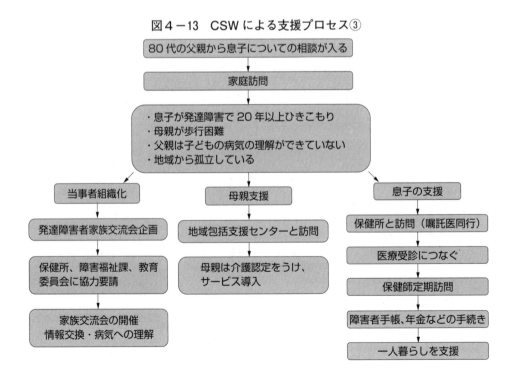

図4-13　CSWによる支援プロセス③

りへと働きかける手法である。

　社会的排除の問題を行政だけが対処するという展開で物事を解決すると、どうしても住民は無責任に市役所任せの対応になりがちである。地域のなかで対立ではない支援の仕組みを考えるためにも、圏域内の専門職のチームワークと地域住民同士の助け合いを働きかけ、新しい協働による支援の形を生み出すコミュニティソーシャルワーカーは、地域福祉を推進する町のコーディネーター役といえる。以上のようなパーソナルサポートと市民と協働できる職種の配置を市民側に創ることが、地域住民への働きかけを行い、「社会的排除」をさせない地域づくりの必須条件といえる。

おわりに

　地域組織による支援は、今までは過去のつながりで何とか支えられてきたが、核家族化、少子高齢化の急速な進展、自治会離れや「無縁社会」が進むなか、今、本気で取り組まなければますます社会的孤立が進み、支援が必要な人が増えることは予想される。自治体は、サービス提供や過去の地縁組織に戻すという発想だけでなく、地域に合った「節度ある新しい助け合いの形」を考えなくてはいけない時代に来ている。そういう意味では、住民主体の地域づくりを市役所、社会福祉協議会、そしてNPOや地域住民が役割分担をし協働で進めていくためにも、地域福祉計画の位置づけは大きいはずである。また、行政の縦割りでは解決できない社会的援護を要する課題に対応していく地域づくりを行うことが、これからの大きな課題になっていくと思われる。しかし、住民は行政からやらされた活動では主体的には動かない。住民自らが発見したニーズがコミュニティソーシャルワーカーとの連携で、地域の仕組みづくりにもつながることが豊中市のライフセーフティネットの特徴である。また、住民自身が下からの新たなつながりの再構築に参加していると実感できる形になっていることが、住民主体の活動に結び付いていると考える。

第7節

長野県茅野市——地域福祉計画

竹内　武（茅野市）

はじめに

　茅野市は、長野県中央部の東よりに位置する諏訪盆地のほぼ中央にある。八ヶ岳西麓の265.88㎢の市域のうち４分の３が森林で、蓼科高原、八ヶ岳、白樺湖といった観光地を抱えた緑豊かな高原リゾート地として発展を遂げている。また、国宝の土偶「縄文のビーナス」と「仮面の女神」の２体を有する5000年の歴史あるまちである。人口は、2014年４月１日現在５万5515人で、高齢化率は27.3％と長野県平均28.9％を下回っている。

　茅野市のまちづくりの基本的な考え方は、市民・民間主導、行政支援による公民協働の「パートナーシップのまちづくり」に集約され、自立した市民一人ひとりがまちづくりの主役となり政策立案し、行政がそれを支援していくという活動を展開している。特に地域福祉、生活環境、こども・家庭応援を柱とする３分野、さらには地域情報化や産業経済といった分野などにおいて、市民・民間との協働により積極的なまちづくりを展開している。

　茅野市では、この考え方のもと2003年12月「茅野市パートナーシップのまちづくり基本条例」を制定した。さらに、2004年３月には、地域福祉計画をもとに、地域福祉の推進に関する基本的事項や保健・医療・福祉の連携一体化を盛り込んだ「茅野市地域福祉推進条例」を、2012年12月には、こども・家庭応援計画をもとに、子どもとその家庭を支援・応援することの基本的事項や子どもの未来に夢や希望がもてる社会の実現を目的に「茅野市たくましく・やさしい・夢のある子どもを育む条例」を制定した。これらの条例は、それぞれの計画を具体的に進めるため、また、行政が単に施策による事業を展開するというだけでなく、総合的・計画的かつ継続していく上での担保となるものである。

　本節では、茅野市が、2000年度を「地域福祉元年」に位置づけて以来、今日に至るまでの「福祉21ビーナスプラン（茅野市地域福祉計画）」による地域福祉実践を紹介するとともに、これからの10年・20年後を見据えた地域福祉の推進取り組みである「人と人とのつながりによる支えあいのしくみづくり」の一端を紹介する。

1 ▶ 「福祉21ビーナスプラン（茅野市地域福祉計画）」の概要

2000年3月に策定された「福祉21ビーナスプラン（茅野市地域福祉計画：2000年度から2009年度までの10か年計画）」は、市民・民間と行政が築いていく「福祉でまちづくり」の基本計画であり、保健・医療・福祉、さらに生涯学習などの関連施策を総合的に実施し、計画の理念を具現化するための市民・民間や行政が取り組むべき方針や連携のあり方が盛り込まれている。2005年には、地域福祉計画後期5か年計画を、2010年には、第2次地域福祉計画（2010年度から2017年度までの8か年計画）を策定することで着実な進行管理を進めている。

2000年に策定された第1次プランの最も基本的な枠組みは、「保健福祉サービスは、できるだけ身近なところで利用したい」という市民要望に応え、よりきめ細やかな保健福祉サービスを提供するため、「暮らしの範囲を段階的なレベルに分け（生活圏の階層化）、保健福祉サービスもそれらの階層に合せて体系化する（保健福祉サービスの重層化）」という考え方である。とりわけ、大きな特徴は、「全市域」と「10地区」の間に新たな生活圏として四つの「保健福祉サービス地域（エリア）」を設定し、各エリアそれぞれに保健福祉サービスセンターを設置し、保健・医療・福祉の連携システムをつくったことにある。

なお、この保健福祉サービスセンターは、2006年度から地域住民の介護予防マネジメ

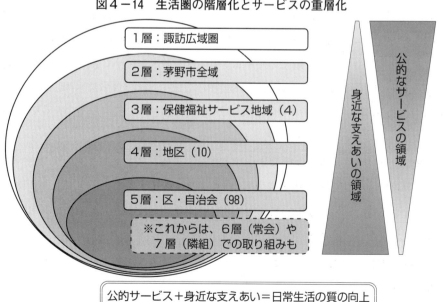

図4−14　生活圏の階層化とサービスの重層化

ントなどを総合的に行う機関として全国の各市区町村に設置された、「地域包括支援センター」のモデルとなったことを付記しておきたい。

　また、2010年度からの第2次プランでは、茅野市社会福祉協議会の地域福祉活動計画との一体化による策定を行い、「より身近な地域での地域福祉の展開と推進」を大きな柱とした。これは、全地区（ちの地区は行政区）単位で策定された「地域福祉行動計画」を地域福祉計画に盛り込むことで、4層（地区）や5層（区・自治会）など身近な生活圏において、「自助・共助」の考えのもとさまざまな活動を活性化させることにより、人と人とのつながりによる支えあいの仕組みづくりに取り組むことで、「福祉でまちづくり」をより一層進めていくものである。

　さらに、2015年度を初年度（宮川地区は2014年度）とする第2次地域福祉行動計画の策定にあたっては、第1次計画の検証を踏まえ、地域福祉の分野をベースとした生活課題や地域課題から、住民自らできることを取り上げた日常での「実践する行動計画」「地域の特性を生かした活動計画」づくりをお願いしているところであり、さらなる「福祉でまちづくり」「支えあいのまちづくり」を進めていただくよう計画策定を進めている。

2 ▶ プラン策定から提言・実践までを住民参加で

　1996年3月19日、茅野市では「みんな同じ空の下」を合い言葉に、高齢者の介護問題だけでなく、こども・家庭支援や障害児・者のケアも含めて、市民との協働により出生から終末期までのライフステージに応じた市独自の支えあいの総合的なシステムのあり方を検討するために、市民活動組織「茅野市の21世紀の福祉を創る会（通称：福祉21茅野）」が発足した。行政も一員として参加する福祉21茅野を中心として、「保健・医療・福祉の連携と生涯学習を通じて地域社会が連携し、住み慣れた家庭や地域でいつまでも安心して暮らせるまちづくり」を目指して各種の委員会や専門部会を立ち上げ、広範な住民参加により各分野での検討を進めた。

　専門部会の一つである「ターミナルケア部会」では、人生の終末期である死と向き合った人やその家族をどう支援していけばよいのか検討を進め、「いのち」をテーマにした〈私のひとこと〉を募集した。「なぜ生まれてきたんだろう」と考えた小学生、「どう逝くのだろう」を見つめた90歳、460点もの短文や詩、俳句などが寄せられた。一つひとつの言葉は『言いたい伝えたい　いのちのちから』作品集として、1999年にオフィスエムから出版されている。

　このようなターミナルケア部会のほかに、ケアマネジメント部会、在宅支援部会、健

康づくり部会、子育て部会など13の専門部会での議論をベースとして10年後の茅野市の地域福祉のあるべき姿について討議を重ねた。常に、「在宅で安心して死ねること」を根本に見据え、「行政主体から利用者主体へ」「保健・医療・福祉のチームアプローチによるトータルケアマネジメントシステム」を茅野市のケアマネジメントの原則とし、福祉21ビーナスプランの基本設計に盛り込んだ。ちなみに、こうした議論をもとに策定された福祉21ビーナスプランの理念と実践は、2012年の改正介護保険法で打ち出された「地域包括ケア」につながるものである。

　福祉21茅野の活動と組織は、計画を策定するだけではなく、地域福祉推進に向けての提言と自ら実践する機能を併せもっているところに特徴がある。"実践する提言集団"福祉21茅野は、福祉21ビーナスプランの検討・推進母体になっており、市民・民間と行政が協働で進める「パートナーシップのまちづくり」の地域福祉の分野において、お互いに知恵を出し合い、ともに汗を流そうという考えのもと、今日も、地域課題に即応した部会に再編し、12の部会をベースとして「福祉でまちづくり」に取り組んでいる。なお、専門部会にまたがる「地域包括ケア」に係る課題を集中的に検討する新たな部会「（仮称）地域包括ケア部会」の設置に向けた議論も進めている。

3 ▶ 公民協働で進める保健福祉サービスセンター

　四つの保健福祉サービスセンターは、身近な保健・医療・福祉サービスの拠点として、こども・家庭、障害児・者、高齢者の地域自立生活支援や、地域における健康づくり・生きがいづくりに関係する相談を受けたり、保健福祉サービスを提供したり、ボランティア活動など住民活動の拠点ともなっている。

　また、市民・民間と行政が協働して運営していくこの保健福祉サービスセンターは、保健・医療・福祉に関係する市の職員（保健師、ソーシャルワーカー、介護支援専門員）のほか、社会福祉協議会の地域生活支援係の職員や民間事業所の介護・看護スタッフなど多職種による総合相談支援の仕組みとして展開するとともに、即応性のある有効なチームアプローチにより、エリア内で発生するさまざまな生活課題・地域課題の発見と解決に、それぞれの専門性を生かしながら住民一人ひとりのトータルケアに取り組んでいる。併せて、身近な生活圏（４層・５層）におけるフォーマルサービスとインフォーマルサービスの有機的な連携によるエリア内での小地域支えあい活動やボランティア活動の展開にも取り組んでいる。

　この保健福祉サービスセンターでは、それぞれの職員が互いに連携しながら、その人らしい生活を送るよう支援していく「個別支援」と、地域で見守り支えあいをしていく

図4－15　保健福祉サービス体制のシステム

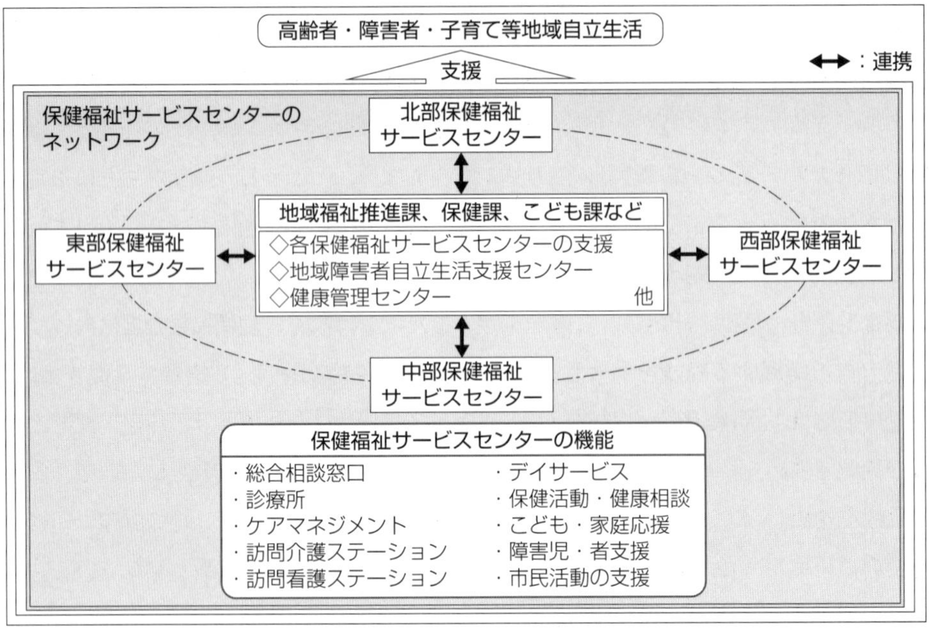

```
┌─────────────────────────────────────────────────────────┐
│          高齢者・障害者・子育て等地域自立生活                    │
│                      支援              ←→：連携              │
│                                                             │
│  保健福祉サービスセンターの        北部保健福祉                  │
│  ネットワーク                    サービスセンター               │
│                                                             │
│                   地域福祉推進課、保健課、こども課など            │
│  東部保健福祉      ◇各保健福祉サービスセンターの支援   西部保健福祉 │
│  サービスセンター  ◇地域障害者自立生活支援センター   サービスセンター│
│                   ◇健康管理センター              他            │
│                                                             │
│                   中部保健福祉                                │
│                   サービスセンター                            │
│                                                             │
│          保健福祉サービスセンターの機能                        │
│     ・総合相談窓口           ・デイサービス                    │
│     ・診療所               ・保健活動・健康相談                 │
│     ・ケアマネジメント       ・こども・家庭応援                  │
│     ・訪問介護ステーション    ・障害児・者支援                   │
│     ・訪問看護ステーション    ・市民活動の支援                   │
└─────────────────────────────────────────────────────────┘
```

システムづくり「地域づくり」を進めている。保健福祉サービスセンターの多彩な専門職によるチームアプローチが日常的になされることや、縦割り行政の弊害を解消することによって、支援を必要とする家族を支え、一人の一生を多面的・継続的に見守るトータルマネジメントが可能になったことは特筆したい。

4 ▶ 「生活課題の早期発見と解決につなげる仕組み」の確立に向けて
——茅野市社会福祉協議会地域生活支援係の実践から

　茅野市社会福祉協議会では、2006年3月に策定した第1次地域福祉活動計画（後期計画）において、「総合支援型社協」という方向性を打ち出し、「個人・家庭の自立生活支援」と「地域の福祉力の形成」という活動目標を明確にした。この考え方は、第2次福祉21ビーナスプランに受け継がれるとともに、2014年3月には「発展強化計画」を策定し、個別の相談支援活動などをより効果的に実施するための事業展開を進めている。

　特に、生活問題の早期発見や潜在的なニーズの把握を積極的に行い、生活のしづらさを抱えた個人やその家族に寄り添い、共に課題解決ができるような総合的な支援に努めている。具体的には、総合相談事業、貸付事業、日常生活自立支援事業等の担当事業を集約整理し、社会福祉協議会事務局の担当職員と4か所の保健福祉サービスセンターに

それぞれ2名配置した社会福祉協議会の地域生活支援係のコミュニティソーシャルワーカー（CSW）とが連携し、課題解決を図るための支援を実践している。また、地区コミュニティセンターや保健福祉サービスセンターと協働し、各地区の特色を活かした地区社協事業の展開や、地域住民との関わりを深め、身近な生活圏（4層・5層）における小地域支えあい活動やボランティア活動の展開、実践のためのネットワークづくりにも取り組んでいるところである。

　こうした取り組みを進めるなかで、保健福祉サービスセンターに常駐している地域生活支援係の職員（CSW）が毎日個別訪問を行った結果、個別支援では素早い対応と適切なサービス提供はもちろんのこと、多くの地域情報が得られることによって、本人の生きがいや社会的役割の創出、社会参加の機会の増大を図るといった「福祉的予防」も含めた、より豊かで幅の広い支援ができるようになるとともに、日常生活や将来に不安を抱える一人暮らし高齢者などが、身近に保健福祉サービスセンターがあることで安心感をもって暮らせるようになったという多くの声をいただいている。

5 ▶ 地域包括ケアシステムの推進に向けて

　2012年4月に施行された改正介護保険法において、「地域包括ケアに係る理念規定」が新たに創設された。高齢者が重度の要介護状態となっても尊厳を保ち、住み慣れた地域で最期まで自分らしく暮らせるよう、日常生活圏域のなかで「住まい・医療・介護・予防・生活支援」が一体的に提供される「地域包括ケアシステム」の構築と推進が求められている。

　茅野市においては、福祉21ビーナスプランに基づきケアマネジメントシステムの構築を進め、高齢者にあっても子どもにあっても、さらに障害者にあっても、対象者を限定しない「地域包括ケア」の展開を進めてきた。これは、市民全員を対象とするものであり、地域自立生活支援と身近な支えあいも含めたトータルケアシステムにある。

　特に、茅野市が進めようとしているのは、3層（保健福祉サービス地域（エリア））という平面における保健・医療・福祉の連携システムと、3層・4層・5層を縦につなぐシステムを併せた立体的なシステムの構築にある。

　市内には、保健福祉サービスセンター、地区コミュニティセンター、社会福祉協議会、地区社協、民生児童委員等いろいろな組織や拠点がある。茅野市独自の地域包括ケアシステムを、縦軸と横軸とをつなぐことで、それぞれがどういう役割を担い、どういう連携をするのか、トータルケアシステムを進める上でとても大切なことと考える。

　なお、地域包括ケアの推進に向けては、医療と介護の連携強化が主軸の一つであるこ

とから、2014年1月に「医療と介護の連携・連絡会議」を設置し、在宅支援の充実に向けて情報の共有化や連携の在り方について議論を始めたところである。この会議は、職域の垣根を越えて連携し、浮き彫りになった地域課題を福祉21茅野の専門部会（前述した（仮称）地域包括ケア部会）へつなぐこととしている。

おわりに

2015年度の介護保険制度の改正により、要支援1・2の方を地域でどう支えていくのか、障害者差別解消法、子ども・子育て関連3法、さらに、生活困窮者自立支援法の施行など、国の制度が大きく変わるなかで、行財政構造改革も含めた真の自治体運営の本質が問われている。

さらに、人口減・超高齢社会が一層進展するなかで、団塊の世代が75歳以上となる2025年に、「住み慣れた地域で最期まで自分らしく暮らせる」ために地域コミュニティをどう充実させていくのか、10年後・20年後に市民生活の基盤となる区・自治会が衰退しないための施策をどう考えていくのか、行政にとって課題が山積しているのも否定し得ない事実である。

第2次福祉21ビーナスプランの最終年である2017年も近づくなかで、人と人との支えあいによる地域コミュニティの充実を図ることでの地域福祉のさらなる展開が必要であることが整理されている。地域福祉の最も重要な身近な地区や区・自治会において、本当の地域福祉を推進するため、そして、10年・20年後の茅野市のためにはこの部分に力を注いでいくことが重要である。

こういった課題の解決方策に対し、行政の責任が大きいことは間違いないが、すべてを行政が担うことはできない。地域住民自らが、日常生活を送っている区・自治会への関心をこれまで以上にもつことが肝要と考える。地域に貢献したい若者も少なからずいるであろうし、元気な高齢者が支援する側に回ることもある。地域住民が中心となって、高齢者宅の身の回りのことをサポートしたり、区・自治会レベルでの高齢者が集まるサロンなども考えられる。

そのために、今進めなければいけないことは、地域の皆さんによる支えあいを引き出し、地域福祉を推進する市民力・地域力を高め、「日常生活支援ができる支えあいのコミュニティづくり」を進めることである。そのことは福祉コミュニティの形成にとって大事なことであり、地域福祉の基盤づくりにつながるものと考えている。今後も、大きく地域の力量が問われるなかで、パートナーシップのまちづくりの理念と手法により、顔の見える地域で福祉21ビーナスプランがさらに進化することを期待している。

第8節

豊島区民社会福祉協議会
──コミュニティソーシャルワーカーの配置

大竹宏和（豊島区民社会福祉協議会）

桜「ソメイヨシノ」の発祥地といわれる駒込、おばあちゃんの原宿といわれる巣鴨地蔵通り商店街、サンシャイン60がそびえ立つ池袋副都心など、まさに豊島区はさまざまな風景に彩られた街である。面積13.01㎢は東京都23区全体の2％ほどで、そこに約27万超の住民が暮らし、人口密度全国№1の自治体である。また商業都市でもあり、昼間の人口は約40万人に達する。

1 ▶ 制度の狭間、社会的孤立、福祉お断りのシール

この豊島区においても、制度の狭間に入ってしまっている人や介入拒否、ひきこもりなど社会的孤立に陥っている人、家がゴミ屋敷になっている人など、課題を抱えている事例が多く存在する。健康面では認知症状や精神症状の悪化が一つの要因として考察されるが、一方で他人と関わること自体が嫌い、また不得手という人もいる。こうした人々は一人暮らしの人が多数であるが、最近では兄弟、姉妹、親子世帯といった家族も見受けられる。

また、「福祉お断り」のシールがポストに張られているといった都会ならではの現象もある。問題を抱えた家族が見えづらく、潜在化し、問題が深刻化した後に突然、地域住民に「あの人がおかしい」と発見されて顕在化する。

2 ▶ CSW事業を6圏域で展開

このような課題に対し、2008年度に豊島区保健福祉審議会（行政）では「地域保健福祉計画」（5か年計画）策定に向けての協議のなかで、『新たな支えあいのしくみ』を構築していく上でコミュニティソーシャルワーク事業（以下「CSW事業」という）を展開することを最重点事業の一つとして位置づけた。同時に豊島区民社会福祉協議会（以[12]下「本社協」という）の「地域福祉活動計画」（NICEプラン）も行政の「地域保健福祉

---

12 「住民の住民による住民のための社会福祉協議会」という認識を確固たるものにしていくために名称に「民」を入れている。

図4-16　豊島区民社会福祉協議会「地域福祉活動計画」(2012～2016年度)

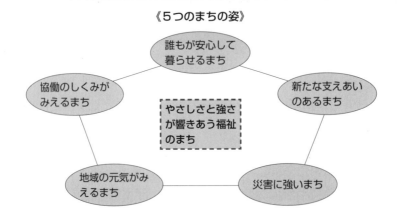

図4-17　「地域福祉活動計画」計画の体系(2012～2016年度)

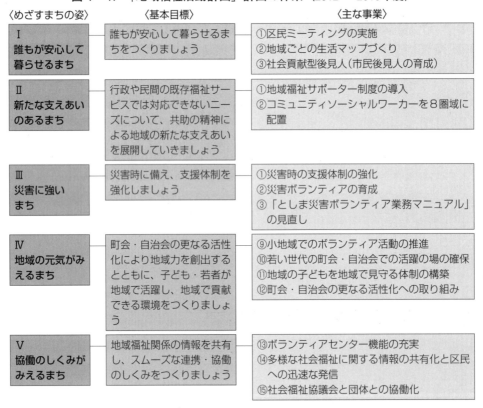

計画」と連動し、この事業への取り組みを明確に位置づけた。

　本社協の「地域福祉活動計画」は『やさしさと強さが響きあう福祉のまち』を基本理念に、五つのまちの姿を示し事業を展開している。

　本社協は、多問題を抱えた人々や潜在化した家族への対応、そしてこうした家族の生

活課題を集積、分析するなかで、社会的孤立のない地域づくり（新たな支えあいのしくみ）を構築していくために、2009年度より本社協が豊島区から受託しCSW事業を開始した。地域包括支援センター8圏域（1圏域）に専任の担当スタッフ2名を配置して、全世代の福祉課題や制度から外れる人々の相談、支援を行っていった。

　徐々に配置圏域が増え、2014年度現在は、8圏域中6圏域においてCSW担当スタッフをそれぞれ2名配置、計12名の専任スタッフ（社会福祉士等の資格あり）が配置されている。

　CSW担当スタッフの配置場所は、各圏域のなかにある「地域区民ひろば」（区立小学校の通学区域を基礎的な単位とした地域コミュニティづくりのための施設で、全世代が交流できる場所）である。

　個別相談・支援においては、アウトリーチを基本にして、支援拒否、制度の狭間、関係機関のみだけでは解決に結び付かない事例に、区民、民生委員、行政機関、他関係機関等と連携しながら取り組んでいる。行政機関や民生委員から持ち込まれる相談には解決の糸口がなかなか見出せない事例も多く、ほかの関係機関にも結び付けてケース検討会議を開いたり、一緒に訪問をして状況把握を行うなどチームアプローチで展開している。

　2015年度には、包括全圏域（8圏域）にCSW担当スタッフを配置できる予定で、既存組織との融合を図りながら、新たな支え愛（あい）の展開を目指している。

　また、2014年度より生活困窮者自立促進モデル事業を区より受託しているが、この制度に関わる生活支援員等も本社協のCSW担当スタッフとして2名を新たに配置、よってCSW担当スタッフは計14名体制となっている。2015年4月から「生活困窮者自立支援法」が施行されるのに伴い事業を受託することになるが、職員の増員を図り、土日も含めた開所体制で相談支援を行っていく。

表4－4　コミュニティソーシャルワーク事業　個別相談支援等

表1：相談件数

	2013年度 （4圏域）	2012年度 （3圏域）
(1)個別相談支援	1,771	1,123
(2)被災者支援	34	106
合計（延べ件数）	1,805	1,229

表2：対象者に関する相談支援件数

（被災者支援を除く）

	2013年度		2012年度	
	延べ件数	構成比（%）	延べ件数	構成比（%）
本人	636	35.9	381	33.9
民生委員	150	8.5	121	10.8
家族	238	13.4	79	7.0
関係機関	604	34.1	463	41.2
近隣住人	76	4.3	2	0.2
その他	67	3.8	77	6.9
合　　計	1,771	100.0	1,123	100.0

表3：対象者の年齢別相談支援人数

	2013年度		2012年度	
	延べ人数	実人数	延べ人数	実人数
0～9歳	93	15	11	3
10～19歳	136	28	48	9
20～29歳	63	4	4	1
30～39歳	90	9	28	5
40～49歳	97	12	43	11
50～59歳	180	21	125	12
60～64歳	161	20	96	16
65～74歳	279	50	186	34
75歳以上	543	121	465	87
年齢不明	91	35	44	16
団体等	38	12	73	16
合計	1,771	327	1,123	210

表4：相談内容 （複数回答あり）

	2013年度 延べ件数	構成比(%)
①税・国保・年金	29	1.2
②届出・証明	14	0.6
③子育て・教育	264	10.6
④高齢者	435	17.5
⑤健康・医療・介護	517	20.8
⑥障害者	176	7.1
⑦環境・ゴミ・リサイクル	39	1.6
⑧暮らしの衛生・ペット	72	2.9
⑨住まい・道路・まちづくり	200	8.0
⑩生涯学習・スポーツ	27	1.1
⑪産業・仕事・消費生活	41	1.6
⑫人権・平和・男女共同参画	1	0.0
⑬交通・自転車	4	0.2
⑭安全・安心	171	6.9
⑮防災	1	0.0
⑯協働・コミュニティ	95	3.8
⑰その他	400	16.1
合計	2,486	100.0

3 ▶ CSW活動のなかから子どもたちの学習支援活動が始まった

さまざまな相談支援に関わるなかで、あるとき、民生委員からの「ホームレス支援団体が主催する炊き出しに子どもが並んでいた」との話を受けて、「貧困」、「ネグレクト」などにより食事が摂れていない子どもたちの実態がわかった。そのことを受けて民生委員、青少年育成委員、子ども家庭支援センター、警察、学校などと協力して「子どもまつり」を数回開催し、より一層子どもたちの状況をつかむ行事を仕掛けた。開催後に関係機関と協議を重ねるなかで、こうした子どもたちの多くに家庭環境における課題があり、そのことが原因で学習遅滞が起きていることがわかった。

そこで、2010年7月から各関係機

写真4-4　ちゅうりっぷ学習会。食事づくりの風景

関・団体の支援協力を得て、要援護家庭の子どもたちを対象にして「ひまわり学習会」を立ち上げた。平成24年度より「ちゅうりっぷ学習会」「にじいろ学習会」を、2014年度から「あおぞら学習会」を立ち上げた。学校、関係機関、民生委員、青少年育成委員、区内にある大学の学生、ボランティアとの協働により子どもたちへの支援を行っている。

4 ▶ 住民とはフラットな関係のなかで学びあい、支えあいの視点からまちづくり

　地域支援活動については、上記「学習会」の他にも、地域区民ひろばと協働して世代交流の場「しゃべり場」や、区内大学の学生が主体で地域の高齢者等の困りごとをサポートする「学生出前定期便」についての支援等を行っている。

　地域（まち）の生活課題を分析するなかで見えてくる一つとして、人それぞれの生活課題が見えにくくなっていることがある。新たな支えあいのしくみを構築していく上では地域住民の協力が必要であるが、そのためには個々の住民へ個人情報に配慮しつつこの町で起きている生活課題を伝えていくことが大切である。いきなり支えあいのしくみを提唱しても、そのしくみをつくった理由が住民にうまく伝わらないと消化不良をおこし、理解へと進まない。私たちは、今協力してくれている人、また協力してくれそうな人たちへの呼びかけにとどまらず、今まで地域（まち）の生活課題に関心をもつことなどなかった人たちのことも視野に入れて、心に響く問題提起を図ることを念頭に事業を

図４−18　主な地域支援活動〜「学びあい」「支えあい」の活動〜

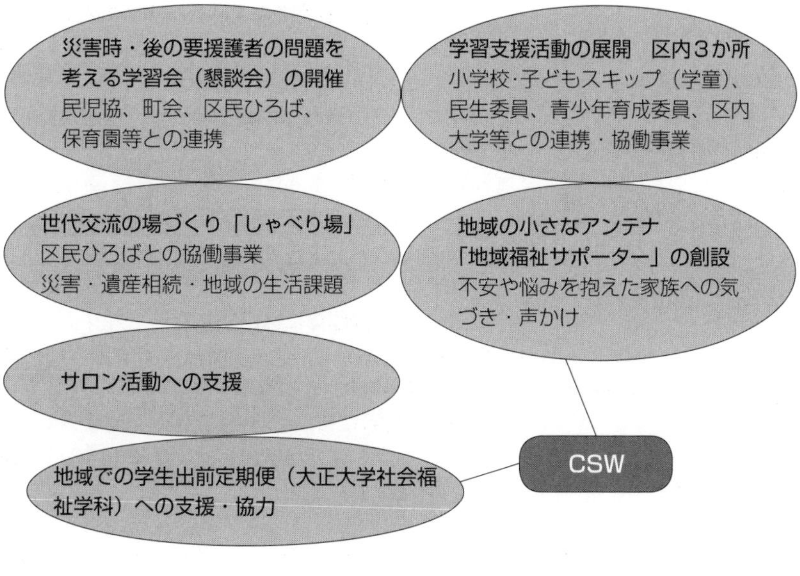

- 災害時・後の要援護者の問題を考える学習会（懇談会）の開催　民児協、町会、区民ひろば、保育園等との連携
- 学習支援活動の展開　区内３か所　小学校・子どもスキップ（学童）、民生委員、青少年育成委員、区内大学等との連携・協働事業
- 世代交流の場づくり「しゃべり場」　区民ひろばとの協働事業　災害・遺産相続・地域の生活課題
- 地域の小さなアンテナ　「地域福祉サポーター」の創設　不安や悩みを抱えた家族への気づき・声かけ
- サロン活動への支援
- 地域での学生出前定期便（大正大学社会福祉学科）への支援・協力

CSW

進めていかねばならないと考えている。そのために地域での学びあいをさまざまな形で仕掛けている。

本社協では、例えば学習会や懇談会の開催、また関係団体が主催する協議の場やイベント等へ積極的に参加している。地域の土俵に入っていくなかで互いの学びを深めていく取り組みである。生活課題の分析について、同じテーブルで話し合いをもつことで互いの思いや考えを重ね合わせていく。そして見えてくる方向性を確認し、互いに連携、協働して、更なる学びのステップを構築していくよう努めている。

こうした学びあいの活動をいくつも立ち上げていくなかで、支えあいのしくみが見えてくる。

5 ▶ 地域福祉サポーターでおたがいさまのまちづくり

その他、住民と進める地域支援活動として、CSW担当スタッフ等と連携した「地域福祉サポーター」を2014年2月に創設した。おたがいさまの精神で自分たちができる範囲において不安や病気等の人々に気づき、声かけをしてもらい、みんなでこのまちで暮らすすべての人々の暮らしを応援しようというものである。例えば地域の小さなアンテナ役として、自分が住むご近所や職場等で、不安や悩みを抱えていそうな人に気づいたら、CSW担当スタッフや関係機関等に連絡をする役割を担ってもらうことにした。18歳以上の方で地域福祉に熱意がある方なら応募できる。地域福祉サポーターには難病、障がい者の方も大歓迎、会社員、自営業など日中働いている方にも参加してもらっている。また、区内の企業に勤務している方も参加できる。多くの働き手が豊島区内に来ていることから、商業都市の強みを生かして、昼間人口40万人で協力し合う支援体制を構築していく。

すでに登録した方々のなかには、地元信用金庫の行員や新聞販売所、弁護士、元大学の先生、NPO法人の理事、

表4－5　地域福祉サポーターへのお願い

地域福祉サポーターのみなさんにお願いしたいこと 小さくても感度のよいアンテナ局として
◎地域福祉サポーターは、身近な地域で困っている家族（人）に気づいたら、社協のコミュニティソーシャルワーカー（CSW）や地区担当者、民生児童委員等に連絡
◎地域福祉サポーターは、コミュニティソーシャルワーカー（CSW）の活動を応援
◎地域福祉サポーターは、ポスターの掲示、チラシ等の配布など広報活動
出身団体には口コミで！
◎地域福祉サポーターは、関係機関や団体とのネットワーク組織「地域福祉ネットワーク」（小地域ネットワーク会議）に参加し、一緒になって地域づくりを応援
互いに知恵を出し合います！
◎その他の活動

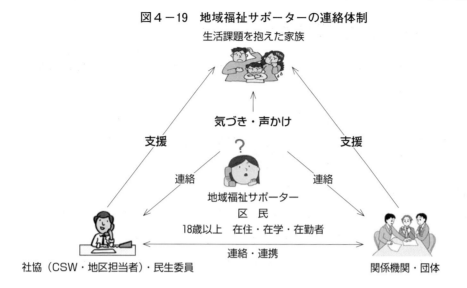

図4−19 地域福祉サポーターの連絡体制

民生委員OBなど多彩な顔ぶれである。民生委員や町会長は登録できない。それは、元々地域におけるネットワークの一員として助け合っている既存のメンバーだからである。よって、地域で困りごとを地域福祉サポーターが発見したら、本社協からも民生委員等に連絡をとって協力をお願いしていく。

2014年10月現在、地域福祉サポーターとして106名の方が登録して活躍している。

すでに存在するさまざまな支え手の人たちとどう融合させていくべきかという課題を少しずつ調整していくが、2016年度末までに500名のサポーター登録を目指している。

6 ▶ スーパーバイズ機能、担当スタッフへの研修の充実を図る

個別相談支援、地域支援活動を展開していく上で状況判断に迷う事案も多々ある。こうしたことを踏まえ、総括である本社協の地域福祉推進課長に情報を素早く上げるとともに、ケースに応じて検討会議を開いている。

また、福祉系大学の2名の教授にスーパーバイザーを依頼し、個別事例のケース検討、今後の展開に向けてのアドバイスをもらっている。さらに、CSW担当スタッフの能力向上に向けて、大正大学大学院における「スーパービジョン演習」の科目について順次、CSW担当スタッフを数名ずつ履修させている。

7 ▶ 今後のCSW事業展開に向けて

　本社協は、地域包括支援センター全圏域（8圏域）において、全職員が各地区を担当する「地区担当制」を敷いている。

　地区担当者は、毎月開催される各地区の民生委員児童委員協議会への出席や各圏域内の団体の行事（たなばたまつり、もちつき会、防災訓練、スポーツの集いなど）への参加、そして社協主催で行う住民同士の懇談会「区民ミーティング」（各圏域において年4回程度開催）の運営等も担っている。

　今後、こうした住民参加の「区民ミーティング」をベースに、CSW担当スタッフが中心になって民生委員や町会、青少年育成委員、地域福祉サポーター等が集う「小地域ネットワーク会議」を開き、ゆるやかなつながりのなかでも信頼し合える強固な関係づくりも行っていく。

　また、多様な生活課題を抱えている家族（人）を支援していくなかで、これからの地域社会のあり方を探るとともに、関係機関や団体、民生委員、地域福祉サポーターとともにネットワークの強化を図っていきながら意見の積み重ねを行い、みなさんのあたたかな心を結集して、誰もが社会的排除をされない地域社会を創るといった「社会的包摂」の視点で事業を推進していく。この視点はCSW担当スタッフだけの命題にとどまらず、全職員がその使命をもって取り組むことが大切であると考えている。

写真4-5　区内8か所で開催している「区民ミーティング」の一場面。地域住民、民生委員、サポーター等関係者等が集まって地域課題を話し合う

第 **9** 節

社会福祉法人同愛会
──施設におけるコミュニティソーシャルワーク

菊地達美（社会福祉法人同愛会）

はじめに

　本取り組みは栃木県（人口198万7119人）の北部を拠点とした「社会福祉法人同愛会」と「社会福祉法人あいのかわ福祉会」による実践である。両法人は姉妹法人として人事、研修、経営計画を共有（法人間連携）し、地域の多様なニーズに対応する福祉サービスの展開を行ってきた。

　同愛会は、大田原市（人口7万7729人、高齢化率21.4％）と塩谷町（人口1万3462人、高齢化率25.4％）において以下の事業を実施している。ここに挙げている市町以外に3市2町においても福祉サービスを行っている。あいのかわ福祉会は、大田原市において以下の事業を実施している。

表4−6　あいのかわ福祉会と同愛会の事業内容

大田原市		塩谷町	
【あいのかわ福祉会】	障害者支援施設1事業所	【同愛会】	障害者支援施設1事業所
	障害福祉サービス事業（多機能型）2事業所		障害福祉サービス事業（多機能型）1事業所
	障害福祉サービス事業（共同生活援助）3事業所		障害福祉サービス事業（共同生活援助）2事業所
	障害者相談支援2事業所		障害者相談支援1事業所
	保育所1事業所		小規模特別養護老人ホーム1事業所
【同愛会】	小規模特別養護老人ホーム2事業所		老人デイサービスセンター1事業所
	地域密着型多機能センター2事業所		放課後児童クラブ3事業所
	老人デイサービスセンター1事業所		保育所2事業所
	地域包括支援1事業所		
	放課後デイサービス1事業所		

　両法人の各事業所は点在した形態で多種別福祉サービスを行い、小規模な福祉サービス事業を展開している。

　社会環境として栃木県の北部ということから内陸型近代工業と農業、酪農が盛んな地

域である。多くの企業は非正規化を進めるほか、安い労働力を求め海外移転や事業縮小を進めており、両市町とも中心街はシャッターが目につく地方特有の状況といえる。

1 ▶ 地域公益活動への取り組み

障害者にとどまらず地域生活支援は福祉制度でカバーできるものではない。福祉制度との組み合わせや地域の状況に即した独自事業などが必要であり、福祉制度以外の制度の活用がさらに必要となっている。両法人とも大田原市および塩谷町において地域公益活動として以下の事業を実施している。

❶ 産業技術学校委託事業「障害者委託訓練清掃実務科」

❷ 高齢者給食サービスおよび単身者世帯見守り支援

❸ 災害時における二次避難所（福祉避難所）および災害時設備備品協力、職員派遣

❹ 福祉有償運送（買い物、通院など）

❺ 研修室の一般開放

❻ 宿泊施設の研修、緊急時等利用

❼ 各入所支援施設における総合相談支援

また、法人間連携地域公益活動として、栃木県内120事業所が取り組んでいる「地域定着支援事業（高齢、障害の矯正施設退所者支援）」、「とちぎセーフティネット拠点事業（身元不明者およびコミュニケーション困難者等において一時預かりや相談支援員等の派遣）」、「サービス管理責任者養成事業」などを実施している。

地域や施設における支援活動を通じた知的障害のある人々の障害特性の把握と地域生活を支えていく実践のなかから障害を取り巻く背景への理解を進めていくと、フォーマルサービスとインフォーマルサービスの組み合わせだけでは継続的な支援が困難となる場合が存在する。その隙間をカバーするため社会福祉法人による「地域公益活動」が必要となってきている。以下の項からは知的障害者の「生活のしづらさ」や「家族の思い」、「支援に関わる者」を通し、個別支援の広さ多様性の実践を報告したい。

2 ▶ 障害者福祉制度とコミュニティソーシャルワーク

これまで知的障害者の福祉サービスは、制度を基盤として支援が行われてきた。1960年から「知的障害者の自立と社会経済活動への参加を促進するため、知的障害者を援助するとともに必要な保護を行い、もって知的障害者の福祉を図ることを目的とする」（知的障害者福祉法第1条）とされ、45年間行政措置としていたことから知的障害者へ

の支援は通所、入所等の施設職員によるものととらえられていた。

　2003年「障害者支援費制度」の施行から福祉サービス利用契約制となり、2006年10月「障害者自立支援法」施行により「身体障害者」「知的障害者」「精神障害者」の三障害福祉サービス利用一元化や障害程度区分制（現・障害支援区分制）をもたらし、さらに「発達障害」や「指定難病」へと対象者の拡大が図られ、2013年4月「障害者の日常生活及び社会生活を総合的に支援するための法律（以下「障害者総合支援法」とする）」の施行により、さらに地域生活、就労への促進が進められたことで、現在、企業による「特例子会社」や「株式会社」「協同組合」「NPO法人」など多様な形態の障害者福祉サービス事業所と多様な就労が存在している。

　また、「障害者虐待の防止、障害者の養護者に対する支援等に関する法律」「障害を理由とする差別の解消の推進に関する法律」などが制定され、2014年「障害者の権利に関する条約」締約国となる。障害者総合支援法では「障害者及び障害児が基本的人権を享有する個人としての尊厳にふさわしい日常生活又は社会生活を営むことができるよう、必要な障害福祉サービスに係る給付、地域生活支援事業その他の支援を総合的に行い、もって障害者及び障害児の福祉の増進を図るとともに、障害の有無にかかわらず国民が相互に人格と個性を尊重し安心して暮らすことのできる地域社会の実現に寄与することを目的とする」として、障害者福祉サービスには、単に通所や入所支援にとどまらず社会のあらゆるものを利用することが必要となり、障害者福祉サービス給付は生活する上でのツールと考えることが必要である。障害者支援の要として位置付けられている「サービス管理責任者」「相談支援専門員」などにはコミュニティソーシャルワークの視点が求められるようになってきている。

3 ▶ 知的障害者の地域生活について

　知的障害の多くは出生前検査や発達過程において障害に気づく。家族の葛藤と医療関係機関への入通院や言葉の教室など、慌ただしい日々を過ごす。家庭内においても障害をもつ子どもをどう育てるか、兄弟関係をどうするかなど家族間での葛藤もある。近隣の同年代のなかでの関わりも少なく、母親として近隣の家族との子育ての共有感ももてず孤立感を感じる人が多い。学校教育についても地域のPTAや子ども会などとの関係が薄く、特別支援学校での障害児をもつ親同士だけの関係になりやすい。また、「コミュニケーションの難しさ」「パニック」「多動」などから地域関係に距離を置かざるを得ない状況もある。

　地域生活をするということは、食料品・衣類・光熱水費・居住費など日々経費が必要

となる。一般の人々においても収入と支出のバランスと将来の予測に基づく貯えというようなことにつまずく場合がある。知的障害者は育つ過程において、収入と支出のバランスを体得し、生活に必要なものや余暇などに必要なものなどの区別ができるよう体験し身につけられる人もいる一方、物に対する欲求が優先し費用についての感覚が身についていない人、嗜好品に費用を費やしてしまう人、訪問販売などに契約をしてしまう人、年金を担保に買い物をしてしまう人など売買の関係が理解できないまま大人になっている場合や、複雑な関係を理解できる能力をもっていない状態の人もいる。また、十分な体験に至っていない場合や家族や支援員において、管理やコントロールされることに慣れ依存的であったり、生活や活動に意欲をもてない人も存在している。

　さらに、このような課題をもつ知的障害者やその家族は犯罪との関係性も背負っている。例えば、販売用のドリンクやアイスクリームをその場で食べてしまう、試食を食した後販売用の商品を無料と間違って持ってきた、お腹がすいた理由でパンを食べてしまったなどがある。また、置いてある飲食物を食べる等により、警察に捕まり警察官や店員から当事者はもとより家族まで注意され、何度か繰り返すと窃盗罪などで実刑となる。自閉的な人やアスペルガーといわれる人のなかには他者を突き飛ばす等で、傷害罪として実刑を受ける場合も存在する。なお、少数であるが、殺人や放火などの加害者となっている場合もある。

　地域で暮らすということは、私たちが無意識のうちに行っていることから、日々の生活において実行している過程やルールなどを体得する体験学習することが必要となる。前にも述べたが知的障害者の多くは地域生活体験が限られていることから、大人になって新たに体験することが多くあり、児童期のように失敗しながら育つことが許されない場面も存在する。

　地域住民との関係性を強めるには言葉や行動によるコミュニケーションが必要となる。筆者が関わった知的障害者で自閉的な人がいた。彼は「いま何時」と聞いてくる。これにどう答えるかは難しい。数か月間関わるなかで仮説としてだが理解できるようになった。朝、通所事業所に来た早々支援員に「いま何時」と尋ねる。支援員は、「トイレに行ってから作業をするよ」と答える。彼は、支援員の言葉をオウム返ししながらトイレに向かい、作業場所に座る。しかし、顔見知りでない人やコンビニエンスストアなどに行って「いま何時」と尋ねると、時計を見ながら時間を教えてしまう。彼は奇声を上げ、体を大きく揺する。周りにいる人は遠ざかり、関わりをもつ人はいなくなる。彼は、理解してくれる通所事業所の支援員と家族、そしてごく少数の近隣の人のなかでしか生きられない。彼は、これまでの体験で身につけたコミュニケーションの言葉である「いま何時」と言える。今は、これまでの失敗体験が理解者を増やすこととなり、以前

よりトラブルは少なくなってきている。

　つまり、子ども時代の学習や体験は地域で暮らす上での基礎となっている。体験の少なさのために地域住民との関わり合い、商店や飲食店での関わり合いと必要性の体験、さらに地域住民としての役割と責任などの構築を必要としている。このようなことは、福祉サービス制度だけで対応できるものでなく、より広い視点に立った支援が必要であり、地域で「生き直す」ととらえるべきである。また、地域生活体験のなかでできること、できないことの整理が必要となる。できることに対しては、それを継続していく支援が必要であり、できないことに対しては、できるようになることだけではなく、できないことに対する支援とストレス感をもたせない支援も重要である。

4 ▶ 知的障害者の障害

　知的障害者は生まれたときから心身に障害を有しているといわれており、知的能力や身体機能の発達の遅れをもつこととなる。しかし、このことが大きな障害ということより、発達過程においての体験や学習においてクローズアップされたものが障害となる場合が多い。

　幼児期に同じ物で遊び、それに固執し、遊びの発展性をもつことがなく、それがないと安定できない。また、学習しても理解に至らず学習体験に拒否感を身につけてしまう場合もある。他者をつねる、叩くなどをどこかで体験し、人と会うとその行動をとってしまう。

　ある人は、軽度の知的障害をもちつつ学校は普通に通った。しかし、学校では友達は出来なかった。勉強にもついて行けず孤独な義務教育であったが、父親が厳格な人で父親が怖いから学校に通った。中学校を卒業後木工所に就職し、片付けや材木運びなどをして1年が過ぎた。仕事にも慣れてきた頃、事務所に高校を卒業した女性の事務員が勤めることになった。その女性の事務員は、知的障害のある彼に優しく接してくれた。仕事の合間や休憩時間には事務所の窓からなかをのぞき込むようになり、社長から注意を受け彼の父親にもこのことが伝えられた。父親は彼を殴りきつく叱りつけた。次の日、彼は父親と一緒に木工所に行き社長に謝った。その後数日は彼もいつものように過ごすが、女性の事務員の仕事帰りに後をつけていってしまう。このことで木工所を退職し自宅にいるようになる。しかし、父親がいない日中は地域内をふらつき、若い女性を見つけると後をついて行く。地域では不審者として話題になり、警察にも何度も注意されるとともに父親にはさらに厳しく叱られ、体のアザは絶えない状況であった。このような状況が数年たったある日、父親が事故で亡くなり、母親ではどうにもならないと知的障

害者の施設に入所することとなった。

　つまり、知的障害をもつことはその後の人生における何らかの制限が存在する。それは、コミュニケーションと個人の理解度やそこからくる言動にあらわれる一次障害。対人関係、職業、行動範囲と環境、家族関係、所得、情報などにおいての制約ともいえる。これらの場面においての障害が二次的な障害となっている。また、コミュニケーションや他者の言動から非社会的言動や反社会的言動を伴う三次的障害を有している場合も存在している。知的障害者の障害程度や障害の原因が表現されるがこれも曖昧で、個別の状態・状況において異なっている由縁であり、育つ過程の体験学習において障害が異なることを理解することが必要である。

5 ▶ 知的障害者におけるケアマネジメントについて

　障害者相談支援事業が制度化され、障害者分野においてケアマネジメントが導入されるようになった。また、2012年から「一般相談支援事業」「計画等相談支援事業」「児童相談支援事業」などが制度化され、さらに福祉サービス利用者すべてに対し「サービス等利用計画」の作成が必要となり、ケアマネジメントの制度化が図られた。

　さて、ケアマネジメントのプロセスは情報の提供、アセスメント、課題の整理、支援目標の設定、個別支援計画の作成、支援の実施、モニタリングなどの流れから支援が実施される。

　知的障害者支援においては、アセスメントが極めて重要である。これは知的障害者自身にとっての課題が明確でなく、さらに家族の課題や想いなどが関係し合っているためである。特に知的障害者は、自分自身を知的障害者としてとらえているわけではなく、自分の状態、状況において、不便あるいは「地域での生活のしづらさ」などを感じている。このようななかで、生活全般にわたる課題の整理、あるいは地域生活における課題の整理、さらに余暇活動のあり方や就労の課題などを整理し、目標を設定することは極めて難しいものである。日常生活と社会生活、余暇活動、就労などが関連し合い個別に計画を立てることはできない。まして、日中支援と夜間支援においても分離した支援ではなく、関連性のある支援が必要である。

　個別支援計画を立て、支援を実施しながらアセスメントをし、１年あるいは２年と支援を実施していくなかで、初めて目標が徐々に明らかになり、そこで個別支援計画の方向性も定まってくる。なお、定まったとしても新たな課題や、生活の方向性など変化が生じる。それに応じたモニタリングが必要となり、個別支援の実施となってくる。つまり、最初のアセスメントから、個別支援計画に基づく支援は仮説的なものであるといえ

る。しかし、サービス管理責任者や障害者相談支援専門員などは変更を予定しているケア会議〈サービス調整会議〉の期日まで待つ場合が多い。また、支援を実施している支援員は、個別支援計画書に疑問をもつことや、個別支援計画書に則した対応に終始してしまう場合もある。本来は、支援を実施すると同時にモニタリングを実施することが必要である。

　知的障害者本人のサービス等利用計画から個別支援計画を作成することは必要なことであるが、生活の場に関わる人々や、行動する地域などで関わる人々の視点も含め支援計画を立て、支援をすることが最も重要なことだといえる。ここに関わりがあるのは市町村地域自立支援協議会となるが、現在のところ十分な機能を果たしているところは少ない。フォーマルな福祉サービスを活用しつつインフォーマルな資源を活用し、その人に合った福祉サービスが必要になる。また、存在する福祉サービスだけではなく、オーダーメイドの福祉サービスや利用しやすい福祉サービスとするため、市町村地域自立支援協議会の役割は重いといえる。

　知的障害者の家族においては、不安を取り除く支援や知的障害者自身の理解を促進する支援も重要である。つまり、アセスメントにおいてはより幅の広い視点が必要であり、時間をかけ丁寧に進めることが大切である。言い方を変えると、知的障害者に関わることは常にモニタリングをしていることになり、生き方を共に探していくことが支援であると考えられる。

　知的障害者などにおいては、変化する要求、要望に対応する側面と変えない対応の両面をもち、将来への短期目標、長期目標においてもその人に即した具体的なものとし、達成可能なものでなければならない。ケアマネジメントの過程やシステムにとらわれず、日々の支援からとらえられるその人らしさを重視した支援の構築が必要と考えられる。

6 ▶ 就労について

　就労支援は授産施設や小規模作業所、さらに通勤寮などにおいて多くの取り組みがこれまで見られた。しかし2006年10月に「障害者自立支援法」が施行されてからは、障害のある人の地域生活促進と就労に特化した制度であったことも影響し、障害児やその家族は障害の状況・状態に関係なく就労を意識するようになった。しかし、知的障害者において就労あるいは職場などについて具体的に知識を得る場が少ない。特別支援学校において進路を決めるときに職場体験があるが、それはわずかな期間であり、十分な体験とはいえない。小学校高学年から職場見学や職業体験などさまざまな体験が必要であ

る。

　就労について考えると、まず何がしたいのかを学び、身につけることが必要となり、就労する具体的な目標も必要となる。また、就労することは日常生活や職場のルール、さらに通勤の理解と手段、余暇とのバランスなどを体験し、身につけることも必要となる。特別支援学校を卒業後、就職する人も多いが、地域活動支援センターや就労継続支援・就労移行支援事業などを利用することとなり、これらの事業所から一般企業に就職をする人もいる。本来、知的障害者が就労をするためには、初めから一般企業のなかで就労の体験をすることが望ましい。就労体験の場に支援員が付き添い、対人関係、職場内生活、作業工程、通勤の仕方、さらに日々の日常生活の仕方、余暇の過ごし方などを支援するシステムが必要である。そのなかから、支援の必要なところを明らかにし、自分の思いと現実の状態を体験することが必要となる。その上での就労継続支援や就労訓練を考えるべきである。

　地域のなかには障害をもつ人が働ける場はたくさんあり、社会的役割を果たすことも可能である。知的障害者も働きたいと思い、その力をもつ人も多い。しかし、一般的には知的障害者が雇用される職場に合うよう訓練や支援を受けるととらえられている。知的障害者が合わせるのではなく、合う職業と合う職場を考えることが必要である。

　知的障害者においては仕事ができるかどうかより、通勤の課題が大きい。通勤に関わるトラブルや、仕事はできても通勤ができないなどの課題が存在している。都市部においては比較的交通網が発達しているが、地方での移動手段は自動車であることから就労に結び付かない状況にある。家族の送迎や従業員の協力で維持されているが、そこにも限界が存在している。

　地方においては就職そのものが深刻な状況になりつつある。製造業などの多くは工場を賃金の低い海外に移転し、中小企業はより高度な技術を求められる一方、生産の安定性はなくなっている。旅館や飲食店においても経営的ゆとりがなく、危機的な状況が見受けられる。地方の町の多くは「シャッター通り」といわれ、より地方と都市の格差は増している状況にあるなか、障害者の就労には制度的な整備が必要となるが、地域の体制と継続性のもてるシステムも必要と考えられる。しかし、すべての知的障害者が就労すべきと考えるのではなく、本人の状態、状況と意志で行うものであり、その人らしく生きていくことの一部に就労があると考える。

7 ▶ 支援について

　知的障害者への支援は一様ではなく、まさに個別的である。前にあげた「いま何時」

と言う彼は、関わりをもつ仮説設定に3か月かかり、試行錯誤をしながら安定的な関わりがもてるようになるにはさらに6か月ほどかかっている。その後数年、安定的な関わりを継続し支援員の存在の感覚的な理解、対人的な不安の解消、生活と活動環境の理解などを考慮しながらの支援が継続された。

現在では、「いま何時」とはあまり言わない。それは、これまでの関わりを基礎に、彼が質問する前に全体に対する事前説明と個別に対する事前説明により、「トイレ」「ご飯」などと具体的な言葉に変化している。外食をするときにはファミリーレストランによって注文する物を決めているようである。飲み物については必ず「コカコーラ」と言うが、コーラが出されると「本当はコーヒー」と言う。支援員は自分用にコーヒーを注文しておくので、「コーヒー飲む？」と聞くと「飲む」と言い、笑顔を見せながらの外食になる。

20代後半の彼にとって今後の生活目標と彼らしさを見つけて行くには時間的余裕はない。彼の受容していく時間と、体験をしていく内容の多さ、そして社会環境の変化、体力の衰え、家族環境の変化など、彼にとって安心感のもてるライフスタイルの構築にはまだまだ困難性があると考えられる。

また、若い女性の後をついて歩く軽度の知的障害者については、男子の支援員が関わっていたが、当初「おどおど」とした態度で何気ない関わりでも脅える様子があり、睡眠も浅く、自室への出入りや窓の開閉を幾度も繰り返す動作が見られていた。食事や作業においては遠くに見える女子職員などに注意がいき動作に入ることができないでいた。このような現象の背景は約1年間わからないままであった。入所に際しての情報提供書において「若い女性に関心をもつ傾向にある」と記載されていた。母親や彼に対しての聞き取りでも要因はわからなかった。施設入所生活のなかで比較的落ち着きが出てきたとき、市の障害福祉担当者が民生委員の視察研修に来ており彼を見かけ、支援員は彼の過去について初めて聞かされた。市の担当者は彼の過去の状態・状況について情報提供すると、施設入所が困難ととらえられてしまうと考え、情報の削除があったことがわかった。その後、彼の支援方針は女子支援員とともに日常生活において洗濯物干しや取り込み、また食堂での片付けの手伝いをすることでさらに落ち着きを見せ、ファミリーレストランでは女性店員に対して食事の注文をするよう働きかけをし、フードコーナーなどで周りにいる女性の客を見ることは悪いことではないと体験を積み、じっと見つめることに対しては「いつまでも見ているのは失礼だよ」とアドバイスをするなどによって女性への関心も緩和され、一緒に男子支援員が関わることで「おどおど」とした印象は薄れてきている。また、支援員が関わりで気をつけているのは、きつい言い方や命令的な言葉は使わないよう心がけ「促すような」言葉かけをするようにしている。彼

が以前背負った障害は地域での関わりの障害と、男性や警察官などに対しての恐怖心という障害であり、それを克服するためには地域との関わり合いにおいて「生き直し」の体験が必要であり、人に対する安心感と他者を思いやる心の習得であると考えられる。「生き直し」の必要性は前に述べた二次障害や三次障害の結果である。「生き直し」をしないで済む地域社会の構築が必要である。

おわりに

　知的障害者の地域移行は彼らにとって自立の形態の一つである。その自立には発達過程で生じた障害を修正していくことが大切であり、そこに支援による関わりが存在し、その人らしい地域での生き方を見つけ出すことが重要である。知的障害者個人がもっている能力と感性が尊重された多様な福祉サービスを利用し、地域住民として存在意義が認められる地域環境が必要である。

　知的障害者は生まれながら障害をもつ上に、育つ過程において障害をさらにもつことになる。そのため、支援に関わる人は地域での「生き直し」支援や課題があり、つまずいたままで生活のしづらさを感じている人に関わりをもちながら、生活の仕方を模索し自信を付けていく支援が必要となる。

　生活体験学習は知的障害者の生活圏域において行われることが望ましい。入所施設や通所施設は生活体験学習をする上での基礎的な体験の場所であり、地域における生活体験において課題が発生したり、失敗をしたときの拠り所となる側面もある。また、日常生活や活動、就労などにおいて違和感を感じ理解できないこと、また行動に移すことができないときなどは、早急に関わり支援をすることが必要である。地域生活においてマイナスイメージを幾度ももたないよう関わり、地域住民等においては知的障害者の生活における失敗や違和感を見守る環境をつくることによって、高齢者や地域で孤立している人々においても生活しやすい地域となることに理解を得たい。

　知的障害者自身がもっている課題、そしてその家族が生活段階でもつ課題、学校教育や地域の仕組みの課題、さらに地域のおける人間関係の課題、就労や移動手段の課題など多様な側面が存在している。知的障害から派生する生活障害への支援は、知的障害者の福祉サービスに従事する支援員だけではなく、その段階に応じて多様な人の関わりが必要と考えられる。

第**5**章

コミュニティ
ソーシャルワークの
拡充に向けて

第 1 節

コミュニティソーシャルワークの新たな展開

1 ▶ 本節の目的

　近年発生している50代等高齢者世代に達していない人々の孤立死は、従来の地域福祉が小地域福祉ネットワークで構築してきた65歳以上高齢者を中心とした見守り活動ではもれてしまう事案として、2000年代後半に注目されるようになっていた。地域福祉推進委員会等の名称で小地域単位に組織されていた地域福祉組織が、個別支援に対して機能していないのではないかという議論も厚生労働省「これからの地域福祉のあり方に関する研究会」で行われていたところである。

　2010（平成22）年夏に生じたいわゆる所在不明高齢者問題、2011（平成23）年の東日本大震災発生による仮設住宅を中心とした孤立死の防止、2012（平成24）年から多発した複数人世帯での孤立死の発生、虐待や認知症高齢者の支援等の地域社会における問題は、地域住民の孤立防止、地域における見守り機能の強化、地域社会で支え合うことの重要性を改めて社会に問いかけることとなった。誰もが住み慣れた地域で安心した生活を続けることができる社会をつくることの重要性が注目されることとなったのである。今日では、生活困窮者自立支援のなかでも、経済的困窮と併せて「社会的孤立」の問題が論議されている。

　急速な少子高齢化の進行が指摘されるなかで、中山間地域においては、いわゆる「限界集落」と呼ばれる小規模高齢化集落の増加や人口減少が顕著となりつつある。また、都市部においては、単身世帯の増加、「無縁社会」といわれるような地域関係の希薄化等が指摘され、社会から孤立する人々の問題が若者から高齢者まで多様な世代の課題となりつつある。このような単身化・孤立化の問題は、地域生活を可能とする基盤支援を必要とし、認知症高齢者等の増加と相俟って日常的な金銭管理や福祉サービスの利用支援等、寄り添いながら支援していくことが求められるようになってきている。

　本節では、このような課題に対応していくために、地域福祉推進の観点から国のモデル事業である安心生活創造事業を取り上げ、地域福祉推進において見守り・買い物支援を中心とした取り組みがどのような意義を有し、どのような成果をあげたのかについて述べる。また、生活困窮者自立支援法において総合相談が制度化されるなかで、制度の狭間にあるこれらの問題をさまざまな支援と結び付けていく新たな地域福祉の取り組みであるコミュニティソーシャルワークの今後の展開について述べることとしたい。

2 ▶ これからの地域福祉のあり方に関する研究会報告

　厚生労働省では、誰もが住み慣れた地域で安心して生活を継続できる社会を構築するため、2007（平成19）年度に「これからの地域福祉のあり方に関する研究会」（以下「あり方研究会」という）を設置し、地域福祉の意義と役割や地域福祉の現状、今後目指すべき方向等について検討を行った。2008（平成20）年3月に、あり方研究会報告書『地域における「新たな支え合い」を求めて―住民と行政の協働による新しい福祉―』を取りまとめ、自助、共助、公助によって地域福祉を推進するなかで、地域住民の生活課題に基づいて「共助」を拡大していくことが重要であることを指摘した。さらに、小地域福祉活動における個別支援を重視し、要支援者ごとに支援会議が必要であるとした。これらの取り組みは、住民と行政が協働して取り組むこととし、そのつなぎ役として「地域福祉のコーディネーター」が重要な役割を果たすこととされている。この地域福祉のコーディネーターこそ「コミュニティソーシャルワーカー」と呼ばれる人材である。また、市町村行政の役割が指摘され、地域福祉の基盤整備を行うことが市町村行政の重要な役割とされ、地域福祉計画の策定やコミュニティ施策、低所得者支援についても言及されている。

　このあり方研究会等を踏まえ、厚生労働省社会・援護局地域福祉課では、補助率10／10による国のモデル事業として安心生活創造事業を創設し、地域福祉の推進に取り組むこととした。

図5-1 これからの地域福祉のあり方に関する研究会報告書イメージ図

地域における「新たな支え合い」を求めて—住民と行政の協働による新しい福祉—
（これからの地域福祉のあり方に関する研究会報告書　2008年3月31日）

○公的な福祉サービスは、分野ごとに整備され、高齢者福祉や障害者福祉の分野では飛躍的に充実
○しかし、地域には多様な課題がある
　・制度では拾いきれないニーズや制度の谷間にある者への対応
　・問題解決能力が不十分で、公的サービスをうまく使えない人への対応
　・公的な福祉サービスでの総合的な対応の不十分さから生まれる問題
　・社会的排除や低所得の問題
　・「地域移行」という要請
○少子高齢化が進む中、地域の多様な課題の全てに公的福祉サービスだけで対応することは困難

○地域では、安心、安全の確保、次世代をはぐくむ場が求められている。　○住民の意欲の自己実現の高まり

○多様な生活課題に対応するため、地域福祉をこれからの福祉施策に位置づける必要

地域における「新たな支え合い」（共助）の領域を拡大、強化することが求められている
　・基本的なニーズは公的福祉サービスが対応する原則
　・「新たな支え合いは」自立した個人が主体的に関わり、支えあうもの
　・市場・行政・非営利がそれぞれの弱点を補い合う

市町村の役割
　・従来の福祉の枠にとらわれず、地域の生活課題を受け止める総合的なコミュニティ施策
　・住民の地域福祉活動のための基盤を整備
　・分野を限定しない一元的対応のできる体制（公的サービスの見直しや運用の弾力化）
　・（住民では対応が難しい）困難な問題に対処できる専門的対応
　・低所得者への支援

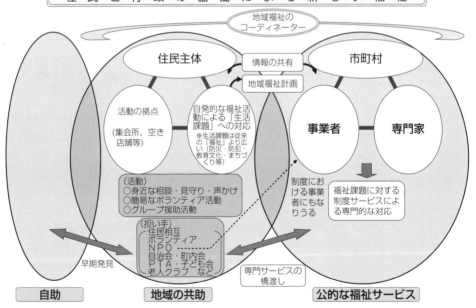

3 ▶ 安心生活創造事業の目的と3原則

　公的サービスの対象ではないが、高齢者や軽度障害者等で消費者被害の対象になりやすい人や身寄りがなく孤立している人など何らかの困難を抱えている人々が、自分の生活を組み立てることができるようにするために、制度の狭間の支援が求められている。それは、情報提供、不安解消、早期発見、早期対応、危機管理のいわゆる見守り支援や買い物支援（基盤支援）を活用することによって、自分の生活を自分で組み立て続けることを可能にしていく支援である。

　さらに、認知症高齢者や知的障害者、精神障害者等判断能力が不十分な人等が地域生活を送っていくためには、福祉サービス等の契約に関する支援や金銭管理、保証人の支援等権利擁護の必要性が指摘されている。これらの支援をワンストップで受け止める体制が求められており、総合相談体制を構築する自治体も生まれ始めている。

　併せて、地域福祉の推進のためには、地域福祉財源をどのように確保していくのかについても大きな課題である。安心生活創造事業では、地域の自主財源を生み出す仕組みづくりに58か所の市区町村が取り組んだ。厚生労働省が実施する事業としては、このような自主財源を創造するような事業の実施は過去に例があまりないのではないかと考えている。

　本項では、ここまで述べてきたような点に留意し、平成21～24年度まで4年間取り

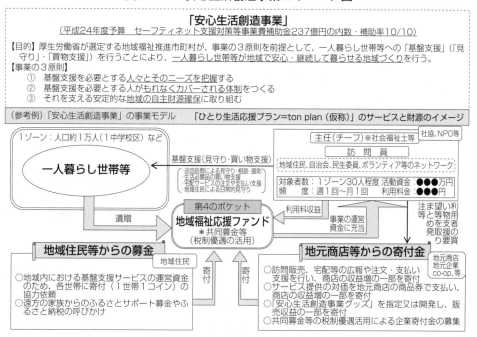

図5-2　安心生活創造事業のイメージ図

組んできた安心生活創造事業の実践から見えてきた成果について論じていくこととしたい。

　安心生活創造事業は、厚生労働省が選定する地域福祉推進市町村（以下「推進市町村」という）が、事業の３原則を前提として、一人暮らし世帯等への「基盤支援」（「見守り」・「買い物支援」）を行うことにより、一人暮らし世帯等が、住み慣れた地域で安心・継続して生活できる地域づくりを行うことを目的とした国庫補助事業である。孤立や買い物支援等のニーズに対して個別支援に取り組むことから、地域住民による支え合いの活動が活性化し、専門職とも結び付いた地域福祉の再構築を構想した事業となっている。３原則への取り組みを最低要件としつつ、具体的な支援体制づくり等は、地域の実情に応じて取り組むことが可能な事業となっている。

　本事業は、平成21年度から３か年を国のモデル事業として実施し、平成24年度からは国庫補助事業としてセーフティネット支援対策等事業費補助金237億円（平成24年度）の内数として実施され、平成25年度から安心生活基盤構築事業へと拡充された。安心生活創造事業を実施する推進市町村は、平成21年度は55市町村が選出されスタートしたが、途中若干の辞退があり、平成22年度から６市町を加え、平成23年度までは58市町村が選出され取り組まれた。

表５－１　安心生活創造事業について

（平成24年度予算・セーフティネット支援対策等事業費補助金237億円の内数・補助率10/10）
【目　的】 　厚生労働省が選定する地域福祉推進市町村が、事業の３原則を前提として、一人暮らし世帯等への「基盤支援（「見守り」「買い物支援」）」を行うことにより、一人暮らし世帯等が、住み慣れた地域で安心・継続して生活できる地域づくりを行う。 　※「基盤支援」：安否確認や生活の異常等の察知・早期対応といった「見守り、生活維持に不可欠な「買い物支援」
【事業の３原則】 　①　基盤支援を必要とする人々とそのニーズを把握する 　②　基盤支援を必要とする人がもれなくカバーされる体制をつくる 　③　それを支える安定的な地域の自主財源確保に取り組む
【特　徴】 　本事業実施にあたっては、事業の３原則への取り組みを最低要件として、各市町村は自らの地域ニーズを適格に把握して、地域の実情に応じて取り組むことが可能である。

　本事業によって、以下のようなことが明らかとなってきた。

　第１に、改めて公的サービスの限界と制度の狭間の問題が確認されたことである。介護保険制度や障害者総合支援法等、公的サービスは一定程度整備されてきているが、少子高齢化、核家族化、団塊世代の高齢化等により、高齢者等の生活支援ニーズは今後さ

表5-2　安心生活創造事業に取り組む「地域福祉推進市町村」一覧

北海道・東北ブロック		関東ブロック		中部ブロック		近畿ブロック		中・四国ブロック		九州ブロック	
北海道	登別市	茨城県	牛久市	新潟県	新潟市	三重県	伊賀市	島根県	出雲市	福岡県	北九州市
	本別町	栃木県	鹿沼市		三条市		名張市	岡山県	美咲町		飯塚市
	東川町		大田原市	富山県	氷見市	京都府	南丹市	広島県	庄原市		春日市
	福島町	埼玉県	行田市	石川県	宝達清水町	大阪府	豊中市		安芸高田市	佐賀県	小城市
岩手県	西和賀町	千葉県	千葉市	長野県	茅野市		阪南市	山口県	周南市	熊本県	合志市
秋田県	湯沢市		市原市		駒ヶ根市	兵庫県	西宮市		長門市		人吉市
	大仙市		鴨川市		軽井沢町		尼崎市	徳島県	徳島市	大分県	臼杵市
山形県	酒田市	東京都	品川区	岐阜県	美濃加茂市		宝塚市	香川県	琴平町		中津市
	飯豊町		墨田区	愛知県	高浜市		芦屋市			宮崎県	美郷町
		神奈川県	横浜市			奈良県	天理市				
			逗子市								
		山梨県	小菅村								
小計	9市町	小計	12市町村	小計	9市町	小計	11市	小計	8市町	小計	9市町
										合計	58市町村

らに増加・多様化の傾向にある。高齢者のみの世帯の電球交換、ゴミ出し、見守り、生活必需品の買い物などといった制度の狭間にある生活支援ニーズが指摘され、その支援が求められるようになってきている。また、高齢者、障害者、低所得者など各種制度では対象者や対象サービスを定めることが必要であり、基準に該当しないニーズへの対応をどうするかといった介護報酬対象サービスや要介護認定などからもれるニーズへの対応が必要となっている。さらに、少子高齢社会において支える力（財源・マンパワー）は減少（稼働年齢層と高齢者層は1対1へと近づく）傾向にあり、公的サービスですべて対応することは不可能であり、また適切ではない状況にある。

　第2に、善意の支え合いの限界と新たな見守りシステムの構築である。地域住民相互の見守り・生活支援は極めて大切であり、今後も地域福祉の推進になくてはならないものである。住民が主体的に地域福祉の課題に関心と理解をもち、取り組むことが地域福祉推進の大前提であることは間違いない。しかし、小地域で支え合う担い手の高齢化やいわゆる限界集落である小規模高齢化集落の増加等、担い手の不足が全国的な課題となってきていること。また、集合住宅等において、64歳以下の中年実年世代の孤立死が増加傾向にあり、民生委員等による65歳以上高齢者の実態調査ではもれが生じてしまうような課題が増加傾向にあること。さらに、認知症高齢者や知的障害者、精神障害者、虐待等自分から助けを求められない人の増加等により権利擁護ニーズのように、専門的継続的支援が必要で善意の支え合いだけでは支援できない状況が地域で生じており、さらにそのニーズは拡大傾向にある点等である。従来、サービス等の支援を拒否するひき

こもりがちな人々への支援方法を検討することも重要な課題である。

　少子高齢化、孤立化、単身化の進展により、早期発見、早期対応、情報提供、不安解消、危機管理が必要な、いわゆる「見守り」を必要とする人々が増加している。東日本大震災の発生により、災害時要援護者の把握と支援方法の確立の必要性が再確認された。これらの状況から、見守りが必要な人々が確実に見守られている仕組み、システムが求められていることが示され、「もれない把握」、「もれない体制づくり」の確立は喫緊の課題となり、「地域での要援護者に係る情報の把握・共有、安否確認方法について」盛り込むこととなっている地域福祉計画の重要性が再確認されている。

　第3に、買い物支援を契機とした基盤支援と見守り協定の構築である。在宅において自ら生活を組み立てていくために、買い物は重要な役割を果たしている。しかし、本人の身体的障害等の理由ばかりでなく、不景気によるスーパー等の店舗の撤退や移転、閉鎖により、買い物が困難となる人々が増加している。高齢者や障害者、車の免許を有しない人々は、自宅が商店街等から離れていたり、公共交通機関がないなどの理由により、何らかの支援がないと買い物に出かけることができない。従来なら地域内での助け合いや近隣住民同士の助け合いなどにより補えたものが希薄になり、例えば車に乗り合って買い物に出かけたり、買い物を代わりに行うなどの助け合いがなくなってきている。

　また、自然発生的な地域コミュニティが失われつつある場合、公的な仕組み、仕掛けでそれを補う必要が出てきている。このため、商品を自宅まで届ける「宅配サービス」を創設・活用するとともに、見守り、安否確認機能を宅配サービスに付加することも重要である。併せて民間サービスとの連携・活用も有効である。一方、宅配サービスだけでは外出の機会を奪うことにつながり、本人の自立を阻害する可能性や認知症等を進行させてしまう可能性もある。送迎サービス等による外出支援・買い物支援により生きがいづくりにつなげることも必要である。このような取り組みについては、商店街や商工会等との連携が重要である。そして、このような宅配サービス等を行う店舗と行政、社協、地域包括支援センター等が協定を結ぶ取り組みが本事業において拡大し、全国的に展開される傾向が見られることは注目される。従来の地域福祉推進組織と企業や地域商店などの民間事業者が連携した地域ぐるみでの取り組みが構築されていることは重要である。[1]

1　筆者も委員として関わった厚生労働省社会福祉推進事業の研究である野村総合研究所「孤立（死）対策につながる実態把握の仕組みの開発と自治体での試行運用に関わる調査研究事業」2014. では、全市区町村に調査したところ、「外部協力機関（賃貸住宅管理会社、電気・ガス・水道等）との協定による早期発見体制」として、東京23区特別区・政令市で、既に対応している52.8%、対応について検討中であるが44.4%で両者を合わせると97.2%が民間事業者との体制構築を進めていることがわかった。一般市（高齢化率23.0%以上）でも、同36.3%、同33.9%、計70.2%が進めている。

第4に、権利擁護の取り組みである。認知症高齢者・障害者等の増加、身寄りのない高齢者の増加から、保証人の必要性の有無など、保証機能の検討、死後の財産管理・処分の問題が顕在化している。高齢者や障害者等にあっては判断能力の低下等により、財産管理の問題、介護サービス等を利用する場合の契約問題等、支援の必要性が明らかになってきている。これらの状況から、判断能力の低下や契約支援の必要性等により社会福祉法による福祉サービス利用援助事業（日常生活自立支援事業）から成年後見制度へ移行する支援も増加しており、単身世帯の増加等により身寄りのない人々も増加していることから、親族後見人や専門職後見人のみでなく、法人後見や市民後見の必要性等公的に権利擁護の仕組みを確立していくことが求められている。

　第5に、個人情報の共有化に関する取り組みである。個人情報保護法関連制度の開始により、個人情報保護意識が過剰に高揚し、必要な情報が必要な機関、支援者等に伝わらず、支援を困難にしている例が生じている。個人情報保護意識の過剰反応が、要援護者の把握、支援を必要とする人のもれない把握の障害にもなっている。手上げ方式、同意方式、関係機関共有方式による個人情報の適切な運用が必要である。また、個人情報の第三者への提供について、近年の孤立死の事案に関連して、関係省庁が連携して通知を発出しており、関係機関との連携により地域における情報の共有や見守り体制の構築等、地方自治体の福祉担当部局に必要な情報が適切に集約されることが重要である。自治体が保有している個人情報の取扱いについては、各自治体が自ら定めた条例によることとされ、個人情報の保護に関する基本方針（平成16年4月2日閣議決定、平成20年4月25日一部変更）においては、「いわゆる『過剰反応』が一部に見られることを踏まえ、地方公共団体においても、法の趣旨にのっとり、条例の適切な解釈・運用を行うことが求められる」とされている。2013（平成25）年6月には災害対策基本法が改正され、民生委員、消防団、市町村社協等が避難行動要支援者の避難支援関係者として位置づけられ、あらかじめ必要な個人情報を利用できることとなった。民生委員は特別職の地方公務員であり守秘義務を有しているが、一部の自治体や相談機関から個人情報が適切に提供されないという課題が生じている。この法改正でこれらの課題解決に前進が見られるのではないかと期待している。

　第6に、地域人材の確保という課題である。地域や団体、関係者との連携、実際の仕組みとして動かすためには、中核となる人材、コーディネートができうる専門職、責任者が必要である。まさに制度の狭間の問題をさまざまな支援方策と結び付けていくコミュニティソーシャルワークを展開する専門職が必要である。過疎地域等における少子高齢化の進展により、担い手も高齢化しており、人材不足による支え合い機能の低下や集落の崩壊も危惧されている。大学との連携・協力や若者の協力など、地域人材を有効

に活用し、見守りや買い物支援等を充実することも期待される。本事業では、生活・介護支援サポーター養成と結び付けて展開していくこととしたが、各推進市町村において人材育成の工夫が見られたことにも注目したい。本事業ではコミュニティソーシャルワークの必要性から、平成25年度から拡充された安心生活基盤構築事業の安心生活創造推進事業では、コミュニティソーシャルワークを展開する職員を必ず配置することとしている。

　以上のような点に留意しながら、本事業の具体的な取り組みについて述べていくこととしたい。

4 ▶ 安心生活創造事業の具体的な取り組み

　安心生活創造事業では、高齢者や障害者などあらかじめ対象者の線を引かず、支援拒否者を含めて定期的な基盤支援（見守り・買い物支援）対象者をもれなく把握することを重視している。そして、従来からある民生委員や自治会等の地域の見守りや生活支援とも連携し、新聞配達員や郵便配達員、電気・ガス・水道等ライフラインの検針員、宅配業者、コンビニエンスストア等の民間事業者と連携・協定を結ぶ等により、もれない基盤支援体制を構築して見守り活動を展開している。また、善意だけでは対応できないニーズに対応するため、判断能力が不十分な認知症高齢者、知的障害者、精神障害者を対象として福祉サービス利用援助や郵便物の確認、日常的な金銭管理等を行う「日常生活自立支援事業[2]」とも連携した取り組みが期待されている。

　また、地域支援体制は基盤支援体制だけでは完成せず、公的医療・介護・福祉サービスと地域住民やボランティア等による見守り・支援体制とが適切に融合することが重要であり、さらに、先述した日常生活自立支援事業や成年後見制度等権利擁護サービス体制の構築も必要であると考えている。最終的には、総合相談・地域包括支援・権利擁護体制を構築することが必要になると考えている。

　本事業は、地域住民が地域課題を認識し、その課題を住民同士で共有して住民が主体的に取り組むことが重要である。その住民の取り組みを地域福祉のコーディネーターである主任チーフがコミュニティソーシャルワークを実践する職員として支援していく仕組みをイメージしている。また、もれないニーズ把握と支援を行うためには、モデル地区とするゾーンを中学校区よりも小さく設定することを試みてきた。その結果、さらに

2　社会福祉法第80条の福祉サービス利用援助事業に基づく都道府県社協が行う事業。基幹的社協として，市町村社協等に一部委託をして行われている。認知症高齢者等判断能力が不十分な者を対象とし，事業内容は，福祉サービス利用援助，日常的金銭管理，書類預かり，住宅改造，賃貸契約，行政手続きの代行等であり，社会福祉士等の専門員，社協と契約をしている生活支援員によって支援が行われている。

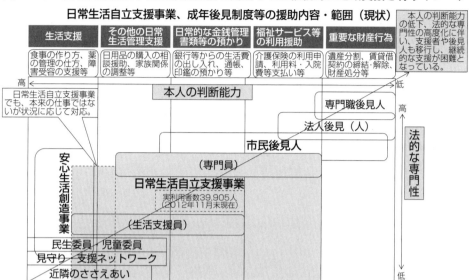

図5-3 安心生活創造事業と権利擁護を関連させた継続的に地域支援を行うイメージ

（課題）・日常生活自立支援事業から成年後見への移行に当たり、対象者との信頼関係の再構築等の支障が生じていること。
・弁護士等専門職後見人は、福祉・介護サービス利用契約等の身上監護を行うことが少なく、身上監護のニーズに対応する体制が不十分であること。
・身上監護を担う期待が大きい市民後見人は、財産管理に当たり一定のリスクを伴うこと。
・体制が不十分であるために、対象者の把握も消極的な状況が見られ、ニーズが埋もれている可能性があること。

検証が必要であるが、現状として小学校区を基礎とした取り組みが有効であることが見えつつある。

また、地域のつながりやいわゆる限界集落において、支え合い活動の担い手の不足が指摘されるなかで、新たな担い手の育成が本事業において期待されるところである。団塊の世代が退職を迎え、企業から地域社会で活躍することが期待されている。善意の支え合いでは利用を拒否したり、継続的に支えることが難しかった利用者に対して有償の仕組みを導入することで、新しい利用者を支援するとともに新しい担い手を生み出すことを構想している。大阪府豊中市では、見守り活動の新しい担い手として安心協力員を養成するために研修を行ったところ、地縁的な活動に参加していなかった新しい住民層が安心協力員の研修を多数受講することとなった。また、有償の仕組みを導入することによって、今まで利用に拒否的だった人々が利用者として登録する動きが始まっている。

このように、地縁的なつながりが希薄な都市型地域で、新しい支え合いの仕組みづくりの実践が行われた。本事業では、安心生活創造事業推進検討会（座長・ルーテル学院大学大学院和田敏明教授）という有識者会議を開催して、推進市町村の取り組みに対する評価・検討を行った。

本事業で新たに顕在化した利用者・ニーズ等については、❶地縁型のつながりを希望しない人で不安を抱えている人がいる（有償の仕組みで支援）こと、❷簡単な手伝い、

ゴミ出し、掃除、電球交換、買い物宅配サービス、巡回販売等のニーズが調査で見えて
きたこと、❸介護サービス利用者のなかにも見守りや話し相手を求めている人がいるこ
と、❹近隣の助け合いだけでは見守り支援が難しい過疎地域、小規模高齢化集落がある
こと、❺一見すると元気に見える人でも、軽度認知症や関節痛等を抱えているなど何ら
かの支援が必要な人がいること、❻家族のサポートを受けられず、助けが必要なのに
「助けが必要」と言えない人、声が届かない人がいること、❼65歳未満のひきこもり等
社会的に孤立している人がいること、❽もれない把握によって精神障害者の閉じこもり
実態が浮き彫りとなったこと、❾若年世代と同居していても虐待が疑われるケースや家
庭内に問題を抱えている場合等、必ずしも実情を把握できていないケースの発見があっ
たこと、❿入院時等に発生する保証人の問題、入居時引受人等の課題があること、⓫身
寄りのない人の遺品等の処理や対応の問題、等があることが整理された。

　モデル事業に取り組んだ主な推進市町村を、表5−3のように類型化して安心生活創
造事業成果報告書事例編で整理した。[3]

表5−3　安心生活創造事業成果報告書「見直しませんか　支援のあり方・あなたのまち
　　　　〜安心生活を創造するための孤立防止と基盤支援〜」事例編

| 1)　もれない把握と個人情報共有化の事例 |
| 2)　過疎・小規模高齢化地域の事例 |
| 3)　都市コミュニティ再生・集合住宅型地域の事例 |
| 4)　見守りと買い物支援の事例 |
| 5)　総合相談・権利擁護の事例 |
| 6)　地域の自主財源確保及び関係機関連携の事例 |

　もれない把握と個人情報共有化の事例では、①各種利用者情報の突合等、もれない把
握システムの確立、②行政と社会福祉協議会、自治会・民生委員等と個人情報を共有、
③合併補助金を利用して見守り把握のためのコンピュータシステムを構築し、このシス
テムを活用し、本事業で住民基本台帳やさまざまな福祉情報と連動して登録を行うこと
ができたこと、④福祉関係者がその所属する組織の垣根を越えて要支援者等の情報を共
有するため「安心ネットシステム」を構築し各事業所に端末を配置したこと、⑤「もれ
なく」把握する、という言葉は今までの取り組みの考え方を大きく変える意味があり、
これからの新しい地域福祉の活動のあり方に大きく影響する大事な思想が込められてい
ること、⑥基盤支援を必要とする人々個々のニーズを丁寧に把握するよう心がけること

3　厚生労働省安心生活創造事業推進検討会「見直しませんか　支援のあり方・あなたのまち〜安心生活を創
　造するための孤立防止と基盤支援〜（安心生活創造事業成果報告書）」2012（平成24）年8月には，本編と事
　例編がまとめられている。

で、住民の「気づく力」が向上したこと、等が指摘された。

　過疎・小規模高齢化地域の事例では、①本事業を通して地域に入っていけるようになり、これまで把握できなかった地域の課題を把握できるようになったこと、②親を残している市外の子ども等に写真や近況を連絡する会員制度を創設し、子どもたちも支援のネットワークに入れていく取り組みが生まれたこと等が指摘された。

　都市コミュニティ再生と集合住宅型地域の事例では、①地域とのつながりを拒否していた人を把握し、地域福祉活動とリンクすることにより新たなつながりを構築したこと、②モデル地区において実施した見守りを行う福祉協力員の再配置（50世帯に1人配置）とリーダー（民生委員などに依頼）の決定が、成功例となり全市的な波及効果をもたらしていること等が指摘された。

　見守りと買い物支援の事例では、①担い手が養成・確保されたこと、②新しい支援体制の構築の重要性が見えたこと、③新しい担い手やコミュニティソーシャルワーカーの確保の重要性が見えたこと、④自治会、民生委員、住民ボランティアの他、新聞配達員、郵便配達員、水道メーター検針員等を活用し、普段と違う状況があった場合、公的機関に通報するなど、見守り協定や連携をしている事例があること、⑤総務省、国土交通省、経済産業省等の所管する福祉以外の制度や補助金を活用するため、市町村内の他部局間で連携した取り組みができたこと等が指摘された。

　総合相談・権利擁護の事例では、①総合相談、ワンストップサービスに取り組む自治体が増えてきたこと、②総合相談に取り組むために広い視野と実行力を備えたマンパワーが必要になることが明確になったこと、③行政の人事管理面によるところも大きく、専門性が身につくために必要な従事期間（異動間隔）の確保や、属人的な支援体制に頼らない組織的なシステムの構築に取り組んでいる自治体が出てきたこと、④各区（日常生活圏域）で定例会を月1回開催し、安心訪問員、地域包括支援センター、行政保健師や担当者等に加えて、町立病院の医師や看護師長も加わり、訪問時の状況等をもとに包括的な連携協働体制が整えられたこと、等が指摘された。

　地域の自主財源確保および関係機関連携の事例では、①コミュニティビジネスや「地域福祉応援グッズ」を開発し、その売り上げの一部を活用すること、②市町村外の子どもらを支援の輪のなかに入れていくため、近況をメールにてお知らせするサービスを開始できたこと、③ふるさと納税の一部を同事業に活用すること、④単身高齢者等の安心を支える仕組みと遺贈との関係ができてきたこと、等が指摘された。

　本事業を開始することによって、先述した大阪府豊中市以外にも、買い物難民や孤立防止対策に取り組んでいる神奈川県横浜市や栃木県大田原市の事例、豪雪過疎地域で社協が民間宅配業者と地元スーパーと連携し、高齢者宅への宅配サービスを実現した岩手

県西和賀町の事例、埼玉県行田市や秋田県湯沢市のように総合相談体制の構築に取り組む事例、総合相談体制をコミュニティソーシャルワークと結び付けてさらに進めている長野県茅野市や愛知県高浜市の事例、従来からの権利擁護に関する取り組みを小地域活動と結び付けて発展させている三重県伊賀市や島根県出雲市の事例、地域福祉財源について新しい取り組みを展開している千葉県鴨川市や香川県琴平町の事例、個人情報の共有化について新しい取り組みを開始した宮崎県美郷町や広島県安芸高田市の事例、ケアネットや小ネットによる住民の見守り活動を展開している富山県氷見市や秋田県大仙市など、本事業による実践事例は豊かに拡がることとなった。地域福祉の取り組みは、住民同士の支え合い活動と公的な支援が連携、協働することが求められている。「これからの地域福祉のあり方に関する研究会報告書」にあるように、住民と行政が協働した地域福祉の再構築を進めていくことが求められており、平成25年度より安心生活基盤構築事業に拡充されたところである。

5 ▶ 安心生活創造事業でのモデル提示と成果

　安心生活創造事業成果報告書では、事業の成果を踏まえ、地域福祉を推進していくための具体的なモデル提示を行っている。①要援護者をもれなく把握する仕組みのシステム化、②要援護者をもれなく支援する体制のつくり方、③地域の自主財源づくりの方法を提示している。

　安心生活創造事業は、従来の小地域福祉活動をさらに進めて、個別的に見守り、基盤支援を行うことを目指している。そのため、高齢者等の安否確認や買い物支援の実践を定期的、継続的に行うことが求められる。この継続性を考えていくと、善意に頼った無償の活動だけでは難しい側面がある。また、従来あまり構想に含めていなかった多様な地域の社会資源を活用して地域福祉に取り組むことも重要な要素としている。例えば、民間事業者の力を借りて、継続的な見守りや買い物支援を行っていくことを構想し推進市町村に提案した。民間事業者が本業に取り組む延長線上で、地域福祉の取り組みに貢献してもらえないか。「ソーシャルビジネス」という言葉も経済産業省が取り上げているように、民間事業者として地域社会に貢献していくビジネスの可能性と地域福祉の取り組みを結び付けることができないかと考えたのである。経済産業省流通政策課は、2010（平成22）年５月に「地域生活インフラを支える流通のあり方研究会報告書～地域社会とともに生きる流通～」を発表し、買い物難民への支援の重要性を指摘している。

表5-4　安心生活創造事業成果報告書におけるモデル提示

①要援護者をもれなく把握する仕組みのシステム化

○人口規模が小さく顔見知りの多い地域であっても、地域特性にかかわらず年齢で線を引かない「制度からもれる者をもれなく把握する」仕組みをシステムとして構築することが重要である。
○上記のようなシステム化には、市町村が主体的に取り組まなければ不可能。
○市町村が保有している行政情報を突合し、要援護者名簿を作成・把握する。
○その際、個人情報の第三者提供等が課題となるため、各市町村の個人情報保護条例で必要な事項を定めるとともに、各市町村の個人情報保護審査会で個人情報の取り扱いについて、事前協議・承認を行うこと。
○災害時要援護者名簿、介護保険情報、障害者手帳情報等を有効活用すること。
○要援護者名簿は、民生委員児童委員や自治会等が保有している住民情報と行政情報とを突合することで実態に近い地域住民の把握が可能となる。
○要援護者名簿を地域実態と近いものに維持していくために、年1回程度要援護者名簿の更新をすることが望ましい。

②要援護者をもれなく支援する体制の作り方

○民生委員児童委員や自治会等これまで地域の支援を担ってきた人々を大切にしながらも、新たな人材を養成し、これまで地域の支援を担ってきた人々と連携しながら取り組む仕組みを構築する。
○過疎地域や中山間地等、今後10年間で担い手の高齢化と減少が大きく影響してくる自治体や地域コミュニティを見据え、人材育成を検討する。
○生活・介護支援サポーターの養成課程を活用して、新たな人材を養成し、訪問支援の担い手とする。
○「顔の見える関係」を維持しながら、地域の見守り・買い物支援等の基盤支援を構築する。
○定額の有償の仕組みを導入し、要援護者にとってもサービス利用を対等な関係で利用者として利用する仕組みを構築する。
○団地自治会等がNPO法人を取得し、地縁組織が買い物支援や孤立死防止に取り組む。

③地域の自主財源づくりの方法

○地域の特産物を地域福祉応援グッズとして商品開発し、見守り活動の象徴として販売。その金額に寄付金を上乗せし、地域福祉の自主財源とする。
○市外に居る親族に地域や要援護者の情報を提供し、ふるさと募金やふるさと納税に協力してもらう。
○地域の商工会と福祉部局が連携し、商店街の商品券やポイント制度を活用する等、支え合いの取組みの果実が地域に還元される仕組みを構築する。
○寄付付きの自動販売機を設置して自主財源を確保する。
○地域福祉基金のあり方を見直し、新たな活用方法を検討する。
○自治体独自の基金を創設し、福祉財源を確保する。　○赤い羽根の共同募金から活動費の配分を受ける。
○市町村単位に地域福祉財源を助成するための委員会を創設し住民に見える地域財源づくりと助成を行う仕組みが必要である。

6 ▶ 安心生活創造事業の成果を踏まえた今後のコミュニティソーシャルワークの方向性

　安心生活創造事業の課題としては、次のように整理されている。

　第1に、新しい支援体制の構築・担い手の確保である。総合相談、ワンストップサービスを実施するためには幅広い視点をもち実行力のある人が必要である。コミュニティソーシャルワークを展開する職員の配置が求められるところである。しかし、行政組織の人事異動により専門職が育ちにくいことや属人的な支援体制は、人事異動によってそのネットワークやノウハウが失われがちであり、組織的に機能するような支援体制の構築が求められることが明らかとなった。

　第2に、安定的な地域の自主財源の確保である。コミュニティビジネスや地域福祉応援グッズを開発し、その販売の利益の一部を財源とした例、地域福祉基金の果実運用益を利用している例、募金箱の設置や黄色いレシートを活用した例、ふるさと納税の一部を同事業に利用できるようにすることを目指している例、遺贈を進めている例、サービ

スを受ける人から利用料を一部負担してもらう例などが取り組まれたが、いずれも十分な財源確保にまでは至っていない。その対応策の一つとして、共同募金の「地域テーマ募金」「社会問題解決プロジェクト」等、住民に対する地域課題のアピールによる寄附文化の土壌づくりが必要となる。これらを進めるためには、介護保険や他省庁の事業等さまざまな公的な財源を結び付け活用していく視点も求められており、マネジメント力が必要である。

第3に、サービスの有償・無償、そしてその線引きの問題である。財源確保の一環として、サービスを受ける人が一定額負担するという概念も必要であるが、有償サービスにすることでのメリット、デメリットもあるので注意が必要である。特に、過疎・小規模高齢化地域においては有償サービスの実施は難しく、介護保険よりも低額のサービスが求められる。

第4に、基盤支援、見守り、買い物支援の方法である。見守りの方法、姿勢によって、利用者の受け止め方も異なる。改めて、住み慣れた場所で生活し続けるために、買い物支援等の基盤支援が継続的に実施されていることが必要であり、その方法は地元の商店を活かしたものとして地域特性に応じた配慮が必要である。

第5に、個人情報の共有の問題である。本事業によって先進地域において一定の成果は出ているものの、個人情報に対する過剰な保護意識による困難さが存在する。守秘義務をもつ人ともたない人との連携をどうするかが重要になる。

第6に、地域福祉計画の策定である。地域福祉計画の策定により、先進地域は継続的・体系的な地域福祉の推進に取り組んでいる。地域福祉計画未策定自治体に対して、この事業の成果を活用したアプローチが重要となろう。

以上の課題を踏まえ、以下のように今後重要と考えられる取り組みを整理したい。

表5－5　今後重要と考えられる取り組み

① 制度からもれる者と社会的孤立
② 総合相談体制の確立
③ 地域福祉計画の策定
④ 安心生活に必要な契約支援・権利擁護
⑤ 要援護者が社会参加・自己実現できる仕組みづくり

表5－5にある取り組みは、今後の地域福祉の方向性として重要なものである。この考え方に基づいて、安心生活基盤構築事業が構想され平成25年度より実施されている。

安心生活基盤構築事業は、安心生活創造事業を基本事業として、従来の3原則にプラスしてコミュニティソーシャルワークを展開する職員の配置と地域福祉計画の策定を義務づけて、新たに安心生活創造推進事業として基本事業に位置づけている。そして、選

第5章 コミュニティソーシャルワークの拡充に向けて

図5-4 安心生活基盤構築事業イメージ図

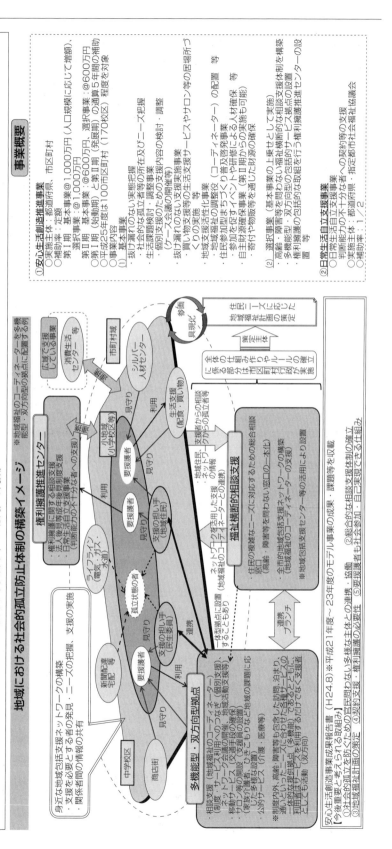

択事業として、福祉横断的相談事業、多機能型・包括型サービス拠点事業、権利擁護推進事業、その他必要とされる事業を位置づけている。また、これらの事業と一体的に取り組むために、従来からある日常生活自立支援事業も安心生活基盤構築事業のなかに位置づけ直し、一体的に取り組むこととしたところである。補助率は、国10/10であり、安心生活創造事業の理念を引き継ぎ拡充したものであり、自治体の創意工夫で地域福祉を推進できる内容となっている。地域福祉計画の予算確保が難しく未策定であった自治体においても、当該事業によって地域福祉計画の策定予算を確保することができる、今までにない予算構成となっている。また、実施主体も従来の市町村から都道府県も加わることとなり、市町村単独では応募の難しい市町村が都道府県と連携して都道府県事業として応募することも可能となっており、地域福祉の底上げを図る内容ともなっている。

　安心生活創造事業は、従来の地域福祉を再検討し、新たな地域福祉システムを構築していくことを目指したものである。それは、従来からの民生委員や自治体等の機能を重視しつつ、孤立防止等のために民間企業等の新たな担い手も含めた協定を結ぶ等の新たな仕組みづくりを進めていくことにあった。そこには基盤支援としての市町村行政の役割が不可欠であり、また地域福祉を推進するためには、社会福祉協議会の存在が欠かせないものであった。コミュニティソーシャルワークを展開する職員の必要性が改めて明らかとなった事業であると認識している。また、地域包括支援センターや在宅介護支援センターの相談員の専門性は高いものがあり、新たな対象者の発見に重要な役割を果たした。NPOが新たな住民活動を起こした事例も見られた。こうした成果を安心生活基盤構築事業に引き継ぎ、その理念を活かしながら総合相談と権利擁護体制を構築していくこと、社会的孤立への取り組み、そしてこれらを継続的計画的に実施していくために地域福祉計画が重要となる。コミュニティソーシャルワークを担う人材の養成と配置について、全国的な状況を把握するために社会福祉推進事業で全国調査を行った[4]。また、各地域における職員配置の工夫と検討が進められている。大阪府においては、地域福祉支援計画にコミュニティソーシャルワーカーの養成・配置を位置づけるとともに、コミュニティソーシャルワーカーを配置する事業を進めており[5]、コミュニティソーシャルワークが展開される体制づくりが動き始めていることを実感している。

　4　平成24年度セーフティネット支援対策等事業費補助金（社会福祉推進事業分）「コミュニティソーシャルワーカー（地域福祉コーディネーター）調査研究事業報告書」野村総合研究所，2013.
　5　「市町村におけるCSWの配置事業に関する新ガイドライン―市町村における地域福祉セーフティネットの構築に向けて―」大阪府福祉部地域福祉推進室地域福祉課，2013.

7 ▶ 生活困窮者自立支援とコミュニティソーシャルワーク──地域福祉の制度化と CSW

　生活困窮者自立支援法が2013（平成25）年12月に生活保護法の一部改正と一体的に成立した。この理念には、経済的困窮のみならず「社会的孤立」の解消とそれを実現するための地域づくりが盛り込まれている。そして、具体的には福祉事務所設置自治体に自立相談支援事業という総合相談が位置づけられることとなり、現在モデル事業が展開されている。地域福祉が求めてきた理念が制度化されてきている。もちろん、地域福祉は制度のみで担うことはできない。住民主体の活動と制度とが有機的に結び付くことが重要である。そのつなぎ役としてコミュニティソーシャルワークを実践する人材が注目され、配置が進み始めていることを大いに歓迎し、その取り組みを支援し続けていくことが求められている[6]。

　生活困窮者自立支援制度を構築するにあたり、多くの関係者から指摘されたことは、生活困窮者が地域社会のなかで孤立していることであった。どんなに相談窓口やサービスをつくっても、地域にある自宅に戻った際に、その場所が地域から孤立していては自立生活につながることは難しいという指摘であった。「地域づくり」が必要であり、社会保障審議会生活困窮者の生活支援のあり方に関する特別部会では、「つながりの再構築」「信頼による支えあい」という基本理念が指摘されることとなった。

　この新制度では、「総合相談」「アウトリーチ」「ケースマネジメント」「ソーシャルワーク」「包括的支援」「地域づくり」など、地域福祉が重要視してきたキーワード、視点が大変多く盛り込まれている。生活困窮者自立支援法には明記されていないが、新制度の背景には経済的困窮のみでなく、「社会的孤立」への対応が大変重要視されていることを理解してほしい。社会的に孤立している人は、新制度ができても相談窓口やサービスにつながりにくいという側面を有している。先述したように、今後、福祉事務所設置自治体において、2015（平成27）年4月より、自立相談支援事業が必須のものとして実施されていくこととなり、主任相談支援員、相談支援員、就労支援員が配置される。2013年度から実施されている「生活困窮者自立促進支援モデル事業」では、自立相談支援事業による総合相談によって、制度の狭間にいた生活困窮者が早期に発見され、支援調整会議によって多くの関係者によるチームアプローチが実践され始めていて、今後の成果が注目されている。

　6　中島修「生活困窮者自立支援法創設の経緯と地域福祉の課題」（『日本の地域福祉』第27巻），日本地域福祉学会，2014. に生活困窮者自立支援法を必要とした背景や理念を述べているので，詳細はこちらを参照されたい。

図5-5 生活困窮者自立支援法の体系図

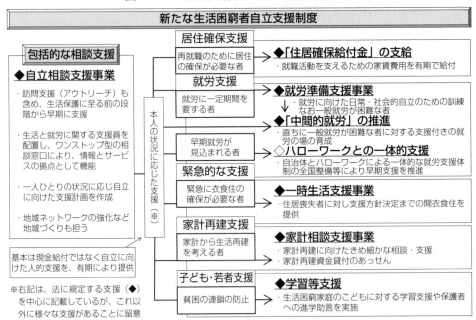

資料:「新たな生活困窮者自立支援制度に関する説明会資料」厚生労働省,平成25年12月10日

　今後は、新制度の入口部分である「自立相談支援事業」における包括的相談支援と併せて、出口部分の施策である就労準備支援や家計相談支援、学習等支援などの充実も不可欠な課題となろう。特に、いわゆる中間的就労を行う就労訓練事業の事業所認定を受ける事業者がより多く誕生することが必要である。この点については、ぜひ社会福祉法人に大きな期待をしたいと考えている。施設という拠点を有し、障害者の就労支援等による就労支援の知見も持ち合わせている。中間的就労を行う事業者として認定を受けることが、社会福祉法人の社会貢献にもつながり、社会福祉法人の社会的価値を示すことにもつながるのである。

　地域づくりのためには、民生委員・児童委員の存在は大きい。ボランティアやNPO法人が生活困窮者の具体的な支援に係る存在であるならば、民生委員・児童委員は具体的支援とともに生活困窮者を地域のなかで孤立させない「見守り」機能を有する重要な存在である。自立相談支援事業を行う自治体および事業者が生活困窮者を早期に発見し、地域のつながりを再構築しながら支援計画に基づいて具体的な支援を実施していくためには、このような社会的孤立を防止する支援が求められる。これは、まさに地域福祉がこれまで積み重ねてきた実績を活用して生活困窮者自立支援を行っていくことにつながるのである。

　地域福祉が生活困窮者自立支援に関連して積み重ねてきたものは、❶社会福祉協議会

における生活福祉資金等に関連した相談援助、❷日常生活自立支援事業の利用者は４割超が生活保護受給者（大阪府では低所得者を含めると利用者の95％を占める）、❸ボランティアセンターにおけるワークキャンプなど体験学習、ボランティア活動への若者の参加・支援（福祉教育実践）、❹心配ごと相談におけるボーダーライン層の相談援助、早期発見（法律相談、生活保護へつなげる支援）、❺民生委員・児童委員、自治会、ボランティア等と連携した社会的に孤立させない小地域福祉ネットワーク活動、地域づくりの支援、❻ふれあいいきいきサロン活動等の居場所、拠点づくり、❼地域ケアの視点からホームヘルプサービス等で生活支援を行う問題解決力の蓄積（サービス開発も含む）、❽地域福祉計画策定によるシステムづくり、をあげることができるのではないかと考えている。

　このように見ていくと、「あり方研究会報告書」や「安心生活創造事業」が示してきた地域福祉の考え方が、新たな生活困窮者自立支援制度には活かされていることがわかる。これらを実践していくためには、自立相談支援事業を中核とした総合相談を担うコミュニティソーシャルワーカーと、小地域を担当するコミュニティソーシャルワーカー両者が必要である。いずれもコミュニティソーシャルワークの視点を有した人材が配置されることによって、制度の狭間にいる人々を早期に発見し、さまざまな制度と効果的に結び付けた総合的な支援が可能となるのである。

　筆者は、生活困窮者自立支援法は、地域福祉の制度化であると考えている。これは、コミュニティソーシャルワークを展開していく上で大きなものである。地域福祉計画への生活困窮者施策の位置づけについて、厚生労働省は、平成26年３月27日厚生労働省社会・援護局長通知「市町村地域福祉計画及び都道府県支援計画の策定について」において、地域福祉計画に生活困窮者支援方策を盛り込むよう通知した。「生活困窮者自立支援方策について市町村地域福祉計画及び都道府県地域福祉支援計画に盛り込む事項として、１．生活困窮者自立支援方策の位置づけと地域福祉施策との連携に関する事項、２．生活困窮者の把握等に関する事項、３．生活困窮者の自立支援に関する事項、４．その他の留意事項等」を盛り込むよう示している。今後、地域福祉計画が改定されるなかで、各都道府県・市町村において地域福祉支援計画・地域福祉計画に生活困窮者支援方策が数値を示しながら盛り込まれていくこととなるのである。まさに、地域福祉と生活困窮者自立支援制度とが密接に関係していく方向性を示したものといえよう。

　生活困窮者自立支援法は、総合相談の制度化など、地域福祉の制度化であると先に述べた。もちろん、地域福祉はすべて制度で展開するものではない。住民主体の活動など制度の枠を超えた活動があってこそ、制度からもれるニーズへの対応、制度の狭間の問題に対応することが可能となる。しかし、制度化は施策を継続的・安定的に提供するこ

とが可能となることを示す。「あり方研究会報告書」や「安心生活創造事業」が示してきた地域福祉の考え方が重要となっている。これは、2014（平成26）年６月に成立した「医療介護総合確保推進法」における介護保険法改正にも見ることができる。地域包括ケアシステムを軸としつつ、介護予防を新たな日常生活支援総合事業へ移行していくなかで、「生活支援コーディネーター」を配置することが検討されている。厚生労働省老健局が示しているように、従来の訪問介護、通所介護のサービスに加え、住民主体の活動を取り入れた構想となっている。ここでもコミュニティソーシャルワークが求められていることがわかるであろう。地域のなかで住民主体の活動を活性化させ、支援の必要な人と結び付けていく実践は、まさにサービス開発、コーディネートを行ってきた地域福祉の支援そのものである。子ども子育て新制度における学童クラブ等の推進においても同様のことが指摘できる。

　このように、新たな生活困窮者自立支援や地域包括ケアシステム、子育て支援などコミュニティソーシャルワークを必要としている地域課題が大きく広がりを見せている。他にも、障害者の地域移行のためにはグループホームの拡充は不可欠であるが、地域住民とのコンフリクト（軋轢）も課題となっている。軽犯罪者等の刑務所出所者の地域生活定着支援、虐待防止、認知症高齢者行方不明者の増加、平時からの災害時要援護者（避難行動要支援者を含む）への見守り体制の構築、障害を理由とする差別の解消の推進に関する法律（障害者差別解消法）に基づく福祉のまちづくり・福祉教育の必要性など地域課題をあげ始めると、次々と地域との関係、コミュニティソーシャルワークを必要とする状況が見えてくることとなる。いずれも、地域住民の理解と協力なくしては成り立たないものばかりである。地域住民の生活と密接な関係にあるからこそ、住民参加による地域福祉の推進が必要である。さまざまな専門職を結び付け、地域住民とともに専門性を発揮するソーシャルワークの専門職が求められている。コミュニティソーシャルワークは、今後大いに注目されていくものと確信している。

第**2**節

災害時支援と
コミュニティソーシャルワーク
──東日本大震災に学ぶ

はじめに

　災害と社会福祉との関係は歴史的に見ると、社会福祉の制度の確立、あるいは社会福祉実践の上で大変大きな関わりがある。例えば、1891（明治24）年の濃尾大地震でも石井十次等が震災孤児を救済し、子どもたちを養育するという児童養護実践があった。また、1923（大正12）年の関東大震災のときには、身寄りのない高齢者向けに「浴風会」という養護老人ホームを作った実践もある。

　さらには、関東大震災の義援金として大阪で集められたお金を基に、東京で「隣保館」や「市民館」という公立セツルメントの拠点が作られ、今日の地域福祉のいわば基になる実践が広く展開された。

　しかし今日では改めて、ソーシャルワーク・ケアワークという視点から災害にどう立ち向かうのか、そして、被災された方々をどう支援していくのかということを深めることが、今最も求められている課題の一つである。

　その支援のあり方をコミュニティソーシャルワーク展開におけるアセスメントの視点・枠組み・機能のあり方から考えてみたい。

1 ▶ 東日本大震災の特色と課題

　ところで、災害といっても、地震による災害、津波による災害、台風等による風水害、火山爆発による災害、豪雪による災害、山津波・土砂災害等多様であり、一概に災害として括ることができない。

　「東日本大震災」は、広域で甚大な災害であり、この震災は今までの阪神大震災、新潟中越地震とは違った特色を有している。

　その特色をあげるとすれば、以下のようなことが指摘できる。

❶　広域で甚大であり、かつ被災地が都市部から遠い沿岸部であり、交通機関等のアクセス手段が限られている地域で起こり、救援・支援に入るのに困難を極めたこと、および後方支援の体制が構築しにくい地域で起きた点

❷　巨大な地震の被害もさることながら、津波によりすべてを流してしまう震災であり、津波にあったかどうかで被害状況がまったく異なる震災である点

❸　被災地の多くが漁業を生業の中心として成り立つ沿岸部であり、かつ津波による被害だということもあり、イ）被災地にあった生活拠点地域と地域経済を支える生産拠点地域が同時に被災したこと、ロ）生活の拠点である住宅が壊滅し、かつ既存の住宅地に再建することが困難なこと、ハ）消費生活の拠点である商店街、スーパーも被災し、消費生活を支える機能が地域からなくなったこと、ニ）地震により、地域が陥没し、その地での再建が困難なこと、ホ）地方自治体の中枢機能が津波により崩壊し、行政という"司令塔"が機能不全に陥ったこと、へ）被災地が多くの場合、漁業を中心とした共同意識の強い地域（漁業権のもつ意味）であり、他者に頼るというより、その地域内での相互扶助意識に基づく生活再建・復興意識が強く、外部の支援を必ずしも有効に活用するというワーカビリティが十分に発揮できにくかったという点、ト）高齢化が進んでおり、復興力、生活再建力が厳しい地域であり、生活環境の変化に対応できない課題の表出が顕著だった地域である

東日本大震災における被害状況のうち、社会福祉との関わりのある状況を整理すると以下のとおりである。

a)　被災地3県で被災した高齢者施設は59施設（岩手8、宮城47、福島4）。被災された利用者の内、死者・行方不明者は特養203人、老健施設166人、養護65人、グループホーム40人等。（河北新報、2011年12月13日）

b)　障害者の死亡率は住民の2倍。死亡された住民は被災3県で1万3619人で、死亡率は0.9％なのに対し、障害者手帳所持者は1568人で、死亡率2.0％に及んでいる。中でも、女川町14.0％、南三陸町8.2％、石巻市7.4％、山元町6.3％、大槌町5.8％、山田町5.4％と高い。（毎日新聞、東京新聞、2011年12月24日）

c)　高齢化率は、2010年10月1日現在で、宮城県女川町33.7％、気仙沼市30.1％、山元町30.8％、南三陸町29.3％

d)　生活環境の変化に伴う被害（震災関連死1121人（2012年9月現在）、――岩手県323人、宮城県812人、被災市町村要介護認定者前年3月比1万2000人増、認知症高齢者の増加）

これらの特色とは別に福島県には独特の課題がある。①地震・津波に追い打ちをかける原発爆発事故による放射能汚染事故（健康被害、田畑の放射能汚染等）、②放射能汚染事故に伴う長期の居住地からの遠距離離脱と避難生活者の広域化・拡散化、家族分散化がもたらす生活困難がある。

福島県の被害状況を整理すると、地震・津波に伴う被害（死者2989名、行方不明者5

名、被災老人介護施設20か所）、追い打ちをかける原発爆発事故による放射能汚染事故（健康被害、田畑の放射能汚染等）、放射能汚染事故に伴う長期の居住地からの遠距離離脱（9町村約16万人避難、県外約6万3000人、山形県1万500人、東京都7500人、新潟県6000人）と避難生活者の広域化・拡散化、家族分散化——浪江町県内28か所9400人、県外44都道府県6900人、放射能汚染事故に伴う風評被害による地域経済への影響も考えて対応することが重要である。

このように、災害支援といっても一概ではないし、かつその支援を考える場合、被災者、被災地と一括りにして考えるのではなく、被災市町村の個別性、地域属性を常に考えた上で市町村のなかでも集落ごとの違い、被災者個々人の違いを丁寧に踏まえつつ、被災地の全体的共通課題が何かを考えていかないと有効な支援にはならない。

上記のような「東日本大震災」の特色を踏まえながら、ソーシャルワークの視点からの研究課題を明らかにすると、以下のような視点に基づく研究が重要になる。

2 ▶ 社会生活モデルを基にした被災後の ステージごとのアセスメント要件

被災者、被災地への支援を行う災害時ソーシャルワークを考える場合、まず被災後のフェーズあるいはステージごとに求められる課題が異なり、そのステージごとの生活相談、介護・医療相談、グリーフケア、生活再建等に関した相談・支援のソーシャルワーク機能を発揮できるシステムづくりが重要になる。

例えば、以下のような課題が考えられる。

❶ 発災直後における救命・救援と住民との協働——避難手段の確保、避難上配慮を必要とする人の把握と避難方法、「DMAT」機能の発揮と限界、「DMAT」と同時にソーシャルワーク・ケアワークの視点からの援助活動としての「DSWAT」（災害時におけるソーシャルワーカー、ケアワーカーの派遣・支援）、広域的後方支援の必要性、要援護者支援への住民の関心と理解を促進

❷ 避難所における共同生活の支援と救援——緊急物資の配分、生活環境の整備、トイレ等の確保と清掃

❸ 何らかの配慮および特別支援が必要な人の把握と個別避難生活支援——人工透析・人工呼吸器患者、認知症高齢者、発達障害児者、精神障害者、食事療法の人、ストーマ装着者等への支援と一般避難者・被災者の理解の促進

❹ 高齢者福祉施設、障害者福祉施設、保育所等の社会福祉施設の被害と救済・救援と代替機能・後方支援システム

❺　仮設住宅の在り方とコミュニティの形成——リアス式海岸の地域特性とその地域ごとの漁業権に基づく日常生活圏域のしきたりの違い、運営の違いへの配慮、地区ごとの居場所確保

❻　生活環境の変化に順応できにくい人々への支援——被災後のニーズキャッチ

❼　避難所へ避難していない在宅被災者の把握とその方々への支援および地区ごとの地域コミュニティ機能維持への支援

❽　地域経済の活性化のアイディアと雇用対策および緊急生活福祉資金等の活用

❾　住民参画による復興計画の立案、とりわけ地域保健福祉計画の立案

❿　個人の生活再建計画の立案支援——高齢者の生活復元能力の脆弱性と新たな地域再生に向けた「未来家族」の形成

　このような被災後のステージごとにきちんとアセスメントして、支援を展開することが重要であるが、その際に従来の災害時支援としての医療、看護関係者の派遣システムである「DMAT」などとどこが違うのかをきちんと抑えておかなければならない。

　まず、社会福祉分野の関係者を派遣するとして、その機能、業務は「DMAT」とどこが違うのか、災害救助法等で派遣される保健師の業務とどこが違うのか、また、なぜソーシャルケア（ソーシャルワーカーとしての社会福祉士や精神保健福祉士、あるいは介護福祉士としてのケアワーカー）の関係者を発災直後から派遣する必要があるのかという点の検討をし、その視点からのマニュアルづくり、シミュレーション研修をしておかなければならない。

　ソーシャルケア（ソーシャルワーカーとしての社会福祉士や精神保健福祉士、あるいは介護福祉士としてのケアワーカー）に関わる関係者の関心事は医療・看護と違い、生活者としての住民が被災に伴いどのような生活の変容をもたらし、そのことが本人や家族の自立生活にどのような影響をもたらしているのかに焦点化して社会生活全般のアセスメントを行い、支援の在り方を考えることを業務として災害に関わる職種である。発災直後は救命救援が当然大優先されなければならないが、被災者の生活をどう維持し、どう支えていくかも救命救援と同じように重要である。被災者のなかには要介護高齢者もいれば、発達障害や内部障害、あるいは精神障害等の障害を抱え、何らかの支援を必要としている人々もいる。とりわけ、在宅で生活しているこれら要援護を必要としている人々に対する支援、救援は社会福祉施設利用者に比して対応が遅れがちであり、かつ多数の一般住民の避難行動のなかでややもすると見過ごされがちである。

　しかしながら、日常的に災害要援護者を把握し、避難の手立てを考え、必要な支援の在り方に関するマニュアルを作成し、シミュレーションをしていれば、避難を最小限に留めることも可能であるし、災害後の第2次災害、とりわけ災害関連死を予防すること

は可能である。

　災害時支援のソーシャルワークは、被災後の生活ステージを大まかに発災直後、避難所の生活１期、２期、仮説住宅の生活１期・２期、復興住宅の生活および生活再建の時期等に類型化し、その時期ごとに違う生活課題のアセスメントの重要性を考え、それらの生活変容が個人レベル、家族レベル、地域レベルで災害発生前と被災後ではどのように変わったかを丁寧にアセスメントすることが社会生活モデルでは重要であり、それが個人の身体的・精神的症状に特化、焦点化させて救援・支援する医療関係者との大きな違いであることを明確化させる必要がある。

　もちろん、厳しい被災後の生活においては、その違いの線引きは意味をもたないとの考え方もあるが、社会生活モデルに基づく支援の重要性という立場からその視点を明確化させる必要がある。

　さらに、各ステージごとにどのような体制・システムで救援・支援に入るのが妥当なのか、また、各レベルごとの課題に即した救援・支援の体制、システムはどうあるべきなのかも検討しておかなければならない。

3 ▶ ICF の視点に基づく被災者支援の アセスメント要件

　被災後の生活環境の変化に伴う生活課題の把握には ICF（国際生活機能分類、2001年、世界保健機関）の視点に基づく診断・評価（アセスメント）が重要である。

　そのアセスメントの要素を列挙すると以下のとおりである。

❶　従来の自宅生活でできていたものが、環境変化に伴い本人自身ができなくなったり、役割を喪失したり、ADL（日常動作能力）が低下もしくは不可能になったものを診断することの重要性

　　・家庭内での役割分担と評価

　　・生きがい、生活のリズムの拠り所になっていたものの喪失

　　・仮設住宅の構造や馴染みのない家庭機器への不安でできなくなったもの

❷　従来の近隣関係で保たれていた機能（四つのソーシャルサポートネットワーク機能、ご近所の底力）の喪失

　　・日常的な会話・交流の機会の喪失——イベントとは異なる機能

　　・地域生活における役割喪失

❸　日常生活圏域内の社会資源の変容に伴う生活困難の生起

　　・スーパー等買い物の機会の変化

313

- ・役場、社協等公共機関の遠隔に伴う不便
- ・馴染みの床屋、理容院等がなくなることによる不便
- ・学校の転校、友達の分散に伴う不安、困難

❹　就労の機会の喪失・変容に伴う生活不安
- ・失業に伴う家計維持手段の喪失
- ・持続可能な家計設計の困難さ
- ・遠距離通勤や単身赴任に伴うストレスと不安
- ・避難地での就労と将来のふるさとでの再興との葛藤

❺　避難生活の広域化、拡散化、家族分散化がもたらした生活困難
- ・家族の分散化に伴う精神的紐帯の希薄化
- ・単身高齢者の出現と認知症化
- ・家族の分散化に伴う家計負担の増加
- ・夫の単身赴任化に伴う家族危機の顕在化と離婚の増大
- ・現地の社会資源、風土、方言、文化を理解し、支援できるソーシャルワーカー等の人材確保

❻　「災害体験」・「喪失体験」の PTSD 対策
- ・傾聴ボランティア、臨床心理士、精神保健福祉士等の対応
- ・放射能健康被害および不安への対応——子ども・妊産婦の健康診断および相談

4 ▶ 生活再建、復興支援における課題とコミュニティソーシャルワークアプローチ
——新しいサービス開発、システム開発の重要性

　これらのアセスメントを踏まえた上で、地域生活を支えていくためには、以下のようなコミュニティソーシャルワークを踏まえた支援が必要となる。

①　「生活不活発病」を防ぐ ICF の視点、ストレングスモデル（その人の良さの発見、評価できる点の発見）に基づく住生活環境改善と生活プラン

②　生きがい、社会的役割を自覚できる生活プラン

③　収入につながる生活プラン

④　旧居住地住民および避難地における住民との交流およびソーシャルサポートネットワークの形成プラン——IT を活用したソーシャルサポートネットワークの構築

⑤　家族全体を視野に入れた継続的ソーシャルワークアプローチシステム（支援組織）プラン

⑥　復興の街づくりに向けた地域福祉計画づくり

⑦　仮設住宅等における子どもの居場所づくり、学習支援と絵本図書館、おもちゃ図書館の必要性

⑧　災害孤児に対する親族後見人への支援

⑨　狭隘な仮設住宅および仮設住宅エリアにおける障害児者の居場所づくり

⑩　復興地域における直系家族による再建と個人の尊厳・人間性が担保された個別空間と共同空間とを併設させた新たな「未来家族」の形成とコミュニティソーシャルワーク

被災した人々が各ステージごとに日常生活圏での支え合いを創生していくためには、コミュニティソーシャルワーク機能が常に意識され、それを基にした地域コミュニティづくりが進められることが重要である。

コミュニティソーシャルワークの機能とは、❶地域にある潜在化しているニーズ（生活のしづらさ、生活問題を抱えている福祉サービスを必要としている人々）を発見し、その人や家族とつながる、❷それらサービスを必要としている人々の問題を解決するために、問題の調査・診断（アセスメント）を行い、その人々の思い、願い、意見を尊重して、"求めと必要と合意"に基づき、問題解決方策を立案する、❸その問題解決方策に基づき、活用できる福祉サービスを結び付け、利用・実施するケアプラン（サービス利用計画）をつくるケアマネジメントを行う、❹もし、問題解決に必要なサービスが不足していたり、ない場合には新しいサービスを開発するプログラムを創る、❺その上で、制度的サービス（フォーマルサービス）と近隣住民が有している非制度的助け合い、支え合い活動（インフォーマルサービス、十分でないときにはその活動の活性化も図る）とを有機的に結び付け、両者の協働によって福祉サービスを必要としている人々の地域での自立生活支援を支えるための継続的対人援助活動を展開する、ことである。

被災地では、阪神淡路大震災に学び"制度"化された「生活相談員」が存在し、多くの成果をあげているが、それらの人々は被災地での雇用を確保するという意味合いから、それらの「生活相談員」は被災者のなかから採用されている。

それらの人々は同じ被災者であるという"ピアカウンセリング"的機能も期待され、採用されているが、それは時には「生活相談員」を辛い立場に立たせることにもなりかねない。

他方、被災者支援と被災地の復興支援には、コミュニティソーシャルワークが必要であるとしても、「生活相談員」はそれらの知識と技能を身につけているわけではないし、その研修を丁寧に行っている余裕もない。今回、外部から任期を限っての「生活指導員」に対するスーパーバイザーの役割を担える人を位置づけたが、その効果の検証は

今後に待ちたい。

　防災教育の必要性が災害を契機に叫ばれているが、それは地域福祉の視点から見ても同じことがいえる訳で、住民参加で災害時支援も含めた地域福祉計画づくりが行われており、コミュニティソーシャルワーク機能が意識された実践が行われ、その展開を可能ならしめるシステムづくりが日常的に機能していれば、被災者支援や被災地復興の取り組みも異なってきたかもしれない。現時点では、被災地の特色があったにしても、あまりにもハード面での論議が優先されすぎていると指摘せざるを得ない。

（付記）

　日本地域福祉研究所のメンバーは多様な形で被災地への支援、被災者への支援に関わっており、それらの活動は各々の立場で報告されている。ここでは、それらの活動とは別に、日本地域福祉研究所がコミュニティソーシャルワーク機能と実践という立場で、災害時に何を考えてきたのかを20周年記念企画に留めておきたいとの思いから、理事長である筆者がソーシャルケアサービス従事者研究協議会主催の会合や厚生労働省の「災害広域支援ネットワーク構築検討会」においてどのような発言、報告をしてきたかを整理し、記録したものである。

　「東日本大震災」の復興が今後進むなかで、改めて災害支援にコミュニティソーシャルワークはどう立ち向かえたのかを整理したいと考えている。　　　　　　（2014年9月23日記）

あとがき

　誰もが幸せに暮らせる社会を築くにはどうしたらよいのか。地域福祉に関わるすべて
の人々が考えてきたことであり、そしてさまざまな努力と実践を積み重ねてきた。しか
しながら、現代社会において生きづらさを抱えている人々は、これまで以上に増えてい
るといっても過言ではない。急速な早さで変化していく現代社会のなかで生きづらさは
多様化しており、これまでの日本の地域福祉理論と実践について、我々は自省的に厳し
く問い直し、継承すべきものと改善、発展させていくべきものを精査していかなければ
ならない。地域福祉は、一人ひとりの生きづらさに本当に向き合ってきたのか、また、
向き合えるシステムを構築してきたのか。これからの理論と実践を切り拓いていくこと
が必要である。

　こうした問題意識から筆者らは、地域トータルケアシステムの構築やコミュニティ
ソーシャルワーク実践者の養成に取り組んできた。特に特定非営利活動法人日本地域福
祉研究所では、2004年に日本財団の助成を受けて「コミュニティソーシャルワーク実践
者養成研修プログラム」を開発し、2005年から養成研修を続け今年で10年目となる。主
催する中央研修の他、各地の都道府県社会福祉協議会等からの委託研修を含めると、こ
れまでの修了者は全国で2000名を超えるに至っている。研修プログラムの開発以前は、
コミュニティソーシャルワークの重要性を問題提起してきた。しかし、それだけでなく
次段階として具体的に実践を担う専門職養成が必要であると考え、研修プログラムの開
発を行ってきた。コミュニティソーシャルワークのスキルや展開過程、必要な知識の精
査を行い、4日間の基礎研修プログラムを開発し全国各地で実施している。こうした積
み重ねを基盤として、本書はこれからコミュニティソーシャルワーク実践に携わる人々
にとって道しるべとなる基本テキストとしてまとめたものである。

　近年、コミュニティソーシャルワークに対する社会的関心が高まっている。それは先
駆的に取り組んできたコミュニティソーシャルワーカーや現場実践者たちの優れた実践
によるところが大きい。介護保険等の公的サービスが一定程度整備されてくるなかで、
地域で生活していくためには多様なサービスを使いこなしていかなければならない。厚
生労働省「これからの地域福祉のあり方に関する研究会報告書」が指摘しているよう
に、どんなに公的サービスが整備されても、地域生活においては支援のもれが生じてし
まう。また、生活困窮者のように社会的に孤立しているためサービスを知らない場合や
多様なサービスを生活と結び付けられない人々も多くいる。コミュニティソーシャル
ワークは、このような人々とさまざまな社会資源を結び付け、時には新たな社会資源を

開発し支援してきたのである。この追い風が逆風とならないためにも、これからの実践をしっかりと確実に普遍的なものとして広げていくことが重要である。そのためにも限られた実践者のグッドプラクティスのみに注目し、かつ問題がある場合の要因を個々人の意識や努力のレベルだけにとどめていては、成熟した社会進歩にはつながらない。専門職一人ひとりの価値、知識、技術を確かなものにしていくと同時に、コミュニティソーシャルワークに関わる専門職が他の人々とともに力を発揮できるシステムの構築が不可欠である。この歩みを照らすものになるようにとの思いで本書はまとめられてきた。

　編集にあたっては、これまで日本地域福祉研究所が年2回発行してきた雑誌『コミュニティソーシャルワーク』に掲載された原稿をベースとして、各執筆者にリライトしていただいた。コミュニティソーシャルワークの基本的な考え方、展開方法、具体的な実践について学ぶことができる内容として構成するため、改めてご執筆いただいた方々には時間を割いてご協力いただいたことに感謝申し上げたい。また、短期間での作業を精力的に支えてくださった中央法規出版の野池隆幸氏にも記して謝意を表したい。本書が少しでも社会に貢献できることを願いつつ、編者として皆様のご意見を真摯に受け止めたい。

　2014年11月27日

編　集　中島　修
菱沼幹男

監修・編者・執筆者一覧

監修

特定非営利活動法人 日本地域福祉研究所

編者 （五十音順）

中島 修 （なかしま・おさむ）
文京学院大学人間学部准教授・日本地域福祉研究所理事

菱沼幹男 （ひしぬま・みきお）
日本社会事業大学社会福祉学部准教授・日本地域福祉研究所理事

執筆者および執筆分担 （五十音順）

大竹宏和 （おおたけ・ひろかず） ……………………………… 第4章第8節
豊島区民社会福祉協議会地域福祉推進課長

大橋謙策 （おおはし・けんさく） ……………………………… まえがき、序章、第1章第2
東北福祉大学大学院教授・日本地域福祉研究所理事長　　　　　節、第5章第2節

越智和子 （おち・かずこ） ……………………………………… 第4章第4節
琴平町社会福祉協議会事務局長

小野敏明 （おの・としあき） …………………………………… 第2章第2節
田園調布学園大学名誉教授・日本地域福祉研究所副理事長

勝部麗子 （かつべ・れいこ） …………………………………… 第4章第6節
豊中市社会福祉協議会事務局次長・コミュニティソーシャルワーカー

神山裕美 （かみやま・ひろみ） ………………………………… 第3章第3節・第8節
山梨県立大学人間福祉学部准教授・日本地域福祉研究所理事

菊地達美 （きくち・たつみ） …………………………………… 第4章第9節
社会福祉法人同愛会理事長

菊池まゆみ （きくち・まゆみ） ………………………………… 第4章第2節
藤里町社会福祉協議会常務理事

木戸宜子 （きど・のりこ） ……………………………………… 第2章第1節
日本社会事業大学大学院福祉マネジメント研究科准教授

國光登志子 （くにみつ・としこ） ……………………………… 第3章第4節
日本地域福祉研究所主任研究員・日本地域福祉研究所理事

髙梨美代子 （たかなし・みよこ） ……………………………… 第4章第3節
鴨川市福祉総合相談センター・社会福祉士

鷹野吉章 （たかの・よしあき） ………………………………… 第3章第1節
社会福祉法人永寿会理事長・日本地域福祉研究所特任理事

竹内　武（たけうち・たけし）　……………………………………　第4章第7節
茅野市地域福祉推進課長

田中英樹（たなか・ひでき）　……………………………………　第1章第1節、第2章第5節、
早稲田大学人間科学学術院教授・日本地域福祉研究所副理事長　　第3章第2節・第5節・第6節・第7節

中島　修（なかしま・おさむ）　…………………………………　第5章第1節、あとがき
文京学院大学人間学部准教授・日本地域福祉研究所理事

原田正樹（はらだ・まさき）　……………………………………　第3章第10節
日本福祉大学社会福祉学部教授・日本地域福祉研究所理事

菱沼幹男（ひしぬま・みきお）　…………………………………　第2章第3節、第3章第9節、
日本社会事業大学社会福祉学部准教授・日本地域福祉研究所理事　あとがき

平井俊圭（ひらい・しゅんけい）　………………………………　第4章第5節
伊賀市社会福祉協議会事務局長・経営管理理事

宮城　孝（みやしろ・たかし）　…………………………………　第1章第3節、第2章第4節
法政大学現代社会学部教授・日本地域福祉研究所副理事長

森脇俊二（もりわき・しゅんじ）　………………………………　第4章第1節
氷見市社会福祉協議会事務局次長

コミュニティソーシャルワークの理論と実践

2015年1月5日　初　版　発　行
2016年8月10日　初版第2刷発行

監　修　特定非営利活動法人　日本地域福祉研究所

編　集　中島　修・菱沼幹男

発行者　荘村明彦

発行所　中央法規出版株式会社

　　　　〒110-0016　東京都台東区台東3-29-1　中央法規ビル
　　　　営　　業　TEL 03-3834-5817　FAX 03-3837-8037
　　　　書店窓口　TEL 03-3834-5815　FAX 03-3837-8035
　　　　編　　集　TEL 03-3834-5812　FAX 03-3837-8032
　　　　http://www.chuohoki.co.jp/

印刷・製本　長野印刷商工株式会社

定価はカバーに表示してあります。
ISBN978-4-8058-5099-2

本書のコピー、スキャン、デジタル化等の無断複製は、著作権法上での例外を除き禁じられています。また、本書を代行業者等の第三者に依頼してコピー、スキャン、デジタル化することは、たとえ個人や家庭内での利用であっても著作権法違反です。

落丁本・乱丁本はお取り替えいたします。